## 들어 가는 말

　개혁 장로교회사는 장로교회 신자들의 정체성을 파악하는데 유익하다. 개혁 장로교회사는 장로교회 역사의 시작과 발전 과정 그리고 스코틀랜드 장로교회로 이어지는 개혁 장로교회의 역사적 과정을 추적한다. 개혁 장로교회의 최초의 형태는 주로 울드리히 쯔빙글리가 사역한 쮜리히의 개혁 교회라고 할 수 있다. 그것은 쮜리히 개혁 교회가 최초로 성직자들의 모임이었던 예언회를 두고 설교하며 토의하는 모임을 가졌기 때문이다. 그것은 장로회적인 성격의 회합이었다.1) 그러나 교회 정치에 있어서 에라스투주의에 가까웠던 쯔빙글리의 교리적 입장과 관련하여서 볼 때에 쯔빙글리를 장로주의자로 보기에는 어렵다.

　그러나 존 칼빈 시대에 오면 대륙의 개혁 교회의 정치 형태가 좀더 장로교회라고 할 만한 형태로 발전한다. 프랑스 개혁 교회가 그러하다. 프랑스 개혁 교회는 최초의 장로교회라고 할 수 있다. 프랑스 개혁 교회의 역사적 명칭은 위그노 개혁 교회이다. 위그노란 연맹체라는 뜻인데 이러한 명칭을 통하여서 알 수 있듯이 프랑스 개혁 교회의 정치 구조는 거의 장로 제도와 일치하였다. 그렇게 위그노들은 장로교회적인 형태로 교회 개혁을 이루었다.2)

　그러므로 프랑스 개혁 교회는 최초의 장로교회라 할 수 있

---

1) 김영규, **엄밀한 개혁주의와 그 신학**, 도서출판 하나, 1998, p. 163.
2) Ibid., p. 163.

다.3) 프랑스 개혁 교회는 지교회 치리회(Consistory)와 그 보다 넓은 치리회를 두었으며, 1559년에는 최초의 프랑스 개혁 교회 총회라고 할 수 있는 **"국가 대회"**(National Synde)가 개회된다. 그리고 그해에 프랑스 개혁 교회 신조인 프랑스 신앙 고백이 작성되었다. 그리고 프랑스 개혁 교회는 교회 정치 형태를 장로교회적인 형태로 개혁을 하기에 이른다. 프랑스 개혁 교회 이후에 개혁 교회 역사를 살펴보면 교회 정치 형태가 장로 정치 체제를 이룬다.

그리고 그러한 대륙의 개혁 교회 정치 제도는 잉글랜드와 스코틀랜드의 종교 개혁에서는 장로교회 제도로 형성이 된다.4) 그러므로 장로주의가 신학적으로 정립되어서 분명하게 신앙 고백의 형태로 나타난 것은 대영제국 장로 교회이다. 특히 스코틀랜드의 장로교회는 존 낙스 이후에 지속적으로 장로교회적으로 개혁이 되어 왔다. 특히 앤드류 멜빌의 시기에 오면 스코틀랜드 국민 교회는 더욱 철저하게 장로교회가 된다. 그래서 1638년 에딘버러 총회에서 스코틀랜드 개혁 장로교회는 **[국민 언약]**을 체결하며 1643년에 잉글랜드 장로교회와 **[엄숙 동맹과 그 언약]**을 체결한다. 그리고 1647년 대영제국 장로교회는 웨스트민스터 신앙 고백으로 결실을 보게 된다. 당대에 웨스트민스터 총회에 참석한 훌륭한 신학자들에 의하여서 교회 정치에 대한 저서들이 다수 출판되었고 그로 인하여서 스코틀랜드 개혁 교회는 완전한

---

3) Dr. H. Bouwman, **Gereformeerd Kerkrecht,** eerste deel, Uitgave Van J. H. Kok Te Kampen, 1928. pp. 252~262.:"프랑스 안에 종교 개혁은 1541년 칼빈의 영향을 받고 도래하였다. 그때 제네바 교회는 프랑스 개혁 교회의 중추적인 영향력을 행사하였다. 1555년 제네바의 모형을 따라서 파리에 개혁 교회가 세워졌다. 1559년 5월 26일에 파리에서 개혁 교회가 재조직되었을때에, 그 교회는 제네바의 것을 따라서 교회의 권징서를 제정하였고, 장로교회 적인 형태가 프랑스 안에서 시행되었다. 그리고 그 위에 대회가 있어서 연합되어있었다. "

4) Samuel Miller, **Presbyterianism the Truly Primitive and Apostolical Constitution of the Church of Christ,** Philadelphia Sprinkung or Affusion, 1835, p. 9.

형태의 장로교회가 되었다.

　16~17세기를 지나면서 종교 개혁 시대가 마감을 하게 되면, 개혁 교회는 두 종류의 명칭으로 나누어진다. 그것은 스코틀랜드를 중심으로 장로교회와 화란을 중심으로 유럽 대륙의 개혁 교회라는 명칭이다. 그러나 16세기 유럽 대륙의 중추적인 개혁 교회였던 프랑스 개혁 교회가 장로교회였다면 유럽 대륙의 개혁 교회는 장로교회적인 개혁 교회였다. 그럼에도 불구하고 스코틀랜드 개혁 교회를 장로교회라 부르는 것은 교회 제도 자체를 더욱 엄밀하게 장로제도로 개혁하였기 때문이다. 그러므로 엄밀한 의미에서 장로교회 역사란 웨스트민스터 신앙 고백을 작성하게 된 배경적 역사라고 할 수 있는 잉글랜드와 스코틀랜드 장로주의 퓨리탄들의 역사 그리고 이후 미국 신대륙에 이주한 아일랜드 얼스터의 장로교회의 역사를 들 수 있다.

　그러므로 18세기로 접어들게 되면 개혁 교회의 역사는 스코틀랜드와 북아일랜드 얼스터 지방을 중심으로 하는 장로교회와 유럽 대륙의 화란과 스위스 지방을 중심으로 하는 개혁 교회로 나누이게 된다. 그러나 개혁 교회 역사에 있어서 교회의 제도적 부분까지 개혁하였던 스코틀랜드 장로교회의 역사는 북미주 신대륙에서 미합중국 장로교회로 연결이 된다.

　무엇보다 잉글랜드와 스코틀랜드 장로교회의 계승자들이라고 할 수 있는 북 아일랜드의 얼스터 출신의 장로교회들은 북미 신대륙에서 장로교회를 세웠다. 이러한 북 아메리카의 장로교회는 신대륙에 이미 17세기에부터 정착하였던 잉글랜드 독립파 퓨리턴들이 세운 회중 교회와 다르다. 대영제국의 개혁 교회는 신대륙에 오면 더욱 분명하게 스코틀랜드 장로교회와 뉴잉글랜드 회중 교회로 분류 된다. 그리고 그 이후에 화란과 유럽 대륙의 소수의 개혁 교회들이 신대륙에 정착하여 세운 개혁 교회란 명칭의 화란의 개혁 교회가 형성된다.

　유럽 대륙의 여러 개혁 교회들은 주로 18세기 이후부터 북미주 신대륙에 들어와서 캐나다와 미국에 개혁 교회를 세우게 된다. 이러한 개혁 교회는 주로 화란 개혁 교회에서 이주한 이민자들에 의하여서 세워졌다.

　그래서 북 아메리카 신대륙의 개혁 교회는 가장 먼저 이주한 뉴잉글랜드의 회중 교회가 있고 그 다음으로 신대륙에 정착한 스코틀랜드 장로교회가 있다. 그리고 그 이후에 화란으로부터 이주한 이민자들이 세운 화란의 개혁 교회가 있다. 그렇게 북 아메리카 신대륙에서는 각자 그 개혁 교회가 본래 세워졌던 나라에 속한 이민자들을 통하여서 각자 독자적으로 개혁 교회를 세웠다. 그러나 북 아메리카 신대륙의 뉴잉글랜드 회중 교회와 주로 북아일랜드 얼스터 출신들이 세운 장로교회와 화란의 개혁 교회는 모두 동일한 근원으로부터 나온 개혁 교회라고 할 수 있다.

　회중 교회는 교회 정치에 있어서 독립 교회와 회중 교회를 표방하였고 장로교회는 장로 정치를 표방하였으며 화란의 개혁 교회는 독자적인 교회 형태를 가지고 신대륙에서 정착하였다.

　그러므로 역사적 개혁 장로교회란 잉글랜드와 스코틀랜드의 퓨리탄들에 의하여서 세워진 장로교회라고 할 수 있다. 그리고 그들이 웨스트민스터 총회에서 결정한 웨스트민스터 표준 문서가 개혁 장로교회를 세우는 장로교회법이라고 할 수 있다.

　본 저서는 한국 장로교회 성도들에게 장로교회의 시작과 발전에 대한 근원을 살펴보게 함으로써 장로교회가 얼마나 놀라운 가치와 유산을 가지고 있다는 것을 소개하고자 한다. 제 독자들은 가장 개혁된 교회로서 장로 교회의 유산이 무엇인가를 본 서를 통하여서 알아가기를 바란다.

본 저서가 나오기까지 여러 면에서 수고해 주신 모든 분들께 감사를 드리며 지금도 진리를 사모하고 진리와 함께 살고자 고군 분투하는 모든 경건한 성도들에게 삼가 이 저서를 바친다.

## 제 1 장 종교 개혁 이전의 종교 개혁가들

종교 개혁 이전 중세 교회 시대란 사도 시대 교회로 돌아가고자 하였던 개혁 교회에게는 단절의 역사이다. 그만큼 중세 교회 시대와 이념은 사도 시대 교회로부터 멀었고 진리로부터 어두웠다. 그러한 중세 시대에 교회 개혁의 서광을 비추었던 무리들이 있었다.

그들은 종교 개혁 이전 종교 개혁가들이었다. 그들은 주로 피터 왈도와 존 위클리프와 얀 후스이다. 그러나 그들의 시대는 아직 종교 개혁의 시대는 아니었다. 그들의 교회 개혁의 열망은 아직 시대적으로 무르익지 않은 관계로 로마 카톨릭의 폭력적인 핍박과 함께 역사 속으로 사라져 버렸다.

주후 10세기 이후 15세기까지 중세 교회의 어두움은 요한 계시록의 사데 교회와 같은 어두움이었다. 주님께서 사도 요한을 통하여서 말씀하신 바와 같다.

> 내가 네 행위를 아노니 네가 살았다 하는 이름은 가졌으나 죽은 자로다. 너는 일깨워 그 남은바 죽게된 것을 굳게 하라 내 하나님 앞에 네 행위의 온전한 것을 찾지 못하였노니 그러므로 네가 어떻게 받았으며 어떻게 들었는지 생각하고 지키어 회개하라 만일 일깨지 아니하면 내가 도적 같이 을리니 어느 시에 네게 임할는지 네가 알지 못하리라. 그러나 사데에 그 옷을 더럽히지 아니한 자 몇 명이 네게 있어서 흰 옷

**을 입고 나와 함께 다니리니 그들은 합당한 자인 연고라. 이기는 자는 이와 같이 흰 옷을 입을 것이요 내가 그 이름을 생명책에서 반드시 흐리지 아니하고 그 이름을 내 아버지 앞과 그 천사들 앞에서 시인하리라.** (요한 계시록 3장 1~5절)

그 시대 대부분의 보편적인 교회는 어둠에 잠겨 있었고 몇몇 분파들의 활동 중에서 극히 소수만이 복음의 빛을 받고 핍박 속에서 견디고 있었다. 그 대표적인 부류가 왈도파와 위클리프 사후에 발생한 로랄드파와 후스 이후에 발생한 후스파들이다.

## 1. 중세의 종교 개혁자 피터 왈도

로마 카톨릭 교회가 깊은 수렁으로 빠져들고 있었을 때 프랑스 리용에는 한 부유한 상인 출신 이었던 피터 왈도(?~1218)라는 인물이 로마 카톨릭과 다른 형태의 교회 조직을 가지고 비주류 교회를 이루어가고 있었다.

그것이 왈도파(1170~80)이다.5) 그들은 중세 시대에 프랑스 리용(Lyons)에서 발생한 종교 개혁 이전 시대의 종교 개혁주의자들이었다. 부유한 상인이었던 피터 왈도는 종교적인 회심을 경험하게 된다. 그리고 그는 그의 재산을 처분하고 엄격하고 경건한 종교적인 생활을 추구하는 공동체를 결성하게 된다.

[그림 1] 피터 왈도(Peter Waldo)

피터 왈도는 가난한 자들에게 자신의 재산을 나누어주고 하나의 공동체를 형성하였다. 그것은 **"리용의 가난한 자들"**이라는 명칭으로 프랑스에서 활동하기 시작하였다. 그들은 청빈과 검소를 표어로 하여서 복음의 단순성을 회복하고자 하였다. 이러한 피터 왈도의 노고로 많은 사람들이 그를 따르게 되었다. 왈도파는 로마 카톨릭의 권위에 도전하지도 않았다. 로마 카톨릭 제도를 직접적으로 저항하지도 않았다. 그러나 왈도파는 로마 카톨

---

5) Williston Walker, **A History of the Christian Church**, New York, 1985, pp. 306~307:Walker A. Elwell, **Evangelical Dictionary of Theology**, Baker, 1984, pp. 1150~51.

릭 교회와는 전혀 다른 형태의 교회 제도와 가르침을 가지고 있었다. 그로 인하여 로마 카톨릭 교회는 그들을 핍박하기에 이르렀다.

1181년 왈도파는 리용의 대주교에 의하여서 정죄되었다. 1184년 교황 루시우스 3세가 왈도파의 활동을 이단적인 것으로 선언하였다. 그 이후에 왈도파는 로마 카톨릭으로부터 큰 핍박을 받았다. 그러나 왈도파는 빠르게 랑꾸에도그와 피에드몽뜨에서 발전하였다. 그리고 그들은 계속 발전하여서 중부 유럽과 동부 유럽에까지 파급되었다.

1184년에서 1205년 사이 피터 왈도가 죽은 이후에 왈도파는 더욱 급속하게 발전하였다. 왈도파는 전적으로 성경에 의존하여서 성경에 어긋나는 로마 카톨릭의 모든 전통을 거부하였다. 그들은 성경을 믿음과 생활의 유일한 규범이라고 고백 하였고 성경으로부터 정당한 근거를 찾을 수 없는 것은 무엇이든지 교회에서 정당화 될 수 없다고 하였다. 그래서 그들은 **"우리는 사람의 가르침 보다 하나님의 가르침에 순종한다."** 고 하였다. 그리고 그들은 참된 카톨릭 교회란 로마 교황이나 고위 성직자들의 권위에 속하는 것을 거부하는 것이라고 주장하였다. 그러므로 그들은 미사와 죽은자들을 위한 기도를 비성경적인 것이라고 거부하였고 연옥설을 부정하였다. 그리고 맹세와 거짓말과 범죄자나 이단에 대한 사형을 단호히 거부하였다.

두 번째 왈도파의 중요한 원리는 성경의 대중적 사용과 함께 그것에 권위를 두는 것이었다. 이것은 종교 개혁 시대의 개혁주의 신학과 일맥상통한다.

세 번째 왈도파는 성경을 사용하는 일반 신자들의 권리와 가르침에 중요성이 있다고 주장하였다. 피터 왈도와 그의 추종자들은 복음적 사람들이었다. 그들은 순수한 시대였던 사도시대로 돌아가기를 열망하였다.6) 왈도파의 가르침은 프랑스에서 시작하여서 점차로 세력을 확대하여서 피에드몽뜨(Piedmont)까지 전파되었다. 그리고 오스트리아와 독일로 전파되었다. 이태리에서 그들은 계속 전도하였다. 이러한 왈도파의 활동은 로마 카톨릭 교회에 의하여서 핍박을 받기에 이르렀다.

1184년 베로나(Verona)의 공의회(Synode)는 그들에게 설교하는 것을 금지시켰다. 그리고 베로나 공의회는 "**리용의 가난한 자들**"을 카타리파와 동일시하며 저주하였다. 그들의 죄목은 주교의 동의 없이 설교하였다는 것이다.7) 비록 왈도파는 리용으로부터 축출되고 교회의 고위 성직자들에 의하여서 출교되었다 할지라도 자신들의 교리를 따라서 설교하는 것과 가르치는 것을 계속하였다.

1190년 그들은 나르본(Narbonne)의 논쟁에 소환되었다. 그들은 교회의 권위에 도전한 세력으로 정죄되었으며 감히 평신도가 설교하였다는 것이 죄목이었다.8) 그들에 대한 핍박은 1260년대까지 계속되었다. 그러나 왈도파는 계속 확산되어서 프랑스를 넘어서 이탈리아와 독일 그리고 보헤미아와 폴란드까지 이르렀다.9)

이렇게 계속되는 확산을 통하여서 왈도파는 세 부류로 재편된다. 첫 번째는 리용의 가난한 사람들이다. 그리고 둘째로는 롬바르디(Lombardy)의 가난한 사람들 그리고 셋째로 오스트리아의 왈도파이다. 그런데 왈도파는 기존 교회와 다른 점으로 인하여서 어떤 특별한 상황에서 핍박을 받았다. 그러나 왈도파는 이단

---

6) Philip Sharff, History of the Christian Church.vol.5:The Middlce Ages from Gregory VII to Boniface VIII 1049~1294, Hendrickson,2002, p. 502..
7) Ibid., p. 497.
8) Ibid., p. 499
9) Ibid., p. 500.

은 아니었다. 왈도파는 카타리파처럼 마니교 사상을 수용하지도 않았고 기존 교회의 성례식 체계를 거부하지도 않았다. 그리고 그들 스스로 새로운 형태의 의식들을 창안하지도 않았다. 왈도파는 독일의 신비주의자들과도 연결되어있지 않았고 신비주의를 멀리하였다.10) 그리고 왈도파는 카타리파를 강력하게 반대하였다. 왈도파는 카타리파가 자신들과 아주 다른 집단이라고 올바르게 판단하였다. 왈도파는 중세의 비슷한 시기에 활동하였던 카다리 파와 달리 로마 카톨릭 교회의 성직자들을 그대로 인정하였고 로마 카톨릭과의 충돌을 가급적 피했으며 오히려 성례에 있어서 로마 카톨릭보다 더욱 성경적이었다.

그리고 예배에 있어서도 왈도파는 사도 시대의 전통으로 돌아가고자 설교를 부활시켰다. 그리고 교회의 직분에 있어서도 고위 성직자 개념을 부정하였다. 그리고 왈도파는 로마 카톨릭과 계속적으로 교제를 유지하려고 하였다. 실지로 로마 카톨릭과 실재적으로 관계를 계속 유지하는 신자들도 있었다. 프랑스 왈도파는 카톨릭 성직자들이 합당하게 예배를 거행하는 것을 거부하지 않았다. 그들은 성례의 거행이 오직 사세일 경우에만 유효다고 생각하였다. 그리고 왈도파 자체의 성례식은 단지 일시적인 필요에 의하여서 시행하였다.11)

이와 달리 카다리 파는 명백하게 이단이었다. 그들은 영지주의적 가르침을 따랐으며12) 마니교의 요소를 채택하였다.13) 이 두 교파들 중에서 16세기 종교 개혁 시기가 도래하기 전 카다리

---

10) Ibid., p. 508.
11) J.D. Douglas, The New International Dictionary of the Christian Church, Paternoster Press, 1974, pp. 1025~1026.
12) Philip Schaff, p. 476.:"The Catharan doctrine seeme to have highly exalted Christ, though it denied the full reality of his human nature."
13) Williston Walker, p. 301.

파는 완전하게 소멸되었다. 그러나 왈도파는 14세기 중엽까지 로마 카톨릭의 핍박으로 상당하게 그 세력이 위축되었을지라도 종교 개혁 시기까지 남아 있다가 개혁 교회에 흡수 되었다.14)

　유럽은 주후 14세기경 로마 카톨릭 교회의 부패에 대한 반발로서 서 유럽에서 르네상스가 일어난다. 그러한 서유럽 대륙의 르네상스는 중세 로마 카톨릭 교회를 그 기반으로부터 흔들었다. 주후 10세기 이후 지속적으로 몰락을 거듭해온 로마 카톨릭 교회는 결국 14세기에 발생한 르네상스로 인하여서 심각한 세속의 도전에 직면하게 된다. 문예 부흥으로 불리우는 르네상스는 14세기에 남부 유럽에서 발생하였다. 이러한 르네상스 활동이 이태리에서는 반로마 카톨릭적인 사회 분위기를 조성하면서 로마 가톨릭 교회에 대한 신랄한 비판을 주도하는 사회적 변혁 운동이 되었다. 그러나 이태리와 같은 남부 유럽에서 주도한 르네상스 활동은 세속적 르네상스였다. 그것은 기독교로부터 이탈하여서 더욱 세속적으로 나아가려고 하였던 움직임이었다. 이러한 상황에서 부패한 로마 가톨릭 교회로부터 영국의 위클리프(Wyclif)와 보헤미아의 후스파(Huss)등이 유일하게 종교 개혁 정신을 전수하였다. 그 당시 기독교 이단들로 인식되었던 위클리프와 후스파 등은 오히려 기독교의 올바른 진리를 보존하고 있었던 것이다.

---

14) Op.cit. Philip Schaff, pp. 493~507.

## 2. 종교 개혁 이전의 종교 개혁가 존 위클리프

[그림 2] 존 위클리프(John Wycliffe)

존 위클리프(John Wyclif, 1325~1384)는 종교 개혁 이전의 잉글랜드 종교 개혁자였다.15) 그는 종교 개혁 시대에 개혁주의자들에 의하여서 자주 회자되었던 인물이다.16) 그가 활동할 당시에 잉글랜드 교회는 그야말로 종교적인 무지와 어둠의 시대였다. 그런데 14세기 잉글랜드는 사회적으로 매우 급변하는 시기였다. 잉글랜드는 프랑스와의 100년 전쟁을 끝으로 1337년 유럽에서 발생한 흑사병의 유입으로 인하여서 매우 큰 혼란을 겪었다. 그러한 시기에 잉글랜드 교회는 교황의 교서에 대하여서 강력하게 반발하기에 이르렀다. 바로 그 시기에 등장한 인물이 존 위클리프이다.17) 그는 1320~1330년 사이의 어느 때에 요크셔(Yorkshire)에서 태어났다. 그의 전체 경력은 거의 알 수 없지만 추측하건대, 옥스퍼드 대학과 밀접하게 관련되어 있다. 그는 1356년 학사 학위를 받았고, 1361년 석사 학위를 받았다. 그리고 그 이후에 발리올 칼리지의 학장으로 있었다. 그가 옥스퍼드에서 강의하는 동안 1361년 옥스퍼드 인근에 있는 필리햄(Fillingham) 교구의 목사로 임

---

15) Williston Walker, p. 385.
16) Philip Schaff, History of the Christian Church.vol.6:The Middlce Ages 1294~1517, p. 314.
17) Ibid., p. 303.

명되었다.

  1366년까지 위클리프는 옥스퍼드 대학의 평범한 신학자였다. 그러나 그는 그 해를 시작으로 하여서 궁정 목사로서 등장하였고 그때에 교회의 권세와 관련하여서 교황의 수위권에 대하여서 반대하였다. 그 해 잉글랜드 국왕 어반 5세는 의회에서 교황청에 대한 납세 의무의 교서를 거부하였다. 존 위클리프는 국가의 동의 없는 외국 통치자에 대한 왕국의 복종은 의무 사안이 아니라고 천명하였다. 위클리프는 영국 의회의 회원이 아님에도 불구하고 그와 같이 권고하였다.

  1368년 그는 옥스퍼드에 더 가까운 러져샬(Ludgershall)의 학장으로 선출되었다. 1360년대 그는 옥스퍼드와 더 넓은 학문 세계에서 논리학과 형이상학의 훌륭한 강사요 저술가로 명성을 얻었다. 1369년 그는 하나의 인상적 저술 **[존재에 대하여서]**(Summa de ente)를 완성하였다. 그는 철학적으로 극단적 실재론자(ultrarealist)로 그 당시 유명하였던 **[유명론]**에 반대하는 **[옛 길]**(via antique)의 열렬한 옹호자였다.

  주후 1372년 위클리프는 박사 학위를 받았으며 그곳에서 그로스테스트(Robert Grosseteste), 브래드 워딘(Thomas Bradwardine), 랄프(Richard FitzRalph 1295~1360)에 의하여서 중재된 성 어거스틴적 전통에 깊게 영향을 받았다.

  1374년 여름에 위클리프는 프랑스와 평화 협정을 체결할 왕의 사절로서 브르게스(Bruges)로 갔다. 그리고 그는 거기에서 교황의 사절단에게 잉글랜드 교회의 명령에 대한 만족할 만한 답변을 하였다. 그는 주교 방코르(Bangor) 다음으로 사절단의 위치에 있었다. 그는 그곳에서 로마 카톨릭 교회의 폭력적 권세에 대해서 강력하게 공격하였다. 그리고 그는 잉글랜드로 돌아온 뒤에 종교 개혁자로서 설교하기 시작하였다.[18] 그는 옥스퍼드와 런던에서 교황주의에 대항하여 설교하였다. 그리고 그는 이곳저곳을 순회하면서 타락한 로마 카톨릭 교회의 권세에 대항하여서 외쳤다. 그는 로마의 교황을 적그리스도이고 교만하고 세속적인 제사장 이라고 불렀다. 그리고 교황을 가장 저주받을 대상이고 절단된 고자라고 하였다. 그리고 교황은 매고 푸는 권세를 가지고 있지 않으며 이 세상의 군주들이 필요에 따라서 성직자의 소유를 빼앗을 수 있다고 하였다. 이러한 위클리프의 가르침은 그 당시 잉글랜드 귀족들에게 좋은 기회를 주었다.

1376년의 의회는 성직자 계급 구조에 저항하는 공적 불만에 대하여서 강하게 표명할 기회를 그에게 주었다. 그러나 옥스퍼드 교수들은 너무 강한 위클리프의 발언에 그를 비난하기에 이른다. 그래서 1377년 위클리프는 런던의 주교 윌리엄 코트나이의 재판정 앞에 서게 되었다. 그는 그곳에서 질의를 받게 되었고 그때에 재판관 페르시(Percy)가 그를 법정에 대하여서 무례한 자로 지목하는 주교의 제안을 따라서 무릎을 꿇게 하였다.

그러나 그때에 랑카스터(Lancaster)라는 귀족이 칼을 차고 주교 윌리엄 코트나이의 오만과 모든 잉글랜드 고위 성직자들의 오만을 꺾었다. 그러자 다본시르(Davonshire)의 공작의 아들인 주교의 반대파 중에 한 사람이 **"최선을 다하였습니다. 경!"**이라고 칭송하였다. 그때에 군중들이 혼란스럽게 떠들기 시작하였고 위클리프는 귀족 랑카스터(Lancaster)에 의하여서 보호를 받았다.19)

교황 그레고리우스 11세는 위클리프의 저서는 교회에 유해하고 오류가 가득하다는 내용의 19개 조항으로 된 유죄 판결문을 잉글랜로 보냈다. 결국 이것은 잉글랜드 왕 에드워드 3세와 옥

---

18) Ibid., p. 316.
19) Ibid., p. 317.

스퍼드 대학 그리고 런던의 주교들과 켄터베리의 대주교에게 적어도 다섯 가지 잘못이 쟁점화 되었다.20)

1378년 위클리프의 독특한 이력은 교리적 개혁자로서 알려지게 했다. 그는 외국의 불법 침해에 대한 잉글랜드의 권리를 수호하는 자였다. 그는 다메섹의 칼과 같이 날카롭게 그의 글을 저작하였다. 그는 그것을 쓰는데 주서하시 않았다. 그는 라딘어와 영어로 그것을 기록하였다. 그의 글은 확신에 차 있었고, 그의 가슴은 격정에 사로잡혀 있었다.21)

교황권의 대분열 이후에 위클리프는 더욱 엄밀하게 나아가서 궁극적으로 중세 교회의 구조 자체를 부정하기에 이른다. 그는 그의 저서 [**성경의 진리에 대하여서**](On the Truth of the Holy Scripture, 1378)에서 성경은 "**모든 그리스도인을 위한 지고의 권위이며, 신앙의 기준이고 모든 인간적 완전함의 기준**"이라고 하였다. 그는 [**교회에 대하여서**](On the Church, 1378)에서 참된 교회는 어거스틴의 말을 따라서 "**예정된 자들의 총체**"라고 정의했다.

1380년 그는 그의 저서 [**성찬에 대하여**](On the Eucharist)에서 고대 교회의 가르침을 따라서 화체설이 잘못된 교리임을 천명하였다. 1381년 여름 존 위클리프는 신학 대전을 완성했다.22) 위클리프는 저술 활동으로 그의 힘을 소진하였고 그의 건강은 악화되었다.

1382년 11월 위클리프는 처음으로 쓰러져서 신체의 일부가 마비되었다. 그리고 1384년 12월 28일 미사 참석 중에 쓰러졌

---

20) Ibid., p. 318.
21) Ibid., p. 319.
22) Walker A. Elwell, Evangelical Dictionary of Theology, Baker Book House,1984, pp.1197~98:J.D. Douglas, The New International Dictionary of the Christian Church, Paternoster Press. 1974. p.1064

고 결국 세상을 떠났다. 위클리프는 학자로서 잉글랜드 국가의 애국자로서 그리고 설교가로서 살았다. 학자로서 위클리프는 옥스퍼드에서 가르쳤다. 그는 크리소스톰과 어거스틴과 제롬과 그 외 다른 여타 라틴 교부들의 저서를 읽었다. 그리고 중세의 신학자로서는 안셀름과 둔스 스코투스 그리고 브래드와딘(Bradwardine), 피찰프(Fitzralph) 그리고 겐트의 헨리(Henry of Ghent)의 저서들을 읽었다.23)

위클리프는 옥스퍼드 교사로서 영국 교회에 대한 깊은 애정을 가지고 있었다. 그는 로마 카톨릭 교회의 영국 교회에 대한 지배를 반대하였고 교회 성직자들이 세속적인 권력을 추구하는 것을 반대하였다. 존 위클리프는 영국의 대주교 슈드베리(Sudbury)가 살해되었을 때에 슈드베리가 대법관의 지위를 가지고 있었기 때문에 그 죄로 죽었다고 선언했다.

존 위클리프는 "교회와 국가 정치에 대한 견해"에서 주로 시민권과 신적 주권의 활동을 강조하였다. 그러한 내용들은 그의 저서 **[하나님 나라와 세속 나라]**(De domino divino, & De dominio civili)를 통하여서 알려져 있다. 신적 주권은 사람들이 그것으로서 고유성을 주장하고 정치를 시행하며 신적 주권과 섬기는 정신을 구별하는 것이다. 그러나 하나님 나라는 주권을 독점하는 것이 아니라 그것으로 섬기는 것이다. 그리스도는 절대적 권세를 가지셨으나 세상의 군왕들처럼 지배하려 하시지 아니하셨다. 오히려 다른 사람들과 대화하는 방식을 선택하셨다. 주님은 완전한 종의 모습이셨다.24)

그는 세상의 주권(Civil Lorship)이 다음과 같다고 주장하였다. "죽을 수 밖에 없는 인생들은 어느 누구도 하나님 나라의 주권

---

23) Philip Shaff, History of the Christian Church. vol. 6. p. 326.
24) Ibid., p. 327.

을 가지고 있지 않다. 오직 은혜의 상태 아래 있는 모든 사람들은 세상 전체에 실재적 주권을 가지고 있다. 모든 기독교도들은 서로 서로 주종 관계이다. 교황과 교인에 대한 소유권을 주장하는 교회의 기관들은 그 상태가 타락한 것이다. 소유권은 적절한 것으로 제한되어야한다. 십일조는 성직자들이 선교를 수행하기에 편리하게 하는 것이다."25) 이러한 위클리프의 교회에 대한 염려는 그의 설교가로서 삶을 통하여서 극명하게 드러난다. 그는 설교가로서 강한 인상을 그들의 생도들에게 남긴다. 위클리프는 종교 개혁 이전 시기의 가장 저명한 개혁자로서 설교가로서 활동하였다. 위클리프의 설교 중에서 294편의 영어로 된 설교와 224편의 라틴어로 된 설교가 보존되어 있다. 그의 설교는 단순하고 직설적이었다.26)

존 위클리프는 그의 설교들을 통하여서 교황주의를 비판하였다. 존 위클리프는 교황 권에 대하여서 비판하였으며 성만찬에 대하여서 화체설을 부정하였다. 그래서 성만찬시에 떡이 그리스도의 몸이 아니고 그러한 의식을 통하여서 그리스도께서 희생 제물이 다시 되시는 것이 아니라고 가르쳤다. 그는 교회를 택자들의 모임으로 정의하였고 그 교회의 머리는 그리스도라고 주장하였다.27) 그는 성직자에 의한 고해 성사도 거부하였다. 그는 사제들이 죄를 사할 수 없고 단지 신자들이 사죄 받은 사실에 대하여서 드러내 보여줄 뿐이라고 하면서 고해 성사는 사도적 전통이 아니라고 하였다. 각 개인들의 죄악은 하나님께 직접 자백해야 하는 것이며, 사제를 통하여서 자백할 필요가 없다고 주장하였다.28)

---

25) Ibid., p. 327.
26) Ibid., p. 328.
27) Ibid., p. 331.
28) Ibid., p. 334.

존 위클리프에 있어서 빼놓을 수 없는 개혁의 내용은 성경에 대한 것이다. 그는 성경의 최고의 권위를 언급하였다. 그는 말하기를 성경이 최고의 권위를 가지고 있는 것이라고 하였다. 성직자와 평신도 모두에게 성경은 최고의 선물이라고 하면서 성경이 구원의 명백하고 충분한 지침서라고 주장하였다. 그래서 그는 **"모든 교회의 권위 위에 성경의 권위가 있다."** 고 주장 하였다.29) 그는 성경의 권위가 모든 카톨릭 교리보다 더욱 높다고 주장하였다. 성경은 그리스도의 법이고 하나님의 율법이며 하나님의 말씀이고 생명의 책이라고 하였다. 그것은 흠 없는 주의 법이다. 가장 바르고 가장 완전하며 가장 안전한 하나님의 말씀이다. 그러므로 구원에 필요한 모든 것은 성경으로부터 얻을 수 있다. 이것이 보편적인(Catholic) 기독교 신앙이다. 그러므로 이 책은 모든 신자들의 필히 살펴보아야 할 것이다.30) 성경의 권위는 그 내용으로부터 분명하게 드러난다. 성경은 자비가 충만한 말씀을 제시한다. 하나님께서 이 모든 책들을 말씀하셨다. 그것들은 하나님의 위대한 말씀이다. 그는 신구약의 모든 구절은 진리라고 진술하였다.

존 위클리프는 직접 역본 성경이 라틴어 외에 없던 시대에 영어 역본 성경을 발간하기에 이른다. 그는 라틴어 벌게이트 성경으로부터 영어 성경을 역본하기에 이른다. 그 성경은 매우 평이한 영어로 옮겨졌다.31) 위클리프의 사후에 위클리프의 추종자들을 중심으로 로랄드(Lollard)파가 형성된다. 위클리프 자신은 어떠한 집단을 형성하지 않았지만 그의 사후에 자연스럽게 그러한 집단이 형성되었다. 로랄드파는 주로 콜로그네 주변의 지역과

---

29) Ibid., p. 338.
30) Ibid., p. 339.
31) Ibid., p. 342.

화란으로부터 영국으로 이주해 온 사람들이 중심이었다. 1300년 초기에 로랄드파는 베가하드(Beghards), 베기네(Beguines), 프라트리셀리(Fratricelli), 스웨테리오네스(Swestriones) 그리고 플라겔란테스(Flagellants) 등과 함께 형성되었다.32) 로랄드란 **"중얼거리는 사람"**이라고 하는 홀랜드 말에서 유래되었다.33) 로랄드 파는 존 위클리프 사후에 지적인 결핍과 함께 잉글랜드 정부의 지속적인 핍박으로 인하여서 점차적으로 세력이 약화되었다. 그러므로 잉글랜드에서 그 세력이 점차적으로 사그라 들었다. 그러나 미력하나마 지속적으로 종교 개혁의 시기에까지 남아 있어서 16세기 종교 개혁의 예비적 역할을 수행하였다.34)

---

32) Ibid., p. 350..
33) Williston Walker, p. 380.
34) Philip Shaff, History of the Christian Church. vol. 6. p. 357.

## 3. 보헤미아의 종교 개혁가 얀 후스

얀 후스(주후:1372~1415)는 보헤미아 남쪽의 가난한 농부의 자식으로 태어났다. 그는 프라하에서 대학을 공부하고 거기에서 문학 석사가 되었다. 모든 경제적 안정이 보장되는 신부 서품을 받기 이전에 그는 회심을 경험하게 되고 1402년 보헤미아 종교 개혁의 중심지인 프라하의 베들레헴 성당에서 설교자로 임명되었다. 이 기간 동안 존 위클리프의 이념들이 후스에게 많

[그림 3] 존 후스(Jan Hus)

은 영향을 미쳤다. 특히 종교적인 문제에 대하여서 그러하다. 그러나 얀 후스는 단순히 존 위클리프의 신학을 답습하는 것이 아니었다.

그 낭시에는 그 이전 보헤미아의 신학자 야노의 마태(Matthew of Janov. 1355~1349)에 의하여서 신학적 경향이 형성되어 있었다. 이 당시에 얀 후스뿐만 아니라 많은 대학생들은 존 위클리프의 저서를 자주 접할 수 있었다.

이렇게 된 역사적 배경이 있다. 보헤미아는 정치적으로 독일의 간섭아래 놓여있었다. 그래서 보헤미아는 신성 로마 제국의 황제 사를 4세(Charles IV. 1346~1378)가 황제로 있었다. 그렇게 보헤미야는 늘 독일 제국에 의하여서 종속되는 경향이 있었다.

1382년 독일 나라의 공주 앤(Anne)이 영국왕 리처드 2세와 결혼을 하게 됨으로서 보헤미아는 영국과 활발하게 교류할 수 있게 되었다. 체코의 학생들은 옥스퍼드로 유학을 가서 거기서 존 위클리프의 저서들을 접할 수 있었다. 그리고 그러한 저서들은 그들의 고국 보헤미아로 보내졌다. 그리고 그러한 시기에 얀 후스도 위클리프의 저서를 접하게 되었다. 이러한 보헤미아의 정치적 상황은 보헤미아로 하여금 종교 개혁의 소용돌이에 휘말리게 하였다.

1407년 얀 후스는 분명하게 종교 개혁자로서 면모를 갖추게 되었다. 얀 후스의 종교 개혁적 설교는 얀 후스의 논적자들과 보헤미아에 있는 로마 카톨릭의 독일 교수들에게 위협적인 것이었다.35)

1409년 교황 알렉산더 5세는 프라하의 대주교에게 그의 교구 내에 이단들을 박멸할 권세를 부여하였다. 그러므로 그 지방 대주교가 얀 후스에게 설교하는 것을 중지하라 요청하였다. 그러나 얀 후스는 거절하였다.

1410년 얀 후스는 로마 카톨릭으로부터 출교 되었다. 얀 후스가 계속적으로 로마 카톨릭의 교황 제도와 고위 성직자 제도를 공격하자 로마 교황청은 프라하 전체에 수찬 정지 명령을 내렸다. 그러자 얀 후스는 프라하의 고통을 덜어주고자 1412년 보헤미아 북쪽으로 가서 그곳의 귀족 친구들에게 피난처를 찾았다. 이 피신 기간 동안 얀 후스는 그의 주된 저서 **[교회론]**(De ecclesia)을 저술하였다. 그는 그의 저서 **[교회론]**에서 교황의 절대 권력을 부정하고 가시적 교회의 무오성을 부정하였다. 그리고 하늘의 열쇠를 매고 푸는 것과 관련하여서 사제들의 교권주의를 부정하였다.36)

---

35) Walter A. Elwell, Evangelical Dictionary of Theology, Baker, 1984. p. 538.
36) Ibid., p. 538.

대 콘스탄스 공의회(1414~1418)가 개회되었을 때에, 보헤미아의 종교적 혼란을 다루고자 하는 움직임이 로마 카톨릭의 성직자들 사이에서 일어나기 시작하였다. 그래서 콘스탄스 공의회는 보헤미아의 종교 지도자 얀 후스를 소환하기에 이른다. 그러므로 보헤미아는 얀 후스의 신변 안전을 위하여서 신성 로마 제국의 황제였던 지기스문트(Sigismund. 1410~1437)에게 안전권을 부여하도록 하였다.

1414년 9월 1일 얀 후스는 지기스문트에게 콘스탄스 공의회에 갈 준비가 되었다고 서신을 보냈다. 그리고 그해 10월 11일 얀 후스는 콘스탄스에 이르게 된다.[37] 그가 콘스탄티에 이르자 많은 혼란이 일어났다.[38] 교황 요한 23세는 후스의 안전을 보장해 주겠다고 했다. 그러나 그해 11월 28일 트렌트와 아우구스부르그의 두 주교들이 그의 숙소로 병사들과 함께 찾아가서 그를 체포하였다.

얀 후스는 결국 체포되어서 감옥에 갇혔다.[39] 그리고 콘스탄티 주교회는 신성 로마 제국 황제인 지기스문트를 설득하였다. 그래서 면책권을 상실하도록 하였다. 얀 후스는 종교 회의에 회부되었고 변변한 변론도 못하고 화형을 당하였다.[40] 그때 코크(Cork)의 주교 패트릭(Patrick)을 포함한 위원회는 선고를 낭독하였다. 그것은 30개의 항목으로 된 것이었다. 후스는 변론하려고 하였다. 그러나 그들은 후스의 입을 막아 버렸다. 그리고 선고하기를 "거룩한 공회 하나님의 면전에서 존 후스를 정죄하노라. 그는 명백하고 분명한 배교자로서 그리스도의 제자가 아니라 존 위클리프의 제자이다. 그는 프라하의 대학과 성직자들과

---

37) Philip Shaff, **History of the Christian Church. vol. 6.** p. 372.
38) Ibid., p. 373.
39) Ibid., p. 374.
40) Ibid., p. 380.

백성들 앞에서 위클리프를 가르쳤다."고 하였다. 후스는 "**나는 가장 은혜로우신 주 예수에게 내 자신을 위탁하노라.**"고 말하고 죽었다. 그는 죽으면서 기도와 찬송을 올렸으며 바람이 불어올 때 그의 얼굴을 화염이 덮쳤고 그의 소리가 묻혀 버렸다.41)

얀 후스가 순교한지 일년 이후인 주후 1416년 5월 30일 그의 친구 프라하의 제롬은 공의회에 의히여서 정죄되었다. 그리고 화형을 당하였다.42) 그는 위클리프에 대한 가르침에 있어서 얀 후스와 공유하였던 인물이었다. 그는 얀 후스와 동등한 수준의 학자였고 절친한 친구였다. 얀 후스가 프라하에서 근접한 곳에서 살았다면 제롬은 서유럽으로 여행을 자주 다녔고 프라하에는 가끔 들렀다. 좋은 가정에서 태어난 제롬은 프라하 대학을 마치고 후에 파리와 옥스퍼드에서 수학하였다. 옥스퍼드에서 학생이 된 이후 그는 위클리프의 저서를 읽고 경탄하였다. 그리고 그는 그것을 가지고 그 이듬해에 보헤미아로 돌아왔다. 프라하에서 그는 이 거룩한 영국 학자를 소개하기에 이른다. 그는 후스와 함께 학생들에게 이 신학자는 어거스틴보다 더욱 가치 있는 사람이라고 극찬하기에 이른다. 그리고 제롬은 후스와 연계하여서 교황주의를 1412년부터 비판하기 시작한다.

콘스탄스에 도착한 이후에 얀 후스는 제롬에게 서신을 보낸다. 그것은 어떠한 경우에도 콘스탄스를 방문하지 말라는 것이다. 그러나 제롬은 1415년 4월 4일 콘스탄스에 이르렀다. 결국 제롬도 4월 15일 히르샤우(Hirschau)에서 붙잡혔다. 그리고 결박당하여서 감옥에 갇혔다. 얀 후스는 그가 죽기 일주일 전에 거룩하고 흠이 없이 죽을 것을 소망하는 내용을 서신에 기록하였다.

---

41) Ibid., p. 382.
42) Ibid., p. 388.

1415년 9월 11일 제롬은 엄숙하게 위클리프에 대한 경탄을 포기하기로 하였다. 그리고 로마 교회가 사도적 교회라고 고백하기에 이른다. 12일 후에 다시 엄숙하게 그의 포기선언은 공의회에 의하여서 문서 형태로 작성된다. 그러나 그의 줄감은 뒤따르지 않는다. 공의회는 최대한 제롬이 보헤미아에서 그의 포기선언을 소리높여 외쳐주기를 의도하였다. 그해 5월 30일 제롬은 추기경 앞에서 섰다. 주교 로디(Lodi)는 학생들에게 말하기를 죄수를 벌하도록 공의회에 요청해야한다고 하였다. 거룩한 공의회는 그를 위클리프와 후스의 추종자로 선고하였다. 그리고 그를 썩은 가지로서 화형을 판결하였다. 제롬은 추기경으로부터 나와서 종이로 된 모자를 머리에 쓰고, 붉은 악마의 페인트를 하고 화형에 처해졌다. 그는 단순히 정죄 받은 평신도로서 면직의 선고도 필요 없었다. 그는 후스가 화형당한 그곳에서 화형 당했다. 그리고 나무가 주위에 놓여질 때에 부활절 찬송을 부르며 죽었다. 화염이 후스와 달리 그의 비참을 알리듯이 천천히 타올랐다. 그의 죽음 이후에 공의회는 그를 이단의 수괴로 위클리프와 후스의 이름과 함께 가입하였다.43)

얀 후스는 화형을 당한 이후에 보헤미아의 영웅적 순교자가 되었다. 그러나 로마 교회의 위세에 눌려서 어느 누구도 제대로 그러한 마음을 표시할 수 없었다. 그러한 때 후스주의자들이라고 할 수 있는 단체가 발생한다. 그들은 곧 두 집단으로 분리되는데 타보리티(Tabority)와 칼릭티니(Calixtiny)이다. 그들은 평신도의 모자를 쓰는 것에 동의하였다. 세 번째 단체인 보헤미아 형제단은 15세기에 발생한 것이다. 콘스탄스 공의회는 위클리프와 후스와 제롬을 가장 불의하고 위험하고 부끄러운 사람이라고 선고했다. 그리고 그러한 선고를 프라하의 고위성직자들과 대주

---

43) Ibid., p. 390.

교에게 보냈다. 프라하의 관원들은 그들의 선언들을 보관해 두었다.44) 후스주의자들은 지기스문트를 계시록의 붉은 용이라고 정죄하고 통렬히 비난하였다.

마틴 5세(Martin. V)는 보헤미아에 대항할 십자군을 모집하였다. 교황주의에 복종하는 150,000명을 유럽으로부터 소집하였다. 그들은 다섯 번이나 후스의 고국을 침략하였으나 패배 당하였다.

1424년에 후스주의자들은 군사 전략가 존 직카(John Zizka)를 잃었다. 그러나 그의 후계자 프로코피우스 리사(Procopius Rasa)의 지도 아래에 더러운 침략자 독일을 점령하였다. 첫 번째 후스의 추종자 단체는 과격한 타보르티(Taborites)이다. 그들은 프라하 남쪽 60 마일 지점에 위치한 타보르티에 요새를 구축하고 화체설과 성인들에 대한 숭배, 사자를 위한 기도, 면죄부, 고해 성사, 맹세 포기와 춤추고 노는 것을 거부하였다. 그들은 평신도와 여인들까지 설교할 수 있게 하고, 모든 공중 예배에는 자국어를 사용할 것을 결의하였다.45)

두 번째 온건한 프라거스(Pragers)는 칼릭스(Calixtines)의 영향을 받은 곳이다. 그들은 평신도에 대한 성만찬을 허락하는 제도를 주장하였고 프라하 대학은 칼릭스와 함께 4개의 프라하 선언을 채택하였다. 이것은 복음에 대한 자유로운 설교를 요구하고 평신도에 대한 성만찬을 베풀고 세속 법정에 의한 사형에 대한 강제 집행을 행한다. 그리고 사도적 청빈의 실천에 대한 성직자의 복귀를 요구하였다.46)

세 번째 후스 추종자 단체인 보헤미아 형제단은 영예롭고 기

---

44) Ibid., p. 392.
45) Ibid., p. 393.
46) Ibid., p. 394.

나긴 역사를 가지고 있다. 이 단체는 여전히 모라비안 안에 남아 있다. 그들은 개신교회 내에서 하나의 교파를 형성하였다. 그러나 그들의 시작은 불확실하다. 그들은 주로 1457년경에 모습을 드러낸다. 그리고 종교 개혁의 시기까지 계속적으로 성장하였다.

  1467년에 60명의 형제들이 종교 회의를 열었다. 프라하의 회원들은 핍박을 견디었다. 그때 조지 포디에브라드(George Podiebrad)는 그들에게 경작할 토지를 내주었다. 그들은 자체적으로 로마 카톨릭 교회와 다른 구별된 예배 형태를 가지고 있었다. 그들은 성례에 있어서 로마 카톨릭 교회의 사제주의를 거부하였다. 그들은 맹세를 거절하였고 세속 정부에 대항하는 전쟁이나 군사적 행동을 거절하였다. 그리고 유흥을 거부하였다. 연옥 교리를 거부하였으며 가치 없는 생활을 하는 사제들의 봉사를 거부하였다.[47]

---

47) Ibid., p. 397.

## 제 2 장 종교 개혁 역사와 개혁 장로교회사

　개혁 교회 역사는 매우 포괄적이다. 그것은 16세기 종교 개혁 이후에 유럽 대륙과 영국과 스코틀랜드를 포함한 전체 유럽 지역의 교회 개혁의 역사를 포괄한다. 그러한 종교 개혁의 역사는 거의 동시에 유럽 전체에서 다양한 양상을 띠고 발전하였다. 헝가리, 보헤미아와 폴란드 같은 동구권 개혁 교회도 있었고 이탈리아와 프랑스 같은 유럽 남부의 개혁 교회도 있었다. 그리고 각 지역의 종교 개혁의 후견인이며 본산지라고 할 수 있는 스위스와 화란의 개혁 교회는 그 형태가 매우 오랜 기간 지속되었다.
　그러나 17세기는 서글픈 종교 개혁의 축소의 역사라고 할 수 있다. 그것은 로마 카톨릭 교회가 개혁 교회에 대항하여서 전열을 가다듬고 그것이 어느 정도 효과를 보았기 때문이다. 결국 17세기 유럽의 기독교는 북부 유럽의 개혁 교회와 남부 유럽의 로마 카톨릭으로 양분되기에 이른다. 이러한 개혁 교회의 역사에 있어서 그 중심적인 역할을 수행하였던 스위스 종교 개혁의 역사는 베른, 바젤, 쮜리히, 제네바 그리고 스트라스부르그 등의 종교 개혁주의자들에 의하여서 더욱 활발한 교회 개혁을 이루게 되었다.
　그러므로 이제 종교 개혁의 중심지로서 스위스 종교 개혁의 역사와 그 이후 스위스 종교 개혁의 정신을 계승한 프랑스 개혁 교회의 역사를 살피고자 한다. 그리고 마지막으로 화란의 개혁 교회를 역사를 살피고자 한다.

## 1. 종교 개혁과 북 유럽 인문주의

르네상스는 유럽 역사의 중요한 사건으로 간주되고 있다. 그 기간은 14 세기로부터 16세기에 걸쳐 있다. **르네상스**라는 의미는 "**다시 태어난다**"라고 하는 의미가 있다. 그러므로 르네상스는 고대(古代)로 돌아감이었다. 특히 고대 문헌으로 돌아가고자 한 것이었다. 그래서 문예 부흥이라고도 한다. 고전(古典)의 해석이 다시 이루어지고 그리고 고대(古代) 이방 민족의 역사가 새롭게 부각되면서 인간의 본연의 상태를 회복하고자 하였으며 기존의 로마 카톨릭의 부패한 종교의 형태에 대하여서 혐오하기 시작하였다. 그것은 유럽 인들의 로마 카톨릭에 대한 강한 불신이기도 하였다.

르네상스는 이탈리아에서부터 시작되었다. **인문주의**로 알려진 고전의 연구에 대한 관심이 이탈리아 르네상스의 시작이었다. 페트라르카 (1374년)는 일반적으로 최초의 인문주의자로서 알려져 있다. 그 이외에도 지오바니 보카치오 (1375년), 로렌조 발레 (1457년) 그리고 지오바니 피코 델라 미란돌라 (1494년) 등이 있다. 르네상스 운동은 알프스 북쪽으로부터 시작하여서 15세기와 16세기 초반까지 활동하였다.

주후 10세기로부터 14세기까지 로마 카톨릭 교회는 지속적으로 교회의 개혁에 대한 여러 가지 요구에 직면하게 된다. 그러나 부패한 로마 카톨릭은 전혀 미동도 하지 않았다. 그런 와중에서 발생한 르네상스는 전적으로 유럽 인들로 하여금 로마 카톨릭에 대하여서 다시 생각하게 하는 계기가 되었다. 이러한 활동을 통하여서 로마 카톨릭은 그 권위가 서서히 사라지기 시작하였다. 중세의 사고방식 아래에서 살아왔던 유럽 인들에게 르네상스는 그야말로 사고방식의 전환이었다. 그리고 이탈리아에서 처음 시작되었던 르네상스 운동은 북부 유럽까지 파급되었다.

남부 유럽에서는 이교도들의 고전 문헌들을 연구하는 세속적 인문주의가 주로 발전하였다. 그러나 그에 반해서 북부 유럽에서는 기독교 고전을 연구하는 기독교 인문주의가 발전하였다. 그것은 주로 신약 성경과 교부들의 문헌을 연구하는 움직임이었다. 그 대표적인 인물들은 주로 요한 콜레트(1519), 요한 로이힐린(1522), 토마스 모어(1535) 쟈크 레페브레 데 에타플(1536) 그리고 에라스무스(1536)등이다.

비록 남부 유럽에서 발생한 르네상스 운동이 북부 유럽의 기독교 인문주의 운동과 직접적으로 연관되어 있는가 하는 것은 논란의 여지가 있을지라도 기독교 역사에 있어서 남부 유럽의 르네상스 운동이 북부 유럽의 기독교 인문주의로 발전하는데 간접적으로 영향을 주었다고 하는 것은 피할 수 없는 사실이다.48) 이러한 남부 유럽의 세속적 인문주의의 발흥과 다르게 북부 유럽에서는 에라스무스와 같은 자들을 통하여서 기독교 인문주의가 발생하였다. 기독교 르네상스 운동가들은 주로 기독교 고전을 새롭게 조명하였고 특히 신약 성경의 사본들을 재편집하여서 출판하기에 이르렀다. 이렇게 북부 유럽에서 기독교 인문주의가 지속적으로 발달하면서 북부 유럽에서는 로마 가톨릭 교회에 대하여서 종교적인 개혁을 요구하기에 이른다. 그럼에도 불구하고 로마 가톨릭 교회는 그런 급변하는 세대에 대처할 능력을 상실한 상태에서 오히려 점차적으로 더욱 부패하여져 갔다.

---

48) J.D. **Douglass**, p. 836.

그런데 우리는 북부 유럽에서 발생한 기독교 인문주의와 종교 개혁 시대의 개혁주의와 근본적인 차이점을 분별할 필요가 있다. 북부 유럽에서 발생한 기독교 인문주의가 종교 개혁에 어느 정도 영향을 주었다고 할지라도 기독교 인문주의와 종교 개혁 정신은 그 원리와 본질이 전혀 다르다. 에라스무스와 같은 기독교 인문주의자들과 쓰빙글리, 부쩌, 불링기 그리고 존 칼빈과 같은 종교 개혁주의자들과의 차이점은 로마 카톨릭 교회를 바라보는 관점의 차이이다.

인문주의자들은 사회 문화적 혁신과 정치적 개혁을 통하여서 부패한 유럽의 교회를 개선하려고 하였다. 그러나 종교 개혁주의자들은 근원적인 부패의 뿌리를 로마 카톨릭 교회로 보았다. 그러므로 그들은 로마 카톨릭 교회에 대한 개혁을 통하여서 종교를 개혁하려고 하였다. 인문주의자들은 옛 질서를 그대로 두고 사회 문화와 정치적 현실에 대한 개진을 추구하였다. 그러나 개혁주의자들은 모든 사회 문화와 종교 정치를 포함한 총체적인 중세 교회의 부패를 개혁하려고 하였다. 그러므로 개혁주의가 인문주의보다 더욱 엄밀하고 철저한 교회 개혁이었으며 사회 개혁이었다고 할 수 있다. 또한 개혁주의자들은 기독교 인문주의자들과 달리 로마 카톨릭에 대하여서 원리적으로 다른 교리적 입장을 가지고 있었다. 그렇게 로마 카톨릭주의와 개혁주의 사이에 가장 중요한 원리적인 차이는 성경론이다. 로마 카톨릭은 가시적 교회를 무오하다고 생각하여 가시적 교회의 수장인 로마 카톨릭 교황이 교회의 열쇠를 가지고 지상의 무오한 교회를 통치한다고 주장한다. 그러므로 종교적 논쟁의 모든 최종 권위는 가시적 교회에 있으며 그러한 가시적 교회의 수장인 로마 카톨릭의 교황에게 있다고 보았다. 그러므로 로마 카톨릭 교회는 성경도 교회의 결정에 따라서 그 범주가 정하여 진 것이며 로마 카톨릭 교회가 성경을 확정하였다고 주장하였다. 그러므로 로마 카톨릭 교회는 가시적 교회 전통을 성경과 동등하게 취급하였다. 가시적 교회가 결정한 교회의 전통은 성경과 동일한 위치에 있다는 것이다. 로마 카톨릭 교회의 전통에 대한 무오적 입장은 교황의 무오성으로 굳어졌다. 그리고 그러한 교황의 무오한 권세는 결국 성경의 권세와 대등한 것으로 간주되어 교황의 교서가 성경과 같은 권위를 갖는데 까지 이르렀다. 그러므로 종교 개혁의 원리가 오직 성경(Sola Scriptura)에 있다고 할 때 로마 카톨릭 교회가 주장하는 지상의 가시적 교회의 무오성에 대한 교리적 입장은 충돌이 불가피하였다.

개혁 교회는 모든 교리적 논쟁의 최종의 권세를 신구약 성경 안에서 말씀하시는 성령님으로 돌리고 있다. 역사적 개혁교회는 교회 안에 성경 이외의 다른 전통을 모두 거부하였다. 고대 로마 카톨릭의 성자 유물 숭배라든가, 교황 무오설, 마리아 숭배 사상등과 같이 성경의 지지를 받지 못하는 모든 가시적 교회의 전통을 원리적으로 거부하였다. 그리고 오직 성경만이 신앙과 행위의 유일한 법칙임을 천명하였다. 그리고 이러한 개혁 교회의 원리는 로마 카톨릭과 양립할 수 없는 원리적 이질성으로 드러났다. 그러므로 르네상스 시대로부터 로마 카톨릭에 대한 개혁에 있어서 심미적이고 윤리적인 접근으로 만족하였던 인문주의자들은 종교 개혁주의자들과 화합 할 수 없었다. 왜냐하면 기독교 인문주의자들은 모두 원리적으로 로마 카톨릭주의자들 었기 때문이다. 이러한 개혁 교회와 로마 카톨릭 교회의 원리적인 차이점으로 인하여서 개혁 교회가 로마 카톨릭 교회와 본질적으로 나누어질 수 밖에 없는 구조를 가지게 되었다. 이렇게 로마 카톨릭 교회와 분리된 개혁 교회는 스위스와 독일 그리고 화란 영국, 스웨덴, 보헤미아, 폴란드 등 북부 유럽 전체에 파급되었고 개혁주의 신학은 개혁 교회를 이루는 견인차 역할을 하였다. 그러나 개혁주의 신학이 어디에서나 동일한 신앙 고백을 형성한 것은 아니다. 모든 개혁 교회는 나름대로의 신조를 가지고 각 시대와 각 상황에 알맞게 발전하였던 것이다. 프랑스에서는 위그노, 폴란드의 라스코와 영국의 청교도들과 스코틀랜드 장로교와 화란의 개혁 교회 등 개혁 교회는 각 지방에서 그 특징에 맞게 발생하고 발달하였다.

## 2. 스위스 개혁 교회 역사

스위스는 종교 개혁이 일어나는 시기에 명목상 신성 로마 제국의 일부였다. 그러나 실질적으로는 지방 분권적인 자치 공화국 형태를 가지고 13주가 완만한 연방으로 연합을 이루어 유럽에서 가장 자유로운 나라가 되었다.49) 스위스가 종교 개혁의 중심으로 설 수 있었던 것은 바로 도시 중심의 자유로운 국가 형태로 발전하게 되었기 때문이다. 그러한 도시 국가적이고 지방 분권적인 환경에서 영세 중립국의 형태를 가지고 있었던 스위스는 개혁주의 신학이 자유롭게 각 도시로 파급될 수 있었고 결국 그러한 스위스의 연방 국가 형태는 결국 개혁 교회적인 국가를 이루는데 지대한 기반이 되었다. 그리고 그러한 스위스 연방 국가는 16세기 북유럽 개혁 교회의 중추적인 교회를 이루는 국가로 발전하였다. 그와 같이 스위스 연빙 국가의 자발적이고 자유로운 연합은 개혁주의 신학이 정착될 수 있는 좋은 토양이었던 것이다. 그리고 이러한 스위스의 개혁 교회 정신은 그와 이웃하고 있는 화란으로 이어지게 되었다. 그러므로 이러한 스위스 연방 공화국은 정복과 투쟁 그리고 자유로운 연합에 의하여서 확장되었다.

루세른(Lucerne)은 1332년에 연방으로 편입되었다. 쮜리히(Zurich)는 1351년에 그리고 글라루스(Glarus)와 주크(Zug)는 1352에 그리고 베른(Berne)은 1353년에 프라이버그(Freiburg)

---

49) Williston Walker, p. 441.

와 솔돈(Solothurn)은 1481년에 바젤(Basle)과 샤프하우스(Schaffhausen)은 주후 1501년에 그리고 아펜젤(Appenzell)은 주후 1513년에 편입되었다. 그래서 16세기가 되었을 때에는 13개의 자치주가 모두 연방으로 결성되었다. 그들과 함께 아가우(Aargau)와 두르가우(Thurgau)와 왈리스(Wallis)와 제네바(Geneva)와 그라우분덴(Graubündten)(그리손 라티아:Grisons, Rhätia)와 노이첼(Neuchatel)과 발라긴(Valangin)그리고 몇 몇 도시들 이를테면 비엘(Biel), 뮬하우젠(Mühlhausen), 로첼(Rotweil), 로카노(Locarno), 등이다. 이러한 주들이 후에 자치주에 더해졌다. 그래서 결국 자치주는 22개 주로 재편되었다.

역사적으로 스위스가 독립 국가 연합을 이룰 수 있게 되었던 것은 몇 가지 중요한 전쟁을 통하여서 외적을 효과적으로 물리쳤기 때문이다. 1386년 스위스는 합스부르그 왕가의 공격에 저항하여서 효과적으로 독립을 지켰다. 1388년 스위스는 프랑스왕 루이스 11세에 저항하여서 독립을 지켰고, 그와 동일한 형태의 여러 번의 무력 공격을 무사히 이기고 독립 국가로 유지할 수 있었다. 스위스의 자연과 역사는 스위스를 연방 공화국으로 만드는데 일조했다. 이 공화국은 원래 느슨한 독립주의 귀족 동맹체였다.50)

스위스가 기독교화 되었던 것은 주후 3~4세기 로마 제국의 치하에서였다. 스위스는 프랑스와 이태리로부터 개종 되었다. 제네바는, 프랑스 국경 근처에 있었는데, 남부 가울(Gaul)에 있는 비엔나(Vienne)의 주교에 의하여서 세워진 가장 오래된 교회였고 주교적 교회였다. 그러한 오랜 역사를 가지고 있었던 스위스 교회는 15~16세기에 걸쳐서 개혁 교회로 변모하였다.

---

50) Philip Schaff, History of the Christian Church.vol.8:The Swiss Reformation 1519~1605, p. 4.

16세기 종교 개혁 당시 스위스 교회에 있어서 교황은 정치적 군사적 주체처럼 행세했다. 가장 영향력 있었던 주교는 시온의 쉬너(Schinner)였다. 그는 호전적인 줄리우스 2세(Julius II)와 레오 10세(Leo X)에 대하여 실질적인 수고를 하였다.

종교 개혁 당시 스위스 교회도 독일처럼 타락하였다. 본래 스위스 사람들은 이웃 나라에 용병으로 고용할 만큼 용맹스러운 민족이었다.51) 그러므로 각국의 국왕들과 교황들이 그들을 용병으로 고용하기를 원하였다. 울드리히 쯔빙글리는 이러한 스위스의 상태에 대하여서 자주 제동을 걸었다.

이제는 스위스의 종교 개혁에 희망적인 부분을 살펴 보고자 한다. 그것은 스위스 사람들이 종교 개혁에 대하여서 관심을 표명하기 시작하였다는 것이다. 그들은 바젤의 대학을 통하여서 많은 영향을 받았다. 바젤 대학은 스위스의 중요한 대학이었다. 그런데 그때에 바젤 대학에 토마스 위텐바르(Thomas Wyttenbach)가 있었다. 그는 로마 카톨릭의 면죄부와 미사와 사제들의 독신주의에 대하여서 비판하였다. 그리고 그는 몇몇 사제들과 함께 1524년에 결혼하였다. 그로 인하여서 그는 설교자로시 면직되었으나 출교를 당하지는 않았다. 그는 이후에 몇몇 고위 성직자들과 접촉하였으나 실패하고 가난하게 죽었다. 그것이 주후 1526년이다.

주후 1505년에 울드리히 쯔빙글리도 그의 강의를 들었다. 그리고 그로부터 많은 것을 배웠다. 바젤에서 에라스무스는 자유의 등불과 같았다. 에라스무스(주후 1514년~1516년 & 주후 1521년~1529년)는 그의 생애 활동적인 시기를 바젤에서 보냈다. 그리고 에라스무스는 그의 친구 프로베니스(Frobenius)의 출판사를 통하여서 그 자신이 모은 신약 성경 본문(Text Rece-

---

51) Ibid., p. 6.

ptus)을 출판하였다. 그리고 바젤에서는 루터의 저서들이 다시 출판 되어서 스위스로 퍼져 나갔다.

카피토(Capito), 헤디오(Hedio), 펠리칸(Pellican)과 외콜람파디우스(Ecolampadius)와 같은 사람들이 그 도시에서 연구하고 생각하고 설교하였다. 그러나 스위스의 종교 개혁은 바젤이 아니라 쮜리히로부터 시작되었다. 그리고 그것은 울드리히 쯔빙글리에 의하여서 주도 되었다. 그는 스위스 교회 개혁의 실재적 힘이고 대중적 설교가였다.52)

---

52) Ibid., p. 7:"스위스 종교 개혁의 중요한 시기가 있다. 1. 울드리히 쯔빙글리의 쮜리히에 대한 1516년부터 그가 죽는 시기까지의 스위스 종교 개혁이다. 2. 프랑스 계통의 스위스에서 1531년에서부터 그가 죽는 1564년까지 있었던 칼빈주의적 종교 개혁이었다. 3. 쮜리히의 불링거(1575년)와 제네바(1605년)의 베자가 그들의 선배들과 오랫된 친구들의 사역을 이어가는 것이었다."

## (1) 울드리히 쯔빙글리와 쮜리히 개혁 교회
### 【1】 울드리히 쯔빙글리의 생애와 사상

스위스 종교 개혁의 역사에 있어서 피할 수 없는 매우 중요한 인물이 있다. 그는 바로 울드리히 쯔빙글리이다.(Uldreich Zwingli, 주후 1484~1531) 그는 주후 1484년 1월 1일 루터 보다 7주 후에 스위스의 세인트 갈(Gall) 주(州)의 토겐부르(Toggenbur)의 도시에 있는 빌드하우스(Wildhaus)에서 태어났다. 그의 아버지는 그의 조부와 같이 행정 장관이었다. 울드리히 쯔빙글리가 태어난 빌드하우스(Wildhaus) 마을은 알프스 목초지가 둘러쳐 있는 고산 마을이었고 그들의 중요한 직업은 목축업이었다.

[그림 4] 빌드 하우스(Wildhaus)지방

[그림 5] 울드리히 쯔빙글리
(Uldreich Zwingli)

울드리히 쯔빙글리는 어려서 경건한 부모들과 베젠(Wesen)에 참사회장이었던, 인문주의자인 그의 삼촌에 의하여서 카톨릭 종교 안에서 교육을 받았다. 그는 어려서부터 베젠(Wesen)의 참사회장(dean)이었던 인문주의자인 그의 삼촌의 배려로 베젠에서 초등 교육을 받을 수 있었다. 그후 10세가 되던 해에, 그는 바젤(Basel)의 라틴 학교에 입학하게 되었다(1493년). 그리고 바로 그곳에서 그는 1498년에 스위스의 라틴 시인이면서 고전학 분야의 최고 권위자인 하인리히 볼프린(Heinrich Wölflin)이 교수로 있는 바젤 대학에 들어가게 된다. 그리고 그 후 2년 동안(1500년~1502년) 비엔나(Vienna) 대학교에서 공부를 하게 된다. 그곳에서는 철학과 천문학, 그리고 물리학을 수학하게 되고 주로 고전을 배웠다. 그는 그곳에서 열렬한 인문주의자가 되었다. 그는 음악에도 남다른 재주가 있어서, 류트나 하프와 바이올린을 연주할 수 있었다. 1502년 그 바젤로 돌아와서 세인트 마틴의 학교에서 라틴어를 가르쳤다. 그리고 바젤 대학교에서 1506년에 문학 석사 학위를 받았다.53) 바젤에서 그는 레오 주드(Leo Jud)와 친분을 두게 되었고 그는 그와 함께 그곳에서 졸업하였다.

그 둘은 신학교 교수였던 토마스 위텐바흐(Thomas Wyttenbach. 1472~1526)의 강의에 많은 영향을 받았다. 울드리히 쯔빙글리는 그 교수를 자신이 친애하는 그리고 가장 신실한 교수로 불렀다. 토마스 위텐바흐는 교회의 만행에 대하여서 울드리히 쯔빙글리의 눈을 열어준 사람이었다. 울드리히 쯔빙글리는 토마스 위텐바흐로부터 성경의 유일한 권위와 그리스도의 죽으심이 죄의 용서에 대한 유일한 열쇠이며 면죄부는 거짓된 것임을 배우게 되었다.54) 이러한 가르침을 통하여서 울드리히 쯔빙글리는 자연스럽게 기독교 신앙의 초기 원전으로 돌아갈 것을 열망하고 일반적으로 미신이라고 생각하는 것들을 비판하는 인문주의자가 되었다.55)

[그림 6] 레오 주드 (Leo Jud)

주후 1506년 울드리히 쯔빙글리는 콘스탄스의 주교에 의하여서 사제로 서품받았다. 그리고 글라우스 도시의 교구 사제로서 서임되었다. 그는 그의 첫 설교를 라퍼스윌(Rapperschwyl)에서 하였는데 그의 첫 미사의 시행은 빌드 하우스(Wildhaus)였다. 그는 글라우스 도시에서 약 10년간 임직하였다.(주후

---

53) Ibid., pp. 22~23. "1490년 베젠에서 초등교육, 1493년 바젤에서 중등 교육, 1498년 베른 대학 입학, 1500~1502년 비엔나 대학교, 1502~1504년 바젤 대학교 학사 학위 수여, 1504~1506년 바젤 대학교 석사 학위 수여"
54) Ibid., p. 23.
55) Williston Walker, p. 442.

1506~1516년) 그는 이 기간동안 헬라어와 히브리어를 공부하였고 에라스무스 작품에 몰두했다. 그리고 고전과 성경(주후 1516년판 에라스무스 헬라어) 교회 교부들의 저서를 집중적으로 공부했다. 글라루스에 있는 동안 그는 바젤에 있는 그의 친구인 학식있는 인문주의자 로레티(Loreti)를 통하여서 에라스무스와 서신을 나누는 사이가 되었다. 울드리히 쯔빙글리는 **"가장 위대한 철학자이며 신학자"**로서 에라스무스를 생각했으며, 그의 **"경계가 없는 학식"**(boundless learning)에 찬탄하였다. 그는 에라스무스의 저서를 밤낮으로 읽었다.

주후 1522년 울드리히 쯔빙글리는 쮜리히에 있을 때 에라스무스를 초청하였다. 그러나 에라스무스는 정중하게 거절하였다.56)

[그림 7] 에라스무스
(Erasmus)

그러나 우리는 울드리히 쯔빙글리가 보낸 서한이 한편인데 반해 에라스무스가 울드리히 쯔빙글리에게 보낸 서한이 6편인 것을 통하여서 에라스무스가 얼마나 울드리히 쯔빙글리를 생각하였는지를 알 수 있다. 울드리히 쯔빙글리에게 이 위대한 학자의 영향력은 매우 컸다. 정확하게 말해서 울드리히 쯔빙글리가 에라스무스의 문하생은 아닐지라도, 의심할 수 없이 울드리히 쯔빙글리는 에라스무스에 의하여서 고전 문학에 대한 높은 식견과 교회의 만행에 대한 비판 의식을 갖게 되었다는 것이다.57)

그러므로 울드리히 쯔빙글리는 에라스무스의 죄와 죄책에 대한 원만한 관점과 주의 만찬의 시행에 대한 상징적 해석에 대하여서 어느 정도 그의 신학을 시작한다. 그러나 세미펠라기우스

---

56) Op.cit. Philip Shaff, p. 25.
57) Ibid., p. 25.

주의적인 에라스무스의 견해에 대하여서 이의를 제기하였다. 왜냐하면 그는 철저한 예정론 신봉자였기 때문이다.58) 그럴뿐만 아니라 철저한 종교 개혁주의자였던 울드리히 쯔빙글리와 온건한 인문주의자였던 에라스무스는 종교 개혁이 진행됨에 따라 비록 그들이 개인적으로 적대적 관계에 있지는 않았지만, 점차적으로 멀어지게 되었다.

주후 1516년 울드리히 쯔빙글리는 프랑스의 정치적 상황의 어려움으로 인하여서 글라우스를 떠나서 아인시에델른(Einsiedeln)으로 초빙을 받게 되었다.59) 그는 쮜리히로 가기 전까지 그곳에서 교구 신부로서 봉직하였다. 아인시에델른은 베네딕트 수도원이 있는 마을이었다. 그곳은 수도사들이 순례 여행을 자주 하는 곳이었다. 그러므로 많은 수도사들이 스위스와 독일과 프랑스와 이태리에서부터 순례 행렬을 이루었다. 이 곳에서 그는 성경과 교부들에 대한 많은 지식을 얻을 수 있었다. 그는 에라스무스와 오리겐, 암브로시우스, 제롬, 크리소스톰의 주석들을 읽었다. 그는 그곳에서 신약 성경을 해석하는데 전력 하였다. 그러므로 그는 그의 손으로 바울서신과 히브리서를 필사하였다. 주후 1517년 그가 사용한 사본은 에라스무스의 것이었다. 미코니우스와 불링거와 카피토는 울드리히 쯔빙글리가 아인시에델른에서 로마 카톨릭 교회의 만행과 우상 숭배에 대한 반대와 그리스도에 대한 백성들의 예배에 대하여서 설교하였다고 하였다.

---

58) Ibid., p. 26.
59) Ibid., p. 27:"1516년에 울드리히 쯔빙글리는 글라우스를 떠나게된다. 그는 글라우스를 떠날때에, 스위스에서 가장 영향력있고 현저한 공인중에 하나가 되었다. 그러나 여전히 그때까지 그는 인문주의자였고 애국자였을뿐 신학자와 종교 지도자는 아니었다. 그는 지적 문화와 정치적 개혁을 열망하였다. 그러나 교회의 영적 상태에 대한 관심은 특별하게 없었다. 그의 신앙적 개종은 점진적인 지적 과정을 통하여서 있게되었고 순간적인 변화는 없었다. 그러나 그가 성경을 그의 인도자로 삼은 이후에 그는 쉽게 로마 카톨릭의 전통으로부터 멀어졌다. 그러한 과정이 글라우스(Glaus)에서 시작되었고 쮜리히(Zrich)에서 완성되었다"

그러므로 사람들은 울드리히 쯔빙글리가 그의 사역의 처음부터 즉 루터가 스위스에 알려지기 전부터 순수한 복음을 설교하였다고 한다. 그러므로 많은 역사가들은 주후 1516년을 스위스 종교 개혁의 시발점으로 삼고 있다. 그러나 여러 가지 정황으로 보았을 때 여전히 주후 1517년의 울드리히 쯔빙글리는 에라스무스의 성경적 인문주의를 벗어나지 못하였다.

주후 1518년 그는 교황의 지도 신부 임명을 수락하였다. 당시의 그의 사생활은 순결 서약을 깨뜨렸다고 하는 비난을 피할 수 없었다.60) 그는 그 당시의 사제들과 같이 도덕적 죄에 대하여서 외견상 무척 취약하였다.61) 그러나 그러한 그의 연약한 모습은 쮜리히로 청빙 받아 간 이후 본격적인 종교 개혁을 시작하면서 사라졌다.

아인시에델른(Einsiedeln)에서의 울드리히 쯔빙글리 가르침은 루터처럼 그렇게 큰 영향력을 행사하지 못하였다. 그는 아직 그의 종교 개혁적 사역에 원숙한 단계는 아니었다.62)

주후 1519년 1월 1일 그는 쮜리히의 대민스터 교회의 사제로 선출되어 취임하였다. 그는 마태복음 강해를 시작으로 그의 쮜리히에서의 복음 사역을 시작하였다.63) 그는 쮜리히 교회 사람

---

60) Williston Walker, p. 442.
61) Philip Shaff, p. 28.
62) Ibid., p. 32.
63) Ibid., p. 38:"그 당시 쮜리히는 스위스에서 가장 번성한 지방이었다. 풍요의 언덕이 아름답게 펼쳐져있었으며, 리마트(Limmat)의 제방과 호수가 있었다. 그리고 주후 9세기에 독일의 루이스 왕이 세운 대사원 프라우뮌스터(Frauenmünster)가 있었다. 그래서 그 지방은 이태리와 독일 사이의 자유로운 황제직할 도시였다. 그리고 종종 왕과 왕족들이 자주 방문하였다. 대민스터 교회는 주후 12세기에 건립된 것이다. 쮜리히는 베른, 바젤 라우산네(Lausanne)처럼 개혁주의자들과 교류하는 도시가 되었다. 1351년 쮜리히는 루세른(Lucerne) 우리(Uri) 쉬비즈(Schwyz) 그리고 운터왈덴(Unterwalden)과 함께 스위스이 연방에 가입되었다. 16세기 초에 쮜리히는 많은 이주민으로 인구수가 넘쳐났다. 그러므로 쮜리히는 스위스의 국제적인 도시였다. 외국 공관이나 스위스의 용병들이 거주하는 곳이기도 하였다. 이것은 부요함과 사치를 가져왔고 시민들의 탐욕과 권력 다툼이 난무하게되었다. 불링거는 말하기를 "복음의 가르침 앞에서 쮜리히는 스위스

[그림 8] 쮜리히 대민스터 교회

들에게 그리스도의 생애 전체를 가르쳤다. 울드리히 쯔빙글리는 기독교도들의 신앙과 행위의 유일한 법칙으로서 성경으로 그의 강론의 증거로 삼았다. 오직 성경만을 가르쳤다. 그의 개혁의 목표는 시민들에게 신약 성경의 기초를 다시 재개하는 것이었다. 그리고 그러한 본래적 복음의 권능으로 교회의 활력을 다시 찾는 것이었다.64) 그는 그러한 방식으로 그리스도의 생애에 대한 이념과 구원의 방식에 대하여 가르치기 시작하였다. 그는 처음부터 로마 카톨릭을 공격하지는 않았다. 다만 진리의 도리를 따라서 오류들에 이의를 제기하였을 뿐이다. 그러나 그의 설교는 쮜리히에서 큰 반향을 불러일으켰다. 사람들은 그러한 설교가를 예전에 본적이 없었다고 말하였다.

울드리히 쯔빙글리는 헌신적이고 자발적이며 온유하고 자비롭고 개방된 사람이었다. 그는 젊은이들에게 큰 관심을 가졌다. 그리고 그들의 교육을 돕고자 하였다. 그는 쮜리히에서의 가르침을 계속했다. 이러한 시기에 마틴 루터의 개혁은 전체 교회를 흔들었고 일반적 방식으로 마틴 루터의 복음적 신앙은 전 유럽에 파급 되었다. 그러므로 마틴 루터의 저서는 전 유럽으로 퍼져갔다.

주후 1519년 바젤에서도 루터의 저서가 출판되었다. 그리고 그것이 울드리히 쯔빙글리에게 보내졌다. 그는 루터의 영향력을 피하지 않았고 루터에 대한 존경심을 잃지 않았다. 그는 루터의 비범한 사역에 대하여서 경의를 표했다.

주후 1519년 가을에 울드리히 쯔빙글리도 당시 전유럽에 걸

---

의 고린도였다."
64) Ibid., p. 41.

쳐 발생한 페스트에 걸렸다. 그의 생명은 위경을 헤매게 되었다. 그러므로 교황 사절단이 그들의 의사를 울드리히 쯔빙글리에게 보냈다. 페스트로 인하여서 쮜리히 인구의 3분의 1일이 죽었다. 다행히도 울드리히 쯔빙글리는 살아났다. 그는 이 사건을 계기로 좀더 강력한 종교 개혁을 추진하기에 이른다. 울드리히 쯔빙글리는 2년 동안 쮜리히에서 사역을 하였고 중대한 반대 없이 성경을 가르칠 도시의 사제로 임명되었다. (주후 1520년 이것은 종교적 문제에 대한 세속 권세의 최초 간섭이었다.

주후 1522년부터 울드리히 쯔빙글리는 본격적으로 종교 개혁을 추진하게 된다. 주후 1522년 사순절 기간에 울드리히 쯔빙글리는 그 시기에 금식하는 것이 성경에 기초한 것이 아니라고 설교하였다. 그러자 그의 친구 몇몇과 프로사우어(Froschauer)는 그러한 권고를 따랐다. 그는 설교와 출판을 통하여서 사순절의 부당성을 알렸고, 쮜리히를 관할하던 콘스탄스 주교는 그러한 울드리히 쯔빙글리 개혁을 방해하고자 사절단을 보냈다. 그리고 재래의 관습을 따를 것을 촉구하였다. 울드리히 쯔빙글리는 사순절 금식일에 대한 반대 입장을 분명하게 했다. 울드리히 쯔빙글리는 바울의 견해를 따라서 기독교는 금식하는 것이 어떠한 절기에 매여 있는 것이 아니라고 주장하였다. 그리고 교회는 이러한 자유를 침해할 권세가 없다고 하였다.[65] 그러므로 시 정부는 금식을 의무로 하지 않고 자유로 하되 좋은 절기이기 때문에 지켜야 한다고 결정하였다. 이 타협안은 결국 시 당국이 주교의 사법권을 거부하고 쮜리히 교회를 장악했다고 하는 것을 의미한다.[66]

주후 1522년 7월 울드리히 쯔빙글리는 다른 사제들과 함께

---

65) Ibid., p. 47.
66) Williston Walker, p. 443.

라틴어로 된 탄원서를 주교에게 그리고 독일어로 된 탄원서를 스위스 종교 회의에 보냈다. 그것은 복음을 자유롭게 설교할 수 있게 해 주실 것과 성직자들의 결혼을 허락해 달라고 하는 것이었다. 그는 성경에서 성직자의 결혼이 허락 되었다고 주장하면서 성직자들이 하나님의 거룩하심 안에서 결혼할 수 있다고 하는 탄원서를 제출 하였다. 그러나 그 탄원서는 수리되지 못했다. 그러나 몇몇 사제들은 거부된 탄원서에 따라서 결혼을 하였나. 그 중에 한 사제는 오텐바흐(Oetenbach)의 한 수녀와 결혼하였다. 그리고 비튼(Wyticon)의 르블리(Rebli)는 주후 1523년 4월 28일 결혼하였다. 그리고 레오 주드도 주후 1523년 9월 19일에 결혼하였다. 울드리히 쯔빙글리의 경우에 주후 1522년 사실 혼인 관계에 있었지만 공식적인 결혼식을 하지 않고 살고 있었다. 그러나 그는 주후 1524년 4월 5일 공식적으로 결혼을 하게 된다. 이것은 루터의 결혼보다 약 1년 앞선 것이었다. 루터의 결혼은 주후 1525년 6월 13일이다.[67]

울드리히 쯔빙글리는 다음과 같이 강론하였다. 거룩한 보편 교회의 궁극적 권위는 기독교 공동체(Gemeinde)에 있고 신자들의 지교회는 그리스도의 유일한 주권과 그를 통한 구속을 증거하는 하나님에 의한 영감된 성경의 주권아래 있다.[68] 그러므로 울드리히 쯔빙글리는 성경이 명하는 것이나 성경 안에 분명하게 허락된 것만이 구속력이 있다고 하였다. 따라서 울드리히 쯔빙글리는 예배 의식과 옛 예배 순서에 대하여서 루터보다 더욱 엄밀하게 개혁하였다.[69]

---

67) Philip Shaff, p. 49: "울드리히 쯔빙글리의 아내 앤 레인하트(Anna REinhart)는 크노나우(Knonau)의 한스 메이어(Hans Meyer)의 미망인이었다. 그녀는 3명의 아이들을 데리고 있었고 울드리히 쯔빙글리 근처에 살고 있었다. 그녀는 울드리히 쯔빙글리 보다 두 살이 많았다."~
68) Williston Walker, p. 443.
69) Ibid., p. 443.

제 2 장 종교 개혁 역사와 개혁 장로 교회사 47

 시 정부는 신실한 성경 해석자이며 타고난 시민들의 지도자인 울드리히 쯔빙글리가 제안한 종교 정책을 수용하면서 점차적으로 로마 카톨릭의 지배로부터 벗어나서 시 정부의 권위가 더욱 강화되기에 이른다. 결국 울드리히 쯔빙글리가 제안한 변화가 점차 도입되고 따라서 시 의회는 주후 1523년 1월 성경만을 표준으로 하는 공개 토론을 명령하게 되었다. 그러므로 이 토론을 위하여서 울드리히 쯔빙글리는 간단한 형식의 67개 조항을 준비하기에 이른다. 67개 조항에 대하여서 그는 복음은 교회로부터 어떤 권위를 받은 것이 아니라고 가르치고 오직 구원은 신앙을 통하여서 얻는다고 선포하였다. 그리고 미사의 희생적 성격, 선행의 구원적 성격, 성인들의 중재자적 가치, 수도원 서약의 속박적 성격, 그리고 연옥의 존재를 거부한다고 언급하였다.[70] 그리고 그는 그리스도만이 교회의 유일한 머리가 되심을 선언하였다. 그리고 성직자의 결혼을 옹호하였다. 토론회의 결과, 육백 명이 넘는 참석자들로 구성된 시의회는 울드리히 쯔빙글리가 로마 카톨릭을 누르고 승리하였다고 천명하였다. 시의회는 성경적 기준으로 판단할 때 울드리히 쯔빙글리는 이단도 아니고 혁명적인 사람도 아니라고 하면서 그의 설교와 강론을 쮜리히 시가 허락할 것을 선포하였다.[71] 그런데 그러한 울드리히 쯔빙글리의 쮜리히시에서의 정치적 승리는 각 지역에서의 성상 파괴를 포함하여서 도시 안에 계속적으로 긴장을 유발하였다. 울드리히 쯔빙글리와 그의 동료 목사, 레오 주드(Leo Jud, 1482~1542)는 미사와 성상 숭배에 대한 공적 토론을 제안하기에 이른다. 그리고 이 두 번째 토론회는 시의회의 명령에 따라서, 1523년 10월에 개회되었다. 약 구백명 정도가 참석한 토론회에서 울드리히

---

70) Ibid., p. 443.
71) Ibid., p. 444.

쯔빙글리와 주드는 성상 숭배와 미사의 미신적 성격을 비판하였다. 그리고 성경의 가르침을 따라서 평신도에게 떡과 잔을 다 줄 것을 요구하였다. 그리고 모국어 예배를 요구하였다. 첫 번째 토론과 마찬가지로, 울드리히 쯔빙글리의 승리였다. 그러나 시의회는 신중하게 처신하였다. 그래서 그들은 라틴어 미사와 떡만 주는 것을 고수하고, 교회로부터 개인 소유 성상만 제거할 것을 명령하였다. 그리고 시의회는 울드리히 쯔빙글리와 주드를 포함한 14인의 연구 위원회를 결성하여 그들로 하여금 그 문제를 심사숙고 하도록 하였다.72)

쮜리히가 로마와 공개적으로 분리된 결정적인 변화는 1524년과 1525년 사이에 왔다. 1524년 6월과 7월 사이에 시의회의 명령에 의하여 노동자 무리들이 강제적으로 화상과 성상과 성물을 도시의 일곱 교회로부터 제거하였다. 그리고 대민스터 성당의 오르간을 봉해버렸다. 그해 12월 수도원들이 거의 저항 없이 해체되었고 그들의 소유들은 교육 목적과 빈민 구제를 위하여서 사용되었다. 미사는 주후 1525년 거룩한 주일(Holy Week)까지 계속되다가, 비록 소수의 로마 카톨릭 시의원들이 반대하기는 하였지만 결국 폐지되었다. 그리고 쮜리회 교회는 단순한 예배가 시행되었고 주교회의 사법권은 폐지되었다. 예배는 모국어로 드리게 되었고 강단에서 설교가 예배의 중심적 내용이 되었다. 그리고 옛 예배와 교리와 의식들은 폐지되었다. 이러한 변화에 대하여서 울드리히 쯔빙글리는 그의 주저인 [**참 종교와 거짓 종교에 대한 주석**](The Commentary on True and False Religion: 1525)에서 그 변화에 성격을 자세하게 설명하고 정당화하였다. 울드리히 쯔빙글리는 또한 스위스와 인접 국가 독일의 종교 개혁에 열정적으로 협조하였다. 그러므로 바젤은 점차적으로 개혁

---

72) Ibid., p. 444.

교회화 되었다. 그곳은 주로 외콜람파디우스(Oecolampadius, 1482~1531)에 의하여서 1522년부터 지속적으로 교회 개혁이 이루어졌고 1529년에 미사가 폐지되었다.

스위스의 가장 큰 도시(canton)인 베른은 1528년에 개혁이 되었다. 그것은 울드리히 쯔빙글리가 주도한 토론회에 힘입은 바가 크다. 성 갈렌(St. Gallen)은 발디아누스(Valdianus, 1484~1551)로 알려진, 인문주의자 요아킴 본 바트(Joachim von Watt) 지도 아래에서 개혁을 이루었다. 샤푸하우젠과 글라루스 주(州)와 알사스의 콘스탄스와 뮐하우젠 시(市)도 개혁에 동참하였다. 베른시가 울드리히 쯔빙글리파 개신교를 선택한 것은 매우 중요한 의미가 있다. 그것은 스위스 연방 사이의 고립으로부터 쮜리히와 울드리히 쯔빙글리를 구한 것이다. 그리고 궁극적으로 로마 카톨릭 교회 측이었던 사보이 공작의 통치로부터 제네바를 구함으로서 존 칼빈의 개혁을 가능하게 하였다. 주목할만한 것은 남북 독일 도시인 스트라스부르그가 쯔빙글리적 개신교회로 전향했다는 것이다.73) 이곳은 마틴 부쩌(Martin Bucer:1491~1551)가 1529년에 교회 개혁을 이루었던 곳이다.

울드리히 쯔빙글리와 마틴 루터는 교회의 많은 문제에 대하여서 일치하였으나 그들의 신학적 성향은 달랐다. 그것은 울드리히 쯔빙글리와 루터의 교육적 환경에 어느 정도 기인한다. 마틴 루터는 후기 중세 스콜라 학자, 어거스틴파 수도사, 대학의 성경 교수로 시작하여서 수도원에서의 심오한 신앙적 고투를 통해 복음적 도리에 이르렀다면 울드리히 쯔빙글리는 교구 사제와 도시 설교가로서 인문주의자인 에라스무스의 인문주의를 점차로 받아들임으로서 인문주의의 길로 들어섰다. 그리고 그는 바울과 어거스틴의 연구에 의한 것과 개인적 죄성과 고난의 경험에 의하

---

73) Ibid., p. 445.

여서 그리고 루터의 초기 작품들로부터 많은 것을 배우게 됨으로서 인문주의를 넘어서 개혁주의자가 되었다. 그러므로 울드리히 쯔빙글리는 신학적으로 루터와 강조점이 달랐다.74) 루터에게 있어서 그리스도인의 삶이란 죄 용서와 하나님과의 화해 안에서의 자유로운 삶이다. 울드리히 쯔빙글리에게 있어서는 그보다 더 나아가 성경 안에서 증거하는 하나님의 뜻에 대하여서 일치하는 삶의 추구이다. 그러므로 신자는 하나님의 성정에 이르기까지 부단히 신앙의 싸움을 싸워야 한다는 것이다. 울드리히 쯔빙글리의 신학이 이신칭의를 통하여서 하나님의 성정에 이르는 것이라면 루터주의는 이신칭의를 통하여서 하나님께로부터 받은 축복에 안락하는 것이다.75)

울드리히 쯔빙글리의 개혁 사상과 루터의 개혁 사상의 차이는 성만찬에 대한 두 부류의 이견에서 극명하게 드러난다.76) 성만

---

74) 김영규, 엄밀한 개혁주의와 그 신학, p. 105.:"개혁주의 신학은 신론적으로 생각한다. 그러나 루터주의는 인간론적으로 생각한다. 그러므로 개혁주의는 역사 안에 머물러 있지 않고 이념 곧 하나님의 영원한 성정에 이르고자 한다. 그러나 루터주의는 구원사를 중심으로 하여 더 깊이 올라가려 하지 않는다. 개혁주의는 선택이 교회의 핵심이다. 그러나 루터주의는 칭의가 교회의 항존적 출발이다. 개혁주의가 인간이 하나님의 영광에 이르는것에 관심이 있다면, 루터주의는 인간이 어떻게 축복을 받는가에 관심을 가지고 있다. 그러므로 개혁주의가 이교도주의와 우상에 반대한다면, 루터주의는 유대주의와 행위 거룩에 반대하는 싸움을 한다. 그와 같이 개혁주의가 모든 것을 하나님의 결정에 되돌리고 물의 원인을 추적하며 미래의 모든 것을 하나님의 영광에 유익되게 하기 전에는 쉬지 않는다. 즉 지향성의 휴식이 없다. 그러나 루터주의는 현상에 만족하고 신앙을 통한 복락에 안착한다."
75) Williston Walker, p. 445.
76) Ibid., p. 446.:"기독교 교리에 있어서 울드리히 쯔빙글리와 루터의 가장 다른 점은 성만찬에 대한 해석이다. 루터에게 있어서 그리스도가 성찬에서 "이것은 나의 몸이다"고 한말은 문자적으로 사실이었다. 그래서 그는 그리스도의 몸과 피가 "실제적으로" 혹은 "본질적으로" 봉헌된 떡과 포도주에 임재한다고하는 것이다. 그러나 1521년 화란의 법률가 코넬리우스 호엔은 "이 떡은 나의 몸을 의미한다."고 하는 것이 정당한 해석이라고 하였다. 이러한 호엔의 주장은 1523년 울드리히 쯔빙글리에게 알려졌고 그는 그러한 경향을 이미 가지고 있었기 때문에, 그 이후에 그 말씀의 상징적 이해를 정당한 것으로 간주하였다. 그때부터 그는 성찬시에 그리스도의 어떤 육체적 임재도 부정하였다. 확실하게, 그리스도께서 영적으로 임재하신다고 하는 것이다. 그리스도께서 떡과 잔에 임재하시는 것이 아니라 신자들에게 영적으로 임재하신다. 따라서 떡과 잔은 이미 임재하여 있는 내적 영적 은총의 외적 가시적 표징이고 그래서 "먹는것"은 "믿

찬에서 개혁 교회는 그리스도의 몸은 상징적으로 영적으로 잔과 떡에 있다고 하였으나 마틴 루터는 공재설을 주장하여서 그리스도의 몸이 그 떡과 잔에 함께 존재한다고 하였다.77) 이러한 성만찬에 대한 개혁주의와 루터주의의 깊은 논쟁의 차이점은 울드리히 쯔빙글리와 부쩌와 하인리히 불링거와 존 칼빈으로 이어지는 개혁 교회와 마틴 루터와 멜랑흐톤으로 이어지는 루터 교회로 나누게 하였다.

개혁주의 교리와 그 사상은 북 유럽 전체 개혁 교회의 원리가 되었지만 루터주의 교리는 독일과 일부 지방을 제외하고 더 이상의 진전을 이루지 못하였다. 이러한 성만찬의 교리적 차이는 기독론에 대한 교리적 차이가 드러난 것이다. 기독론에 대한 울드리히 쯔빙글리와 루터파의 교리적인 차이는 결국 성만찬에 있어서 동일한 차이로 드러난 것이다. 개혁주의 교리와 루터주의 교리는 기독론에 있어서의 큰 차이를 가지고 있다. 개혁주의 교리는 그리스도의 신성과 인성의 관계에 있어서 그리스도의 신성은 인성 안에도 있지만 인성 밖에도 있으며 신성과 인성은 하나의 인격 안에 결합되어 있어도 신성과 인성이 서로 혼합되거나 교류되지는 않았다고 주장한다.78) 개혁주의 교리는 증거한다.

---

는것"과 같은 것이다. 성찬은 신자들의 모임을 연합하고 감사와 기념의 교제의 음식이며 우리의 주님께 대한 충성의 인증이다"

77) Ioannus Calvinus, Institutio Christianae Religionae (1536), IV. De Sacramentis, p. 242:"Quo tamen, in tanta opinionum turba et varietate, una certaque Dei veritas nobis constet⋯⋯⋯⋯⋯nec ut sensibus carnis nostrae comprehendi potest; sed sic, ut anima velut praesentem sibi datum et exhibitum agnoscat. Denique ipsum spiritualiter obtinere, satis habeamus, sic enim in vitam ipsum obtinebimus:"

78) H. Bavinck, Gereformeerde Dogmatiek, III. Kampen, 1998, p. 238:"finitum non est capax infiniti goegepast, en dezen niet allen in den staat der vernedering, maar ook zelfs in dien der verhooging gehandhaafd. Zoo kreeg de Grerformeerde theologie uimte voor eene zuiver menschelijke ontwikkeling van Christus, voor eene successieve mededeeling van gave, voor een wezenlijk onderscheid tusschen vernedering en verhooging.⋯⋯⋯Maar de Gereformeerde theologie stelde op den voorgrond, dat de

그리스도께서 고난을 당하셨으나 그것은 그리스도의 인성이 당하신 고난이며 신성은 고난을 받을 수 없다고 주장한다.79)

이와 달리 루터주의는 신성과 인성이 성육신 하신 이후에 속성 간에 교류를 하고 되었고 그래서 신성이 인성으로 침투하였고 인성이 신성으로 침투하였다고 주장하였다.80) 그것은 고대 정통 신앙 고백서인 칼게돈 신조에 정면으로 반대되는 교리이다. 루터주의의 오류된 교리이다. 무엇보다 루터주의자들의 이러한 공재설은 화체설과 유사하여서 여전히 성만찬 시에 그리스도의 몸이 그 떡에 함께 있다고 하는 그리스도의 몸의 편재설을 주장하게 된다는 것이다.81)

그러나 개혁 교회는 중보자의 신성과 인성은 그리스도의 위격 안에 하나로 결합이 되었어도 속성 간에 교류는 서로 없다는 교

---

persoon des Zoons vleesch is geworden; niet de substantie, maar de subsistentia des Zoons nam onze natuur aan. In dien persoon ligt de eenheid der beide naturen, in weerwil van beider strenge onderscheiding, onwankelbaar vast."

79) Ioannus Calvinus, Institutio Christianae Religionis, 1536. IV, 140~1:"Qualiter a Paulo (1 Cor.2) Dominus gloriae crucifixus dicitur, non quia secundum divinitatem sit passus, sed quia Christus, qui abiectus et contemptus in carne patiebatur, idem Deus erat et Dominus gloriae. Ad hunc modum et filius hominis in coelo erat, quia ipse idem Christus, qui secundum carnem hominis filius habitabat in terris, Deus erat in coelo."

80) Chr.E.Luthardt, Compendium der Dogmatik, bearbeitet von F.F. Winter, Leipzig 1919, 214:"nec λογος extra carnem, nec caro extra λγον; humana natura in Christo est capax divinae."

81) Philip Schaff, The Creeds of Christendom.vol.3:The Evangelical Protestant Creeds,:Confessio Augustana. A.D. 1530:"Art.X ~De Coena Domini.:"De Coena Domini docent, quod corpus et sanguis Christi vere adsint, et distribuantur vescentibus in Coena Domini; et improbant secus docentes":
Fomula Concordiae.A.D.1576.:Art.VII. De Coena Domini.:Status Controversiae~Quae est inter nos et Sacramentarios in hoc articulo.:"Quaeritur, an in Sacra Coena verum corpus et verus sanguis Domini nostri Jesu Christi vere et substantialiter sint praesentia, atque cum pane et vino distribuantur, et ore sumantur, ab omnibus illis, qui hoc Sacramento utuntur, sive digni sint, sive indigni, boni aut mali, fideles aut infideles, ita tamen, ut fideles e Coena Domini consolationem et vitam percipiant, infideles autem eam ad judicium sumant."

리를 견지하였다. 이러한 개혁교회와 루터 교회의 기독론에 대한 심각한 교리적 차이가 성만찬 논쟁에 있어서 큰 차이로 드러났다. 이것은 루터 교회가 로마 가톨릭 교회로부터 철저하고 완전한 개혁을 이루지 못하였다는 것을 의미한다.

16세기 개혁 교회는 북 유럽 전체에 걸쳐서 파급되었으며 남부 유럽과 동부 유럽에도 파급되었다. 그러므로 16세기에 유럽에는 프랑스의 위그노와 폴란드의 라스코 그리고 이태리의 개혁 교회 등 여러 개혁 교회들이 있었다. 마틴 루터의 종교 개혁이 시발점 역할을 하였으나 그 원리와 체계는 성경으로부터 멀었다. 마틴 루터는 행동가였고 운동가였지만 체계적으로 개혁 정신의 구조를 세우는 신학자가 되지 못하였다. 그러나 울드리히 쯔빙글리와 마틴 부쩌와 하인리히 불링거와 존 칼빈으로 이어지는 종교 개혁 사상은 후대 개혁 교회의 교리적 토대가 되었다. 마틴 루터는 울드리히 쯔빙글리와의 신학적 차이로 인하여서 그의 지지자들을 기독교인이 아니라고 하였다. 루터는 울드리히 쯔빙글리를 로마 카톨릭 교회보다 더욱 악하다고 정죄하였다. 그러나 울드리히 쯔빙글리의 견해는 독일어 사용권의 스위스뿐만 아니라 남서부의 독일지방에까지 동의를 얻었다. 로마 카톨릭은 이러한 개신교회의 분열에 대하여서 반기면서 루터교회와 스위스의 개혁 교회사이의 분열을 조장하였다. 그리고 루터 교회를 로마 카톨릭 교회와 유사한 요소가 있다고 강조하였다.

주후 1530년은 스위스 종교 개혁에 있어서 중요한 해이다. 그것은 쮜리히와 베른과 바젤의 칸톤들이 종교 개혁에 있어서 주도적인 도시가 되었다는 것이다. 그리고 북동쪽 스위스와 그리슨(Grison)의 절대적 대다수가 개혁 교회가 되었다. 그리고 그것은 전체 스위스 주들에 대한 절대적인 승리이면서 동시에 그 다음 해에 울드리히 쯔빙글리가 카펠 전투에서의 패배로 인하여서 체포되어서 죽게 되는 해이기도 하다.82) 옛 지방의 주들인 우리(Uri), 스비즈(Schwyz), 운터 발덴(Unterbalden)과 주그(Zug)가 강하게 보수적이었다. 그래서 그들은 쮜리히의 변화에 반대하였다. 루체른도 그들 편에 서고 전체가 강력한 로마 카톨릭파를 형성하였다.

　주후 1524년 4월에 그들은 이단에 반대하는 연맹체를 결성하였다. 주후 1526년 스위스 주들은 바덴의 종교 논쟁을 개최했다. 울드리히 쯔빙글리는 참석을 거부하였고 대신에 외콜람파디우스가 대신 참석하여서 설명하였다. 그러나 그 결과는 로마 카톨릭의 승리로 마쳤다. 쮜리히는 당분간 고립되었다.83) 그러나 주후 1528년 2월 베른시가 공식적으로 개신교로 전환하였고 쮜리히와 콘스탄스와 베른의 개혁주의 도시들이 [**기독교 시민 동맹**]이 그해 6월 결성되었다. 이 강력한 연맹에 주후 1528년 칼렌이 가담하였다. 그리고 주후 1529년에 비엘, 뮐하우젠, 바젤 그리고 샤프하우젠이 가담하였다. 그리고 주후 1530년에 스트라스부르그가 연합하였다. 그러나 그 동맹은 울드리히 쯔빙글리의 계획보다 광범위하지는 못하였다. 그것은 스위스 연맹의 분열을 의미하는 것이다. 왜냐하면 로마 카톨릭의 칸톤들이 그에 대항하여서 [**기독교 연합**]을 결성하였기 때문이다. 적대적인 관계가 형성되었다. 이것이 제 1 차 카펠 전쟁이다. 주후 1529년 6월 7일 쮜리히는 전쟁을 선포하였다.84) 그러나 로마 카톨릭을 돕던 오스트리아는 더 이상 나아가지 못하였고, 주후 1529년 6월 25일 카펠에서 양쪽간에 평화 조약이 쮜리히에 유리하게 체결되었다. 그리고 오스트리아 연맹은 폐지되었다.85)

---

82) Philip Shaff, History of the Christian Church.vol.8:The Swiss Reformation 1519~1605, p. 165.
83) Williston Walker, p. 447.
84) Op.cit. Philip Shaff, p. 168.

이것이 제 1 차 카펠 협정서이다. 이 협정서에 대한 의의는 최초로 로마 카톨릭과 개신교회가 합법적으로 동등한 위치를 갖게 되었다고 하는 것이다.86) 그러나 그러한 협정서의 법적 지위는 주후 1648년에 30년 전쟁 이후에 베스트팔렌에서 거행된 베스트팔렌 협정서가 체결되기 전까지는 결코 최종적인 것이 아니었다. 그러나 스위스 연방에서는 제 1 차 카펠 협정서를 통하여서 개혁 교회 칸톤과 로마 카톨릭 칸톤 사이에 종교적 자유가 서로 형성되었다고 하는 것이다. 그러므로 스위스 연방의 주들은 각자 그 주의 다수의 결정에 의하여서 로마 카톨릭으로 남을 것인가 혹은 개신교회로 남을 것인가를 결정할 권리를 갖게 되었다.87)

이 평화 협정으로 인하여서 로마 카톨릭 군대는 자기들의 고향으로 돌아갔고 쮜리히 군대는 감사할 이유가 생겼다. 베른은 온건한 정책으로 승리를 하였다. 울드리히 쯔빙글리는 미래에 대한 희망과 두려움 가운데 혼란스러웠다. 그러나 그의 신앙은 하나님 안에 있었다.88) 카펠의 평화 협정서는 종교 개혁 세력들에게 유리한 것이었다. 그것은 개혁 교회가 전직으로 합법적인 교회가 되었다는 것이다. 그리고 칸톤들 안에 확장을 의미하는 것이다. 그럴지라도 평화는 그리 오래 가지 못했다. 이러한 종교 개혁의 확장은 로마 카톨릭 교회에게 매우 불쾌한 것이었고, 개혁 교회에게는 더욱 의기양양한 것이었다.

울드리히 쯔빙글리는 그의 생애 마지막 2년 동안 큰 근심에 쌓였다. 그러나 중요한 몇 가지 일들을 생각하였다. 그는 스위스 연방의 정치 구조의 재편을 생각하였다. 그리고 개혁 교회의 권

---

85) Op.cit. Williston Walker, p. 447.
86) Op.cit. Philip Shaff, p. 171.
87) Ibid., p. 171.
88) Ibid., p. 172.

리에 대한 보존과 증진을 위한 범 유럽적인 연맹을 생각하였다.

울드리히 쯔빙글리는 공동의 적인 로마 카톨릭 교회에 대항하기 위하여서 루터주의자들과 연합하고자 말부르그에서의 신학적 회의(Colloquy)에 참석하였다. 그러나 마르틴 루터는 성만찬에 대한 이견을 가지고 울드리히 쯔빙글리의 제안을 거부하였다. 반면에 울드리히 쯔빙글리는 말부르그에서 랜드그라프(Landgraf), 헷세의 빌립(Philip of Hesse)와 뷰텐베르그(Würtemberg)의 울리히 공작(Duke Ulrich) 등을 개인적으로 알게 되었다. 그들은 울드리히 쯔빙글리의 신학적 입장에 대하여서 호의적이었고 경탄하였다. 그러나 그것은 어디까지는 개인적이고 정치적인 것이었다. 그는 대담하게 자유를 위협하는 교황주의와 신성 로마 제국의 연결된 세력에 저항하고자 종교 자유의 권리를 위한 개혁 교회 국가와 도시들의 정치적~교회적 연합체를 생각하게 되었다. 그러나 그의 그러한 노력은 수포로 돌아갔다. 그러한 울드리히 쯔빙글리의 제안에 호의적이었던 헷세의 빌립도 차츰 냉담하게 되어서 결국 스말칼트(Smalcald)의 루터주의 연맹을 결성하였다. 그리고 그 연맹은 스위스의 개신교회와 아무런 관계도 없는 형태가 되었다.89)

스위스의 정치적 상황이 점차적으로 다시 더욱 험악해져 가기 시작하였다. 평화의 조약은 서로 다르게 이해가 되었고 포레스트(Forest) 칸톤은 그들 자신들의 영토에서 개신교회주의에 관대하지 못하였다. 그리고 개혁 교회 설교자들을 핍박하기 시작하였다.90) 그와 달리 쮜리히는 이제

[그림 9] 카펠 전투 (Kappel Battle)

---

89) Ibid., p. 175.
90) Ibid., p. 179.

그 세력이 가장 강성하게 되었고 광범위하게 퍼졌다. 주후 1531년 쮜리히는 곡물 수송을 금지시킴으로서 로마 카톨릭 주(州)들에 대한 공격을 시도하였다. 울드리히 쯔빙글리의 권고에도 불구하고 쮜리히는 전쟁의 준비를 충분히 하지 못하였다. 오히려 로마 카톨릭 칸톤들은 신속하게 8000명의 군대를 조직하여서 주후 1531년 10월 9일 쮜리히를 공격하게 되었다. 그에 대하여서 쮜리히는 주후 1500명의 군대를 조직하여서 항전하였다. 울드리히 쯔빙글리는 이러한 절대 절명의 순간에 그의 군대를 버리지 않았다. 결국 그 전쟁은 주후 1531년 10월 11일 쮜리히의 패배로 끝났다. 울드리히 쯔빙글리는 그 전쟁에서 중상을 입고 적군들의 칼에 의하여서 죽게 되었다.[91]

울드리히 쯔빙글리의 사후 전쟁은 며칠간 계속되었다. 개신교 칸톤인 베른이나 바젤의 군대가 참여하고 결국 전쟁은 소강 사태에 이르다가 화해를 이루게 되었다. 주후 1531년 11월 20일 5개의 포레스트 칸톤과 쮜리히 간에 제 2 차 종교적 평화 협정이 이루어졌다. 그것은 로마 카톨릭에 대한 이익이 반영된 협정이었다. 여덟 가지의 주요한 내용은 다음과 같다. 5개의 칸톤과 그들의 연합은 참된, 의심 없는 기독교 신앙 안에서 혼돈을 방지한다. 양 진영은 그들의 영토에서 그들의 자유와 권리를 보유한다.[92]

## 【2】 쮜리히 교회와 울드리히 쯔빙글리

쮜리히 교회는 울드리히 쯔빙글리의 생애 기간 동안 스위스 종교 개혁의 중심지였다. 쮜리히는 울드리히 쯔빙글리와 함께 스위스 종교 개혁 역사의 서막을 장식하였다. 울드리히 쯔빙글

---

91) Williston Walker, p. 447.
92) Op.cit. Philip Shaff, p. 193.

리는 쮜리히의 목사로 청빙을 받은 이후에 본격적으로 종교 개혁을 시작하게 된다. 그러므로 그의 삶 가운데 종교 개혁의 시기는 쮜리히의 교회와 함께 하였다고 해도 과언이 아니다. 그는 쮜리히 교회의 중요한 성직자로서 쮜리히 시의회에 강력한 영향력을 행사하였으며 쮜리히 시가 개혁 교회를 이루게 되는 중요한 역할을 수행하였다. 쮜리히는 울드리히 쯔빙글리로 인히여서 엄밀한 개혁 교회로 거듭날 수 있었다. 그와 같이 울드리히 쯔빙글리에게도 쮜리히는 종교 개혁을 이룰 수 있는 기회의 땅이었다. 그는 그곳에서 종교 개혁의 이상을 실현할 수 있었고 비록 그러한 종교 개혁의 이상을 완성하지 못하고 죽었지만 그의 종교 개혁 정신은 마틴 부쩌와 하인리히 불링거로 이어지면서 존 칼빈에 의하여서 체계화 되고 완성되어서 북유럽 종교 개혁에 있어서 사상적 기초가 되었다. 그와 같이 울드리히 쯔빙글리는 쮜리히 교회를 통하여서 북유럽의 종교 개혁의 첫 행보를 하게 되었고 스위스 개혁 교회 역사의 본격적인 중요한 시작점이 되었다. 그러므로 쮜리히 교회는 울드리히 쯔빙글리에게 있어서 자신의 종교 개혁 정신을 심을 수 있었던 중요한 개혁 교회가 되었다. 이러한 쮜리히 교회와 울드리히 쯔빙글리의 관계는 그의 사후 차세대 종교 개혁의 주자라고 할 수 있는 하인리히 불링거(Heinrich Bullinger, 주후 1504~1575)에게로 넘어가게 되었다. 하인리히 불링거는 비록 강력한 지도자적 능력을 발휘하지는 못했지만 울드리히 쯔빙글리의 종교 개혁을 계승하여서 지속적으로 스위스 종교 개혁에 이바지 하였다.[93]

### 【3】 울드리히 쯔빙글리의 저작들

주후 1519년으로부터 1531년까지 12년간의 짧은 그의 공적

---

[93] Ibid., p. 205.

사역 기간 그는 놀라운 작품 활동을 하였다. 그는 교황주의자들을 공격하였고 급진적인 무리들도 공격하였다. 그리고 자신의 사역에 대한 변론서를 작성하기도 하였다. 그의 저작은 부분적으로 라틴어로 기록되어 있고 부분적으로 스위스어권의 독일어 형태로 기록되어 있다. 그의 저서의 일부분은 레온 주드에 의하여서 역본 되었다. 그는 그의 동포들 보다 더욱 독일어를 잘 구사하였다. 그러나 독일인 루터의 빼어난 작품보다 뛰어나지 못하였다. 그리고 그의 작품은 스위스 바깥으로는 어떠한 영향력도 행사하지 못하였다. 그의 전체 작품들의 편집은 약 8개의 책으로 되어 있다. 그것은 다시 80개의 독일어 저작과 59개의 라틴어 저작으로 되어 있다. 그의 작품은 다음과 같이 분류가 된다.

**1. 개혁적이고 논쟁적인 저작품:** (a) 교황주의자들에 대한 논박서 (금식, 성상 숭배, 미사, 파버와 엑크에 대한 비판과 콤바에 대한 논박이 그러하다.) (b) 재세세례파에 대한 논박서, (c) 주의 만찬, 루터의 공재설에 대한 논박서 등이다.[94]

**2. 개혁적이고 교리적인 작품들:** 그의 67개 조항들(주후 1524), 프란시스 1세 에게 보낸 참 종교와 거짓 종교에 대한 주석 (주후 1525), 신적 섭리에 대한 논문(주후 1530), 그의 죽기 직전에 작성한 짧은 마지막 고백서 등이다.(주후 1531)

**3. 실천서와 의식서:** 세례와 주의 만찬의 의식에 대한 형식, 목회론, 몇몇 설교들 이다.

**4. 주석서:** 창세기, 출애굽기, 시편, 이사야, 예레미야, 사복음서, 서신들 거의 대부분은 레온 주드와 메간더와 그 외 다른 사람으로부터 편집된 것들이다.

**5. 애국적이고 정치적 작품들:** 외국 군대에 고용되어서 수당을

---

94) Ibid., p. 87.

받는 것에 대한 비판서, 쮜리히 시의회와 회합에 대한 저작품, 기독교 교육서, 평화와 전쟁에 대한 글들 등등이다.

**6. 시집:** 라비린드와 우화 (그의 초기 작품들), 페스트 기간동안 독일어로 기록된 몇몇 시집들, 주후 1529년에 기록한 시집들이 그러하다.

**7. 서신들:** 에라스무스로부터 울드리히 쯔빙글리에게 온 서신들, 교황 아드리안 6세에게 보낸 서신들, 파버, 바디아누스, 글라레아누스, 미코니우스, 외콜람바디우스, 할러, 메간더, 베아투스 레나우스, 우르반 레기우스, 부쪄, 헤디오, 카피토, 블라우어, 파렐, 콤만더, 하인리히 불링거, 피기우스, 피르하이머, 자시우스, 프로베니우스, 후덴의 울리히, 헤세의 필립, 비텐베르그의 울리히 공작과 그 외 여러 서신들이다95).

## 【4】 울드리히 쯔빙글리의 신학 원리들

울드리히 쯔빙글의 신학은 존 칼빈의 신학에 비하여서 체계적이지 않고 마르틴 루터에 비하여서 심오하지 못하다. 그러나 울드리히 쯔빙글리의 신학을 통하여서 개혁주의 신학은 원리적인 체계를 갖추게 되었다. 비록 울드리히 쯔빙글리의 신학이 좀더 체계적이고 조직화된 신학적 체계를 갖지 못하였다고 할지라도 나중에 개혁주의 신학을 완성할 존 칼빈의 신학 체계의 원형을 제공한다. 그러므로 쯔빙글의 저작들은 개혁주의 신학의 기원을 이룬다. 그것은 로마 카톨릭의 신학과도 다르고 루터주의 신학과도 다르다.

울드리히 쯔빙글리는 거룩한 보편 교회의 모든 에큐메니칼 신조를 수용하였다. 그래서는 그는 삼위일체 교리와 그리스도의 이성 일인격과 같은 정통 교리를 그대로 수용하였다. 울드리히

---
95) Ibid., p. 88.

쯔빙글리는 루터의 중세적인 스콜라적 체계를 거부하였다. 그리고 성찬 교리에 대한 로마 카톨릭의 전통적인 화체설을 거부하였다. 그는 그의 신학을 신약 성경에 정초하였고 에라스무스 형태의 인문주의적 문화에 의존하였다. 그의 고전에 대한 애정은 구원에 대한 그의 자유로운 관점에 영향을 주었다. 그것은 그를 멜랑히톤에 가깝게 하였다. 그러나 멜랑히톤은 루터의 영향 아래 있었다. 그는 로마 카톨릭적 전통 신학에 매이기를 거부하였다. 울드리히 쯔빙글리의 신학은 신비주의가 전혀 없는 합리적인 초자연주의의 체계이다. 그러나 그것은 단순하고, 소박하며, 실재적이었다. 그의 신학은 일반적으로 구원론적이다. 즉 구원의 방식의 교리이다. 그리고 그의 신학에는 근원적인 원리들이 있다. 성경이 구원의 유일하고 확실한 지침서이다. 인간적 전통은 제외시키거나 종속적으로 보았다. 그리스도는 하나님과 사람사이의 유일한 구주이시고 중보자이시다. 그러므로 인간 중보자와 성인 숭배를 거부하였다. 그리스도는 가시적 그리고 비가시적 교회의 유일한 머리이시다. 그러므로 교황주의에 반대하였다. 그리고 성령의 사역과 구원하는 은혜는 가시적 교회로 제한되는 것이 아니라고 주장했다. 그러므로 가시적 교회를 완전하다고 생각하는 로마 카톨릭의 경직된 교회관을 거부하였다.96)

## 하나님의 말씀

첫 번째 울드리히 쯔빙글리의 신학에 중요한 원리는 오직 성경이다. 그는 그의 주석 [**참 종교와 거짓 종교에 대하여서**](De vera et falsa religione)에서 "**우리는 참된 종교를 모든 경건한 기독교도들의 순수한 신앙과 삶 그리고 율법과 예배와 성례의**

---
96) Ibid., p. 89.

합당한 근거로 인하여서 받아들인다. 우리는 그것을 통하여서 참된 종교와 거짓 종교의 미신을 구별한다. 그러한 것들의 합당한 사용을 통하여서 하나님의 말씀의 참된 근원으로부터 우리는 종교를 받아들인다. 그리고 그 다음으로 그 방식으로 미신을 몰아낸다."[97]라고 하였다. 그는 모든 신앙과 종교와 삶 그리고 하나님의 명령과 예배와 성례의 참된 근원은 하나님의 말씀이라고 하였다. 그리고 성경은 그 하나님의 전 역사(役事)의 한가운데 위치한 하나님의 말씀이다. 그는 성경 안에 계시되어 있는 하나님의 말씀을 강조하였다. 그러므로 그는 하나님의 말씀 안에서 삼위일체 하나님의 경륜을 통하여서 그가 말씀하신 표징을 보았다.[98]

그는 인간이 그 스스로 하나님의 지식을 얻을 수 없다고 생각하였다. 그러므로 인간이 하나님을 아는 것은 그리스도 안에서 하나님께서 인간에게 계시하여 주신 하나님의 말씀 때문이다. 그러므로 인간은 오직 하나님의 성령의 조명을 통하여서 인간의 마음 안에 하나님 나라의 비밀을 비추어 주실 때 비로소 하나님을 알 수 있다. 그와 같이 인간은 그의 창조주뿐만 아니라 자기 자신에 대하여서도 하나님의 계시를 통하여서 알 수 있을 뿐이다. 여기에서 계시적 유비(Analogue)가 있다. 하나님께서 인간이 이해할 수 있도록 자신을 적응하시는 방식이다. 인간은 하나님의 특별 계시가 가르쳐 주시는 한도 내에서 겨우 자신조차도

---

97) Huldrici Zuinglii, De Vera et Falsa Religione, 1525, Mense Martio, p. 455:"Nos enim Religionem hic accipimus pro ea ratione, quae pietatem totam Christianorum, puta fidem, vitam, leges, ritus, sacramenta complectitur. Dum autem additione veri et falsi religionem a superstitione distinguimus, in eum usum fit, ut cum religionem ex veris verbi dei fontibus propinaverimus, altero veluti poculo superstitionem quoque praebeamus;"
98) Jaques Courvoisier, Zwingli A Reformed Theologian, John Knox Press, Richmond, Virginia, 1962. p. 27.

알 수 있을 뿐이다.99)

　하나님의 말씀은 인간을 다른 피조물과 달리 구별한다. 그래서 식물이나 동물들과 달리 인간은 하나님의 형상으로 피조되었다. 그것은 그가 기억력과 지성과 의지와 함께 하나님과 함께 그의 말씀을 향하는 지향성이 있다고 하는 것이다.100) 특히 그는 신약 성경을 기독교 신앙과 행위의 유일한 규범으로 간주하였다. 이것은 개혁주의 신학의 객관적인 원리가 되었다. 그런데 바로 그러한 원리가 울드리히 쯔빙글리 신학의 전 체계를 이룬다. 울드리히 쯔빙글리는 67개 조항에서 그와 같은 원리를 강력하게 천명한다.101) 그리고 성경을 그의 신학의 전 체계에 첫 원리라고 주장한다. 반면에 마르틴 루터는 이신칭의 교리나 주관적인 원리를 그의 신학의 첫 체계로 둔다.

　이 두 개혁자는 그리스도께서 유일한 구원의 근원이시라고 하는 사실은 공감하고 있었다. 그래서 성경의 기록 이전에 그리스도가 계시고 그리스도께서 성경의 처음과 나중이라고 언급한다. 그러므로 종교 개혁자들은 그들이 그리스도를 믿기 때문에 성경을 믿는 것이다. 그러나 로마 카톨릭주의자들은 성경의 후견자이며 절대적으로 오류가 없는 성경 해석자로서 교회를 믿기 때문에 성경을 믿는다.

　울드리히 쯔빙글리는 성경의 범주에 대하여서 외경을 제외하고 전통적인 거룩한 보편 교회의 정경을 받는다. 그리고 그는 외경을 사도의 서신으로 간주하지 않는다. 그러므로 외경으로는 교리적 체계를 구성할 수 없다고 생각하였다. 그는 교회의 외적 증거보다 성경의 내적 증거를 더욱 중요시 하였다.102)

---

99) Ibid., p. 28.
100) Ibid., p. 29.
101) Uldrich Zwinglich, Uldreich Zwingli's Werke, Erster Band: Uslegen und gründ der schlussreden oder artikel. (1523), Zürich, ben Friedrich Schulthess, 1818, pp. 169~424

## 예 정 론

두 번째 울드리히 쯔빙글리는 구원의 중요한 근원으로서 영원한 택자와 섭리에 대한 교리를 언급했다. 그는 하나님의 주권적인 선택에 대한 탁월한 견해를 가지고 있었다. 그는 그의 관점을 라틴어 설교와 신학적 강화를 통하여서 발전시켰다. 주후 1529년 울드리히 쯔빙글리는 마르부르그 회의에서 강론한 [**신적 섭리에 대하여서**](De Providentia Dei)를 쮜리히에서 확대하여서 출판하였다[103].

이 책은 전체가 7장으로 되어 있다.

1장 하나님으로 부터 나오는 섭리의 필요성, 즉 최고의 선이신 그가 섭리의 전적인 필요성에 대하여서 보시고 정하신다.

2장 지혜로부터 나온 것과 섭리는 서로 다르다.

3장 오류가 있는 원인을 두 번째 원인이라고 부른다. 그것은 섭리의 지식을 따라서 방식이 있다.

4장 인간에 대하여서 그리고 율법이 어떻게 주었는지에 대하여서 그것은 신적 섭리에 의하여서 관리된다.

5장 신적 지혜는 혼돈이 없다. 혹은 창조 혹은 율법에 따른 인간들에 대한 교훈에 있어서 그러하다. 그것은 그가 타락을 아시는 것이다.

6장 예정론이라 부르는 선택에 대하여서: 그것은 견고하며 불변하다. 그리고 그것의 근원은 지혜와 선이다.

7장 하나님은 모든 높은 것들이 의존하는 최고의 능력이시다.[104]

---

102) Op.cit. Philip Shaff, p. 91.
103) Uldrici Zwinglii, Ad illustrissimum Cattorum Principem Philippum Sermonis De Providentia Dei Anamnema. 1529.:Oper.IV. p. 79.
104) Ibid., pp. 79할 때에 137:"Caput Primum. Profvidentiam Necessario Esse ex eo, quod

이제 그 다음으로 울드리히 쯔빙글리의 작품 [**신적 섭리에 대하여서**](De Providentia Dei)를 요약한 것이다.

**하나님으로부터 나오는 섭리의 필요성, 즉 최고의 선이신 그가 섭리의 전적인 필요성에 대하여서 보시고 정하신다.**

울드리히 쯔빙글리는 이 장에서 하나님의 최고의 선에 대하여서 다루고 있다. 그리고 그러한 최고의 선이 삼위일체 하나님과 어떠한 관계인가 하는 것을 언급한다. 그는 "**최고의 선은 그 자체로서 최고의 선이다.**"(quod solum et nautra bonum est)라고 정의한다. 그리고 이 최고의 선은 그 자체로서 선을 인지할 수 있다고 말한다. 예수 그리스도의 말씀이 그것을 증거한다. 사람에게는 선이라고 불리울 만한 것이 하나도 없다. 오직 하나님만이 선하시다. 오직 하나님의 말씀 안에서 최고의 선을 말할 수 있다. 유일하신 하나님만이 최고의 선이시다. 그것은 절대적이며 완전하다. 이런 차원에서 비로소 하나님의 모든 피조물은 선하다고 할 수 있다. 그리고 울드리히 쯔빙글리는 이러한 선을 하나님의 말씀과 동일시한다. 그래서 철학은 이러한 선과 함께 그와 동일한 실체의 유일한 말씀을 깨닫지 못한다. 최고의 신은 참으로 존재 그 자체이며 말씀과 동일하지 않을 수 없다. 그것은 순수하고, 신실하고 명료하며 완전하고 단순하며 불변하다. 이 모든 것은 최고의 선에 대한 참된 본성이다. 그리고 참되고 유일한 선은 하나이다. 첫 번째 참되고, 단순하고 순수하고 완전

---

summum bonum necessario universa curat ac disponit / Caput II Quid sit Providentia et quid a Sapientia distet / Caput III Causas secundas iniuria causas vocari; quod methodus est ad Providentiae cognitionem / Caput IV. De homine, et cur illi Lex data sit quum Divina Providentia cuncta gerantur / Caput V. Non esse, alucinatam Divinam Sapientiam sive creando, sive per Legem docendo Hominem quem Lapsurum esse sciebat / Caput VI. De Electione quam Theologi Praedestinationem vocant: quod firma sit et immutabilis quodque fons eius sit Bonitas et Sapientia / Caput VII. Exemplorum vim superiora omnia confirmare."

한 최고의 선은 모든 지식과 지성을 움직이는 동인(動因)이다. 그리고 두 번째 최고의 참된 선은 만물을 움직이시는 능력이시다. 최고의 선은 최고의 변함없는 무한한 능력이다. 그것은 최고로 참되고, 진리 그 자체이며, 능력이다. 그러므로 최고의 선은 최고의 능력이며 힘이다. 울드리히 쯔빙글리는 최고의 선이신 하나님께서 당연히 최고의 능력과 힘이 되신다고 말하며 그러한 최고의 선이신 하나님께서 섭리하시는 것은 당연하다고 말한다. 그리고 그의 지혜와 권능의 손으로 만물을 다스리시는 것이 타당하다. 그런데 그가 하나이신 하나님이시다. 그는 만물 안에서 역사하시고 경영하시며 온 우주의 질서를 정하시고 운행시키신다. 만물은 그의 뜻을 따라서 되어진다. 그가 그 자신을 아버지와 아들과 성령으로 계시하셨다. 그는 하나이신 하나님이심에도 불구하고 세 위격으로 존재하신다. 그는 보이는 만물의 근원이요 샘이시다. 참으로 전능하신 아버지, 은혜와 선의 아드님 그리고 진리의 성령이 삼위일체로 성경 안에서 계시되어 있다. 그의 신적 의지는 하나이시고 그의 능력과 선과 진리는 서로 동등하시다. 그가 만물에 대하여서 다양하게 역사하실지라도, 그는 하나이시고 동일한 최고의 선이시다. 그러한 방식 안에서 아버지는 전능이시고, 아들은 은혜와 자비이시고 성령은 진리의 영이시다. 동시에 세 위격은 하나이신 하나님이시다. 그의 신적 의지는 전능하시며 선과 진리이시다.

### 지혜로부터 나온 것과 섭리는 서로 다르다.

울드리히 쯔빙글리는 이 저서에서 그의 신학을 하나님의 절대주권의 신학적 원리로부터 시작한다. 그리고 그에 대한 성경의 논의는 하나님의 자유로우신 선택 교리를 강력하게 가르치는 로마서 9장으로부터 주로 기인한다. 그러나 그것은 결코 인간의 책임성을 피할 수 없다고 증거하는 로마서 10장과 분리될 수 없는 것이다. 그리고 장래에 있게 될 이방민족들과 이스라엘 백성들의 회심에 대하여서 로마서 11장을 연결시켜서 해석한다.105)

울드리히 쯔빙글리는 전택설주의의 난점을 피하지 않았다. 그는 하나님께서 최고의 유일한 선이시라고 증거한다.106) 그리고 하나님께서 모든 만물의 전능하신 원인이시다.107) 하나님께서는 그의 영속적이고 불변하시는 섭리에 의하여서 세상을 다스리시고 경영하신다. 아담의 타락조차도 동일하게 그의 영원하신 지식과 함께 영원한 뜻 안에서 포함되어 있다. 그래서 죄가 단지 구속의 수단으로 필요하게 되었다. 죄에 대한 하나님의 행위는 죄로부터 자유하다. 하나님은 법에 매이시지 아니하시고 나쁜 동기나 영향을 받지 아니하신다. 선택은 자유롭고 독립적이다. 선택은 믿음에 의하여서 조건이 지어지지 않고 오히려 믿음이 선택에 포함되어 있다. 우리는 그리스도를 믿도록 선택되었고 거룩한 열매를 맺도록 소명되었다. 그러므로 복음을 듣고 거절하는 자들은 영원한 멸망의 심판을 받을 것이다. 어려서 죽은 기독교 부모들의 아이들은 세례를 받았건 받지 않았긴 택자들 가운데 포함된다. 그리고 교회 밖에 아이들에 대하여서는 판단할 수 없지만, 다만 한없으신 하나님의 은혜 안에서 자비의 소망을 기대할 뿐이다. 울드리히 쯔빙글리는 정규적인 은혜의 수단과 가시적 교회의 한계 너머에 성령의 사역과 신적 계시의 확대를 알맞도록 하였다.108)

---

105) Op.cit. Philip Shaff, p. 92.
106) Uldrici Zwinglii, Ad illustrissimum Cattorum Principem Philippum Sermonis De Providentia Dei Anamnema. 1529.:Oper.IV. p. 81.:"solus Deus bonus est."
107) Ibid., p. 83.:"Istud interim ostendere non gravabimur, ea quae patri, filio et spiritui sancto, uni tamen deo et numini, tribuimus, originem ex fontibus istis habere videri."
108) Op.cit. Philip Shaff, p. 94.

두 번째 원인을 오류가 있는 원인이라고 부른다. 그것은 섭리의 지식을 따라서 한 방식이다.

울드리히 쯔빙글리는 이 본문을 통하여서 "**존재**"에 대하여서 다루고 있다. "**존재**"가 무엇인가 하는 것을 세속 현자들의 글을 통하여서 묻고 그 답변을 성경으로부터 찾고 있다. 울드리히 쯔빙글리는 "**영원 전부터 존재하는 것이 있다면, 그것은 무한한 것이다.**"라고 말한다. 그리고 이어서 "**오직 참으로 영원한 것은 무한한 것이다. 그러므로 영원한 것과 무한한 것은 교호적(交呼的)이다.**"라고 말한다.109)

구약 성경의 모세의 부르심과 관련하여서 모세가 자신이 누구로부터 보내심을 받았는가 하는 것에 대하여서 하나님께 여쭈었을 때, 하나님께서 모세에게 말씀하신 것이 있다. 그것은 "**나는 곧 나다**"(Ego sum qui sum)고 하는 것이다. 그러므로 이스라엘의 자손들을 그들의 압제 당하는 상태에서 구원하시는 여호와는 "**존재자**"라고 하는 것이다.110) 사도 바울은 로마서에서 "**만물이 그로부터 나오고 그로 인하고 그에게로 돌아간다.**"고 하는 말씀을 증거한다.111) 그러므로 하나님 안에 모든 존재의 참된 것이 모두 있다.112) 그러므로 동일하게 사도 바울이 아테네에서 복음을 가르칠 때에, 하나님의 존재와 관련하여서 그가 우주 어디에나 계시며, 그가 계시지 않는 곳이 없어서 사람의 손으로 지으

---

109) Op.cit. Uldrici Zwinglii, Oper.IV. p. 88:"Si ab aeterno sunt, iam infinita erunt: solum enim infinitum aeternum est,"
110) Ibid. p. 91:"Mosi percontanti nomenclaturam dei, responsum est coelitus:Ego sum qui sum. Et addidit numen: Sicdices filiis Israel, existo misit me ad vos."
111) Ibid., p. 91:"Paulus apostolus quum Romanis scribens in id argumenti incidisset, huc sententiae tractus est, quam et his verbis exprimit:Nam ex ipso et per ipsum et in ipso sunt omnia."
112) Ibid., p. 92:"Sed conatum est divinum pectus tam vehementer activa locutione omnium in deo existentiae veritatem enunciare,"

신 성전에 계신 것이 아니라고 증거하였다.113)

울드리히 쯔빙글리는 진리의 해석에 대하여서 그 수단들은 원인들이 아니라고 말한다. 그리고 사도들이 신적 의지를 설명하고 말하려고 할 때에, 참된 원인이 하나라고 하지 않고 여러 가지라고 말한다. 그러나 우주 만물의 근원은 하나라고 말한다.114) 그러므로 두 번째 원인은 오류가 있으며, 그것도 하나님의 섭리의 한 방식이다.

**인간에 대하여서 그리고 율법이 어떻게 주었는지에 대하여서 그것은 신적 섭리에 의하여서 관리된다. 모든 인간은 세상이라는 극장 안에 경이로운 것을 지켜보는 존재들이다. 인간은 하나님의 피조물이다. 그리고 만물의 영장이다.**

울드리히 쯔빙글리는 이 본문에서 인간의 본질에 대하여서 서술하고 율법을 논의한다. 그는 사도 바울의 로마서를 따라서 "**율법은 신령한 것이라고 말한다.**"(Paulus dicit: Lex est spiritualis) 그리고 이어서 "**율법을 따라서 죄를 깨닫게된다.**"(Per legem cognitio peccati, hoc est)고 하면서 "**율법은 죄를 드러내는 도표와 같다.**"(Lex est peccati index)고 말한다. 그리고 이어서 그는 "**율법은 인간이 인식할 수 있는 하나님과 인간에 대한 지식의 모든 것을 포함한다.**"(Lex est omnium divinarum humanarumque rerum notitia, hoc est:)고 말한다. 그러므로 그는 "**율법은 하나님과 인간에 대한 지식을 드러낸다.**"(Lex inducit in cognitionem divinarum et humanarum rerum:)고 말하였다. 그리고 이어서 "**율법은 하나님의 영원하신 뜻이라고 말한다.**"(Lex est perpetua volunta dei) 그러므로

---

113) Ibid., p. 92:"Deus qui mundum condidit et universa quae in eo sunt, quum coeli terraeque dominus existat, non habitat in templis manufactis, neque hominum manibus ei servitur;"
114) Ibid., p. 97.

"하나님께서는 율법을 통하여서 그의 뜻을 따라 인간과 교제하신다."(Quum ergo deus per legem voluntatem suam homini communicat:)115)

신적 지혜는 혼돈이 없다 혹은 창조 혹은 율법에 따른 인간들에 대한 교훈에 있어서 그러하다 그것은 그가 타락을 아시는 것이다.

울드리히 쯔빙글리는 하나님의 진리와 지혜 선과 전능하심은 섭리를 이루어가는 하나님의 속성이라고 말하면서, 그는 혼돈이나 무질서가 없이 그의 섭리를 이루어 가신다고 말한다. 하나님의 선에 대하여서 하나님께서는 그의 선하심을 통하여서 모든 사물과 관계하신다. 하나님께서는 신적인 선을 행하시는데 지체하지 아니하신다. 그런데 하나님의 선은 비활동적이지 않다. 하나님께서는 창조하시는 분으로서 자연과 만물에 대한 하나님의 창조의 원인은 선(bonitas)이다. 그러므로 세상을 움직이는 원인은 하나님의 선하심이다. 인간 안에 있는 선에 대한 필요성은 인간 자신의 책임성 때문이다.116) 하나님의 선하심은 인간을 타락 하도록 창조하시지 않으셨다. 그리고 그의 지혜 또한 그러하다. 오히려 하나님께서 인간에게 지혜와 공의에 대한 인식을 주셨다.

울드리히 쯔빙글리는 타락 이후에 오는 구속에 대하여서 다음과 같이 말한다. **"인간의 구속은 창조 뒤에 오는 질서가 아니다."**(ho- minis redemtio non est posterius constituta quam creatio) 그것은 하나님의 지혜의 사려로 인하여서 발생한 것이다. 그러므로 인간의 타락은 하나님께서 미리 아신바 된 것인데, 하나님의 영원하신 신적 작정의 산물이다. 그러므로 인간 창조

---

115) Ibid., p. 105.
116) Ibid., p. 109.

와 구속의 원인은 하나님의 영원한 선하심과 능력과 지혜와 섭리 안에 있는 것이다. 그것은 우리에게 기이한 것이고 불가해한 것이다.117)

### 예정론이라 부르는 선택에 대하여서:
### 그것은 견고하며 불변하다. 그리고 그것의 근원은 지혜와 선이다.

이러한 하나님의 뜻은 그의 정의로우신 예정을 통하여서 뿐만 아니라 그의 선을 통하여서도 드러난다. 크리소스톰은 하나님의 섭리란 죄악을 지지하는 것이 아니라 그러한 방법의 조화를 알려주는 것이다. 하나님께서는 전지하시고, 전능하시며 완전하게 선하시다.(Deus omnium sciens, omnium potens ac bonus est.)

울드리히 쯔빙글리는 율법이 주어졌음에도 불구하고 죄가 여전히 율법을 거스리고 있다고 말한다. 그러나 하나님께서 인간을 율법을 통하여서 역사하시는 것은 인간을 멸망시키려는 것이 아니라, 율법 아래에서 율법의 자유의 정신을 주시려는 것이다.118) 그러므로 우리는 하나님의 섭리에 대하여서 말할 때, 하나님께서 죄악을 따라서 행하신다거나 율법을 거스리고 행하시는 것이 아니라고 하는 사실을 드러내야 한다. 인간의 지혜와 세상의 모든 일들이 드러난다고 해도, 하나님의 뜻과 섭리는 축소되지 않고 오히려 확장된다. 그것을 우리들은 성경의 증거를 통하여서 알 수 있다.(출33:19) **"여호와께서 가라사대 내가 나의 모든 선한 형상을 네 앞으로 지나게 하고 여호와의 이름을 네 앞에 반포하리라 나는 은혜 줄 자에게 은혜를 주고 긍휼히 여길 자에게 긍휼을 베푸느니라"**

---

117) Ibid., p. 111.
118) Ibid. p. 112.

이러한 본문을 통하여서 볼 때 하나님의 역사는 결코 인간의 모든 지혜와 세상의 모든 일들이 드러날지라도 축소되지 않는다.(출 7:3,4; 9:17) 출애굽기 7장 3,4절을 보면 하나님께서 바로의 마음을 강퍅하게 하셨다고 하는 말씀이 나온다. 그러므로 인간이 자신의 지혜로 모든 일을 행할지라도 그것을 섭리하시는 분은 하나님이시다.119)

사도 바울은 바로 그러한 것을 통하여서 하나님께서 선택을 하실때에 사람의 모든 가치를 사려하지 아니하시고, 하나님의 절대적 의로우심에 기초하여서 택하신다. (롬 11:6) 그러므로 울드리히 쯔빙글리는 최고의 선은 하나님의 신적인 의지라고 분명하게 말한다. 그는 이 본문에서 신앙에 대하여서 따로 자세하게 진술하였다. 그는 신앙은 하나님의 선물이라고 말한다.(Quum igitur fides dei donum sit)120) 그것을 통하여서 죄인 된 상태에서 구원을 받게 된다.(롬8:29)

### 하나님은 모든 높은 것들이 의존하는 최고의 능력이시다.

울드리히 쯔빙글리는 이 장에서 노아와 엘리야 그리고 다윗, 야곱 ,요셉과 같은 인물들을 예로 들면서 하나님의 섭리에 대하여서 진술한다.121)

이 장에서 울드리히 쯔빙글리는 선택에 대하여서 다음과 같이 진술한다. "**비록 그의 아들을 통하여서 택자들이 그 자신들에 대하여서 바꾸어지도록 되어진다고 해도, 그럴지라도 하나님의**

---

119) "(7:3) 내가 바로의 마음을 강퍅케 하고 나의 표징과 나의 이적을 애굽 땅에 많이 행하리라마는(7:4) 바로가 너희를 듣지 아니할 터인즉 내가 내 손을 애굽에 더하여 여러 큰 재앙을 내리고 내 군대, 내 백성 이스라엘 자손을 그 땅에서 인도하여 낼지라(9:17) 네가 여전히 내 백성 앞에 자고하고 그들을 보내지 아니하느냐"(출7:3~9:17)
120) Op.cit. Zwingli, p. 121.
121) Ibid., p. 136.

선택은 확고하고 불변하게 서 있다."122) 그리고 그는 성도의 견인에 대하여서 다음과 같이 진술한다. "**만약 선택과 구속이 함께 영원하다면, 비록 택자가 큰 죄악 가운데에 무너질지라도, 선택은 확고하게 서 있는 것이다.**"123) 울드리히 쯔빙글리는 그러한 택자들은 "**참으로 하나님의 지식을 가지고 있다. 그리고 생명이 하나님의 명령에 일치한다고 하는 것을 알고 있다. 그리고 그들은 참다운 신앙과 그 자신의 선택을 알고 있다.**"고 말한다. 이것은 울드리히 쯔빙글리의 신앙론이라고 할 수 있다.124)

## 교 회 론

울드리히 쯔빙글리는 그가 저술한 67개조에 8조 9조 10조 11조에서 교회에 대하여서 간략하게 기술한다. 울드리히 쯔빙글리는 교회란 하나님의 아들과 머리되신 그리스도 안에 살면서 각 지체로서 모여 있는 것이라고 말한다. 이것이 성도들의 교제이며, 그리스도의 신부인 거룩한 공 교회이다.125) 그러므로 몸의 지체들은 머리되신 그리스도의 다스림이 없이는 존재할 수 없다는 것이다. 그래서 그리스도의 몸 안에는 머리되신 그리스도 없이 존재할 수 있는 것이 결코 없다. 그러므로 그리스도의 교회가 머리되신 그리스도 없이 일하는 것은 몸을 산산히 쪼개거나

---

122) Ibid., p. 137: "Stat igitur electio dei firma et immota, etiamsi per filium suum praecepit electos ad se transferre."
123) Ibid., p. 140:"Iam si electio et redemtio coaetaneae sunt: firma manet electio, etiamsi electus in tam immania scelera prolabatur,"
124) Ibid., p. 140:"Qui enim dei cognitionem habent, sciunt vitam esse componendam ad nutum dei; qui vero fidem, sciunt se esse electos."
125) Philip Shaff, The Creeds of Christendom.vol.3: The Evangelical Protestant Creeds. p. 198:"Ex his sequitur, quod omnes, qui in isto capite vevunt, sunt membra et Filii Dei. Et haec est ecclesia seu communio sanctorum, sponsa Christ, ecclesia catholica."

파괴시키는 것이다.126) 그와 같이 그리스도의 지체들은 머리되신 그리스도 없이 행하는 무엇이든지 미친 짓을 하는 것이다. 그것은 찌그러드는 것이고 율법의 지각을 상실하는 것이다.127) 교회란 하나님의 약속에 기초하는 택자들의 공동체라고 하였다. 그리고 그 교회는 하나님의 공의와 사랑의 표현이라고 말한다. 하나님께서 인간에게 행하시는 모든 것은 인간의 복에 대한 것이다. 그러므로 율법과 복음은 동일한 것이고 그것은 하나님의 공의와 사랑이 집약되어 표현되어 있다.

　울드리히 쯔빙글리가 사역한 쮜리히 개혁 교회는 영국과 스코틀랜드 장로교회와 유사한 목사들의 회의체인 **"예언회"**를 두고 정기적으로 목사들이 모여서 설교와 여러 가지 현안들을 논의하였다. 그 모임은 매일 아침 7시에 설교자, 궁정 목사, 그리고 연장자 라틴 학교의 학생들이 구약을 연구하기 위하여서 성당에서 모였다. 젊은 참석자는 불가타 라틴어로 매일 본문을 읽었다. 그 때에 교사가 히브리어로 읽고 그것을 해석하였다. 그리고 세 번째 그것을 그리스어 70인경으로부터 읽었다. 네 번째 라틴어 본문을 토론하였다. 그리고 교회 안에서 어떻게 설교할 것인가를 지적하였다. 그러면 문들이 공중을 위하여서 개방되었고, 그 다음에 다섯 명의 참석자는 독일어로 된 스위스 본문으로 설교하였다.128) 그러나 울드리히 쯔빙글리의 교회관이 장로교회적인 것은 아니었다. 그는 좀더 에라스투적인 교회관에 가까웠고129)

---

126) Ibid., p. 198:"X. Quum membra absque capite aliquid operantur, ut, dum sese lacernat aut perdunt,"
127) Ibid., p. 198:"sic, dum membra Christi sine capite Christo aliquid tentant, insana sunt, sese gravant et perdunt imprudentibus legibus."
128) Jaques Courvoisier, Zwingli A Reformed Theologian, p. 21
129) J.D. Douglas, p. 351:"에라스투주의는 세속 정부가 교회의 정치를 관장하는 교회 정치 제도에 대한 교리이다. 이 교리는 1524년 스위스 태생인 토마스 에라스투에 의하여서 주장되었다. 에라스투는 바젤에서 신학을 공부하였고, 그리고 나서 볼로나와 파우다에서 의학과 철학을 공

그러한 울드리히 쯔빙글리의 교회관은 그의 계승자 하인리히 불링거의 교회론에 그대로 투영되어 있다.

## 성례의 교리

울드리히 쯔빙글리의 신학에 있어서 성례에 대한 교리는 루터주의와의 신학적 차이를 분명하게 드러내는 매우 중요한 부분이다. 특히 주의 만찬의 교리에 대하여서, 울드리히 쯔빙글리는 루터주의와 근본적으로 다른 가장 특징적인 성격을 주장하였다. 그것은 루터주의 신학과 너무나 거리가 먼 것이었다. 그러므로 이러한 울드리히 쯔빙글리의 독특한 신학적 체계는 후대에 칼빈에게 이어지면서 개혁주의 신학이 루터주의와 서로 다른 신학적 체계를 갖게 되는 신학의 원리가 된다.

그가 저술한 저서 중에서 성례와 직접적으로 관련된 저서는 주로 **"성찬에 대한 보충이나 마무리"**(Subsidium sive Coronis de Eucharistia)와 **"마틴 루터에 대한 성만찬의 해석을 통한 친절한 해설서"**(Amica exegesis, id est expositio Eucharistiae negotii ad Martinum Lutherum)이다. 울드리히 쯔빙글리는 **"성찬에 대한 보충이나 마무리"**(Subsidium sive Coronis de

---

부하였다. 1558년 그는 선제후 팔라틴에서 의사가 되었으며, 하이델베르그 대학의 의학과 교수가 되었다. 그 도시는 카스퍼 올레비아누스(Kasper Olevianus)에 의하여서 개혁 주의가 가르쳐지고 있었다. 그는 하이델베르그 개혁 교회에 장로 제도적인 교회 정치를 심고자 하였다. 그런데 신학에 있어서 울드리히 쯔빙글리주의자였던 에라스투는 이러한 장로 제도적 교회 정치를 거부하였다. 결국 에라스투는 하이델베르그를 떠나게 되었다. 그런데 에라스투의 사후 6년에 에라스투의 미망인과 결혼한 G. 카스텔레토가 에라스투의 생전의 글들을 모아서 "교회 처리의 무효(The Nullity of Church Censures)"라고 하는 저서를 출판하기에 이른다. 그의 저서는 멀리 영국까지 영향력을 행사하여서, 리챠드 후커와 영국 장기 의회와 웨스트민스터 총회 기간의 대표자들이었던 존 라이트푸드, 셀던, 콜레만의 교회 정치 사상에 영향을 주었다. 그들은 교회의 처리와 권징을 시민 정부의 권세 아래 두어야 한다고 말하였다. 그래서 영국 교회는 그들을 에라스투주의자들이라고 불렀다.

Eucharistia)에서 마태복음 26장 27절과 마가복음 14장 24절에 대한 해석을 할 때에, 그는 "**모든 사람이 이것을 먹으라 이것은 나의 피 곧 새 언약의 피이다. 그리고 그것은 많은자들의 속죄를 위하여서 내가 흘리는 피이다.**"라고 하는 본문을 가지고 다음과 같이 해석한다. 그는 그때에 주님께서 말씀하신 나의 피 곧 언약의 피라고 하는 것은 그 사체가 그리스도의 피가 아니고 언약의 상징이라고 하는 것이다.130)

울드리히 쯔빙글리는 이러한 그리스도의 언약의 기초를 구약에 두고 설명한다. 그는 말하기를 그리스도의 보혈을 통한 속죄의 은혜가 새 언약이라고 진술하고, 그것은 이미 예레미야 31장 3절에서 말씀하신 것이다. 구약 예레미야 31장 3절 "**여호와께서 예전에 이스라엘에게 나타나 이르시기를 내가 무궁한 사랑으로 너를 사랑하는 고로 인자함으로 너를 인도하였다 하였노라**"라고 하는 말씀을 사도 바울의 서신 히브리서 8장 8절, 9장 주후 15절 그리고 골로새서 1장 14절과 연결하여서 해석한다.131) 그것은 "**저희를 허물하여 일렀으되 주께서 가라사대 볼지어다 날이 이르리니 내가 이스라엘 집과 유다 집으로 새 언약을 세우리라**"고 하신 말씀과 "**이를 인하여 그는 새 언약의 중보니 이는 첫 언약 때에 범한 죄를 속하려고 죽으사 부르심을 입은 자로 하여금 영원한 기업의 약속을 얻게 하려 하심이니라**" (히 9:15)고 하신 말씀이다. 그리고 "**그 아들 안에서 우리가 구속 곧 죄 사함을 얻었도다**" (골 1:14) 그러므로 그리스도의 보혈은 결국 오늘

---

130) Uldrich Zwingli, Huldrici Zuinglii Opera 3: Subsidium sive Coronis de Eucharistia, 1526. p. 333.:"Ergo non praebebat sanguinem Testamenti bibendum. Fit ergo manifestum quod poculum hoc non erat sanuis Testamenti, neque ipsum Testamentu, sed Testamenti symbolum."
131) Ibid., p. 333:"At remissio peccatorum gratuita per sanguinem Christi est novum Testamentum, sicut praedixit Ieremias 31:3. et Paulus explicat Hebraeorum 8:8. et 9:15. et Col. 1:14."

날 우리 앞에 베푸시는 언약의 피가 되는 것이다. 참으로 유언 (Testamentum)은 그 효력이 유언한자가 죽어야 드러나는 것이다.(히 9:16~17)132) 그러나 그리스도께서는 보이는 잔을 언약의 피로서 고착시키고자 하신 것이 아니다. 그러므로 오늘날 그것은 그 자체가 언약의 피가 아니라, 언약의 피에 대한 상징이다.133)

## 구 원 론

다섯 번째 구원론에 대하여서 울드리히 쯔빙글리는 어거스틴과 중세 신학으로부터 다른 어떤 종교 개혁주의자들보다 매우 멀리 이탈한다. 그는 그리스와 로마의 지혜와 덕을 경탄하였다. 그래서 그는 이 생에서 진리를 사랑하고 의를 사모한 이교도의 구원을 믿는다. 그는 그러한 자들을 무의식적 기독교도라고 혹은 기독교 이전의 기독교도라고 부른다. 그래서 그는 아담으로부터 세례 요한까지 구약의 성도들뿐 아니라 소크라테스, 플라토, 핀다르, 아리스티데, 누마, 카토, 스키피오, 세네카와 같은 자들도 하나님 나라에서 만날 것이라고 생각하였다. 이것은 그의 인문주의적 자유 사상과 밀접하게 연결되어 있고 고대 고전 문학에 대한 심취에 기인한다.134) 그러나 울드리히 쯔빙글리는 구원을 하나님의 절대 주권에 두었다.

---

132) Ibid., p. 333:"Consequens ergo est ut sanguis Christi nunc tandem factus sit sanguis Testamenti, quum pro nobis effunderetur. Ubicunque enim Testamentum ad effectum exit, istic necesse est mortem testatoris intercedere."
133) Ibid., p. 334:"Ergo Christus non praebebat sanguinem Testamenti bibendum, firma et inconcussa, sic ut nulla arte, nulla vi deiici possit aut subrui. Unde nec hodie ipsum Testamenti sanguinem bibimus, sed sanguinis Testamenti symbolum."
134) Philip Shaff, History of the Christian Church.vol.8:The Swiss Reformation 1519~1605, p. 95.

세 번째 원죄와 죄책에 대하여서 울드리히 쯔빙글리는 어거스틴주의와 카톨릭주의의 견해에 대하여서 이탈하였다. 그러나 그는 원죄의 사실과 가공할 저주를 거부하는 것으로부터 멀다. 그는 비참, 재난, 자연적 결함으로서 원죄를 간주한다. 그래서 하나님께서는 어떠한 가시적 수단 없이 그가 기뻐하시는 자를 누구든지 어떠한 곳에서든지 이떠한 방식으로든지 구원하실 수 있다고 가르쳤다. 그러나 그는 그리스도와 그의 구속 없이 구원이 불가능하다고 가르쳤다. 그래서 그는 말하기를 그리스도가 유일한 지혜와 의와 구속과 온 세상의 죄인들에 대한 만족이시라고 가르쳤다. 그런데 그는 언제 어디에서 어떠한 방식으로든 그리스도께서 그의 구원하시는 은혜를 세례를 받지 못한 자에게 계시하신다고 말하지는 않았다. 그것은 가시적 눈으로부터 감추어져 있고, 우리는 하나님의 사랑과 무한한 지혜에 대하여서 한계를 정할 권리가 없다고 하였다.[135]

---

135) Ibid., p. 96.

## (2) 하인리히 불링거
### 【1】하인리히 불링거의 생애와 사상

울드리히 쯔빙글리의 사후에 쮜리히의 개혁 교회를 지도한 인물은 하인리히 불링거(Heinrich Bullinger, 주후 1504~1575)이다. 그는 울드리히 쯔빙글리를 이어서 쮜리히 개혁 교회를 지도하면서, 쮜리히 개혁 교회에서 신실한 신앙과 온유함, 인내 그리고 견고함을 두루 갖춘 지도자로서 울드리히 쯔빙글리의 개혁을 이어나가게 되었다. 그는 주후 1504년 7월 18일에 아르가우 (Aargau)에 있는 브렌가르텐(Bremgarten)

[그림 10] 하인리히 불링거 (Heinrich Bullinger)

의 교구 사제였던 딘 불링거(Dean Bulinger)의 다섯 번째 막내 아들로 태어났다. 어린 불링거는 에머리히(Emmerich)에 있는 공동 생활의(Common Life) 브레드렌(Brethren)의 학교에서 교육을 받았다. 그리고 나중에 콜로그네(Cologne) 대학에서 수학하였다. 그는 스콜라 신학과 교부 신학을 수학하였다. 그리고 루터의 저작과 멜랑히톤의 신학 통론은 그를 싱경과 그 자신의 번환을 유도하게 되었다136).

그는 문학 석사로서 스위스로 돌아갔고 주후 1523~1529년 동안 카피텔(Capitel)에 있는 시스테리안 컨벤트(Cisterician Convent)의 학교에서 가르쳤다.137) 그리고 바로 이 시기에 불링거는 울드리히 쯔빙글리와 친분을 맺게 된다. 그는 주후 1525년 1월 17일 울드리히 쯔빙글리가 재세례파와의 공개 토론을 하였을 때 그와 동행하였다.138) 그리고 주후 1528년에 베른에

---

136) Op.cit. Philip Shaff, p. 205.
137) Ibid., p. 205.
138) Williston Walker, p. 448.

서의 논쟁에 참여하였다. 주후 1531년 비참한 두 번째 카펠에서의 전쟁 이후에 그는 그의 재산을 잃어버렸고, 그것으로 인하여서 그는 어쩔 수 없이 브렘가든으로부터 떠나게 되었다. 그래서 쮜리히로 피신을 하게 되었고 그곳에서 쮜리히의 시의회가 그를 설교할 수 있는 권한을 부여하게 되어서 그는 주후 1531년 12월 울드리히 쓰빙글리의 계승자로서 쮜리히 교회에서 섬길 수 있게 되었다.

주후 1542년 이후에 그는 일주일에 6~7회 설교하였다. 그의 설교는 단순하고, 명료하며 실천적이었다.139) 불링거는 교육에 남다른 관심을 가졌다. 그는 가능한 신학자들과 함께 카롤리눔(Carolinum)의 교수로서 강의하였다. 불링거와 함께 하여서 교수들은 주로 벨리칸(Pellican), 블리안더(Bliander) 그리고 피터 마터(Peter Martyr)였다. 그는 레오 주드와 함께 교회의 법을 제정하였다(주후 1532년 10월 22일). 그는 그 법에서 사역자들의 선택과 의무에 대하여서 필요한 법칙을 제시하였다. 그는 매년 성직자와 일반 신자의 대표자들이 모여서 회의를 개최할 것을 제시하였다. 그리고 권징의 권세에 대하여서 기록하였다. 하인리히 불링거의 활동은 거의 쮜리히에 한정되어 있었다. 그는 참된 보편 교회 정신을 따라서 모든 개혁 교회와 일치하고자 하였다. 베자는 그를 모든 기독교회의 공동의 목자라고 불렀다. 펠리칸은 그를 하나님의 사람이고 하늘의 가장 부요한 선물을 가진자라고 하였다.

하인리히 불링거는 이태리와 프랑스와 영국과 독일에서부터 망명한 개혁주의 자들을 환대하였다. 그러므로 쮜리히는 종교적 핍박자들의 피난처가 되었다. 그는 앙리 2세를 위하여서 기독교의 완전성(주후 1551)이라는 저서를 헌사하였다. 그리고 그는

---

139) Op.cit. Philip Shaff, p. 207.

프란시스 2세를 위하여서 [**기독 종교의 교훈**](주후 1559)을 헌사하였다. 그는 파리에 있는 왈도파와 개혁교회의 보호를 위하여서 프랑스 법정에 대리자를 보내기도 하였다. 하인리히 불링거는 헨리 8세이후 엘리자베스 통치시기까지의 영국 종교 개혁에 관심을 기울였다. 특히 피의 메리 여왕의 통치 기간에, 많은 이민자들이 쮜리히로 망명한 것을 보고는 따뜻하게 맞아 주었다.140) 그는 신실하게 개혁 교회의 교리와 권징을 유지하였다. 그는 독일어권 스위스 형태의 개혁 교회 신앙 고백을 작성하기 이른다. 그것이 제 2 스위스 신앙 고백이다.141)

그는 울드리히 쯔빙글리와 같이 재세례파를 비판하였다. 그는 세르베투스의 불행한 최후에 대하여서 인정하였지만, 그 자신은 세르베투스를 핍박하지 않았다. 그는 울드리히 쯔빙글리와 함께 유아 상태에서 죽은 모든 유아들에 대한 구원의 확장을 동의하였다. 주후 1575년 그는 생애 마지막 설교를 하고 9월 26일 병상에서 그 도시의 목사들과 신학교 교수들이 지켜보는 가운데 임종을 맞이하였다.142)

### 【2】 쯔빙글리와 불링거의 신학적 연속성

예정의 교리에 있어서 하인리히 불링거는 울드리히 쯔빙글리와 칼빈과 완전히 일치하지 않는다. 하인리히 불링거는 후택설주의자(Infralapsarian)였다. 그는 아담의 타락에 대한 예정의 교리를 피하였다. 왜냐하면 그것이 죄 형벌의 공의와 조화되지 않는 다고 여겼기 때문이다. 143) 하인리히 불링거의 성례식에 대한 견해는 울드리히 쯔빙글리보다 더욱 높다. 그는 성례의 교훈

---

140) Ibid., p. 208.
141) Ibid., p. 209.
142) Ibid., p. 218.
143) Ibid., p. 210.

적 가치에 더욱 큰 강조를 두었다. 그는 성만찬에 대하여서 **빵은** 일반적 빵이 아니라고 하고 숭엄하고 거룩하고 신비한 **빵이**라고 하였다. 그리고 그것은 신자들에 대한 그리스도의 영적 실존의 보증이다. 그것은 태양이 하늘에 있지만, 여전히 지상에 햇빛을 공급하듯이 그리스도께서 하늘에 계시지만, 여전히 그의 덕을 모든 신자들의 마음 안에 비추신다.144)

## 【3】 하인리히 불링거 신학의 원리들

### 하나님의 말씀

하인리히 불링거의 신학에 대한 원리들은 데카데스(Decades)라고 하는 그의 설교에서 찾을 수 있다. 그는 하나님의 말씀에 대하여서 그것이 어떻게 세상에 계시되었는가 하는 것을 말한다.

첫 번째 강론에서 그는 기독교도의 신앙의 교의(Decrees)는 항상 하나님의 말씀의 판단과 증거로부터 나온다고 말하였다. 그러므로 누구든지 하나님의 말씀에 대한 무지나 그 의미에 대한 무지는 전적으로 소경이고 귀머거리이다. 그는 하나님의 말씀이 무엇인가 하는 것을 먼저 천명하고자 한다고 말하면서. 그것은 성경이라고 증거한다.

성 누가의 복음서 안에 하나님의 천사가 축복 받은 동정녀에게 말하기를 "**하나님의 말씀은 불가능한 것이 없다.**"고 하였다. 그 말씀은 모든 것이고 만물이 하나님에 대하여서 그 말씀을 통하여서 드러나고 하나님께서 그 말씀을 통하여서 하시지 못하시는 것이 없으시다. **말씀**(Verbum)이란 사람의 입에 의하여서 나

---
144) Ibid., p. 210.

오는 말이라는 의미가 있다. 때때로, 그것은 명령이거나 선언이고 말이며 계시이다. 그러한 것이 성경 안에 많이 있다. 그러나 그 말씀이라는 어휘가 어떤 연결품사를 갖게 될 때 더 이상 일반적 의미의 말씀이라고 하는 의미를 넘어서게 된다. 그것이 바로 하나님의 말씀이라고 하는 의미이다. "**말씀이 육신이 되었다.**"고 할 때에 , 그것은 우리의 보화이고 하나님의 뜻을 계시하는 하나님의 담화(speech)이다. 무엇보다 그리스도의 입을 통하여서 생생하게 표현된 것이다. 그리고 그것은 사도와 선지자들을 통하여서 계승되었다. 그리고 후에 다시 성경으로 기록되었다. 그것을 거룩한 신적 문헌이라고 하는 것이다. 그 말씀은 하나님의 마음을 표출한다. 그리고 하나님 그 자신에 대한 진리를 자연스럽게 진리를 말씀하시는 것이다. 즉 그가 공의로우시고, 선하시며, 순수하시고, 불변하시며, 영원하시다는 것이다. 그러므로 하나님의 말씀은 그의 입으로부터 나온 것이며 진리이고 올바르다. 그리고 속임과 간교함이 없다. 그리고 악함과 오류가 없다. 그리고 거룩함과 순수함과 불멸과 영원함을 가지고 있다. 복음서에서 예수께서 말씀하시기를 "**아버지의 말씀은 진리이다.**" (요 17:17)고 하셨다. 그리고 사도 바울도 증거하시기를 "**하나님의 말씀은 매이지 아니하신다.**"(딤후 2:9)고 하였다. "**하나님의 말씀은 영원토록 견고하다.**"(롬 16:26)그와 같이 솔로몬이 말하기를 "**하나님의 모든 말씀은 전적으로 순수하다. 그러므로 그의 말씀에는 어떠한 것도 더하여진 것이 없고 당신의 거짓을 훈계하고 책망한다.**" 다윗도 말씀하기를 "**주의 말씀은 흙 도가니에 일곱 번 단련한 은과 같다.**"(시 12:6)고 하였다.145)

하나님의 말씀은 진리이다. 그리고 하나님께서는 진리의 유일한 샘이시다. 그러므로 하나님께서는 하나님의 말씀의 원인과

---

145) Henry Bulliger, p. 37.

시작이시다. 그리고 여기에 참으로, 하나님께서 죽을 수밖에 없
는 인생들과 같지 아니하신 분이시기 때문에 유형의 입을 가지
고 계시지 아니하신다. 그럼에도 불구하고, 입이 음성의 수단이
기 때문에 하나님께 입이라고 하는 속성이 있으시다. 그래서 그
는 인간에게 인간의 음성으로 말씀하신다. 즉 하나의 음성 안에
서 쉽게 인간에 대하여서 이해하신다. 그리고 그렇게 인간들 사
이에서 말씀하시듯이 적응하신다. 이것이 명백하게 그가 거룩한
조상들을 대하시는 방식으로서 보이신 것이다. 그것은 우리의
조상 아담과 이브와 노아와 대부분의 족장들에게 하신 것이다.
시내 산에서 주님께서 스스로 많은 이스라엘의 회중들 앞에서
그들이 들을 수 있는 그러한 음성으로 말씀하셨다. 그들은 경건
한 모든 명령을 포함하고 있는 십계명을 이해하였다. 그러므로
신명기 15장에서 모세가 이르기를 "**이 말씀들은 하나님께서 큰
음성으로 화염 가운데서 이스라엘 회중들에게 하신 말씀이다.**"
고 하였던 것이다. 그리고 신명기 14장에서 "**너희가 들은 말씀
의 음성은 그 이외에 다른 유사한 것을 보지 못했다.**" 하나님께
서 참으로 자주 천사들을 사역하신다. 그래서 그러한 천사들의
사역에 의하여서 죽을 수 밖에 없는 인간들과 대화하신다. 그리
고 그것은 아버지 하나님의 아들이 성육신하시고 지상에서 행하
심으로서 더욱 분명하게 드러났다. 그가 바로 신인이신 그리스
도이시다. 그가 삼년 동안 일정한 공간에서 이스라엘 백성들을
가르치셨다.146)

그러나 이미 지난 세대에 하나님의 아들이 세상에 성육신하시
기 이전에 하나님께서는 거룩한 족장들의 마음에 그 자신을 알
리셨고 후에 그의 선지자들의 마음을 통하여서 그 자신을 계시
하셨다. 그리고 결국에 그러한 옛 언약의 족장들과 선지자들이

---

146) Ibid., p. 38.

증거하셨던 그리스도께서 오셔서 하나님의 말씀을 전체적으로 가르치셨다. 그리고 우리 주님 예수 그리스도께서 아버지와 자신으로부터 성령을 보내셨다. 그리고 사도들의 입과 말과 기록들을 통하여서, 세상에 그 자신을 알리셨다. 이러한 모든 하나님의 종들은 하나님의 선택된 도관(vessel)들이다. 그들은 신실한 마음으로 하나님의 계시를 받고 생생하게 세상에 하나님의 말씀을 증거하셨다.

그리고 후에 사도들은 그것을 후손들을 위하여서 기록으로 남겼다. 모세의 시대까지 세상의 시작으로부터 하나님의 말씀은 어떠한 경우에서도 기록으로 남겨지지 않았다. 모세는 하나님의 신실한 종들 중에서 최초의 기록 계시를 남긴 인물이다. 창세로부터 하나님께서 그의 영과 천사들의 사역을 통하여서 거룩한 족장들에게 말씀하셨다. 그리고 그들의 입과 말로써 그들의 자손들과 그 자손의 자손들에게 가르쳤다. 그리고 그들의 모든 후손들에게 가르쳤다. 즉 그들은 하나님의 말씀을 통하여서 배웠다. 그들이 그 말씀을 들었을 때 그것은 그들뿐만 아니라 그의 후손들에게도 동일한 분담자로 참여히게 되었디. 그리므로 하나님께서 종종 말씀하시기를 그가 조상들의 하나님이시며 동시에 그 자손들의 하나님이시라고 하신다. 이것은 가장 평범하게 아담의 역사와 노아와 아브라함의 역사를 통하여서 드러났다.147)

우리는 창세기 18장을 통하여서 여호와의 사자가 아브라함에게 말씀하신 것을 알고 있다. "**여호와께서 가라사대 나의 하려는 것을 아브라함에게 숨기겠느냐, 아브라함은 강대한 나라가 되고 천한 만민은 그를 인하여 복을 받게 될 것이 아니냐 내가 그로 그 자식과 권속에게 명하여 여호와의 도를 지켜 의와 공도를 행하게 하려고 그를 택하였나니 이는 나 여호와가 아브라함**

---
147) Ibid., p. 39.

에게 대하여 말한 일을 이루려 함이니라"

아브라함은 신실한 하나님의 예배자였고 결코 게으른 자가 아니었다. 그는 부지런하게 사람들에게 하나님의 말씀과 그의 심판을 가르쳤다. 그래서 모세는 그를 선지자라고 불렀다. 이러한 전통은 계속적으로 이어져서 족장들의 전통으로서 모세의 시대에까지 이르렀다. 무엇보다 그의 선하심은 시간적으로 제한되지 아니하신다. 아담, 셋, 에노스, 게난, 말랄렐, 야렛, 에녹, 무드셀라, 라멕 등은 가장 거룩하고 지혜롭고 탁월한 사람들이었다.148) 하인리히 불링거는 이후에 아담으로부터 모세까지의 역사를 간략하게 서술하면서 하나님의 말씀이 어떻게 이러한 족장들을 통하여서 모세에게까지 연결되게 되었는가 하는 것을 증거한다.149) **"여기까지가 거룩한 족장들의 전통에 대한 것이다. 그러므로 족장들은 아버지와 아들과 성령이 하나이심을 배웠다. 그가 거룩한 삼위일체이시고 만물의 주권자이시며, 그에 의하여서 사람이 피조 되었고, 그리고 그러한 인간들을 위하여서 만물을 만드셨다. 그리고 모든 만물을 인류 아래 두시고 인류로 다스리게 하셨다. 이것은 자애로우신 아버지와 가장 선하신 주님이 하신 것이다."**

하인리히 불링거는 이제 하나님의 형상으로 창조된 인간들이 어떻게 하나님을 배도하고 반역하여서 떠났는가 하는 것을 증거한다. 그래서 그들이 얼마나 비참하고 추악한 상태로 타락했는가 하는 것을 기술한다. 그러나 하나님께서는 그러한 인간들에게 약속의 씨를 주시기로 하시고 그의 죽으심을 통하여서 사탄의 권세를 멸망시키시고 승리하게 하실 것을 말씀하셨다.150)

---

148) Ibid., p. 40.
149) Ibid., p. 42.
150) Ibid., p. 44.

그러므로 족장들은 온 세상의 구주이신 하나님의 아들과 하나님을 믿을 것을 가르쳤다. 그리고 "**이 씨를 통하여서 땅의 모든 끝이 축복을 받을 것이라**"고 말씀하셨다. 무엇보다 거룩한 족장들은 가르치시기를 어떠한 형태의 언약을 통하여서 하나님께서 인류와 관련을 맺으실 것을 말씀하셨다. 그리고 그들은 가르치시기를 하나님께 대한 예배는 믿음과 소망과 자비 그리고 순종과 의로움과 거룩함과 순수함과 인내와 진리, 공의와 선함을 가지고 영적이고 드려야 할 것을 말씀하셨다. 그리고 거룩한 족장들을 말하기를 하나님께서는 선을 행하는 자에게 보응하시고 악을 행하는 자에게 복수하시리라고 가르쳤다. 이것이 하나님의 말씀이 어느 정도 족장들에게 계시된 것들이다. 그리고 그것들에 의하여서 그들의 후손들에게 전승되었다. 이것이 거룩한 족장들의 전통이다. 이것은 모든 종교를 포함한다. 결국 이것이 참되고 가장 오래되었고, 권위로우며, 보편적인 조상들의 신앙이다.151)

하인리히 불링거는 모세의 생애를 서술하면서 모세 오경에 대하여서 설명한다. "**모세는 모세 오경이라 불리우는 문헌을 남겼다. 그것은 창세의 역사로부터 그의 죽음 까지의 역사를 기록한다. 그는 하나님의 말씀에 대한 가장 광범위한 계시의 내용을 기록하였다.**……(중략)……**이러한 기록들은 모든 후손들에게 신앙의 입문을 준비하게 한다. 그리고 그 자체가 온 세상의 믿는 자들에게 충분한 권위를 가지고 있다. 그러므로 우리 주 예수 그리스도께서는 모세의 오경을 읽을 것을 말씀하셨다.**……(중략)……**우리의 구원의 중요한 요지는 이러하다. 요한복음 5장과 누가복음 16장에 그리고 마태복음 5장에서 그리스도께서 말씀하신대로 "내가 율법과 선지자를 폐하러 온줄로 생각하지 말라 폐하러**

---

151) Ibid., p. 45.

온 것이 아니라 이루러온 것이다. 내가 진실로 너희에게 이르노니 율법의 일점 일획도 땅에 떨어지지 않고 다 이루리라. 그러므로 누구든지 율법의 지극히 작은 것 하나라도 업신여기지 아니하면 천국에서 큰자라 일컬음을 받으리라"는 것이다."

하인리히 불링거는 모세의 오경을 이어주는 전선지서에 대하여서 언급하면서 "**이제 성경의 나머지 책들에 대하여서 말하고자 한다. 즉 그것은 하나님의 말씀의 진행의 역사이다. 그리고 그러한 역사에 의하여서 하나님의 말씀이 세상에 더욱 판명하고 분명하게 비추이는 것이다. 그 거룩한 사람 모세의 소천 이후에, 주님께서는 그의 계승자들인 가장 탁월한 선지자들을 그의 교회에게 주셨다. 그들은 그의 말씀을 증거하고자 선택된 자들이다. 고대의 선지자들은 오늘날 교회의 교사들과 사제들과 지혜자, 전도자, 목사, 주교, 성직자들처럼 하나님에 의하여서 주어진 말씀들을 성도들에게 믿음으로 증거하였다. 누구든지 거룩한 역사를 읽게 되면, 이러한 종류의 역사가 그리 적지 않다고 하는 것이 분명하게 된다.**"라고 기술하였다.152) 그리고 하인리히 불링거는 이러한 전선지서의 역사를 "**바벨론 포로시대 이전까지**"의 역사로 보고 있다. 그 대표적인 인물로 그는 사무엘, 엘리야, 엘리사, 이사야, 예레미야를 들고 있다. 그리고 다윗과 솔로몬은 왕이면서 동시에 선지자로 말한다. 그리고 포로기 이후에는 "**스가랴와 그 이외의 인물들**"로 진술한다. 하인리히 불링거는 모세 오경과 그 이후의 선지서들간에 연속성을 다음과 같이 증거한다. "**모세의 율법은 참된 하나님의 말씀이다. 그리고 그것을 토라(Thora)라고 부른다. 그것은 신앙과 행위의 지침과 법칙서이다. 그것은 부지런히 모든 사람들의 마음을 경책한다. 그리고 그리스도의 성육신 이전에 모든 제사장들과 선지자들은**

---

152) Ibid., p. 49.

그들의 시대에 경건하고 참된 신앙의 사람들의 가르침에 의하여서 행하였다. 어떤것도 다른 것을 가르치지 않았다. 즉 그것은 그들의 조상들이 하나님의 말씀으로 받은 것들이다. 그리고 그것은 모세를 통하여서 받은 것이다. 그리고 즉시 그것들은 기록으로 남겨졌고, 후세대를 위하여서 세상 끝날까지 보존될 것이다."

하인리히 불링거는 이제 이러한 성경의 기록의 가치성에 대하여서 언급한다. "**게다가 선지자들의 가르침과 기록들은 항상 온 세상을 통하여서 모든 지혜자들 중에서 가장 권위있는 것이다. 우리들은 많은 논의를 통하여서 선지자들의 가르침이 하나님의 성령에 의하여서 하늘로부터 온 것이라고 하는 것이다. 그것은 그의 성령에 의하여서 선지자들의 마음 가운데 거하시는 하나님께서 그들의 입을 통하여서 우리에게 말씀하신 것이다.⋯(중략)⋯그러므로 플라토, 제논, 아리스토틀 그리고 다른 이방 철학자들도 찬양할만한 인간들이지만, 선지자들은 가장 탁월하고 명성이 있는 분들이다. 그들의 권위 아래에 온 세상의 열왕들이 있다.**"

그는 이방인의 땅에서 하나님의 말씀을 증거하였던 다니엘과 같은 인물들을 지적하면서 그들이 모든 이방인들의 지혜자들보다 뛰어났음을 강조한다. 그리고 이러한 모든 것은 선지자들의 기록들이 하나님의 말씀을 증거하는 것이라고 하는 것이다. 그러므로 하인리히 불링거는 베드로전서를 인용하면서 "**선지자들은 고대에 사람의 뜻으로 온 것이 아니라, 하나님의 거룩한 사람으로서 성령에 의하여서 말한자들이다.**"라고 하였다. 그는 이어서 말하기를 "**비록 하나님께서 광범위하게, 분명하게, 평이하게, 그리고 단순하게 그의 말씀을 족장들과 모세와 선지자들을 통하여서 세상에 계시하셨을지라도, 여전히 마지막 때에 그는

**그의 아들 안에서 가장 명백하고 단순하고 풍성하게 온 세상에 그의 말씀을 계시하셨다.**"라고 증거한다.

이러한 하인리히 불링거의 신학적 입장은 개혁주의 내에서 가지고 있었던 신구약 언약의 판명성의 차이를 드러내는 것으로 볼 수 있다. 옛 언약과 새 언약이 통일적이고 하나의 실체를 가지고 있는 언약이라고 할지라도 그 언약의 판명성은 신약이 구약보다 더욱 권위적이라고 하는 것이다. 그것은 하나님께서 선지자들보다 더욱 권위 있으신 아들 안에서 말씀하셨기 때문이다. 이제 하인리히 불링거는 이러한 새 언약 아래에서 아들로 말씀하신 그 아들에 대하여서 더욱 자세하게 언급한다. "**선지자들이 미리 예언하신 아버지 하나님의 유일하신 독생자는 하늘로부터 오셔서, 공생애 3년 동안 선의 모든 것을 가르치시고 행하셨다. 그러므로 사도 요한이 증거하신대로, "하나님을 본 사람이 없으되, 아버지의 품속에 있으시던 독생자가 나타내셨다."라고 하는 것이다. 그리고 주님께서 말씀하신대로, "내가 나의 아버지로부터 들은 것을 모두 너희에게 일렀다." 그리고 다시 이르시기를 "나는 세상에 빛이다."라고 하는 것이다. 우리 주님께서는 하나님 나라에 들어가고자 하는 자에게 중생이 필요함을 역설하셨다. 왜냐하면 첫 번째 사람은 죽기로 작정되어있기 때문에, 두 번째 생명을 통하여서 영생에 이르기 때문이다. 그 중생은 성령에 의하여서 우리에게 완전하게 주어지는 것이다. 그리고 그것은 신앙을 통하여서 주어진다.**"

하인리히 불링거는 신구약 언약의 연속성을 다음과 같이 진술한다. "**그리스도께서 율법과 선지자들의 마침과 충만이시다. 그리고 또한 모세와 선지자들의 가르침을 확증하시고 해석하셨다. 그리스도께서는 다양한 표징과 능력을 통하여서 그 가르침들을 천명하셨다. 그는 세상의 빛이셨고, 권능이 충만한 구주이시다.**

그러한 그의 가르침은 그가 선택하신 사도들과 선지자들을 전파되었다. 사도들과 선지자들은 온 세상에 구주의 복음을 증거하시는 자들로 선택된 자들이다. 이러한 증인들은 단순하고 순수하며 정의롭고 진리를 말하는 자들이었다. 그들의 이름은 교회에서 다시 유용하게 불리웠다. 특히 사도들은 그리스도의 승천하신 이후에 하늘로부터 오신 성령에 의하여서 그리스도의 효과적인 증인으로서 사역을 하게 된다. 그리고 그들은 그들의 입을 통해 증거한대로, 그들의 손을 통하여서 그것들을 기록하였다. 그것은 그리스도의 행하심과 증거하신 것들이다. 그리고 사도들이 행한 것과 증거한 것들이다. 그리고 다른 사람들은 서신들로 보냈다. 그것은 전적으로 진리를 견고하게 하는 것 이었다. 사도들과 선지자들은 율법과 선지자들의 것을 더욱 확증하였고 무엇보다 열두 사도들은 두 사람의 중요한 인물들과 연결되어 있다. 하나는 세례 요한이고 다른 하나는 이방인의 교사였던 사도 바울이다.····(중략)····그러므로 우리들은 하나님의 말씀이라고 불리우는 책들을 상고해야 할 것이다. 첫 번째는 조상들을 통하여서 선포된 것 즉 구약이다. 그리고 그 다음으로는 사도들을 통하여서 선포된 것 즉 신약이다. 무엇보다 이 성경의 첫 번째 자리는 모세의 오경이 차지한다. 그 다음으로는 여호수아 사사기 룻 그리고 사무엘상하, 열왕기 상하, 역대상하, 에스라, 느헤미야, 에스더 등이다. 그리고 후에 욥기서와 다윗의 시편, 잠언, 전도서, 아가서이다. 그리고 그와 함께 네 명의 위대한 선지자 이사야, 예레미야, 에스겔, 다니엘 등이다. 그리고 그 이후가 12 소선지서들이다. 그리고 이것을 구약이라고 한다. 새 언약은 우리 주 그리스도의 복음 사역의 역사를 포함하고 있는 복음서이다. 사도 마태와 사도 요한의 서신 그리고 전도자 마가와 전도자 누가의 서신이 그러하다. 그리고 누가에 의하여서 기록된 사도 행전이 있다. 그리고 바울은 14편의 서신들을 교회와 사람들에게 보냈다.153) 그리고 다른 여러 서신들은 공동 서신으로서 모든 교회에게 보내진 서신들이다. 그리고 신약의 마지막 문헌이라고 할 수 있는 요한 계시록은 예수 그리스도의 계시를 기록한 것이다. 이 요한 계시록은 하나님께서 장래에 되어질 것을 사도 요한에게 말씀하신 것을 사도 요한이 밧모섬에서 기록한 것이다. ……(중략)……모세와 선지자들의 기록들은 많은 세대를 거쳐서 기록되고 보존되었다. 그리고 그것은 그리스도와 사도의 시대에 까지 이르렀다. 주님과 사도들은 구약을 자주 인용하셨다. 그와 같이 하나님의 말씀은 창세로부터 선지자들을 통하여서 새 언약의 사도들까지 증거되어 온 것이다.……(중략)……그것은 동일한 성령께서 하나의 목적과 의도를 가지시고 말씀하신 것이다."154)

이제 하인리히 불링거는 그의 두 번째 강론에서 신구약 언약의 통일성과 함께 그 목적과 방식에 대하여서 증거한다.

"하나님께서는 참으로 구약에서 그 자신을 이스라엘에게 더욱 친밀하게 계시하셨다. 그리고 새 언약에서 그리스도께서는 온 세상에 그의 복음을 선포하셨다. 그리고 그 대상은 이방인들을 포함한 것이다. 그래서 새 언약 아래에서는 그리스도인이라고 하는 명칭이 생겼다. 그리스도께서는 모세와 선지자들에게 증거를 받으신 분이시다. 그는 구주시고 머리이시다. 그가 구약의 할례를 신약의 세례로 전환하셨고 구약 유월절의 만찬을 신약 성찬으로 전환하셨다. 그리스도 안에서 율법과 선지자의 기록들

---

153) "하인리히 불링거도 울드리히 쯔빙글리와 동일하게 히브리서를 바울이 기록한 서신으로 보고 있다."(필자주)
154) Henry Bulliger, p. 57.

은 완성된 것이다. 모든 의식들은 그리스도를 지향하였던 것이다. 그리스도께서는 그러한 의식과 모형들에 대한 실체이시다. 그러므로 구약 이스라엘 백성들의 모든 예배의 실체는 그리스도 안에서 더욱 분명하게 드러나는 것이다. 그것은 그리스도를 가르치는 것과 죄의 사죄와 회개 등이다. 사람들에게 하나님의 말씀이 계시된 목적은 그들의 구원을 위한 것이다. 그리고 그 방식은 그리스도 안에서 믿음을 통하여서 이다. 여기에서 하나님의 크신 선하심을 알 수 있다."

그리고 이어서 말한다. "지금 나는 하나님의 말씀이 우리의 구원과 하나님의 길을 소개하고자 전적으로 계시되었다고 말한다. 하나님의 말씀은 사도들과 선지자들을 통하여서 우리에게 전하여진 것이다. 그것은 충만하고 완전하며 더이상 더할 것이 없는 것이다. (성경 이외의 다른 계시의 가능성을 배제하는 신학적 입장임을 알 수 있다.) 그러한 가르침은 모세의 증거에 의하여서 하나님의 말씀 안에서 분명하게 드러났다.(신 4장12; 잠 30장) 사도 요한은 그의 서신에서 복음서를 기록하는 목적을 분명하게 밝히고 있다.(요 20:30~31) 그는 이 가르침을 통하여서 신앙은 전적으로 가르쳐지는 것이라고 하는 것과 그 신앙을 통하여서 하나님에 의한 영생을 수여 받는다는 것이다. 이 가르침의 목적은 행복과 완전한 축복이다. 복음의 가르침에 의하여서 사람들에게 주어지는 것은 완전한 가르침이다."[155]

## 예 정 론

하인리히 불링거의 예정론을 살펴볼 수 있는 것은 그가 작성한 제 2 스위스 신앙 고백을 통하여서이다. 그는 이 신앙 고백

---

155) Ibid., p. 62.

을 통하여서 하나님의 영원하신 작정이 무엇인가 증거한다. 그는 제 2 스위스 신앙 고백 10장에서 **"하나님의 예정과 성도들에 대한 선택"**이라고 하는 본문에서 다음과 같이 진술한다.

1. 하나님께서 영원 전부터 그의 자유로우시고 순수하신 은혜를 따라서 인간의 어떠한 가치도 사려함이 없이 그리스도 안에서 구원으로 그의 사랑하는 자를 예정하시고 선택하셨다. (엡 1:4)

2. 그러므로 우리 자신의 공로와 가치에 대한 사려 없이 그리스도 안에서 그리스도를 따라서 우리를 하나님께서 선택하셨다. 그리고 그것은 신앙을 따라서 그리스도 안에서 주어진 것이다. 그것은 택자와 함께 그리스도 밖에 있는 유기자를 작정하셨던 것이다.(고후 13:5)

3. 그러므로 그리스도 안에 있는 택자들인 성도들은 하나님을 따라서 그 목적에 확실하게 다가가게 된다.

9. 그리스도께서는 그와 같이 거울이시다. 그 안에서 우리는 우리의 예정을 정관한다. 우리는 생명의 자유 안에서 그에 대한 기록된 충분한 증거를 가지고 있다. 우리가 그리스도와 교제 안에 있다면, 우리는 참다운 신앙 안에 있는 것이다.(눅 11:9,10)

10. 우리는 하나님의 우주적 교회와 함께 "하늘에 계신 우리의 아버지"라고 고백한다. 그리고 그리스도의 몸에 참여하는 세례를 받는다.(빌 2:12)156)

---

156) Philip Shaff, :"1. Deus ab aeterno praedestinavit vel elegit libere et mera sua gratia, nullo hominum respectu, sanctos, quos vult salvos facere in Christo, juxta illud Apostoli: 2. Ergo non sine medio, licet non propter ullum meritum nostrum, sed in Christ insiti per fidem, illi ipsi etiam sint electi, reprobi vero, qui sunt extra Christum.·····3. Denique electi sunt sancti in Christo per Deum ad finem certum, quem et ipsum exponit Apostolus et ait: 9. Christus itaque sit speculum, in quo praedestinationem nostram contemplemur, Satis perspicuum et firmum habebimus testimonium, nos in libro vitae

이러한 하인리히 불링거의 예정론은 개혁주의 예정론이 분명하게 드러나있다. 가장 먼저 "**예정의 대상과 관련하여서**" 다루고 있다. 그런데 이미 제 8 장에서 "**인간의 타락**"에 대하여서 다루고 나서 예정론을 다루는 그 순서로 볼 때 "**타락후 선택설**"로 느껴진다. 그러나 10장 본문 자체에는 그 대상과 관련하여서 언급 자체가 없기 때문에 신앙 고백 구조상으로는 분명하게 "**타락후 선택설**"이고 10장의 내용상으로는 애매모호하다.

## 교 회 론

그의 교회론에 대한 신학적 입장은 그의 저서 데카데스의 "**교회론**"에서 분명하게 알 수 있다. 그는 그의 교회론에 대한 저서에서 "**교회에 대하여서**" 그리고 "**교회의 통일성**"그리고 "**하나님의 말씀의 사역자**"에 대하여서 다루고 있다.

### 교회에 대하여서

하인리히 불링거의 교회에 대한 강론은 그의 저서 [**데카데스**](Decades)의 5권에서 다루고 있다. 그는 "**거룩한 보편 교회에 대하여서**"라고 하는 서문에서. 교회란 무엇인가? 교회는 어디까지 확장될 수 있는가? 교회는 무엇에 의하여서 표지되는가? 교회는 어디로부터 나왔는가? 교회는 어떻게 유지되는가? 그리고 보존되는가? 교회의 오류는 무엇인지? 또한 교회의 권세와 연구에 대하여서라고 되어 있다.[157]

---

inscriptos esse, si communicaverimus cum Christo, et is in vera fide noster sit, nos ejus simus.⋯⋯10. Quod denique cum universa Dei Ecclesia oramus; "Pater noster, qui es in coelis;" et carne et sanguine frequenter ad vitam aeternam."

157) Henry Bullinger, The Decades of Henry Bullinger.vol.5. trans by H.I. Cambrdge, 1852. p. 5..

하인리히 불링거는 **교회**(Eccleisa)란 헬라어로 "**함께 모은다**"라고 하는 의미를 가지고 있다고 말하였다. 하인리히 불링거는 교회를 두 가지 형태로 나눈다. 그것은 택자들의 비가시적 영원한 교회와 지상의 가시적 전투하는 교회이다. 택자들의 비가시적 영원한 교회는 하나님께서 왕좌에 계시고 그가 그의 백성들 위에 다스리시고, 그의 백성들은 결코 배고픔이나 목마름이 더 이상 없다. 그곳은 결코 태양 빛이 없고 어떠한 태양열도 없다. 어린양이 친히 그들 중에 계시기 때문이다. 그가 그들을 다스리시고 그들을 생명의 물로 인도하신다. 그가 모든 성도들의 눈물을 닦아 줄 것이다. 바로 이것은 영원토록 승리한 하늘에 있는 비가시적 교회이다.

하인리히 불링거는 이와 달리 지상의 가시적 전투하는 교회에 대하여서 사도 바울의 서신을 인용하면서 진술한다. 그것은 여전히 전투하는 교회 안에서 부지런하게 싸우는 성도들에 대한 것이다. 그는 말하기를 "**전투하는 교회는 지상의 사람들의 회중이다. 그것은 그리스도의 이름을 부르고, 지속적으로 악과 죄와 육신과 세상에 대항하여서 세상 안에서 싸우는 교회이다. 그들은 우리 주 그리스도의 깃발 아래에서 장막을 치고 싸운다.**"고 하였다. 그는 이어서 우리가 이러한 교회에 대하여서 알고자 첫 번째 가르침을 받게 되는 것은 사도신조를 고백함으로서 되어진다고 말한다. "**나는 거룩한 공회와 성도가 서로 교제하는 것을 믿습니다.**" 이것을 통하여서 우리는 거룩한 교회는 하나라고 하는 것을 알게 된다. 첫 번째 우리가 고백하는 것은 하나님의 교회가 어제도 오늘도 그리고 영원토록 있을 것이라고 하는 것이다. 그때에 우리가 한 가지 덧붙여서 고백하는 것은 "**성도의 교제가 있다.**"는 것이다. 우리는 성도들이 교제 하는 거룩한 보편 교회는 오직 하나라고 신앙으로 고백한다. 하나님께서는 교회를 통하여서 모든 선한 것을 성도들에게 주신다. 그러므로 우리들은 하나님의 은혜를 통하여서 그리스도의 몸의 치제가 되고 모든 하늘의 은사에 참여하게 되며, 때문에 우리는 거룩한 교회는 하나라고 하는 사실을 고백하게 된다. 지상의 교회는 매우 신실하고 거룩한 자들뿐만 아니라 신실하지 못하고 불경건한 자들조차도 포함하고 있다. 그 신실하지 못하고 불경건한 자들은 비록 그들의 삶이 회심으로 거룩하게 되지는 못하였을지라도 여전히 그들은 참된 신자들과 하나님의 거룩한 사람들과 함께 참된 신앙을 고백한다. 그들은 올바르게 말하고 덕을 따르며 악을 꾸짖는다. 그들은 결코 이 거룩한 전투하는 교회의 통일성으로부터 자신들을 분리시키지 않는다. 이러한 점으로 미루어 볼 때에 악한 자들과 위선자들이 교회로부터 제거 되는 경우는 극히 드물다. (겨우 가롯 유다, 아나니아, 삽비라, 시몬 마구스, 히메네우스, 은장색 알렉산더 등이다.) 이 교회가 외적으로 보이는 교회(Visible Church)라고 불리운다. 그러나 이 교회는 지역적으로 전체적으로 합리성에 의하여서 평가된다.

먼저 지역 교회는 하나의 지역이 있다. 쮜리히나 베른과 같은 교회를 의미한다. 이러한 교회는 일정한 처소가 있고 이웃들과 함께 거리를 공유하고 도시나 타운 안에 위치한다. 그들을 위하여서 교구 사제들이 있다. 이것을 교구 교회라고 한다. 그러나 비가시적 교회(Invisible Church)는 전 세계를 통하여서 하나이다. 그 교회는 반역자들과 완고한자들은 제외된다.

결론적으로 거룩한 보편 교회는 전 세계의 모든 지역 교회로 이루어져 있는 것이다. 그러나 완전하게는 비가시적 교회이다. 비가시적 교회를 그렇게 부르는 이유는 인간들 눈에 보이지 않는 교회이기 때문이다. 그러나 하나님 앞에서는 분명하게 드러나 있는 교회이다. 가시적 교회는 전투하는 교회로서 하나님에 의하여서 몇 가지 분명한 표징이 증거된다. 그것은 하나님의 말씀에 대한 가르침이 신실하게 시행되고 있어야 한다. 그리고 합법적인 그리스도의 성례의 참여가 있어야 한다. 이것에 몇 가지 더하여서 선함과 통일성이 있어야 한다.

하인리히 불링거는 거룩한 보편 교회의 동일성과 관련하여서 세례를 말할 때 비록 이단들이 세례를 시행했다고 할지라도, 그가 이단이라는 것이 드러나기 이전에 받은 신자들의 세례는 유효하다고 진술하였다. 그럴뿐만 아니라 비록 로마 카톨릭처럼 적절하지 못한 교회로부터 받은 세례라고 해도 그들이 받은 세례가 합당한 방식으로 받은 것이라면 유효하다. 그것은 로마 카톨릭의 공교회적 고백이 잘못된 것이 아니라 그들의 미신적이고 우상적인 신앙이 잘못되었기 때문이다.158)

하인리히 불링거는 비록 신앙이 우리의 머리이신 그리스도와 연결되어 있다고 해도 여전히 또한 그것은 동일하게 모든 그리스도의 회원들과 결합되어 있다고 말한다. 때문에 오직 모든 회원들에게 하나의 신앙이 있다. 그리고 동일한 성령께서 다스리신다.159) 하인리히 불링거는 성도의 교제에 대하여서 다음과 같이 증거한다. "**우리가 의심할 것 없이 교회의 유일한 표지는 신앙 다음으로 사랑을 들 수 있다. 사랑은 모든 회원들을 함께 연결시켜주는 끈이다. 이것은 그리스도의 교제와 성령의 연합으로부터 성장한다. 때문에 보편적인 교회의 왕과 머리와 대제사장이신 그리스도께서 우리를 하나의 동일한 성령으로 연결시키셨다. 그리고 그가 우리를 모든 그의 회원으로 삼으셨다. 그리고 의심할 것 없이 그가 부드러운 사랑으로 우리를 감싸안으셨다.**"160)

---

158) Ibid., p. 22.
159) Ibid., p. 25.

이제 하인리히 불링거는 교회의 기초가 무엇인가 하는 부분에 대하여서 다음과 같이 진술한다. 그는 로마서 10장 17절을 인용하면서 때문에 "**믿음이란 들음으로부터 나오고 그 들음은 하나님의 말씀으로부터 나온다.**"고 하였다. 거룩한 보편 교회는 참으로 하나님의 말씀 이외에는 다른 어떤 인간의 교훈과 가르침에 의하여서 세워질 수 없고 나올 수 없다. 그러므로 우리는 주장한다. 하나님의 말씀만이 유일하게 하나님의 교회를 세우기에 합당하다. 인간의 가르침은 인간의 교회를 세울 것이다. 그러나 그리스도의 말씀은 그리스도의 교회를 세울 것이다. 인간들의 가르침은 혈과 육에 속하였다. 그러나 베드로는 증거하시기를 순결한 신앙으로 그리스도를 고백하는 것이 교회의 기초이신 그리스도에 의하여서 교회가 세워지는 것이라고 하였다. 그것은 그리스도 그 자신으로부터 그의 말씀을 듣는 것이다.[161]

하인리히 불링거는 이어서 거룩한 보편 교회가 보존되는 원리에 대하여서도 언급한다. "**우리는 하나님의 교회가 동일한 말씀에 의하여서 보존된다고 하는 것을 의심하는 자들에 대하여서 덧붙이고자 하는 말씀이 있다. 그것은 어떠한 경우에도 넘어지거나 실족하지 않기 위하여서 필요하다. 즉 거룩한 보편 교회는 결코 다른 어떤 수단에 의하여서도 보존될 수 없다.** 사도 바울은 다시 증거하시기를 "그리스도께서 몇몇을 사도로 부르셨다. 그리고 몇몇을 선지자로 부르셨다. 그리고 몇몇을 전도자와 목사와 교사로 부르셨다. 그것은 성도들을 모으고 가르치는 것과 전도하는 일을 하게 하시고자 하신 것이다. 그리고 그리스도의 몸을 세우게 하시고자 하신 것이다." 우리가 신앙의 일치 안에 함께 모이고 하나님의 아들의 지식을 그리스도의 장성한 분량에

---

160) Ibid., p. 25.
161) Ibid., p. 26.

까지 이를 때까지 그러하다. 우리가 인간들의 거짓된 교리에 의하여서 정통 교리에 대하여 요동하거나 흔들리거나 한다면 더 이상 하나님의 참 아들들이 아니다. 위대하고 신성한 권위에 의하여서 얼마나 인간들의 가르침이 정죄를 받아야 마땅한가?⋯ (중략) 그러므로 이러한 관점에서 볼 때 하나님의 말씀에 의하여서 교회의 규례와 질서가 올바르게 세워질 수 있을 뿐이다. 오직 그의 말씀에 의하여서 교회는 기초를 놓고 세워지고 유지되고 확장될 수 있다."162)

하인리히 불링거는 교회가 두 가지 관점을 따라서 보존되어야 할 것을 언급한다. "**여기에 두 가지 것이 사려 되어야 한다. 첫 번째 하나님의 교회는 그의 말씀의 끊임없는 지속적 연구를 통하여서 사도와 선지자들에 기초한 교회 다음으로 정통 교회라고 불리울 수 있다.** 사도와 선지자들에 기초한 교회는 사도적 교리에 의하여서 보존되는 것이다. 그리고 세상 끝까지 사도적 교리에 기초하여서 확장되는 것이다. 그것이 정통 교회이다. 그것이 보편 교회의 신앙 고백과 신앙의 정통성이기 때문이다. 그러한 거룩한 보편 교회 없이 참다운 신앙은 없다. 교회의 신앙과 교리는 하나님 그분 자신으로부터 아담과 족장들과 모세와 선지자들과 그리스도와 사도들을 통하여서 계시되었다. 그것을 통해 교회는 신자들의 어머니가 되는 것이다."163)

이제 하인리히 불링거는 교회가 계승하여야 할 것이 무엇인가 하는 것을 다음과 같이 언급한다. 두 번째로 교회의 교사와 목사가 계승해야할 것은 하나님의 말씀 이외에 다른 어떤 것도 아니다. 교황주의 교회를 변명하는 자들은 자랑하기를 자신들은 가장 확실한 사도적 교회의 표지를 가지고 있으며 사도 베드로

---

162) Ibid., p. 28.
163) Ibid., p. 28.

에게서 이어져 온 주교직의 첫째인 클레멘스에 의하여서 계승되었다고 말한다. 그런데 무엇보다 그들이 말하는 바는 그들 자신들이 나온 사도적 교회를 자신들이 단절하였다고 하는 것이다. 우리는 로마 카톨릭 교회가 큰 영향력을 가지고 초대 교회로부터 목사직을 계승한 것을 부인하지는 않는다. 그러나 어떠한 방식으로 로마 카톨릭 교회가 목사직을 수행해 왔는가 하는 것이 더욱 중요하다. 스가랴 선지자가 증거하신 말씀을 통하여서 우리들은 그들의 어리석음을 알 수 있다. "**15 여호와께서 내게 이르시되 너는 또 우매한 목자의 기구들을 취할지니라 16 보라 내가 한 목자를 이 땅에 일으키리니 그가 없어진 자를 마음에 두지 아니하며 흩어진 자를 찾지 아니하며 상한 자를 고치지 아니하며 강건한 자를 먹이지 아니하고 오히려 살진 자의 고기를 먹으며 또 그 굽을 찢으리라**"(슥11:15~16)

그러므로 하나님의 말씀을 가르치지 않고 이러한 추악한 일을 행하는 자들은 로마 카톨릭 교회의 주교직을 계승한다. 로마 카톨릭 교회는 신실하게 목사의 직무와 의무를 다하지 못하였다. 그러므로 로마의 주교 그레고리우스로부터 지금까지 스가랴에 의하여서 묘사된 늑대와 이리와 같은 그러한 자들이 우상 숭배의 풍습을 가지고 행하였다. 그렇다면 이것은 잘못된 목사직의 계승이 아닌가? 그렇다. 그들은 한편으로 인간의 전통으로 보편 교회를 더럽혔다. 그리고 다른 한편으로는 하나님의 말씀을 억압하였다. 고대 이스라엘의 교회 안에서도 주교직의 계승이 있었다. 아론으로부터 우리야 까지 그러하다. 그러나 다른 악한 주교들이 또한 하나님의 말씀으로부터 떨어져서 인간의 전통으로 타락하였다. (장로의 유전 즉 탈무드 미드라쉬 미쉬나) 그러므로 참되고 바른 교회의 계승이란 인간의 전통을 배제한 하나님의 말씀에 의하여서 오직 증거되고 가르쳐지는 교회의 계승이다. 구약 시대로부터 올바른 가르침의 계승은 지속 되었다. 그런데 찬송 받으실 우리 주 예수 그리스도께서 지상에서 하나님 나라를 가르치시며 그의 교회를 모으실 때 당대 유대교 지도자들은 모두 예수 그리스도를 대적하였다. 그들은 하나님의 교회의 참된 지도자들이 아니었다. 오히려 그들을 통해 구약 교회가 이교적으로 되었다. 사도 시대 교회 사도들은 자신들을 위하여 자신들의 교리를 가르치지 않았다. 사도들은 주님에 의하여서 직접 서임되어 세워졌다. 그리고 사도들에 의해서 사도 시대에 거룩하고 참된 교회가 세워졌다. 사도들은 주님의 참된 동역자들이었고 계승자들이었다. 그리고 사도들은 그리스도의 교리와 도리를 세우는 일에 헌신하였다. 사도 바울은 말씀하시기를 "**내가 그리스도를 본받는 자 된 것같이 너희는 나를 본받는 자 되라**"(고전 11:1)고 하였다.

사도 바울은 사도적 교회를 세우고 보존하고 확장하였다. 그러나 이러한 사도적 계승은 후대에 로마 카톨릭으로 인하여서 오염되어 타락하였다. 사도적 신앙과 교리로부터 타락한 로마 카톨릭 교회가 어떻게 사도의 계승자일 수 있겠는가? 그러므로 우리는 주교들의 계승은 가시적인 것이 아니라고 주장하는 것이다. 그러므로 터툴리안도 말하기를 사도적 계승이란 사도의 가르침을 요구 받는다고 하였다. 그러므로 순수한 교리가 매우 중요하다. 그러나 로마 교회는 사도적 교리와 함께 자신들의 인간적인 교리를 만들어서 사도적 교리의 순수성을 파괴하였다.····(중략)····결론적으로 옛시대 뿐만 아니라 오늘의 시대에서도 주 하나님께서는 교회에게 교사와 목사를 주신다. 그들은 진리와 정통성과 순전한 경건성의 교리에 의하여서 하나님의 거룩한 교회를 세운다.164)

---

164) Ibid., p. 33.

하인리히 불링거는 교회에 오류가 있는가 없는가 하는 부분을 다룬다. 하인리히 불링거는 먼저 하늘에 있는 모든 신실한 축복 받은 성도들이 모여 있는 천상의 교회는 오류가 없다고 진술한다. 그런데 지상에 있는 교회는 어떠한가? 신실한 성도들과 함께 섞여 있는 위선자들과 사기꾼들과 혼합주의자들에 의하여서 지상의 교회는 오류가 있다. 그러나 선함과 신실성으로 결합된 성도들은 오류가 있기도 하고 없기도 하다. 그들이 지상에 있을 때에는 그러하다. 그러므로 지상에 있는 교회는 오류가 있거나 없거나 한다. 하인리히 불링거는 **"교회가 진리와 기둥과 터"**(στῦλος καὶ ἑδραίωμα)(딤전 3장15절)라고 말할 때에 그것은 사도들과 선지자들의 터 위에 세워졌다는 것을 의미한다고 말한다. 그리고 그 터는 예수 그리스도이시라는 것이다. 거룩한 보편 교회는 진리의 기둥과 터로서 영원하며 진리이신 그리스도를 머리로 하여서 하나로 연결되어서 함께 지어져 가는 그리스도의 몸이다. 하나님의 진리는 거룩한 보편 교회 안에 있다. 그리고 그리스도의 교제 안에서 거룩한 보편 교회는 보존된다.165) 하인리히 불링거는 말하기를 교회가 오류에 빠지게 되는 때는 하나님의 말씀을 상실하였을 때라고 주장한다. 그리고 그는 교황제도의 오류에 대하여서 다음과 같이 지적하였다. 그들은 로마의 교황에게 높은 권세를 부여하였고 그에게 교회적 재판권을 주었다. 그리고 그들은 어떤 사람에게도 합법적으로 하나님의 말씀을 가르치지 못하게 하고 그들 스스로는 하나님의 말씀을 넘어서서 오류를 자행하였다. 그것은 악한 것이었다. 로마의 교회는 하나님의 말씀의 참된 교리를 배척하였다. 그들은 로마의 교황을 불과 칼로 보았다. 우리는 이러한 모든 것을 거부한다.166)

---

165) Ibid., p. 37.
166) Ibid., p. 40.

이제 참다운 의미의 거룩한 보편 교회의 재판권에 관하여서 논의하고자 한다. 헬라어 "**엑수시아**(εξουσια)"와 "**두나미스**(Δυναμις)"에 의하여서 교회의 권세라고 하는 말이 유래되었다. 첫 번째 말의 의미는 "**권리**"와 "**권세**"라고 한다. 두 번째 의미는 "**권리와 권위를 시행할 능력**"을 의미한다. 어떤 권리가 제한된다면 그것은 자유로운 것이 아니다. 그 권리는 더 높은 권세에 의하여서 치리 받는 것이 마땅하다. 그리고 그러한 제한적 권리는 그 자체로서는 어떤 것도 행할 수 없다. 거룩한 보편 교회의 권세가 이러한 것이다. 거룩한 보편 교회의 권세는 하나님의 치리 아래에 있다. 그리고 이러한 권세를 교회의 재판권이라 부른다. 그리고 합당하게 사역적 권세라 부른다. 하나님의 교회는 이러한 재판권을 행사하기 위해서 교회에게 위임된 권세를 사용한다. 성 어거스틴은 이러한 구별을 알고 있었다. 그래서 그의 다섯 번째 논서에서 어거스틴은 다음과 같이 진술하였다. "**바울은 사역자로서 세례를 베풀었다. 그것은 그 자신으로부터 나오는 권세가 아니라 우리 주 예수 그리스도로부터 부여 받은 권세로서 세례를 베푼 것이다. 그러므로 만약 주가 기뻐하시면, 그의 종에게 그러한 권세를 주실 수 있으시다. 그리고 주는 그렇게 하셨다.**"167) 궁극적으로 거룩한 보편 교회는 정통 교리적 판단에 대한 권세를 받았다. 그러나 이러한 권세는 어떠한 규례를 정하는 것이다. 거룩한 보편 교회는 교회의 비익을 위하여서 그 권세를 사용할 수 없다. 오직 성령의 역사에 의하여서 그 권세를 사용할 수 있다. 그리고 성경의 일반적 법칙에 따라서 판단할 수 있다. 그리고 여기에서 질서와 온화와 긍휼이 사려되어야 한다. 어떠한 경우에 하나님의 교회가 이러한 권세를 따라서 중대한 문제에 관하여서 종교 회의를 소집한다면, 그것은 교회 자

---

167) Ibid., p. 42.

신의 육신적인 판단에 의하지 말고 성령의 역사에 의하여서 종교 회의를 소집해야 한다.168)

## 교회의 통일성

하인리히 불링거는 교회의 통일성의 서문에서 "**하나의 보편적인 교회가 있다. 그러므로 거룩한 보편 교회 없이 빛도 없고 구원도 없다. 우리는 분리주의자들과 역사적으로 갑자기 출몰한 로마 카톨릭 교회로부터 벗어나야 한다. 하나님의 교회는 하나님의 집이요, 포도원이고 그의 나라이다. 그리고 그리스도의 몸이고 양 무리이며 신부이다. 어머니와 동정녀이다.**"라고 서술하였다. 불링거는 하나님의 교회를 솔로몬의 아가서의 술람미 여인을 비유로 하여서 다음과 같이 묘사한다. "**그녀는 나의 비둘기 그리고 나의 사랑이다.**" 이방인의 사도 바울이 확신하고 말한대로 "**몸이 하나이면 정신도 하나이다. 그와 같이 부르심의 한 소망 안에서 너희가 부르심을 받았다. 주도 하나이요 믿음도 하나이요 세례도 하나이고 하나님도 하나이시다. 곧 만물의 아버지 만물위에 계신 분이시고 만물을 인하시고 그 안에 만물이 있다.**"

주교이며 순교자인 시프리안은 그의 저서 [**성직자의 순수성에 대하여서**](De Simplicitate Clericorum)에서 말하기를 "**교회는 하나이다. 그것은 풍성한 교회의 증가에 의하여서 더욱 멀리 퍼져간다. 그것은 태양 빛이 가지로 퍼져 나가지만 태양은 하나인 것과 같다. 나무가 많은 가지가 있으나 나무는 하나인 것과 같다. 시내는 하나의 샘물로부터 나오는 것과 같다. 사람은 몸이 여러 가지 지체를 가지고 있을지라도 그 머리는 하나인 것과 같다. 그와 같이 거룩한 보편 교회도 온 세상에 걸쳐서 그 빛을

---
168) Ibid., p. 47.

**널리 펴지게 할지라도 여전히 그 교회는 하나의 빛을 가지고 있다. 그 빛이 어디로 퍼져 나갈지라도 그 빛은 여전히 하나이다. 그 거룩한 보편 교회의 가지는 충만하게 온 세상에 퍼져간다.**"169)

우리는 거룩한 보편 교회에 다양한 이름들이 불리워지는 것을 본다. 그러나 우리는 그러하다고 해서 그것이 많은 교회가 있다고 상상해서는 안된다. 오직 보편적이고 우주적인 교회는 하나이다. 그러나 완전하고 승리한 비가시적 천상의 교회와 전투하는 가시적 교회와의 차이점도 잊지 말아야 한다. 전투하는 가시적 교회는 고대 조상들에게도 있었고 오늘날 우리들에게도 있다. 그러므로 우리들은 머리이신 그리스도 아래에서 하나의 몸으로 함께 지어져 간다. 조상들의 교회는 그리스도께서 오시기 이전까지의 하나의 교회였고 우리는 그리스도께서 오신 이후에 이방인들에게까지 확대되는 하나의 교회이다. 그러한 거룩한 교회 안에는 지상에서 악한 자와 선한 자들이 섞여 있다. 그렇다면 왜 선한 자와 악한 자가 한 교회 안에 있는가? 그것은 알곡으로 하여금 더욱 알곡이 되게 하며 더욱 견고하게 자라게 하려 함이다. 한 몸에 많은 지체가 있는 것처럼 보편적이고 우주적인 하나의 교회는 많은 성도들과 교제 아래 있다. 그러므로 하나님의 교회는 하나이다. 그리스도께서 유일하신 왕이시다. 그에게 영광이 있을지어다. 하나님의 교회의 통일성은 크고 위대하다. 그러므로 하나님의 교회 안에 있지 아니하면 어떤 자들도 하나님께 받으신바 되지 못한다. 그러므로 시프리안은 다음과 같이 말한다. **"누구든지 거룩한 보편 교회로부터 분리하는 자들은 간음한 교회와 연합한 것이다. 그러한 자들은 거룩한 보편 교회의**

---

169) Henry Bullinger, **The Decades of Henry Bullinger. vol.5**. trans by H.I. Cambrdge, 1852. p. 50.

약속으로부터 분리되었다. 그들은 어떤 경우에도 그리스도의 공로에 참여하지 못하며 그리스도의 교회 밖에 속하게 된다. 그는 의심스럽게 되고 불명확하게 되며 원수들의 공격에 무방비로 노출된다. 그러한 자들은 그들의 아버지로서 하나님을 모실 수 없고, 그들의 어머니로서 교회 안에 머물 수 없다."고 하였다. 불링거는 그리스도의 희생제사에 대하여서 다음과 같이 묘사한다. "이러한 교리에 대하여서 부분적으로는 확실하게 구성이 된다. 일종에 신앙에 대한 것인데, 이러한 원리들은 신실하게 이해가 된다. 모든 사람은 죄인이다. 그리고 죄 가운데 태어난다. 그들 중에 어느 누구도 중생을 통하지 않고는 하나님의 나라에 들어갈 수 없다. 그러므로 사람은 그 자신의 의지를 따라서가 아니라, 하나님의 은혜를 통하여서 오직 그리스도의 공로에 의하여서 의롭다함을 믿음을 통하여서 받는다. 즉 그리스도께서 한번 죄를 위하여서 희생의 제사를 드리신 것이 유일하다. 그는 유일하신 영원한 대제사장이시다. 주께서 우리가 그 안에서 행하도록 예비하신 선한 일이 있다. 그것은 주의 성례와 교회의 성례이다. 우리는 지속적으로 주께서 우리를 인도하시기를 기도해야 한다."

하인리히 불링거는 교회 사역자에 대하여서 다음과 같이 정의한다. 초대 교회 시대 교부 리용의 주교였던 이레니우스는 [이단 논박]에서 다음과 같이 말했다. "오직 유일한 신앙이 있다. 그가 마땅히 행하여야 할 것보다 더 많은 말을 할 수 없다. 그리고 그가 마땅히 해야 할 것보다 더 적은 말도 할 수 없다." 그러므로 교회 안에서 가르쳐지는 사역자들의 가르침은 참된 신앙과 신실한 신앙의 내용에 일치해야 한다. 그것은 사도와 선지자들이 가르친 내용들이다. 그러한 가르침들은 매일 성경의 해설과 그것들에 대한 적용으로 드러난다. 그것은 매우 가치 있고 중요하다. 지혜로운 자들은 결코 거룩한 보편 교회의 교제로부터 자신을 분리시키지 않는다. 하인리히 불링거는 신자들의 신앙의 일치성에 대하여서 사도와 선지자들의 교리를 따라서 그 가르침에 굳건하게 서 있는 것이라고 말한다. 비록 다양한 방식과 다양한 형태로 하나님을 섬기는 것이 있을지라도 거기에 단일한 정신이 있는 것은 사도들의 가르치신 진리의 복음이 일치하기 때문이다. 비록 사도 시대의 교회가 부분적으로 타락하고 오염되었다고 할지라도 그들의 교회는 진리의 신실성에 있어서 일치성을 가지고 있었다.170) 그래서 비록 그들이 많은 부분에 죄를 지었고, 부패가 있었어도, 그 교리는 신실했고 그 성례는 순수하게 지켜졌다.

하인리히 불링거는 교회의 통일성으로부터 벗어난 교회란 순수하지 못한 교리를 가지고 있는 집단이라고 규정한다. 그러므로 이러한 관점에서 주로 우리가 알아야 할 것은 이것이다. 교회의 통일성으로부터 벗어난 무리들은 이단들과 분리주의자들이다. 성 어거스틴은 생각하기를 이단과 분리주의자들은 구별되어야 한다고 하였다. 이단이란 신앙의 신실성으로부터 부패를 의미한다. 그리고 사도들의 교리로부터 분리되어 버린 것을 의미한다. 분리주의자들은 비록 그가 순수한 교리와 신실한 신앙에 대하여서 전혀 죄가 없다고 해도 그들 스스로 분별없이 거룩한 보편 교회의 통일성을 파괴하고 분리되는 것을 의미한다. 참으로 어거스틴이 적절하게 지적한대로, 이단이란 하나님의 말씀으로서 성경의 가르침과 신앙 그리고 교회의 정통 교리에 대하여서 이탈한자들이다.171)

그러면서 하인리히 불링거는 로마 카톨릭 교회를 이단적이면

---

170) Ibid., p. 59.
171) Ibid., p. 63.

서 분리주의적인 교회라고 규정하였다. 그것은 로마 카톨릭의 교리가 순수하고 거룩한 교리와 다르고 또한 그들이 스스로 이러한 순수한 교리로부터 이탈하여서 자신들이 절대적인 교회라고 말하기 때문이다. 그들은 신자들에게 부당한 멍에를 지게하고 그것으로 신자들을 어둡게 하여서 신자들의 자유로운 삶을 노예와 종의 삶으로 바꾸어 버렸다. 로마 카톨릭 교회는 성경에도 없는 율례들을 만들어서 교회의 신자들을 폭력으로 억압하였다.

하인리히 불링거는 교회의 통일성과 관련하여서 그리스도의 사역을 설명한다. 그리스도께서 교회의 머리가 되시며, 신자들의 유일한 중보자이시고 제사장이시며 희생 제사가 되셨다. 그는 참된 구속의 중보자가 되신다. 그러나 그는 성도들과 함께 하셔서 성도들을 도우신다. 성경은 그리스도에 대하여서 신앙을 통하여서 우리가 받은 의(righteousness)가 되신다고 한다.(롬 3:21)

## 하나님의 말씀의 사역자

하인리히 불링거는 하나님의 말씀의 사역자에 대하여서 교회론과 관련하여서 한 부분을 할애한다. 그는 서문에서 "**하나님의 말씀의 사역자와 사역에 대하여서**"라고 진술하고 그들이 하나님에 대하여서 행하는 사역의 목적에 대하여서 그리고 그리스도에 의하여서 지나간 시대에 주어진 질서에 대하여서 여전히 동일하다고 말한다. 불링거는 사역자의 권리가 어디로부터 오는지 그리고 어떻게 오는지를 설명하면서 로마 주교의 우월성을 정죄한다.

불링거는 그의 교회론에 대한 세 번째 설교에서 "**말씀의 사역자**"에 대하여서 강론한다. 불링거는 말하기를 "**하나님의 교회의**

**사역자에 대한 참되고 바른 이해가 중요하다."**고 말하고 나서 교회의 사역자들과 그 사역에 관하여서 주의 말씀으로부터 말하는 것으로 충분하다고 진술한다. "**나는 말하고자 한다. 하나님의 교회는 하나님의 말씀에 의하여서 세워지고 보존되고 있다. 그리고 주의 뜻에 따라서 위임된 사역자들을 통하여서 더욱 그러하다. 그래서 지금 교회의 사역자들에 대하여서 논의 할 때에 그들의 사역과 하나님의 치리의 질서에 대하여서 논의하고자 한다. 그리고 참으로, 교회적 사역은 교회를 세우는 일과 유지하는 일과 공적인 기도와 성례의 시행과 특히 하나님의 말씀을 가르치는 사역을 포괄하는 것이다."**

하인리히 불링거는 "**교회를 세우는 일과 유지하는 일**"은 적당한 때에 언급하기로 하고 "**하나님의 말씀의 사역에 대하여서 자세하게 언급하겠다.**"고 말한다. "이 사역에 대하여서 언급할 때 주목해야 할 것은 하나님께서 사람들에게 그들에 대한 보조와 사역을 사용하셨다는 것이다. 그는 참으로 그의 탁월하신 선하심과 자비를 우리에게 전적으로 부어주셨다. 즉 우리는 그리스도 안에서 강건함과 복을 받는다. 그리고 그 안에서 결국 우리의 의무를 다한다. 그가 우리의 구원을 모든 면에서 부지런하게 보존하시고 적어도 참된 교리에 대하여서 부족한 부분이 없도록 그 자신이 우리에게 말씀의 사역을 허락하셨다. 그것은 우리 자신의 연약성과 부패성을 인하여서 우리가 결코 그의 영원하고 경이로운 엄위로우심에 다가갈 수 없기 때문이다. 이것은 우리 조상들처럼 하나님과의 많은 교제에 의하여서 주어지는 것이다."

하인리히 불링거는 이러한 말씀의 사역에 대한 부분을 모세의 경우와 사도들의 경우를 들어서 설명한다. 그는 말하기를 시내산에서 이스라엘의 공동체를 인도하셨던 하나님께서 그의 모든 법과 규례를 모세를 통하여서 말씀하셨다는 것이다. 그러므로 하나님의 영광이 임재 하였을 때에 이스라엘의 모든 회중들이 모세에게 이르기를 "**모세여! 당신이 우리에게 말하소서 우리가 듣겠나이다. 그러나 하나님께서 우리와 직접 대면하여 말하시지 않도록 해주소서 우리가 죽겠나이다!**"라고 하였다. 그러므로 하나님께서 그러한 이스라엘의 상태를 아시고 이르시기를 "**내가 이러한 것에 대한 이 백성의 말을 들었다. 그래서 그들이 말한 모든 것을 잘 알았으므로, 그들 안에 그러한 마음이 있다면, 그들이 나를 경외하는 것이다.**"라고 하였다. 그리고 나서 분명하게 그러한 이스라엘 백성들의 연약함을 아시고 모세를 통하여서 그들에게 말씀하셨다.

그와 같이 하나님께서 새 언약의 교회의 참된 신자들에게 하나님의 은밀한 조명으로 사역자 없이도 말씀하실 수 있지만 하나님께서 질서를 따라 하나님 자신의 직접적인 조명의 사역적 효력을 거두시지 아니하시면서 동시에 사역자들의 사역을 사용하신다. 그것은 구약 시대에는 조상들에게 선지자들을 통하여서 그리고 신약 시대에는 성도들에게 사도들을 통하여서 그러하였다.

오늘날에는 사도들의 그러한 위치를 대신하여서 거룩한 보편 교회의 목사와 교사들에게 그 사역이 맡기워졌다. 그러므로 사도행전에서 구스 내시가 하나님의 말씀을 읽고 있을 때 전도자 빌립이 그에게 다가가서 구스 내시가 읽고 있었던 성경을 자세하게 풀어서 설명하였다. 그와같이 사도 바울도 이방인의 교사가 되기 전에 아나니아라는 사도에 의하여서 세례를 받았고 그의 가르침을 들었다. 그러나 예수 그리스도의 전권 대사였던 사도들과 달리 교회의 교사와 목사들은 그 권세가 제한적이다.

그러므로 교회의 교사와 목사들은 그의 제자들을 가르치는 것과 그들을 그들의 죄로부터 벗어나도록 중생과 성화를 격려하는 것이다. 성경이 어디에서 분명하게 이것을 가르치고 있다.

그러나 하나님께서는 교회의 모든 권세를 어느 누구에게도 주신 적이 없으시다. 다만 그들은 그러한 말씀 사역을 통하여서 신자들을 구주 예수 그리스도에게 인도하는 것이다. 사역자들은 그리스도를 위하여서 그리스도 대신에 그리스도와 함께 그리스도 안에서 행하여야 할 것이다.

사도들은 그리스도만이 성도들의 가장 신실하고 가장 올바르게 선택되신 하나님의 말씀 사역자라고 하였다. 사역자들은 자신들이 성도들을 죄와 죽음과 마귀와 지옥의 권세로부터 구할 수 있는 자들이 아니라고 하는 사실을 명심해야 한다. 그러한 것은 전적으로 하나님의 사역이다. 세례 요한 또한 자신이 그 메시야가 아니라고 말하고 단지 자신은 세례를 베푸는 사역을 맡은 자라고 하였다. 그래서 세례 요한은 말하기를 **자신은 광야에서 외치는 소리고 주의 길을 예비하는 자**(마 3:3; 막 1:2; 눅 3:4; 요 1:23)라고 하였다. 그래서 사도 바울은 아그립바 왕과 그 곳 백성들에게 자신이 결박된 것 이외에는 모두 자신과 같은 사람이 되기를 바란다고 권면하였다.(행 26:29) 그러므로 성경은 분명하게 이러한 종류의 교회 사역자에 대한 제한성을 언급한다. 그러나 그렇다고 해서 거룩한 보편 교회에 사역자의 필요성이 없어지는 것은 아니다. 그리고 그러한 사역은 헛된 것이 아니다. 이러한 사역을 통하여서 하나님의 아들 우리 주 예수 그리스도께서 가장 위대하시고 선하시며 그의 교회의 가장 높으신 제사장이시라는 사실이 더욱 내적으로 그의 거룩한 보편 교회 안에 심기워 지는 것이다. 이러한 사역자들에 의하여서 교회의 통일성이 유지되고 보존되는 것이다. 교회 사역자들의 궁극적인 목적은 하나님의 말씀을 가르침으로서 드러난다. 거룩한 보편 교회 안에 하나님께서 사역자들을 두신 목적은 신자들로 하나님의 회중으로서 통일성을 이루고 그들의 머리로서 그리스도에 나아가도록 하는 것이다. 그래서 그리스도에 대한 순수하고 순전한 신앙을 갖게 하려는 것이다.

## 성례의 교리

성례에 대한 불링거의 교리적 진술은 그의 데카데스 3권의 6번째 설교에서 잘 드러나 있다. 그는 성례에 대하여서 다음과 같이 진술한다. **"표징에 대하여서 그리고 그 표징의 방식에 대하여서 혹은 성례적 표징에 대하여서 성례가 무엇인가? 누구에 의한 누구에 의한 성례인가? 그리고 그리스도 교회를 위한 그리스도의 성례는 몇 가지인가? 성례 안에서 사용된 것들에 대하여서"**172)

하인리히 불링거는 성례란 우리가 들은바 하나님의 말씀과 기도에 연결된 어떠한 것으로 남아있다고 하면서 성례란 의미는 대제사장이신 우리의 왕 그리스도에 의하여서 구원을 받는다는 의미가 있다고 말하였다. 그리고 신자들이 합법적으로 거룩한 보편 교회를 받아들인다는 의미를 가진다고 말하였다. 그리고 하나님의 은혜와 도우심에 의하여서 이 규례는 시행이 된다고 말하였다. 173)

하인리히 불링거는 **성례**(sacramentum)라는 의미와 표징(signum)이라는 의미를 동시에 사용한다. 그것은 의미를 가지고 있는 어떤 것을 보여주는 것이라 말한다. 성 어거스틴은 **"가르침에 대하여서"**(De Magistro)에서 말하기를 **"우리는 일반적으**

---

172) Ibid., p. 226.
173) Ibid., p. 227.

로 모든 이러한 것들을 표징이라고 부른다. 그러한 것은 다소 어떤 것을 표지한다. 우리는 거기에서 어떠한 존재에 대한 말씀을 발견한다."라고 말하였다. 그리고 다시 [**기독교 교리에 대하여서**](De Doctrina Christiana)에서 "**하나의 표징은 우리의 앞에 놓여있는 외관의 옆에 있는 어떤 것이다. 그 자체가 우리의 마음 안으로 들어와서 마치 연기를 보아서 불꽃을 알게 되는 것과 같은 효력을 준다.**"라고 말하였다. 어거스틴은 표징 안으로 표징을 나누고 자연스럽게 주어진 표징을 다시 나눈다고 하였다. "자연스러운 것 그것들을 부르는 것은 의미하는 어떠한 의지나 영향이 없이 그것들 곁에 알려지는 어떤 의미를 창출한다. 그것은 마치 연기가 불을 상징하는 것 과 같다. 때문에 연기는 그 자체로서 의미하는 어떠한 의도를 가지고 있지 않다. 주어진 표징들은 살아있는 피조물들이 하나에 대하여서 다른 하나에 표지하는 것이다. 그리고 그것은 그들의 마음에 영향을 개진할 수 있는 어떤 것이다. 혹은 그들이 착상하고 의미하고 이해하는 어떤 것이다."[174] 그러므로 주어진 표징은 그는 그런 의미로 다시 나뉘어 진다. 때문에 어떤 것은 시각에 속한 것들이다. 그것은 군사의 지휘관에 깃발이나 상징이 손에서 움직일 때 모든 소속된 부대가 움직이는 것과 같다. 청각에 속한 것도 그러하다. 트럼펫과 여러 음악 기구들은 그 자체가 하나의 언어와 같다. 그것으로 사람들은 그들이 알리고자 하는 것을 알린다. 후각에 속한 것도 그러하다. 복음서에서 기록되어 있는 옥합의 향기는 주의 만찬 시에 주께 기쁘심이 되었다. 지금 하나님으로부터 주어진 표징은 이와 같은 목적을 가지고 있다. 그것은 우리에게 지나간 것이나 다가올 것에 대한 어떠한 것의 미리 알려주는 것이다. 그것은 어떠한 형상 안에서 드러내고자 눈앞에 미리 놓아두

---

[174] Ibid., p. 228.

는 그러한 종류의 상징이다. 혹은 그것들은 하나님께서 제정하신 가시적 인간들의 예식을 통한 하나님의 말씀과 약속의 인장이다. 간단하게 말해서 그러한 것들은 우리의 신앙을 드러낸다. 그것은 흩어진 회중들을 하나로 모으는 상징이다. 이러한 상징들은 여러 가지가 있으나 그것들은 하나님의 표징으로서 주어진 것이다. 그리고 주어진 것으로서 사람들을 가리킨다. 이러한 종류는 무지개가 있다. (창세기 9장) 홍수가 그쳤을 때 하나님께서 노아와 새로운 언약을 체결하셨다. 그리고 무지개를 이 언약의 표징으로 주셨다.

하인리히 불링거는 그리스도께서 표징과 은사와 치유의 수단들을 통하여서 언어처럼 그것을 사람들에게 사용하셨다. 그런데 그것이 사람의 능력이라든가 사람 안에 있는 치유의 효력이라든가 혹은 어떤 권세에 의한 것이 아니고 오직 그리스도로 인한 것이라고 증거한다. 이러한 표징들은 사람들을 위한 참되고 의심할 수 없는 복음의 가르침이다. 그리고 그것을 통하여서 그리스도께서 모든 생명과 죽음의 주권자가 되신다. 그리고 사탄과 지옥의 권세를 능히 나스리시는 분이심을 증거한다. 때문에 예수 그리스도께서 죽음으로부터 부활하셨을 때 이러한 모든 표징들이 증명된 것이다. 그러므로 그리스도께서 만물의 주가 되심이 참된 것으로 드러났다. 구주 예수 그리스도께서 아이들을 취하실 때 그리고 그 아이를 제자들 사이에 두시고 말씀하실 때 "**진실로 내가 너희에게 말하노니 누구든지 이 어린아이와 같지 아니하면 하늘나라에 들어가지 못할것이라**"(마 18:3; 눅 18:16)고 하셨다. 그러나 이러한 행동과 몸짓은 하나님의 명령을 가지고 있는 것은 아니다. 오히려 우리로 하나님의 계명을 더욱 엄격하게 기리도록 하시기 위하여서 주신 것이다.[175] 하인리히 불

---

[175] Ibid., p. 233.

링거는 말하기를 성례는 위로부터 온 것 일지라도 자연물로부터 취하였다. 그리고 그것은 여전히 자연적이고 감각적인 것의 형태로 주어졌다. 그것은 일반적인 사물 즉 물과 포도주와 떡과 같은 것이다. 이러한 새 언약의 성례는 과거의 것을 새롭게 하고 장래의 것을 표지한다. 그리스도의 성례의 표징들은 그것들을 통하여서 우리 주 예수 그리스도께서 그의 교회를 구원하신다는 것을 증거하며 교회가 그것을 받아들이는 것을 의미한다. 그리고 합법적으로 정통 교회는 그것을 행하는 것이다. 불링거는 어거스틴을 인용하면서 **"성례는 거룩한 것의 표징이다. 그래서 성례는 보이지 않는 은혜에 대한 보이는 표징이다."**176)라고 말하였다. 성례는 하나님께서 그의 백성들의 신앙을 세우고 증가시키고 보존하기 위한 예식이다. 그때에 그것은 사람들 앞에서 그의 교리를 입증하는 것이다. 성례는 거룩한 행위이고 복음의 약속이나 내용을 포함하고 있으며 하늘로부터 하나님의 교회에게 이러한 목적을 위하여서 주어진 의식과 예식이다. 그것은 복음의 가르침에 대한 증거와 인장이다. 그것을 통해서 신앙을 경험하고 신앙을 단련한다. 그리고 우리의 눈 앞에서 지상의 보이는 것을 통하여서 하나님의 깊은 신비를 가르치는 것이다. 그것은 가시적 교회와 회중을 하나로 모으시는 하나님의 목적이 있으시고 그들의 의무를 깨우치는 것이다.177)

---

176) Ibid., p. 233.
177) Ibid., p. 235.

## (3) 마틴 부쩌
### 【1】마틴 부쩌의 생애와 사상

마틴 부쩌(주후 1491~1551)는 스트라스부르그의 종교 개혁자이다. 그는 셀레스타트(Selestat)에서 신분이 낮은 부모에게서 출생했다. 그는 알사티안(Alsatian)에 있는 인문주의 학교에서 수학하였다. 그리고 토마스 아퀴나스의 스콜라주의가 있는 도미니칸에서 수학하였다. 그런데 그는 곧 에라스무스의 열렬한 추종자가 된다. 그리고 후에 그는 하이델베르그로 이주하게 된다. 그리고 주후 1518년 격렬한 루터주의 신봉자가 된다. 그는 주후 1522년 개혁주의자 중에서 최초로 결혼을 하게 된다. 그리고 뷔센부르그(Wissembourg)에서의 설교로 인하여서 출교를 맞게된다.

[그림 11] 마틴 부쩌 (Martin Bucer)

그리고 주후 1523년 스트라스부르그로 피신하게 된다. 그리고 그는 그곳에서 스트라스부르그 종교 개혁에 지도자로 부상하게 된다. 그는 마태오 젤, 카피토와 카스퍼 헤디오와 함께 개혁을 추진하게 된다. 그리고 약 20년 넘게 스트라스부르그 개혁을 계속하였다. 그의 재능과 근면함은 곧 그를 개혁주의자들 중에서 중요한 인물로 만들었다. 그러나 그는 주후 1529년 마르부르그에서의 토론회에 참여하지 않았다. 그는 다양한 교회법의 형성에 관여하였다. 그리고 그는 몇몇 개혁 교회 헌법 작성에 참여하였다.

주후 1538년에 스트라스부르그에서 존 칼빈은 마틴 부쩌의 영향을 받게 된다. 칼빈은 주로 교회 정치 조직과 교회간 협력에 있어서 어느 정도 그리고 신학에 있어서 예정론과 성만찬 론에 대하여서 그의 영향을 받게 된다. 스트라스부르그의 개혁교회 예배 규칙서들은 제네바 교회의 예배 지침서와 스코틀랜드 예배 지침서에 영향을 주었다. 마틴 부쩌의 이념은 전적으로 스트라스부르그 밖에서 이루어졌다. 그것은 제네바와 헷세가 그러하다.

부쩌의 후견인 제후 랜드그라브 필립(Landgrave Philip)은 부쩌와 오래 친분을 가지고 살았다.(주후 1538~39년) 관원들은 그의 스트라스부르그에서의 활동을 제한하였다. 그리고 마틴 부쩌가 요구한 종교적 책무를 전적으로 시행하는 것에 대하여서 관원들이 거부감을 표현하였다. 그리고 골치 아픈 망명자 재세례파와 신령주의자들이 교회 교리와 구조를 강화하려고 선동하였다.(주후 1533년) 그러나 마틴 부쩌는 그러한 과격한 입장을 긍정적으로 반응하였다.

그는 성만찬 교리로 인하여서 나누어진 쮜리히의 울드리히 쯔빙글리주의와 독일의 루터주의를 극복하고자 하였다. 그러나 결국 마틴 부쩌는 해결되지 않는 루터주의의 성만찬 교리의 난제를 거부하고 울드리히 쯔빙글리와 외콜람바디우스의 상징설을 채택하였다. (주후 1542~1546년)

그러나 그는 주후 1529년에서부터 울드리히 쯔빙글리와 루터주의를 화해시키고자 노력하였다. 주후 1536년의 비텐베르그 협화 신조는 그의 평화의 노력의 절정이었다. 그러나 그것은 제한된 환영을 받았을 뿐이다. 마틴 부쩌는 그리스도의 몸과 피의 실재적 현존에 있어서 분배를 강조하였다. 그것은 지상과 하늘의 실재가 성례적 결합에 의하여서 현현하고 분배된다고 하는 것이다. 그와 같이 마틴 부쩌의 스트라스부르그 개혁 교회는 남부 독일 도시의 개혁 교회에 중간적인 위치에 있었다. 주후 1530년 후반기와 주후 1540년 초반기에 독일에 있는 카톨릭 교회와 일치를 위한 개신교 협상자 역할을 하였다. 특히 라이프

지히(주후 1539년)의 회합에서 그리고 하게나우(Hagenau)와 보름스(주후 1540년)에서 그러하다. 그리고 최후로 리겐스부르그(Regensburg)에서 그러하다.(주후 1541년) 그곳에서 그는 칭의론에 있어서 화합을 이루었다. 신앙론에 대한 마틴 부쩌의 날카로운 지성이 이신칭의를 허락하게 하였다. 부쩌는 제국주의를 세우려고 하는 움직임에 대하여서 저항하다가 추방되었다.(주후 1548년) 그는 크랜머의 초청으로 영국으로 가서 캠브리지 대학에서 왕이 허락하는 칙임 교수가 되었다. 그리고 주후 1549년 공동 기도서(Common Prayer)의 개정에 영향을 끼쳤다. 특히 주후 1550년의 성직 서임에 대한 서식에 영향을 끼쳤다. 그리고 에드워드 6세를 위하여서 **[그리스도의 왕국]**(The Kingdom of Christ)라고하는 책을 저술하였다. 그는 요한 브래드포드, 매튜 파커와 후에 화이트기프트에게 영향을 끼쳤다. 영국 땅에서 부쩌의 독특한 위대함은 길게 드리워졌다. 그는 사회에 대한 사랑과 봉사의 중요성을 두드러지게 강조하였다. 그리고 교회 생활에 대한 권징과 질서와 개인적 거룩성을 강조하였다. 그는 풍부한 성경 주석가였다. 그것은 칼빈에게 많은 영향을 주었다. 그리고 그는 초기 기독교 교부들을 변호하는 인문주의자였다. 그리고 목회적 신학자였고 열렬한 평화주의자였다.[178]

## 【2】 마틴 부쩌의 신학적 원리들

### 예 정 론

부쩌의 예정론은 그의 로마서 주석(주후 1536년) "**예정론에 대한 연구**"(Quaestio de praedestinatione)라고 하는 부분에 잘

---

178) J.D. Douglas, p. 163.

드러나 있다.

## 예정론이란 무엇인가?

"프로리스모스"(προορισμος)라고 하는 뜻은 "**예정하였다**"라고 불리운다. 그것은 마치 "**미리 정하다**"(praefinitio)라고 하는 의미를 말한다. 사도 바울은 "**프로리제인**"(προοριζειν)이라는 말로부터 그 의미를 사용한다. 그것은 두 가지 의미를 가지고 있다.

첫 번째 성도들의 선택과 유기된 나머지 인류로부터 분리에 대한 것이다. 그것에 대하여서 구약 성경은 "**하브델**"(הבדל)이라고 기록한다. 그러므로 이 말씀에 의하여서 주님께서 인류의 나머지로부터 그의 택자들에 대하여서 부르실 때 사용한다.(레 20:24; 민 16:16)

두 번째 성도들의 선택은 이미 있었던 것이다. 그러므로 사도는 이러한 부분에 대하여서 하나님께서 우리를 구원하시기로 작정하신 것을 가르치고자 그것을 주장하였다. 이것으로부터 그가 우리의 구원에 대한 이러한 하나님의 불변하는 의지를 증명하실 것을 결정하셨다. 그것은 어떤 피조물도 바꿀 수 없다. 물론 하나님께서 그 자신과 그의 불변하시는 선으로부터 그리고 우리의 공로가 전혀 없는 것으로서 그와 같이 항상 긍휼하심이 풍성하시다. 그와 같이 이것은 동일하게 자르고, 고정하고, 먼저 선택하는 것이다. 그와 같이 말하여 지고 있다. 하나님께서 우리를 그리스도 안에서 창세전에 선택하셨다. 그때 그가 우리를 양자로서 결정하셨다.(προόρισας).

## 성도들에 대한 예정은 무엇인가?

그러므로 "**프로리스모스**"(προορισμός)는 "**미리 정하는 것**"이다. 그것은 일반적으로 우리가 **예정**이라고 부르는 것을 의미한다. 그것은 또한 하나님의 질서이다. 그것에 의하여서 그가 계획하셨다. 그리고 인류의 나머지로부터 선택하셨다. 그리고 구별하셨다. 그것을 그로부터 이 생명 안에서 독생하신 그의 아들 우리 주 예수에 의하여서 결합되고 융합되고, 견인된다. 그를 통하여서 접붙힘 바 되어서 다시 태어나고 그의 기뻐하심을 따라서 거룩하게 된다. 이것은 참되다. 그래서 거룩한 예정론이라고 말하는 것이다.179)

## 일반적인 의미의 예정이란 무엇인가?

어떠한 방식 안에서 "**프로리스모스**"(προορισμος)가 순수한 목적과 하나님께서 모든 것을 순전하게 인도하신다고 하는 뜻일 때 그것의 효력에 대하여서는 정의를 내릴 수 없다. 그리고 그와 같이 다른 것으로부터, 그만큼 그와 같이 효력이 발생하여 분류된다. 만약 일반적으로 이러한 목적 안에서 정의하기를 원한다면, 그 효력에 대하여서 분할된다. 그로부터 하나님께서 유일하게 조정된다. 영원 전부터 확실한 어떠한 효력이 고정된다.180)

## 유기자들의 예정이란 무엇인가?

이것은 예정의 한 부분이다. 하나님께서 무로부터 우주를 형

---

179) Marijn de Kroon, Martin Bucer und Johannes Calvin, Vandenhoeck & Ruprecht, 1991, p. 36.:"Est ergo προορισμος id est praefinitio, quam vulgo praedestinationem vocamus, designatio illa Dei, qua apud se designat et iam a reliquis hominibus seligit atque separat, quos suo tempore in vitam hanc productos filio suo, domino nostro Iesu, attrahat et inserat et attractos ei et insitos per eum regignat et ad placita sua sanctificet. Haec vero, ut dixi, sanctorum praedestinatio est."
180) Ibid., p. 38.:"Aliqui, cum προορισμος sit simpliciter praefinitio et Deus praefinito agat omnia nihil non ad suum usum deputans atque ita ab aliis rebus, quantum ad istum suum usum attinet, separat, si in genere definire hanc praefinitionem velis, erit rei cuiusque ad suum usum deputatio, qua Deus singula, antequam condiderit, ab aeterno ad certum aliquem usum destinat."

성하셨다. 그와 같이 그가 확실한 목적을 세우셨을 때 지혜롭게 실지로 만물에 대하여서 악한 자들에 대한 목적이 없고 선한 자들에 대한 효용만을 가지고 일하신 것은 아니다.181) 그리고 또한 불경건 한자들(σκευη)도 하나님의 수단과 도구들이다. 하나님께서 그 자신을 위하여서 모든 것을 사용하신다. 그러므로 여호와께서 온갖 것을 그 씌움에 적당하게 지으셨나니 악인도 악한 날에 적당하게 하셨느니라.(잠 16:4) 그러나 신학자들은 이러한 것을 선택이라고 부르지는 않고 유기라고 부른다.182)

### 예정론은 신앙을 견고하게 하는 것으로 사려된다.183)

무엇보다 먼저 하나님께서 우리에게 요구하시는 것은 우리가 그분을 하나님으로 신뢰하는 것이다. 우리가 그를 인하여서 당하는 모든 고통과 어려움을 그가 불러일으키신다고 할 때 그가 구주시라는 것이다.184) 확실하게 하나님께서 부르신 자들은 만약 방식에 있어서 부르심을 동반한다면 그가 그들을 예정하신 것이다. 그리고 그들로 그것을 알게 하여 주신다. 그들로 의롭다 하시고 영화롭게 하신다.185) 무엇보다 당신이 하나님 앞에 마땅히 행하여야 할 바는 예정이 하나님으로부터 나온 것임을 믿는 것이다. 그것을 당신이 믿는다면 당신은 그것을 당신 자신을 위

---

181) Ibid., p. 39:"Hinc et malorum quoque praedestinatio est. Nam sicut et hos ex nihilo fingit Deus, ita fingit ad certum finem. Sapienter enim facit omnia, nihil non ad malorum praefinitum et bonum usum."
182) Ibid., p. 39:"Etiam impii σκευη, id est organa et instrumenta Dei sunt, infra 9. Fecit Deus omnia propter semetipsum, etiam impium ad diem malum, Prov.16:4. Sed hunc Theologi non sustinent vocare praedestinationem, sed vocant reprobationem:"
183) Ibid., p. 44:"Praedestinatio ad firmandam fidem consideranda est"
184) Ibid., p. 44:"Primum sane, quod Deus a nobis poscit, est ut credamus eum esse Deum, id est servatorem, ut cum audimus illum ad se invitare omnes qui laborant et afflicti sunt."
185) Ibid., p. 46:"Certe quos vocat Deus, si sequantur modo vocantem, praedestinavit eos atque praescivit; justificabit quoque et glorificabit."

하여서 믿는 것이다. 하나님께서 복음을 통하여서 당신을 구원으로 부르실 때 참으로 칭의와 함께 그의 영화로운 교통하심으로 부르신다. 이것은 이 안에 예정과 예지와 선택 없이는 일어날 수 없다. 따라서 하나님께서 그의 지혜로 만물에 대하여서 작정하셨다.186)

일반적으로 여러분이 이로부터 이 안에서 사려되는 우리와 다른 자들에 대한 하나님의 예정을 잘 알고 있다. 그로부터 믿음은 하나님의 약속 안에서 우리를 보증한다. 여기에서 사도가 그러한 것들을 확증한다. 하나님의 성도들은 확실하다. 하나님께서 그들을 예정하시고 부르시고 의롭다하시고 영화롭게 하셨다. 그리고 그가 또한 의심없이 실재로 그가 미리 예정하시고 결정하신 자들을 부르셨다.187)

## 청함을 받은 자는 많되 택함을 입은 자는 적다.

이러한 말들의 반어적인 의미는 이러하다. 하나님께서 부르신 모든 자들이 하나님의 다스림 아래 있는 것은 아니다. 그리고 하나님의 나라 안에서 행하지도 않는다. 오히려 그 자신들의 멋대로 살아간다. 많은 자가 부름을 받았으나 택자들은 적다. 이는 복음을 따라서 많은 사람이 부르심을 받으나 그럼에도 불구하고 그리스도를 영접하지 않은 자들이 많다는 것이다. 그들은 선택

---

186) Ibid., p. 46:"Itaque primum quod Deo debes, est ut credas esse te ab eo praedestinatum, nam id ni credas, facis eum tibi, cum te ad salutem vocat per Evangelium, illudere vocat enim te Evangelio ad justificationem et gloriae suae communionem, haec autem non potest contingere nisi praedestinatis, praescitis et electis in hoc. Omnia siquidem Deus praefinito facit, quia sapienter."
187) Ibid., p. 46:"Ex his itque facile patet praedestinationem Dei de nobis et aliis in hoc esse considerandam, quo confirmetur nobis fides in promissionem Dei, eo quod, ut hic Apostolus affirmat, indubitatum est sanctis Deum, quos praedestinavit, eos etiam vocaturum, justificaturum et glorificaturum, et quos vocavit iam, eos indubie etiam praescisse atque praefinisse[Rom. se[Rom. 8, 28]"

받은 자가 아니다.188)

---

188) Ibid., p. 48:"Sed occurrunt ista, Multi vocati, pauci electi, Et, Non omnis qui dicit mihi domine, domine, ingredietur in regnum Dei, sed qui facit voluntatem meam. Illud, Multi vocati et pauci electi de eo dictum est, quod multi per Evangelium vocantur, qui tamen ad Christum non veniunt, quia electi non sunt."

## (4) 존 칼빈
### 【1】 존 칼빈(주후 1509~1564)의 생애와 사상

존 칼빈은 주후 1509년 7월 프랑스의 피카디(Picardy)에 있는 노용(Noyon)에서 태어났다.189) 그 시기는 마르틴 루터와 울드리히 쯔빙글리보다 15년이나 지난 이후였다. 그 시기에 루터는 성경 교사로 삶을 이미 시작하고 있었다.190) 존 칼빈은 일곱 명의 자녀들 중에서 두 번째 아이로 태어났다.191)

[그림 12] 존 칼빈 (John Calvin)

존 칼빈의 아버지 게라르드 카우빈(Gerard Cauvin)은 성직자들의 중요한 법적 자문을 맡았던 매우 존경받는 법률가였다.192) 칼빈의 아버지는 엄격하였고 노용에서의 위치가 두드러졌다. 칼빈의 어머니 쟝 라 프랑스(Jeane La France)는 귀족 가문의 사람으로서 거룩하고 경건하였다고 전한다. 그러나 그녀는 존 칼빈의 나이 불과 5세 정도에서 돌아가셨다.193)

칼빈은 그의 첫 번째 교육을 귀족 가문 드 몽모르(de Mommor)의 아이들과 함께 받았다. 그것은 칼빈의 부친의 열망에서 비롯되었다. 그의 부친은 귀족 가문의 아이들과 교육을 받는 모든 비용을 지불하였다.194) 그는 그곳에서 귀족 계급의 교

---

189) Thomas M. Lindsay, A History of the Reformation.vol.II.: The Reformation in Switzerland, France the Netherlands, Scotland and England the Anabaptist and Socinian Movements the Counter~Reformation, Wipf and Stock Publishers, 1999, p. 92.
190) PHilip Schaff, History of the Christian Church.vol.8:The Swiss Reformation 1915~605. p. 296.
191) Ibid., p. 297: Thomas M. Lindsay, A History of the Reformation.vol.II. p. 92.
192) Ibid., p. 92.
193) Ibid., p. 92.
194) Op.cit. Thomas M. Lindsay, p. 92.

육을 받았다. 이러한 측면은 울드리히 쯔빙글리와 루터와 다른 존 칼빈의 독특한 측면이다.195)

칼빈은 주후 1523년 파리 대학에 입학하였다.196) 칼빈은 파리에 있는 [**콜리지 드 라 마르케**](College de la Marche)에 들어가서 수학하였다. 칼빈은 그곳에서 [**마드린 코르디아**](Mathurin Cordier: 주후 1479~1564)에 의하여서 라틴어를 소개받았다. 칼빈은 그에게 탁월한 라틴어 작문 실력을 사사 받을 수 있었다.197) "**코르디아**"(cordier)는 나중에 개신교도가 된 후 제네바 대학교의 지도자로 활동하였다.198) "**드 몽므로**"(de Mommor)의 한 아들은 그를 따라서 파리로 갔고 나중에 제네바로 갔다.199)

존 칼빈은 곧 수도원적이었던 [**콜리지 드 몽테규**](College de Montaigu) 대학교에 들어갔다. 거기에서 칼빈은 아리스토텔레스 철학과 유명론적 논리를 지도 받았다. 주후 1528년 존 칼빈은 그 대학에서 석사 학위를 받았다.200) 그는 이 대학교 시절에 중요한 친구 "**니콜라스 콥**"(Guillaume Cop)을 사귀게 된다. 그래서 그는 콥(Cop)의 가족들과 친분을 가지게 되었다.201)

칼빈은 다시 부친의 요구에 따라서 카톨릭 사제가 될 것을 교육 받게 된다. 그래서 그는 신학과 제사장 교육을 받았다.202) 이후에 존 칼빈의 부친은 칼빈에게 법률을 배울 것을 권고하기에 이른다. 그래서 존 칼빈은 [**오를래앙**](Orleans) 대학으로 법률을 공부하기 위하여서 가게 되었다. 그는 그곳에서 "**멜키오르**

---

195) Op.cit. Philip Schaff, p. 300.
196) Williston Walker, p. 471.
197) Ibid., p. 470.
198) Op.cit.Philip Schaff, p. 302.
199) Ibid., p. 300.
200) Williston Walker, p. 472.
201) Ibid., p. 472.
202) Ibid., p. 472.

**볼마르**"(Melchior Wolmar)의 도움으로 헬라어를 공부하기 시작하였다. 그 시기에 그는 인문주의에 관심을 기울이기 시작하였다. 그는 그 대학에서 법률가 면허장을 받았다.

그러나 주후 1531년 그의 부친의 죽음으로 인해서 칼빈은 자신의 삶을 스스로 개척해 나가야할 상황에 처하게 되었다.203) 존 칼빈은 부친의 죽음 이후에 자신이 하고 싶었던 학업을 계속하였다. 그것은 주로 인문주의에 대한 관심에서 비롯되었다. 존 칼빈은 주후 1531년 노용에 가서 그의 부친의 모습을 병상에서 마지막 보고 파리로 두 번째 이사를 하였다.204)

주후 1532년 4월 그의 나이 23세였을 때 세네카의 **[자비에 대하여서]**(Commentary on Seneca's Treatise on Clemency)라는 저서에 대한 주석을 출판하였다.205) 칼빈은 이 책에서 경이로운 박학다식과 심오한 도덕적 가치의 감각을 보여주었다. 그러나 그 시대의 종교적 문제에 대하여서는 관심을 표명하지 않았다. 칼빈은 단순한 학식있는 인문주의자였던 것이다.206) 히브리어와 그리스어에 있어서 그의 스승이라고 할 수 있는 멜키오르 볼마르는 독일 인문주의자였다. 그리고 레페브레(Lefevre)의 제자였고 오를레앙(Orleans)과 뷰레(Bourges) 대학의 계승자였다. 그리고 마침내는 튀빙겐 대학의 교수가 되었다. 그리고 그곳에서 그는 주후 1561년에 죽었다. 멜키오르 볼마르는 루터란 개혁에 동조적이었다. 그는 그의 제자들에게 약간의 영향력을 발휘하였다. 존 칼빈은 그와 매우 친밀하였으며 그 당시에 전 유럽을 흔들었던 종교적 문제를 그와 함께 토론하였다.207) 그러나

---

203) Ibid., p. 472.
204) PHilip Schaff, History of the Christian Church.vol.8. p. 306.
205) Ibid., p. 308.
206) Williston Walker, p. 472
207) Op.cit. PHilip Schaff, p. 305.

존 칼빈은 여전히 인문주의자였고 종교 개혁자는 아니었다. 그가 주석한 [**세네카의 자비에 대하여서**]라고 하는 저서는 순수한 인문주의적 작품이었으나 결코 종교 개혁적인 저작이 아니었다.208)

칼빈이 본격적인 종교 개혁자로서 삶을 시작한 시기는 주로 [**세네카의 자비에 대한 주석**](주후 1532년)을 쓴 이후 얼마되지 않아서였다. 그 시기는 주후 1533년을 넘어가지 않는다. 그는 그의 시편 주석에서 자신의 회심에 대하여 간단히 소개한다. 칼빈은 누구보다도 자신에 대하여 관심을 가지지 않은 개혁주의자였다. 오직 칼빈의 관심은 하나님의 영광이었기 때문에 그는 자신에 대하여서 관심을 갖는 것을 사치스러운 것으로 간주하였다. 그러므로 그의 저서에서는 그 자신의 개인적인 신앙 문제에 대하여서 거의 살펴볼 수 없다. 그만큼 칼빈은 철저하게 종교 개혁적 인물이었다고 할 수 있다.209)

주후 1533년 그는 그의 생애에 큰 전환점을 맞이하게 된다. 그것은 파리 대학교의 학장으로 선임된 그의 동료 콥(Cop)의 연설문을 그가 작성하게 되면서부터였다. 그는 그 글에서 신약 성경에 기초하여서 종교 개혁을 강하게 변호하였다. 그는 그 시대의 스콜라 신학자들을 비판하고 그들을 복음에 무지한자로 공격하였다.210) 그는 그의 연설문에서 "**심령이 가난한자의 복**"(Blessed are the poor in spirit: Matt. v. 3)에 대하여서 강론하면서 복음적 진리의 감동적인 변호를 하였다.211)

프란시스 1세의 명령에 의하여서 칼빈과 콥은 체포령이 떨어졌고 그들은 피신할 수 밖에 없었다. 그때에 칼빈은 앙굴레메

---

208) Ibid., p. 309.
209) Thomas M. Lindsay, A History of the Reformation.vol.II. p. 97.
210) Op.cit. PHilip Schaff, p. 318.
211) Op.cit. Thomas M. Lindsay, p. 99.

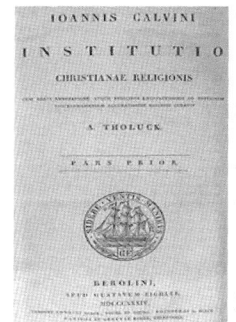

[그림 13 ] 칼빈의 기독교 강요 표지

(Angouleme)에 살던 그의 친구 루이스 드 틸렛(Louis du Tillet)의 집에 은거하게 되었다. 칼빈이 감지하고 있었던 옛 로마 카톨릭의 동료들과 분리가 생각보다 빠르게 찾아온 것이다.212)

주후 1534년 존 칼빈은 그의 고향 노용으로 피신하기에 이른다. 그러나 이제 프랑스는 그에게 더 이상 피신처가 되지 못하였다. 결국 칼빈은 주후 1535년에 스위스의 바젤로 피신을 하기에 이른다. 그곳은 에라스무스와 오클람파디우스가 머물고 있는 곳이기도 하였다. 그리고 그곳은 신약 성경의 최초의 출판이 있었던 곳이다.(주후 1516년)213) 그는 그곳에서 종교 개혁의 위대한 명작 [**기독교 강요**](주후 1536년판) 초판을 출판하기에 이른다.214) 이 저서는 주후 1535년 8월에 완성되어서 주후 1536년 3월에 출판되었다.215) 칼빈의 이 저서는 그야말로 세상을 놀라게 하였다. 단지 스물 여덟 살의 청년에 의하여서 저작된 이 저서는 기독교 역사 매우 중요한 경계선을 이룬 것이었다. 이후에 존 칼빈은 이 한권의 책으로 인하여서 국제적인 개혁가로서 명성을 얻게 되었다. 이 책은 지적이면서 영적인 깊이와 능력을 가지고 있었던 매우 비상한 걸작이었다.216) 로마 카톨릭 조차도 칼빈의 기독교 강요를 유대교의 탈무드와 이슬람의 코란과 같은 책이라고 평가하였다.217)

---

212) Williston Walker, A History of the Christian Church, p. 473.
213) Op.cit. Philip Schaff, p. 328.
214) Op.cit. Thomas M. Lindsay, p. 99.
215) Ibid., p. 101.
216) Op.cit. Philip Schaff, p. 329.
217) Ibid., p. 329.

존 칼빈은 바젤에서 드 틸렛(Du Tillet)과 헤어지게 되었다. 그는 그의 가족들의 마지막 정착지를 찾기 위하여서 프랑스의 마을을 방문하였다. 그리고 그는 프랑스를 떠나서 그의 동생 앙뜨안느(Antoine)와 그의 누이 마리에(Marie)를 데리고 바젤로 돌아오게 되었다. 그는 바젤이나 스트라스부르그에서 학문과 저술에 전념하면서 고요하게 살고자 하였다. 그런데 찰스 5세와 프란시스 1세와의 분쟁으로 인하여서 로레인(Lorraine)으로 가려던 그의 계획이 어렵게 되었다. 그래서 지름길이 분쟁으로 가기가 어렵게 되자 제네바로 돌아서 가게 되었다. 칼빈이 제네바에 도착한 시기는 주후 1536년 7월이었다. 존 칼빈은 하룻밤만 머물기 위하여서 제네바에 들어갔지만 그곳에서 마이클 파렐을 만나게 되었고 그의 강력한 권고에 의하여서 제네바에 머물게 되면서 고요한 학자의 위치에서 제네바의 개혁가가 되었다.218)

[그림 14] 삐에르 비렛
(Pierre Viret)

제네바에서의 칼빈의 사역은 매우 고요하였다. 그는 일년이 지나기까지 제네바의 설교자로 임명되지 못했다. 그러나 칼빈은 점차적으로 파렐을 넘어서 제네바 교회에 영향력을 행사하기 시작하였다. 칼빈의 첫 번째 사역은 베른의 목회자들을 돕는 것이었다. 바우드(Vaud)와 라우상네(Lausanne)를 통하여서 개혁의 효과적 성취를 위한 작업이 있었다. 그곳에서는 삐에르 비렛(Pierre Viret)이 목사로 임명되어 있었다. 삐에르 비렛은 프랑스의 수도사였다가 주후 1534년 바젤로 피신한 개혁가였다. 비렛의 원래 이름은 쿠라울트(Courault)였다. 그러나 바젤로 프랑스에서의 박해를 피해서 피신할 때에 비렛(Viret)으로 개명하였다. 칼빈은 그들과

---

218) Williston Walker, p. 475.

긴밀하게 관계를 유지하면서 베른의 개혁을 도왔다.219)

　제네바 교회는 재세례파의 문제를 늘 가지고 있었다. 그들의 설교자들 중에서는 화란으로부터 넘어온 사람도 있었다. 그리고 그들의 영향력이 있었다. 그러나 그들은 주후 1537년 시의 영역으로부터 매우 큰 회의에 의하여서 추방되었다. 더 중대한 문제가 소르본의 박사인 피터 카롤리(Peter Caroli)에 의하여서 발생하였다. 피터 카롤리는 원칙이 없고 허영심이 강하고 논쟁을 좋아하는 신학적 모험가였다. 카롤리는 그의 신앙을 몇 번이나 바꾸었으며 무질서한 삶을 살았다. 그리고 궁극적으로 교황주의자들과 화해를 하였으며 카롤리는 그의 아내로 부르는 내연의 첩을 방면하였다. 카롤리가 주후 1535년 파리에서 제네바로 흘러 들어왔다. 그리고 그가 결혼한 곳 노이첼(Neuchatel)의 목사가 되었다. 그리고 그 다음에 라우상네에(Lausanne)서도 그러하다. 주후 1537년 5월 피터 카롤리는 라우상네(Lausanne) 종교 회의에서 파렐과 칼빈에 대적하여서 아리우스주의를 변론하였다. 존 칼빈은 피터 카롤리의 이러한 오만한 태도에 격분하게 되었다. 그리고 그의 무신론과 불신앙을 공격하였다.220) 그 회의는 합당하게 정통 신학을 보존하였고 카톨리를 정죄하였다.221)

　존 칼빈은 제네바 교회에 권징과 규례를 정하여서 시행하고자 하였다. 그 당시에 제네바시는 술과 도박과 매춘과 신성 모독과 다양한 종류의 악이 판치고 있었다. 시의 묵인하에 매춘이 장려되고 여자들에 의한 미신이 횡행하였다.(Reine du bordel) 그리고 사람들은 대부분 무지하였다. 사제들은 그들을 교훈할 노력을 하지 않고 그들의 나쁜 행동들을 방관하였다. 이러한 악을

---

219) Ibid., p. 476.
220) PHilip Schaff, History of the Christian Church.vol.8. p. 350.
221) Ibid., p. 352.

일소하는 방식으로서 존 칼빈은 신앙고백과 권징 조례와 공중을 위한 요리 문답을 작성하기에 이른다. 그리고 그것이 주후 1536년 11월 종교 회의를 통하여서 승인되었다. 그러나 엄격한 권징 조례에 대한 제네바 사람들의 복종은 오래가지 않았다. 많은 사람들은 신앙 고백에 결코 서명하지 않았다. 그럼에도 불구하고 권징의 효력은 그들에게까지 미쳤다. 그들 중에서는 그 지방의 유력한 인물들도 있었다. 어떤자들은 맹세를 저버릴 것을 강요당했다. 규례의 실행이 어렵다는 것을 알게된 종교 회의의 지도자격인 앙미 뽀랄(Ami Porral)은 사람들의 권리를 간과하고 전횡적으로 규례를 강요하였다. 그러자 정치적인 관점에서 종교 개혁을 환영하였던 애국자들과 자유주의자들은 사보이(Savoy)와 주교의 굴레로부터 벗어나서 이제는 파렐의 노예가 되는 것이 아닌가 하는 생각을 가지게 되었다. 이러한 제네바 시민들이 정치적 세력을 결성해서 성직자 회의를 전복하려고 노력하였다. 그들은 종교 개혁자들의 엄격성과 출교주의에 반대하는 베른의 시민들에게 지원을 받으면서 이러한 위기를 가져온 엄격한 법령을 완화할 것을 요구하였다.

파렐은 이미 칼빈이 제네바에 도착하기 이전에 주일 이외에 모든 날들을 지키는 것을 폐지하였다. 그리고 베른의 개혁 교회에 보류된 개혁의 내용으로서 세례반이나 성찬에 있어서의 묵은 빵과 같은 것을 제네바 교회에는 제거하였다. 라우상네(Lausanne)의 회의는 옛 베른의 관습들을 복구할 것을 권고하였다. 그 회의는 이 결정을 강요하였다. 칼빈 자신은 그러한 것이 그들 스스로의 의견이라 생각하였다. 주후 1537년 11월 15일 시민 회의에서 격렬한 논쟁이 일어났고 주후 1538년 2월 3일 반 성직자 모임을 결성하여 대표자를 네 명 선임하기에 이른다. 그리고 새로운 지배가 시작되었다. 그들은 제네바시를 위한 새로운 설교자를 임명하였고 그들은 교회의 축제와 세례 반에 대한 라우상네(Lausanne) 회의의 결정을 강요하였다. 그러나 성직자들은 그것을 받아들이기보다 죽는 것을 선택하였다. 그 결과 그들은 칼빈과 파렐에게 정치적인 문제에 관여하지 말라고 경고하였다.222) 그 이후에 파렐과 칼빈은 설교권을 박탈당했다. 그러자 두 개혁자 칼빈과 파렐은 제네바시를 떠나게 되었다(주후 1538년).223) 이것이 제네바에서의 칼빈의 제 1 차 종교 개혁이었다. 칼빈의 첫 노력은 실패한 것 같이 보였다. 그러나 그가 다시 복귀됨으로서 칼빈의 종교 개혁은 힘을 얻을 수 있게 되었다. 제네바를 떠나게 된 칼빈은 스트라스부르그에 머물게 된다. 그곳은 부쩌가 종교 개혁을 이루고 있었던 곳이다. 칼빈은 주후 1538년 9월 1일에 스트라스부르그에 도착하였다. 그는 그 곳에서 유익한 작업을 하면서 3년을 보냈다.224) 칼빈의 스트라스 부르그 체류는 그의 생애에 많은 결실을 보았던 에피소드가 있다. 칼빈은 그곳에서 루터주의 교회와 지도자들과 만날 수 있었다. 그리고 그의 관점은 매우 심오해지고 확대되었다. 그는 루터주의 교회로부터 많은 것을 배웠다. 그러나 권징의 결여에 대하여서 좋지 않게 생각하였다. 그리고 세속 통치자에게 의존하는 성직 구조에 대하여서 칼빈은 교회가 세속 군주 아래에 노예적으로 전락하였다고 보았다. 칼빈은 스트라스부르그에서 제네바 교회에 있을때처럼 목사와 신학 교수직을 수행하였다.225) 그는 그곳에서 프랑스로부터 이주한 성도들의 교회에서 시무하였다. 그는 그 시기에 결혼하였고 (주후 1540년) [**기독교 강요**]와 [**로마서 주석**]을 확장 증보하였다. 그리고 그의 사돌레토에 대

---

222) Ibid., p. 360.
223) Thomas M. Lindsay, A History of the Reformation. vol. 2. p. 121.
224) PHilip Schaff, History of the Christian Church.vol.8. p. 365.
225) Ibid., p. 367.

한 변론(Reply to Sadoleto)에서 개혁 교회의 원리를 변호하였다. 그때에 제네바에서 정치적 혁명이 발생하였다. 칼빈의 추방을 주도하였던 세력들이 주후 1539년 베른과 함께 비참한 상태를 맞이하였다. 그 결과 다음 해에 전세가 역전되었다. 칼빈을 선호는 세력이 제네바시의 권력을 잡게 되었고, 그들의 지도자가 칼빈의 복귀를 요청하기에 이른다.226) 주후 1541년 칼빈은 제네바 교회의 요청에 의하여서 다시 제네바로 돌아가게 된다. 칼빈은 제네바를 잊지 않고 있었다. 칼빈은 복귀하자마자 주후 1537년에 수용한 권고 보다 더욱 분명한 [**교회 규례**](Ecclesiastical Ordinances)를 제네바 교회의 새로운 헌법으로 허락할 것을 강력하게 요청하였다. 그는 성공적인 귀환에도 불구하고 쉽게 칼빈의 요구가 수용이 된 것은 아니다. 존 칼빈은 [**규례서**](Ordinances)에서 그리스도의 교회는 네 가지 직분으로 되어 있다고 주장하였다. 그것은 목사, 교사, 장로, 집사 등이다. 그리고 그 직분의 각각의 의무를 규정하였다. 목사는 매주 공적 토의를 위하여서 만나야 하고, 목사 후보생의 심사를 담당하였다. 그리고 회중으로 알려진 무리들에게 성경을 해석해 주는 것이다. 교사나 혹은 선생들은 제네바 학교 시스템을 관섭하고 참된 교리 안에서 신자들을 교훈하는 책임이 있다.

칼빈은 도시의 종교적 훈련을 위한 중요한 직분으로 간주하였다. 집사는 가난한자를 돌보고 병자를 간호하는 것으로 할당되었다. 치리 장로는 작은 치리회로부터 선택된 자들이다. 그들은 목회자와 함께 "**당회**"(Consistory)를 이룬다. 당회는 매주 목요일 만난다. 그리고 교회적 권징에 책임을 진다.227)

칼빈은 스트라스부르그에 있으면서 무엇보다도 교회의 직제와

---

226) Williston Walker, p. 477.
227) Ibid., p. 477.

정치 제도에 관심을 가지게 되었다. 칼빈은 그의 [**기독교 강요**] 2판 4권에서 그의 교회 정치 사상을 진술한다. 칼빈은 교회 정치의 기반에 대하여서 다음과 같이 그 원리를 제시한다.

1. 교회의 자율성 혹은 그리스도의 왕 되심 아래에서 교회 자체의 고유한 권세들을 로마 카톨릭은 주장하지만 고위성직자 개념 안에서 교황의 최고의 지배권을 부여하여서 그를 그리스도의 가시적 대리자로 삼고 사제들과 백성들로부터 수동적 굴종을 강요한다. 칼빈은 기독 교회의 자치권을 주장하였다. 그리고 그리스도의 사자로서 대사로서 그들의 직무적 성격 안에서 복음의 사역자들을 간주한다. 그는 말하기를 "**그리스도만이 유일하게 교회 안에서 다스리시고 통치하신다. 그리고 그리스도 안에 모든 탁월한 것이 있다. 그러므로 교회의 정치와 권징은 오직 그리스도의 말씀으로부터 유일하고 시행되고 집행되어야한다.**"고 하였다.

2. 쥬리에 디비노(jure divino)와 구별되는 성직자의 평등성을 주장한다. 칼빈은 제롬과 함께 주교와 장로의 원래의 의미를 유지한다. 그러나 그는 모든 사역자들 사이의 구별성을 거절하지는 않는다. 그리고 교회 질서의 상태와 상황의 다양성을 수용하는 것을 거절하지 않는다.

3. 교회의 정치와 권징에 있어서 기독교 평신도의 참여를 유도한다. 이것은 매우 중요한 특징이다. 로마 카톨릭에서 평신도는 매우 수동적이다. 그리고 합법적인 무엇이든지 공유하지 못한다.

4. 목회자와 치리 장로에 의한 엄격한 권징이 있다. 그리고 치리 장로들에 대한 선임은 모든 회중의 동의 아래에서 이루어진다. 칼빈의 이러한 관점은 그 이전의 개혁주의자들의 견해와 많이 다르다. 존 칼빈의 교회 정치에 대한 이러한 독특한 견해는

그 이전의 개혁주의자들에게서 찾아보기 어려운 매우 중요한 교회 정치의 개념이다.

5. 신정 정치를 기반으로 하면 교회와 국가는 연합될 수 있다. 그러나 교회 자체의 정치를 유지하고 순수성을 보존하고자 하면 분리되어야 한다. 칼빈의 교회 정치 개념은 분명하다. 그는 세속 정부의 참된 주권자도 하나님이심을 믿는다. 그러나 세상과 교회가 완전히 분리되어 있지 않다고 해도 일정한 경계선을 가지고 구별이 되어 있기 때문에 교회 정치가 세속 관원의 지배 아래 있는 것을 거부하고 교회 자체의 정치 형태를 가지는 것을 목적으로 하여서 교회 정치를 세속 정부와 별개로서 독자적으로 형성하는 것을 생각하였다.228)

## 【2】 존 칼빈과 제네바 개혁 교회

존 칼빈의 목회자로서의 사역은 제네바에서 시작되고 그 곳에서 그는 목회자로서의 삶을 마쳤다고 해도 과언이 아니다. 그만큼 칼빈에게 있어서 제네바는 그의 목회 사역의 시작이었으며 마지막이었다. 칼빈은 그곳에서 종교 개혁의 이상을 구현하고자 하였고 실지로 어느 정도 그렇게 하였다. 존 칼빈은 제네바에 이르기 이전에 그의 고향 프랑스에서 그리고 바젤에서 은둔자로서 학문적인 작업에 열중하고자 하였다. 그러나 결국 여러 가지 상황에 이끌리어 제네바 교회에 머물게 된다. 그 낯선 곳에서의 칼빈의 사역은 어느 정도 열매를 보게 된다. 그러나 곧 칼빈과 파렐의 엄밀한 교회 정치와 세속 정권에 대한 권징의 시행의 촉구는 반발을 불러 일으켰고 많은 공격을 받고 추방을 당하게 된다. 그리고 칼빈은 스트라스부르그의 마틴 부쩌에게로 가게 된다. 그곳에서 좀더 제네바 개혁의 방향을 설정하고 더욱 많은

---

228) PHilip Schaff, History of the Christian Church. vol.8. p. 467.

것을 구상하게 된 칼빈은 3년 이후에 다시 제네바 교회의 부름을 받게 된다. 그때에 칼빈의 대적자들이 칼빈을 선호하였던 정치 세력에 의하여서 축출되고 제네바가 칼빈의 가르침을 선호하는 자들에게 그 주권이 주어지게 된다. 결국 칼빈은 다시 청빙을 받고 제네바 개혁 교회의 목회자로 복귀하게 된다. 그 이후에 칼빈은 그의 종교 개혁의 이념을 제네바에 심게 되었고 그곳에서 거의 대부분의 성직자들을 배출하게 되고 그것은 유럽 개혁 교회의 역사에 있어서 하나의 중요한 전기를 마련하게 된 것이다.

제네바에서의 존 칼빈의 사역으로 개혁 교회는 존 칼빈의 가르침을 따라서 각지로 흩어졌고 그것은 멀리 스코틀랜드와 잉글랜드 그리고 가깝게는 불란서와 남서부 독일 그리고 북 이태리와 헝가리, 화란, 폴란드 등 서구 유럽 뿐만 아니라 동구 유럽에까지 퍼져 나갔다. 이렇게 제네바의 개혁 교회는 칼빈의 노고로 국제적인 개혁 교회의 중심지로 자리잡게 되었다. 칼빈과 제네바 개혁 교회의 관계 설정은 단순히 제네바 개혁 교회의 종교 개혁적 성취에서 뿐만 아니라 존 칼빈의 제네바 개혁 교회를 통한 유럽 전체의 개혁 교회의 성장과 발전의 견인차 역할을 수행하였다고 하는 것에 있다.

그러므로 제네바는 칼빈에게 있어서 그의 종교 개혁의 이념을 실현하는 중요한 장이면서 동시에 유럽 전체를 개혁 교회의 정신으로 뒤덮는데 있어서 그 중심적인 역할을 수행하게 하였던 곳이기도 하다. 결국 이러한 제네바 개혁 교회와 존 칼빈의 관계는 개혁 교회 역사에 있어서 종교 개혁의 순수한 정신의 보존이 약 200년간 지속될 수 있었던 기반이었다고 할 수 있다. 칼빈은 제네바 교회를 통하여서 자신의 종교 개혁의 이념을 펼 수 있었고 제네바 교회는 칼빈으로 인하여서 종교 개혁의 중심지로서 그 위치가 설정되었다고 할 수 있다. 칼빈이 제네바로 가기 이전에 제네바는 베른의 위성 도시 정도였다. 그만큼 제네바시는 스위스에서도 그렇게 알려진 곳이 아니었다. 그러나 존 칼빈의 종교 개혁의 이념이 심어졌을 때 제네바 개혁 교회는 단순한 개혁 교회를 넘어서 종교 개혁의 중심지로서 자리잡게 되었던 것이다.

### 【3】 기독교 강요 요해

존 칼빈의 [**기독교 강요**]는 그의 저서 중에서 가장 대표적인 작품이라고 할 수 있다. 그는 [**기독교 강요**]의 출판을 통하여서 유럽에서 명망있는 종교 개혁자로서 명성을 얻게 되었고 개혁 교회는 그 정당성을 확고하게 가지게 되었다. 존 칼빈의 [**기독교 강요**]는 개혁 교회의 신앙 고백의 지침서와 같은 것이다. 존 칼빈의 [**기독교 강요**]는 각 시대와 나라를 통하여서 계속적으로 영향을 주었으며 유럽의 모든 개혁 교회가 존 칼빈의 [**기독교 강요**]에 신세를 지고 있다고 할 수 있다. 이러한 [**기독교 강요**]의 중요성으로 인하여서 기독교 강요는 계속적인 증보를 통하여서 주후 1559년 최종판에 이르기까지 끊임없이 수정하고 확장되었다. [**기독교 강요**]는 존 칼빈의 나이 불과 28살의 나이에 초판을 출판하였다. 이후 주후 1559년 최종판에 이르기까지 무려 23년의 기나긴 기간이 지났다. 칼빈은 그의 최종판을 평가하기를 이러한 최종판의 형태가 자신이 완성하고자 하였던 [**기독교 강요**]의 모습이라고 하였다. 그만큼 그가 [**기독교 강요**]에 많은 수고를 아끼지 않았다고 할 수 있다. 존 칼빈은 [**기독교 강요**] 첫판을 주후 1536년 바젤에서 출판하였다. 그 작품은 여섯 장으로 되어 있다. 첫 3 장은 십계명과 사도 신경 그리고 주기도문을 다루고 있다. 그리고 뒤이어서 4 장과 5 장 6 장은 각각 성례와 다섯 가지 오류된 성례식 그리고 기독교인의 자유와 교회의 권세 그리고 교회 정치에 대하여서 다루고 있다.229) 뒤이어 출판된 주후 1539년판은 주후 1536년판과 다르다. 칼빈의 기독교 강요 2판은(주후 1539년판) 17장까지 확대되었다. 그리고 세 번째 판(주후 1543~54년판)은 21장까지 그리고 최종판(주후 1559년판)은 4권으로 되어 있다. 그러므로 존 칼빈의 기독교 강요의 각 장과 권의 내용은 다음과 같다.

### [주후 1536년 초판]

1장 율법에 대하여서 즉 십계명 해석

2장 신앙에 대하여서 즉 사도 신경으로 불리우는것들에 대한 해석

3장 기도에 대하여서 즉 주기도문에 대한 해석

4장 성례에 대하여서

5장 지금 일반적으로 성례로 사려되는 나머지 5가지의 성례에 대하여서 그러나 실재로 성례가 아니다. 그것들이 어떠한 것들인지에 대하여서

6장 기독교인의 자유에 대하여서 교회의 권세와 교회 정치의 운영에 대하여서230)

### [주후 1539년 2판]

---

229) John Calvin, Institutes of the Christian Religion, by Ford Lewis Battles, Eerdmans Publishing Company, 1975. p. v.
230) Inst (1536) cap. 1. De Lege, quod Decalogi explicationem continet. / cap.2. De Fide, ubi et Symbolum, quod Apostolicum vocant, explicatur. / cap.3. De Oratatione, ubi et Oratio Dominica Enarratur. / cap.4. De Sacramentis / cap.5. Sacramenta non esse quinque reliqua quae pro Sacramentis hactenus vulgoo habita sunt Declaratur, tum qualia sint ostenditur. / cap.6. De Libertate Christiana, Potestate Ecclesiastica, et Politica Administratione.

1장 하나님에 대한 지식
2장 인간의 지식과 자유 의지에 대하여서
3장 율법에 대하여서
4장 신앙에 대하여서 즉 사도 신경 해석
5장 회개에 대하여서
6장 믿음에 대한 칭의와 행위에 대한 공로
7장 신약과 구약의 유사성과 차이점
8장 하나님의 예정과 섭리
9장 기도에 대하여서 즉 주기도문 해석
10장 성례에 대하여서
11장 세례에 대하여서
12장 주의 만찬에 대하여서
13장 기독교인의 자유에 대하여서
14장 교회의 권세에 대하여서
15장 교회 정치에 대하여서
16장 다섯가지 잘못된 성례에 대하여서
17장 기독교인의 생명에 대하여서[231]

### [주후 1543~54년 3판]

1장 하나님에 대한 지식에 대하여서
2장 인간에 대한 지식에 대하여서 즉 인간의 원죄와 자유

---

[231] Ioannus Calvinus, Ioannis Calvini Opera: Synopsis Editionum Institutionis Calvinianae: Inst (1539) cap. 1. De cognitione Dei / cap. 2. De cognitione hominis et libero arbitrio / cap. 3. De Lege / cap. 4. De Fide, ubi symbolum quod Apostolicum vocant Explicatur. / cap. 5. De Poenitentia / cap. 6. De Justificatione Fidei et Meritis Operum. / cap. 7. De Similitudine ac Differentia Veteris et Novi Testamenti. / cap. 8. De Libertate Christiana. / cap. 9. De Oratione, ubi et Oratio Dominica enarratur. / cap. 10. De Sacramentis. / cap. 11. De Baptismo / cap. 12. De Coena Domini. / cap. 13. De Libertate Christiana. / cap. 14. De Potestate Ecclesiastica. / cap. 15. De Politica administratione. / cap. 16. De quinque falso nominatis Sacramentis.

의지의 부패와 중생의 은혜에 대하여서
    3장 율법에 대하여서 즉 율법의 기능과 사용에 대하여서
    4장 서원에 대하여서
    5장 신앙에 대하여서 즉 사도 신경의 해석
    6장 사도 신경의 첫째 부분 해석
    7장 사도 신경의 둘째 부분 해석
    8장 사도 신경의 셋째 부분 해석
    9장 회개에 대하여서
    10장 신앙의 칭의와 행위의 공로에 대하여서
    11장 신약과 구약의 유사성과 차이점
    12장 기독교인의 자유에 대하여서
    13장 인간들의 전통에 대하여서
    14장 하나님의 예정과 섭리에 대하여서
    15장 주기도문에 대하여서
    16장 성례에 대하여서
    17장 세례에 대하여서
    18장 주의 만찬에 대하여서
    19장 다섯가지 잘못된 성례에 대하여서
    20장 교회 정치에 대하여서
    21장 기독교인의 생명에 대하여서232)

---

232) Ioannus Calvinus, Ioannis Calvini Opera: Synopsis Editionum Institutionis Calvinianae: Inst (1543~54) cap. 1. De cognitione Dei. / cap. 2. De cognitione hominis ubi de peccato originali hominis corruptione liberi arbitrii imptentia gratia regeneratrice etc. / cap. 3. De Lege ubi de officio et usu legis vero cultu Dei. / cap. 4. Votis. / cap. 5. De Fidei, ubi et symbolum quod Apostolcum vocant explicatur. / cap. 6. Explicatio primae partis symboli. / cap. 7. Explicatio secundae partis Symboli. / cap. 8. Quartae partis symboli expositio ubi de ecclesia. / cap. 9. De poenitentia. / cap. 10. De Justificatione Fidei et meritis operum. / cap. 11. De similitudine et differentia et Nevi Testament / cap. 12. De libertate Christiana / cap. 13. De traditionibus. / cap. 14. De praedestinatione et providentia Dei. / cap. 15. De oratione ubi et Oratio Dominica

## [주후 1559년 최종판]

### [1권] 창조주 하나님에 대한 지식

1장 하나님의 지식과 우리 자신의 지식은 서로 밀접하게 연결되어 있다. 그리고 함께 결합되어 있다.

2장 하나님을 아는 것은 무엇인가 그리고 그 안에 그의 지식이 목적을 이룬다.

3장 하나님의 지식은 인간의 정신안에 본유적으로 가지고 있다.

4장 동일하게 지식이 부분적으로 무지, 부분적으로 악 혹은 질식 혹은 타락으로 어두워졌다.

5장 세상의 형상 안에 그리고 그의 계속적인 통치 안에서 하나님의 지식이 빛난다.

6장 그러므로 창조주 하나님에게 이르기 위하여서 성경은 인도자와 선생으로서 필요하다.

7장 그러므로 성령의 증거에 의하여서 성경이 확증되는 것이 합당하다.: 그와 같이 그것의 권위는 확실하게 서있다. 그리고 교회의 증거로부터 성경의 신실성이 있다는 것은 악한 거짓말이라는 것이다.

8장 인간의 이성이 사려된 한도 내에서 증거들도 성경의 신뢰성을 충분하고 견고하게 세운다.

9장 광신자들은 모든 경건의 원리를 전복시키고 성경을 저급하게 취급하며 직접 계시로 비약한다.

10장 모든 미신을 바로 잡기 위하여서 유일한 하나님의 말씀

---

enarratur. / cap. 16. De Sacramentis / cap. 17. De Baptismo / cap. 18. De Coena Domini. / cap. 19. De quinque Falso nominatis Sacramentis. / cap. 20. De politica Administratione. / cap. 21. De Vita Hominis Christiani.

으로서 성경은 이방 모든 신들에 대하여서 배타적으로 독립적이시다.

11장 하나님의 속성은 결코 가시적 형태로 드러나지 않는다. 그리고 일반적으로 참다운 하나님에 대하여서 그 자체의 우상을 세우는 것은 타락이다.

12장 우상으로부터 하나님은 분리되시는 분이시다. 그러므로 그는 유일하신 분으로서 경배를 받으셔야 한다.

13장 하나의 본질이신 하나님은 그 자체로서 세 위격으로 관계하신다고 성경안에 창세로부터 증거되어 있다.

14장 성경은 세상과 창조된 만물 그 자체 안에 거짓 신들로부터 참 하나님께서 구별되어 계심을 증거한다.

15장 피조물인 인간은 영혼의 능력과 하나님의 형상, 자유 의지 그리고 원초적 본성이 있다.

16장 하나님께서 그의 능력으로 세상을 그 자신으로부터 세우셔서 보존하신다. 그리고 그의 유일하신 섭리로 다스리신다.

17장 이 교리는 그의 혜택을 우리에게 부으시고자 부분적으로 그 안에 알려졌다.

18장 그와 같이 하나님께서 불경건한자들의 행위에 대하여서 심판하신다. 그리고 그의 판을 수행하심으로 그 영혼을 결박하신다. 그리고 그 자체로서 순수한 영혼은 모든 타락으로부터 보존된다.

**[2권] 그리스도 안에서 하나님의 구속에 대한 지식 첫 번째는 율법 아래에서 조상들에게 알려졌고 그 다음에 복음 안에서 우리에게 알려졌다.**

1장 아담의 타락과 전 인류의 반역에 의하여서 형벌 더하여졌다. 그리고 최초의 상태로부터 떨어졌다. 그것이 원죄이다.

2장 지금 인류는 자유의지를 상실당하고 비참한 종의 상태가 되었다.

3장 인류의 타락된 본성으로부터 받을 것은 정죄밖에 없다.

4장 어떻게 하나님께서 인간의 마음 안에서 역사하시는가?

5장 자유의지를 옹호하는 자들에 대하여서 그들이 주장하는 견해에 대한 논박하다.

6장 타락한 인간은 그리스도 안에서 구속을 추구하게 된다.

7장 율법은 구약의 백성들에게만 그들 안에서 보존하게 하시고자 주어진 것이 아니라, 그 율법에 의하여서 그리스도 안에서 그의 오심에 따라서 구원의 소망을 불러일으키게 하시고자 주신 것이다.

8장 도덕법 해설

9장 그리스도는 율법 아래에서 유대인들에게 알려졌다. 그럼에도 불구하고 복음 안에서 최종적으로 드러났다.

10장 구약과 신약의 유사성

11장 두 언약의 경륜 상의 차이점에 대하여서

12장 그리스도께서 중보자의 사역을 이루시고자 사람이 되시는 것이 합당하다.

13장 그리스도께서 참된 사람의 육체를 실체로서 가지셨다.

14장 그와같이 중보자의 두 본성이 한 위격을 이루셨다.

15장 그러므로 우리는 그리스도께서 아버지로부터 보내심을 받으셔서 우리에게 선지자와 왕과 제사장의 직무를 수행하시고자 그 안에서 그 세 직분이 하나가 되어서 오셨다고 하는 사실을 알고 있다.

16장 그와 같이 그리스도께서 구주로서의 사역을 완성하셨다. 그러므로 우리에게 구원을 성취시켜 주셨다. 그것은 그가 죽으시고 부활하신 이후에 하늘에 오르셨다고 하는 사실이다.

17장  그리스도께서 하나님의 은혜와 구원의 공로로 바르고 합당하게 말씀하셨다.

## [3권] 그리스도의 은혜를 얻는 방도에 대하여서

1장 그리스도에 대하여서 우리에게 말씀하시는 분은 은밀하게 역사하시는 성령이시다.

2장 신앙에 대하여서: 그것의 한정을 세운다. 그리고 그 의미를 설명한다.

3장 우리는 믿음으로 중생한다. 그것은 마음의 태도를 바꾸는 것이다.

4장 복음의 순수함으로부터 너무 멀리가 있는 소피스트주의자들의 스콜라 철학의 회개론에 대하여서; 고해와 만족설에 대한 촉구.

5장 만족설에 대하여서 더하여진 보충에 대하여서 그것은 면죄부와 연옥에 대한 이론이다.

6장 기독교인의 생활에 대하여서: 첫 번째 성경은 어떠한 논거에 의하여서 이러한 것에 대하여서 우리에게 권고하는가?

7장 기독교인들의 생활의 최고의 것: 우리 자신의 부정함에 대하여서

8장 십자가를 짊어지는 것: 그것은 부분적으로 자기 부정의 일부이다.

9장 다가올 생활에 대한 명상에 대하여서

10장 현재 생활과 보조 수단들에 대한 사용에 대하여서

11장 신앙의 칭의에 대하여서, 그리고 그 명칭과 규정에 대한 정의

12장 우리에게 거저 주시는 칭의가 진지하게 확신이 되기 위하여서 하나님의 법정을 향하여서 우러러 보며 생각해야 한다.

13장 거저주시는 칭의에 대한 두 가지의 지켜야 할 것들

14장 칭의의 시작과 계속적인 진전

15장 행위의 자랑에 대하여서 그것은 칭의의 수여 안에서 하나님을 찬송하는 것 즉 구원의 확실성을 전복시킨다.

16장 이 교리에 대한 교황주의자들의 혐오스러운 중상에 대한 논박

17장 율법의 약속과 복음의 약속의 일치성

18장 보상으로부터 행위의 의를 주장하는 것은 악한 것이다.

19장 기독교인의 자유에 대하여서

20장 기도에 대하여서 그것은 신앙의 특별한 실천이며, 그것에 의하여서 하나님의 은혜가 매일 매일 우리에게 베풀어진다.

21장 하나님의 영원한 선택에 대하여서 하나님께서 이 선택에 의하여서 어떤 사람 구원에 이르도록 하셨고 다른 어떤 자들은 멸망에 처하도록 예정하셨다.

22장 이 교리는 성경의 증거에 의하여서 확증된다.

23장 이 교리에 대한 부당한 중상에 대한 논박

24장 선택은 하나님의 소명에 의하여서 확인되지만, 유기는 그 자체에게 멸망으로 결정된 공의에 의하여서 판결된다.

25장 종국의 부활

**[4권] 외적 방식과 수단에 대하여서**

1장 참된 교회에 대하여서 그 교회 안에 우리가 거주하는 모든 경건한자의 어머니인 교회와의 일치성에 대하여서

2장 참된 교회와 함께 거짓된 교회가 연결되어 있다.

3장 교회의 교사들과 목회자, 그들의 선택과 서임에 대하여서

4장 고대 교회의 상태에 대하여서 그리고 교황 제도 이전의 교회 정치에 대하여서

5장 폭군적인 교황 정치에 의하여서 고대 교회 정치 제도가 전복되었다.

6장 로마 교황청의 수위권에 대하여서

7장 로마 교황권의 기원과 발달에 대하여서 또한 그들이 그 자리를 최대로 높여서 교회의 자유를 억압하고 모든 규례를 뒤집어 버렸다.

8장 신조에 대한 교회의 권세에 대하여서; 그리고 교황 제도 안에서 모든 교리의 순수성의 파괴와 몰락에 대하여서

9장 교회의 회의들과 그 권위에 대하여서

10장 법을 세우는 권세에 대하여서, 교황은 이 권한을 가지고 사람들의 영혼과 육체 안에 가장 야만적인 폭군적 행위를 자행하였다.

11장 교회의 재판권과 교황 제도 안에서 그것의 남용과 실행에 대하여서

12장 교회의 권징에 대하여서 그것의 실천으로서 견책과 출교에 대한 시행에 대하여서

13장 서원에 대하여서 그것의 무분별한 사용과 그로 인하여서 불행하게 연좌되어 버린 사람들에 대하여서

14장 성례에 대하여서

15장 세례에 대하여서

16장 그리스도에 의하여서 제정된 유아 세례에 대하여서 그리고 그 표징의 본질에 일치 하는 것에 가장 선한 것에 대하여서

17장 그리스도의 거룩한 만찬에 대하여서 그리고 그것이 우리에게 주는 유익에 대하여서

18장 교황주의 미사에 대하여서 그것은 그리스도의 만찬을 더럽힐뿐만 아니라 말살시키는 신성 모독적 행위이다.

19장 다섯가지 거짓 성례라고 부르는 것들에 대하여서: 그 전

까지는 관습적으로 성례라고 불렀지만, 그것은 성례가 아니다. 그리고 그러한 것들에 대하여서 밝혀서 진상을 천명한다.

20장 국가 정치에 대하여서

## [ 기독교 강요 최종판 라틴어 원문 제목]

### Libri Primus. De Cognitione Dei Creatoris

cap. 1. Dei notitiam et nostri res esse coniunctas, et quomodo inter se cohaereant.

cap. 2. Quid sit Deum cognoscere, et in quem finem tendat eius cognitio.

cap. 3. Dei notitiam hominum mentibus naturaliter esse inditam.

cap. 4. Eandem notitiam partim inscitia, partim malitia vel suffocari vel corrumpi.

cap. 5. Dei notitiam in mundi fabrica et continua eius gubernaitone lucere. instructress;

cap. 6. Ut ad Deum creatorem quis perveniat, opus esse scriptura duce et magistra.

cap. 7. Quo testimonio scripturam oporteat sanciri, nempe spiritus: ut certa constet eius autoritas; atque impium esse commentu, fidem eius pendere ab ecclesiae iudicio.

cap. 8. Probationes, quatenus fert human ratio, satis firmas uppetere ad stabiliendam scripturae fidem.

cap. 9. Omnia pietatis principia everter fanaticos, qui posthabita scriptura, ad revelationem transvolant.

cap.10. Scripturam, ut omnem superstitionem corrigat, verum Deum exclusive opponere diis omnibus gentium.

cap.11. Deo tribuere visibilem formam nefas esse, ac generaliter deficere a vero Deo quicunjque idola sibi

erigunt.
cap.12. Deum ab idolis discerni, ut solus in solidum colatur.
cap.13. Unicam Dei essentiam ab ipsa creatione tradi in scripturis, quae tres in se personas continet.
cap.14. In ipsa etiam mundi et rerum omnium creatione scripturam certis nostis discernere verum Deum a fictitiis.
cap.15. Qulis homo sit creatus: ubi de animae facultatibus, de imagine Dei, libero arbitrio, et prima naturae
Integritate disseritur.
cap.16. Deum sua virtute mundum a se conditum fovere ac tueri, et singulas eius partes sua providentia
regere.
cap.17. Quorsum et in quem scopum referenda sit haec doctrina, ut nobis constet eisu utilitas
cap.18. Deum ita impiorum opera uti, et animos flectere ad exsequenda sua iudicia, ut purus ipse ab omni
labe maneat.

## Libri Secundus . De Cognitione Dei Redemptoris

cap.1. Adae lapsu et defectione totum humanum genus maledictioni fuisse addictum, et a prima origine
degenerasse; ubi de peccato originali.
cap.2. Hominem arbitrii libertate nunc esse spoliatum et miserae servituti addictum
cap.3. Ex corrupta hominis nuatura nihil nisi damnabile prodire
cap.4. Quomodo operetur Deus in cordibus hominum.
cap.5. Obiectionum refutatio, quae pro defensione liberi arbitrii afferri solent.
cap.6. Homini perdito quaerendam in Christo

redemptioem esse.
cap.7. Legem fuisse datam, non quae populum veterem in se retineret, sed quae foveret spem salutis in
      Christo usque ad eius adventum.
cap.8. Legis moralis explicatio
cap.9. Christum, quamvis sub lege Iudaeis cognitus fuerit, tamen in evangelio demum exhibitum fuisse
cap.10. De similitudine veteris et novi testamenti.
cap.11. De differentia unius testamenti ab altero.
cap.12. Christum, ut mediatoris officium praestaret, oportuisse fieri hominem.
cap.13. Christum veram humanae carnis substantiam induisse.
cap.14. Quomodo duae naturae mediatoris efficiant personam.
cap.15. Ut sciamus quorsum missus fuerit Christus a patre, et quid nobis attulerit, tria potissimum spectanda
      in eo esse, munus propheticum, regnum et sacredotium.
cap.16. Quomodo redemptoris partes impleverit Christus, ut nobis salutem acquireret; ubi de morte et
      resurrectione eius agitur, et in coelum ascenus.
cap.17. Recte et proprie dici Christum nobis promeritum esse gratiam Dei et salutem.

## Libri Tertius De Modo Percipiendae Christi Gratiae

cap. 1. Quae de Christo dicta sunt, nobis prodesse, arcana operatione spiritus.
cap. 2. De fide: ubi et definitio eius ponitur, et explicantur quae habet propria.
cap. 3. Fide nos regenerari; ubi de poenitentia.
cap. 4. Quam procul absit ab evangelii puritate quidquid de poenitentia garriunt sophistae in suis scholis; ubi de

confessione et satisfactione agitur.
cap. 5. De supplementis quae ad satisfactiones adiciunt, nempe indulgentiis et purgatorio.
cap. 6. De vita hominuis christiani: ac primum, quibus argumentis ad eam nos hortetur scriptura.
cap. 7. Summa vitae christianae; ubi de abnegatione nostri.
cap. 8. De crucis tolerantia, quae pars est abnegationis.
cap. 9. De meditatione futurae vitae.
cap.10. Quomodo utendum praesenti vita eiusque adiumentis.
cap.11. De iustificatione fidei, ac primo de ipsa nominis et rei definitione.
cap.12. Ut serio nobis persuadeatur gratuita iustificatio, ad Dei tribunal tollendas esse mentes.
cap.13. Duo esse in gratuita iustificatione observanda.
cap.14. Quale initium iustificationis et continui progressus.
cap.15. Quae de operum meritis iactantur, tam Dei laudem in conferenda iustitia, quam salutis certitudinem evertere.
cap.16. Refutatio caluminiarum quibus hanc doctrinam odio gravare conantur papistae.
cap.17. Promissionum legis et evangelii conciliatio.
cap.18. Ex mercede male colligi operum iustitiam.
cap.19. De libertate christiana
cap.20. De oratione, quae praecipuum est fidei exercitium, et qua Dei beneficia quotidie percipimus.
cap.21. Dei electione aeterna, qua Deus alios ad salutem, alios ad interitum praedestinavit.
cap.22. Confirmatio huius doctrinae ex scripturae testimoniis.
cap.23. Refutatio caluminarum quibus haec doctrina

semper inique gravata fuit.

cap.24. Electionem sanciri Dei vocatione; reprobos autem sibi accersere iustum, cui destinati sunt, interitum.

cap.25. De resurrectione ultima

### Libri Quartus De Externis Mediis vel Adminiculis

cap. 1. De vera ecclesia cum qua nobis colenda est unitas, quia piorum omnium mater est.

cap. 2. Comparatio falsae ecclesiae cum vera

cap. 3. De ecclesiae doctoribus et ministris, eorum electione et officio.

cap. 4. De statu veteris ecclesiae et ratione gubernandi quae in usu fuit ante papatum.

cap. 5. Antiquam regiminis formam omnino pessumdatam fuisse tyrannide paptus.

cap. 6. De primatu romanae sedis.

cap. 7. De exordio et incrementis romani papatus, donec se in hanc altitudinem extulit, qua et

ecclesiae libertas oppressa et omnis moderatio eversa fuit.

cap. 8. De potestate ecclesiae quoad fidei dogmata; et quam effraeni licentia ad vitiandam omnem

doctrinae puritatem tracta fuerit in papatu.

cap. 9. De conciliis eorumque autoritate.

cap.10. De potestate in legibus ferendis, in qua saevissimam tyrannidem in animas et carnificinam

exercuit papa cum suis.

cap.11. De ecclesiae iurisdictione eiusque abusu, qualis cernitur in papatu.

cap.12. De ecclesiae disciplina, cuius praecipuus usus in censuris et excommunicatione.

cap.13. De votis quorum temeraria nuncupatione quisque

se misere implicuit.
cap.14. De Sacramentis.
cap.15. De Baptismo.
cap.16. Paedobaptismum cum Christi institutione et signi natura optime congruere.
cap.17. De sacra Christi coena, et quid nobis conferat.
cap.18. De missa papali, quo sacrilegio non modo profnanta fuit coena Christi sed in nihilum redacta
cap.19. De quinque falso nominatis sacramentis: ubi sacramenta non esse quinque reliqua, quae[233)

## 기독교 강요 초판 (주후 1536년판) 요해

존 칼빈은 주후 1536년 바젤에서 그의 [**기독교 강요**](Christianae religionis institutio) 첫 판을 출간하였다. 바젤은 오래되었고 유서 깊은 도시였다. 바젤은 유명한 대학교와 독일 인문주의의 중심지였다. 그곳은 스위스와 프랑스와 독일 경계선에 위치하여 있었다. 그곳은 에라스무스와 외콜람바디우스가 거주하고 있었으며, 그곳에서 주후 1430년 개혁적인 공의회가 개최되었다. 그리고 그곳은 첫 번째 신약 성경이 대학 도서관의 사본으로부터 주후 1516년에 출판되었다. 그리고 울드리히 쯔빙글리의 스승인 토마스 비텐바흐(Thomas Wyttenbach)의 영향아래 있었다. 에라스무스의 제자 볼프강 파브리키우스 카피토(Wolfgang Fabricius Capito)가 주후 1512년에 교회의 의식들에 대한 규례를 주장하였다. 그는 그러한 규례는 성경의 증거를 받지 못한다고 하였다.[234) 요하네스 외콜람바디우스는 주후 1512년까지 루터의 찬성자였다. 그는 주후 1522년에 바젤로 들어가서 그 대학에서 성경에 대한 강의를 시작하였다.[235)

---

233) Ioannus Calvinus, Ioannis Calvini Opera.vol.II: Institutio Christianae Religionis (1559)
234) Thomas M. Lindsay, A History of The Reformation.vol.2. p. 38.

주후 1525년 외콜람바디우스는 성 마틴(Martin)의 교회에 설교자로서 임명되었다. 그는 그곳에서 하나님의 말씀으로 종교 개혁을 주도하게 되었고, 울드리히 쯔빙글리의 친구로서 함께 교회 개혁의 사역을 주도하였다.236) 존 칼빈이 바젤로 가게 된 이유는 다음과 같다. 주후 1533년 새로 선출된 파리 대학장인 콥의 연설문을 그가 작성하게 되었을 때에 그는 신약 성경에 기초하여서 담대하게 그 당시의 로마 카톨릭 신학인 스콜라 신학을 비판하기에 이른다. 그는 그 당시 로마 카톨릭 신학자들을 복음에 대하여서 무지한 소피스트들로서 묘사하였다. 이러한 그의 행동은 그와 그의 친구 콥은 더 이상 프랑스에서 살지 못하게 되었다. 그러자 칼빈은 콥과 함께 바젤로 피신하기에 이른다. 콥과 함께 프랑스를 피신하여서 바젤에 이르게 된 것이다. 그때에 바젤은 종교 개혁적인 도시로서 존 칼빈이 은신하기에 적합한 곳이었다.237)

존 칼빈의 기독교 강요 초판은 (주후 1536년) 헌사를 포함하여서 모두 7 부분으로 되어 있다. 그 중에서 1장으로부터 4장까지의 구조는 거의 대부분 중세 이후에 라틴어와 자국어로 작성되었던 요리문답서의 순서(Catechetical order)였다. 그래서 제1장은 율법의 해석, 제2장은 신앙에 대하여서, 제3장은 기도에 대하여서, 그리고 제4장은 성례에 대하여서 진술되어있다. 이 순서는 중세 이후에 지속되어온 기독교 교리서의 서술 방식이다. 마틴 루터도 그의 저서 소 교리서(주후 1522년)와 대 교리서(주후 1529년)에서 그러한 순서로 작성하였다. 그러므로 칼빈도 그러한 전통에 따라서 기독교 강요 초판의 구조를 십계명 해석(1

---

235) Ibid., p. 39.
236) Ibid., p. 40.
237) p. 319.

장)과 사도 신조 해석 (2장) 그리고 주기도문 해석 (3장) 성례 (4장) 그리고 그 당시 일반적으로 받아들여졌던 다섯 가지 성례 (5장)에 대한 해설과 함께 기독교 강요의 결론부분이라고 할 수 있는 기독교인의 자유, 교회의 권세, 정치 권세에 대하여서 다루었다고 할 수 있다.

그러나 칼빈의 기독교 강요는 단순히 교리문답서 (Catechetical) 성격을 넘어서서 기독교 변증서의 성격을 가지고 있었다고 할 수 있다.238) 그 헌사는 그 당시 프랑스 왕 프란시스 1세에게 보내는 서한 형식으로 되어 있다. 그 헌사는 대략 여덟 부분으로 나누어서 생각해 볼 수 있다. (1) 책이 저술될 당시의 상황들 (2) 핍박을 받고 있는 성도들에 대한 탄원의 내용 (3) 대적자들의 비난에 대한 논박의 내용 (4) 고대 교회 교부들이 개혁 교리를 반대한다고 하는 그릇된 주장의 내용 (5) 진리를 외면하고는 관습에 호소 (6) 교회의 본질에 대한 그릇된 견해들에 대한 내용들 (7) 개혁 교리가 소란을 일으켰다는 견해들에 대하여서 (8) 왕은 거짓 고소에 의한 행동에 경계를 할 것과 결백한 사람들의 신적 변호를 소원함에 대하여서239)

## 프랑스 왕 프란시스 1세에게 보낸 헌사

존 칼빈은 이 본문에서 자신이 붓을 들어서 기독교 강요를 저작하게 된 동기를 소개한다. **"그러므로 종교에 대하여서 진지하게 사모하는 참으로 경건한자들에 대하여서 가장 초보적인 지식을 전수하는데 목적이 있다. 무엇보다 나는 특히 나의 동포 프랑스 사람들을 위해 이 저서를 기록하려고 노력하였다. 그들 중**

---

238) John Calvin, Institutes of the Chrstian Relgion (1536) at Basel, translated and Annotated by Ford Lewis Battles, Eerdmans Publishing company, 1975. p. xlviii.
239) Ibid., p. xlvi

에 많은 자들이 그리스도에 대하여서 주리고 목말라하는 것을 보았다. 그러나 그들 중에 하나님을 아는 지식에 대하여서 가장 초보적인 지식조차도 깨닫고 있는 자가 매우 적었다."240) 칼빈은 핍박 받고 있는 신앙의 동료들에 대한 탄원을 통하여서 프랑스 개혁 교회 성도들의 정당성을 주장한다. 그는 이 헌사에서 인간의 부패한 상태와 하나님의 크신 은혜에 대하여서 다음과 같이 진술하였다. **"물론 우리는 하나님 앞에서 비참한 죄인들이고 세상 사람들이 보기에 가장 경멸받을 존재들 입니다. ····(중략)···· 이와 같이 하나님의 면전에서 우리는 그의 긍휼 이외에 아무것도 남아있는 것이 없다고 하는 것을 자랑합니다. 그리고 그것은 우리 자신의 공로 없이 우리가 생명을 얻었다는 것입니다."**241)

존 칼빈은 개혁 교회의 교리에 대하여서 다음과 같이 진술한다. **"그러나 우리의 교리는 세상 모든 영광위에 높이 서있어야 하며 세상의 모든 권세 위에 정복되지 않고 서 있어야 합니다. 왜냐하면 그것은 우리의 것이 아니라 살아계신 하나님과 그의 아들 우리 주 예수 그리스도의 것이기 때문입니다."**242)

칼빈은 올바른 신앙을 가지고 있는 사람들이 가져야 할 자태에 대하여서 다음과 같이 진술한다. **"참으로 우리는 모든 덕에

---

240) Ioannus Calvinus, Christaianae Religionis Institutio, (1536) epistola nuncpatoria :"Tantum erat animus rudimenta quaedam tradere, quibus formarentur ad veriam pietatem qui aliquo religionis studio tanguntur: Atque hunc laborem Gallis nostris potissimum desudabam, quorum permultos esurire et sitire Christum videbam, paucissimos, qui vel modica eius cognitione imbuti essent."
241) Ibid., epistola nuncpatoria:"Coram Deo miseri peccatores, in hominum conspectu despectissimi mundi········ut quo apud Deum gloriemur nihil restet, praeter unam eius misericordiam, qua salvi nullo nostro merito facti sumus;"
242) Ibid., epistola nuncpatoria:"Sed doctrinam nostram supra omnem mundi gloriam sublimem, supra omnem potestatem invictam stare oportet; quia non nostra est, sed Dei viventis ac Christi eius,"

있어서 하나님으로부터 옷을 입어야 하는 벌거숭이들이고, 모든 선에 있어서 그로부터 채움을 받아야 하는 공허한 자들이며 우리는 그로부터 자유 함을 받아야 하는 죄의 종들이며 우리는 그로부터 조명을 받아야 하는 눈먼 자들이며 우리는 그에 의해서 인도되어야 하는 절름발이들이며 우리는 그로부터 지탱 받아야 하는 무능한 자들임을 알아 오직 그만이 영화롭게 되고 우리는 그 안에서 영화롭게 되도록 우리에게 영광이 되는 모든 것을 제거하는 일만큼 믿음에 더 좋고 합한 일이 무엇이겠는가?"243)

존 칼빈은 그리스도를 우리의 형제요 화목자로 묘사하면서 그러한 사실을 믿는 자에게 하나님이 우리와 화목케 하시는 아버지가 되신다는 것을 확신하게 된다고 진술한다. 그러므로 성도들은 그 하나님으로부터 모든 축복과 은택을 기대하는 것보다 더 신앙에 적합하고 일치하는 것은 없다고 주장한다. 그리고 아버지께서 그리스도를 선물로 주신 것을 생각하고 그 안에 있는 감추어진 지극히 높은 값의 보물인 구원과 영생을 기대하는 것보다 더욱 신앙에 일치하는 것은 없다고 주장한다.244) 그러므로 성도들은 우리 자신에게서 어떤 것도 기대해서는 안 되며 동시에 하나님에게서만 모든 것을 기대해야 한다. 그와 같이 신자들은 하나님을 영화롭게 하기 위하여서 하나님만을 기대하며 헛된

---

243) Ibid., epistola nuncpatoria:"Quid enim melius atque aptius fidei convenit, quam agnoscore nos omni virtute nudos ut a Deo vestiamur, omni bono vacuos ut ab ipso impleamur, nos peccati servos ut, ab ipso liberemur, nos caecos ut ab ipso iluminemur, nos claudos ut ab ipso dirigamr, nos debiles ut ab ipso sustentemr, nobis omnem gloriandi materiam detrahere, ut solus ipse glorificetur et nos in ipso gloriemur?"

244) Ibid., epistola nuncpatoria:"quid fidei convenientius, quam Deum sibi polliceri propitium patrem, ubi Christus frater ac propitiator agnoscitur; quam omnia laeta ac prospera secure ab eo exspectare, cuius inenarrabilis erga nos dilectio eo progressa est, ut proprio filio non perpercerit, qun pro nobis ipsum traderet; quam in certa exspectatione salutis et vitae aeternae acquiescere, ubi Christus a patre datus cogitatur, in quo tales thesauri sunt absconditi?"

영광으로부터 벗어나야 할 것이라고 진술한다.245)

　존 칼빈은 그의 헌사의 3번째 부분에서 개혁주의 교리에 고대성에 대하여서 증거한다. 그 당시의 로마 카톨릭주의자들은 칼빈과 같은 개혁주의자들의 교리에 대하여서 새롭고 전혀 들어보지 못한 최근에 생겨진 것이라고 말하면서 그것이 불확실하고 의심스러우며 교회의 전통과 유리된 분리주의적인 가르침이라고 비판하였다. 그러나 칼빈은 이러한 로마 카톨릭주의자들의 비판에 대하여서 다음과 같이 논박한다. **"실로 그들이 이 교리를 전혀 들어보지 못한 최근에 생겨진 교리라고 생각하는데 대하여서 나는 조금도 이상하게 여기지 않습니다. 왜냐하면 그들은 그리스도의 복음도 전혀 들어보지 못한 최근에 생겨진 교리로 이해할 것이기 때문입니다."**246)

　존 칼빈은 그들의 그러한 어리석음에 대하여서 개혁주의 교리가 오랫동안 파묻혀져 있있던 고대 교회의 바른 교리라고 하는 사실에 그들이 무지하게 살아왔다고 비난하였다.247) 이제 존 칼빈은 로마 카톨릭이 주장하는 개혁 교리에 대한 표적의 요구에 대하여서 논박한다. 로마 카톨릭은 자신들의 신앙을 확증하는 방식으로서 가시적 표적을 그 정당성의 근거로 삼아왔다. 그러한 오래된 관행에 대하여서 존 칼빈은 정확하게 그러한 표적을 추구하는 신앙 형태는 **"좋은 상태에 있는 영혼을 뒤흔들어 놓는다."**(animum alioqui bene compositum labefactare queant)고 말함으로서 그러한 로마 카톨릭의 표적을 추구하는 신앙이 멀쩡

---

245) Ibid., epistola nuncpatoria:"At, ut nihil de nobis, ita omnia de Deo praesumenda sunt, nec alia ratione vana gloria spoliamur, nisi ut in Domino gloriemur."
246) Ibid., epistola nuncpatoria:"Principio, novam quod appellant, Deo sunt vehementer iniurii, cuius saecrum verbum novitatis insimulari non merebatur. Illis quidem novam esse minime dubito, quibus et Christus novus est, et Evangelium novum."
247) Ibid., epistola nuncpatoria:"Quod diu incognita spultaque latuit, humanae impietatis crimen est;"

한 사람을 정신적 장애아로 만들고 있다고 논박한다. 그래서 칼빈은 그러한 가시적 표적들은 "**바보 같은 짓이며 공허한 짓이고 거짓된 짓이라**"(ridicula, aut vana et mendacia.)고 논박하였다.248) 무엇보다 칼빈은 그러한 가시적 표적들은 하나님의 진리에 반대되는 어떠한 경향을 갖는다고 비판한다.249)

존 칼빈은 사도시대 그리스도께서 사도들에게 은사로 주신 그러한 표적적 행위들은 하나님의 말씀을 확증하는 수단에 불과하다고 증거한다. 존 칼빈은 말하기를 "**마가복음에 사도의 공적 선포에 뒤이어 오는 여러 가지 이적들은 그 설교를 확증하기 위해서 행하여진 것이라고 증거하였다.**"(막 16:20) 그리고 누가복음도 또한 "**주께서 저희 손으로 표적과 기사를 행하게 하여 주사 자기 은혜의 말씀을 증거 하셨다.**"(행 14:3)고 진술한다.250) 존 칼빈은 히브리서 2장 3~4절을 인용하면서 "**그러므로 우리는 그러한 이적들이 복음의 인장이라고 하는 것을 안다. 그렇다면 어떻게 복음적 신앙을 파괴하는 이적들을 인정할 수 있는가?**"251)

존 칼빈은 로마 카톨릭주의자들이 개혁주의 교리를 정통 교부들의 가르침과 다르다고 주장하는 바에 대하여 논박한다. 첫 번째 모든 예식에 있어서 허례허식으로 치닫는 로마 카톨릭의 예식을 논박한다. 그리고 나서 사순절에 육식을 금지시키는 로마

---

248) Ibid., epistola nuncpatoria:"Imo potius, allegant miracula quae animum alioqui bene compositum labefactare queant: adeo aut frivola sunt et ridicula, aut vana et mendacia."
249) Ibid., epistola nuncpatoria:"contra Dei veritatem ullius momenti esse oportebat,"
250) _____, Christaianae Religionis Institutio, (1559) epistola nuncpatoria:"Signa enim quae apostolorum praedicationem sequuta sunt, in eius confirmationem edita fuisse docet Marcus(15 20) Sic et Lucas Dominum sermoni gratiae suae reddidisse testimonium narrat, quum signa et portenta fierent per apostolorum manus (Act 14.3)"
251) Ibid., epistola nuncpatoria:"Quae vero audimus evangelii esse signacula, eane ad diruendamevangelii fidem convertemus?"

카톨릭의 교회법을 비판한다. 그리고 바로 자기 손으로 일하지 않는 수도사들의 죄악을 책망한다. 그러면서 존 칼빈은 그들이 사창굴과 홍등가에 두어 남의 재산으로 포식한다고 비판한다.252) 이것은 칼빈이 이미 그 당시에 혼인 제도를 금지시 하고 있는 로마 카톨릭 성직자들에 대한 상황을 묘사하고 그로 인하여서 야기된 모든 죄악을 비판하고 있는 것이다. 칼빈은 교회 안에 화상을 두지 말라고 말한 키프로스의 감독인 에피파니우스 (주후 394년)의 말한 바를 인용하면서 예배를 드리는 전면에 그 대상의 화상을 두는 것은 교회 회의에서도 금지된 것 이라고 논박한다.253)

칼빈은 이제 죽은자에 대하여서 면죄부와 같은 것을 판매하는 교회의 잘못된 법들에 대하여서 다음과 같이 비판한다. "**다른 어떤 교부는 권고하기를 죽은자에 대한 사람의 의무에 대하여서, 사람들은 그들을 매장하고 그들로 편히 쉬도록하는 것으로 충분하다고 말하였다. 그러나 저들은 죽은자들에 대하여서 끊임없이 주의를 기울임으로서 이 한계를 범하였다.**"254)

존 칼빈은 성례식에 대한 로마 카톨릭의 잘못된 교리를 비판한다. 칼빈은 성찬시에 떡과 포도주의 성질은 그대로 있는 것이라 말한 어느 교부의 말을 인용하면서 그것으로 그리스도의 신성과 인성의 관계를 설명한다. 주 예수 그리스도 안에서 인성의

---

252) Ibid., epistola nuncpatoria:"quum otiosos ac doliares monachorum ventres in lustris ac fornicibus collocarunt, qui aliena substantia saginarentur."
253) Ibid., epistola nuncpatoria:"Pater erat qui dixit horrendam esse abominationem, videre depictam vel Christi vel sancti ullius imaginem in Christianorum templis.Neque id hominis unius voce pronuntiatum est, sed ab ecclesiastice etiam concilio decretum, ne quod colitur in parietibus depingatur."
254) Ibid., epistola nuncpatoria:"Alius pater consuluit ut officio humanitatis erga mortuos in sepultura defuncti sineremus eos quiescere. Hos limites perrumpunt quum perpetuam mortuorum sollicitudinem incutiunt."

실체와 본성이 신성과 결합되었을지라도 인성은 그대로 유지되고 있다.255) 이러한 존 칼빈의 신학적 입장은 개혁주의 신학에 있어서 중요한 기독론을 형성한다. 그것은 신성과 인성이 결합이 되어있지만 서로 교류하거나 혼합되지 않고 하나의 위격에 그대로 두 실체가 존재한다는 것이다. 칼빈의 신학적 입장은 그리스도의 의지에 대하여서 두 의지론을 주장하기에 이른다. 그것은 그리스도께서 신성의 의지와 인성의 의지가 상황에 따라서 발현된다는 것이다. 그것은 신성의 완전하신 발현과 함께 인성의 연약성이 성경에서 자주 드러나 있기 때문이다. 예를들어 행로에 곤하셔서 물을 먹으러 물가로 가시고 또한 제자들이 먹을 것을 구하러 가는 것을 허락하시는 모습을 통하여서 또한 배를 타시고 가실 때에 주무셨던 모습에서 인성으로부터 발현하는 의지를 볼 수 있다. 그러나 그가 바다를 꾸짖으시고, 또한 겟세마네 동산에 기도하실 때 **"아버지의 원하시는대로 하옵소서"**라고 하는 아버지 하나님의 뜻을 온전하게 이루시고자 하시는 그리스도의 신성의 의지를 볼 수 있다. 그러므로 신성과 인성의 두 의지의 발현은 신약 성경에서 확실하게 계시되어 있다.

존 칼빈은 로마 카톨릭 교회가 일반 신자들에게 성찬식에서 떡을 허락하지만 잔을 허락하지 않는 것에 대하여서 교부들의 말을 인용하면서 비판한다. 칼빈은 성경의 분명한 증거를 따르라고 말한 교부의 글을 인용하면서, 로마 카톨릭 교회가 성경의 증거를 받지 못하는 금식일을 가장 엄격한 법으로 설정해 놓고 지키라고 강요한다고 비판하였다. 오히려 금식일을 엄격하게 지켰던 기독교 분리주의자들이 있는데 그들은 바로 몬타누스주의자들이었다.256)

---

255) Ibid., epistola nuncpatoria:"sicut manet in Christo Domino substantia et natura hominis, juncta divinae."

존 칼빈은 성직자들의 결혼에 대하여서 금기시 하는 로마 카톨릭을 비판할 때에 교부들의 글을 인용한다. "**한 교부는 교회의 목회자들에게 결혼이 금지되어서는 안된다고 말하였다. 그러므로 오히려 자신의 아내와 함께 생활을 하는 것이 순결하다고 말하였다.**"257) 칼빈은 교회 치리회의 한계에 대하여서 다음과 같이 진술한다. "**어떤 교부는 말하기를 교회는 결코 그 자신을 그리스도보다 앞에 두어서는 안된다고 하였다. 왜냐하면 그리스도께서는 항상 신실하게 심판하시지만, 그와 달리 인간들은 종종 오류를 범하기 때문이다.**"258)

존 칼빈은 종교 개혁자들의 가르침이 교부들의 가르침과 다르다고 주장하는 로마 카톨릭주의자들의 비난에 대하여서 "**이와 같이 경건한 체하는 그들은 확실하게 그들의 재능들과 판단력과 정신력을 사용하여서 그것으로서 교부들의 결함과 오류만을 존경하였다. 그래서 교부들의 탁월한 가르침들은 무시하거나 은폐시키고 곡해해 버렸다. 그것은 황금더미에서 쓰레기를 수집하는 것이며 그것이 그들의 유일한 관심이다.**"259)

존 칼빈은 일곱 번째 부분에서 교회의 참된 표지에 대하여서 증거한다. 그것은 말씀의 순수한 선포와 성례의 합당한 시행이다.260) 칼빈은 타락한 교회에 출석하느니 산, 삼림, 감옥, 호수

---

256) Ibid., epistola nuncpatoria:"Pater erat qui Montano inter alias haereses exprobravit quod primus ieiuniorum leges imposuisset."
257) Ibid., epistola nuncpatoria:"Pater erat qui negavit ecclesiae ministris interdicendum coniugium; castitatem pronuntiavit, cum propria uxore concubitum."
258) Ibid., epistola nuncpatoria:"Pater erat qui contendit ecclesiam non debere se Christo praeponere, quia ille semper veraciter judicet sicut homines plerumque fallantur."
259) Ibid., epistola nuncpatoria:"isti pii scilicet filii, qua sunt et ingenii et judicii et animi dexteritate, eorum tantum lapsus et errores adorant; quae bene dicta sunt vel non observant, vel dissimulant, vel corrumpunt: ut dicas prorsus illis curae fuisse, in auro legere stercora."
260) Ibid., epistola nuncpatoria:"nempe pura verbi Dei praedicatione, et legitima sacramentorum administratione."

그리고 깊은 구릉이 더 안전하다고 교부들의 말을 인용하면서 권고한다.

존 칼빈은 보이는 집과 건물을 교회로 알고 있는 신자들에 대하여서 그것은 어리석은 행위라고 지적한다. 그러면서 칼빈은 가시적 교회와 불가시적 교회를 나누면서 가시적 교회의 불완전성에 대하여서 논증한다. 칼빈은 개혁 교회 교리가 교회에 물의를 일으키고 분리를 조장하였다고 하는 로마 카톨릭주의자들의 비난에 대하여서 논박한다. 그는 말하기를 사탄의 악의라고 비난 받아야 할 자들이 그 책임을 개혁 교회 교리에게 돌리려고 한다는 것이다.261)

존 칼빈은 모든 것이 깊은 어둠에 잠겨있었던 시기 동안 사탄은 태평하고 평안하게 잠을 잘 수 있었다고 말한다. 그러나 하늘로부터 참된 빛이 어두움에 비추일 때에 그래서 어둠이 약화되고 사탄의 왕국이 흔들리고 파괴되어 갈 때에 그는 비로소 긴 동면에서 벗어나서 자신의 평소의 게으른 상태에서 깨어서 무장을 하기 시작하였다. 그래서 첫째로 사탄은 사람들의 손을 선동하여서 폭력으로 진리를 억눌러 버리려고 하였다. 그리고 그것을 통하여서 소기의 목적을 이루지 못하자 속임수를 써서 반세례주의자들과 다른 여러 사기꾼들을 동원하여서 교리상의 논쟁을 일으켰다. 그것으로 진리를 혼탁하게 하고 멸절시키려고 하였다.262) 그러므로 칼빈은 로마 카톨릭의 교리로 돌아가는 것은

---

261) Ibid., epistola nuncpatoria:""Nam horum malorum culpa indigne in ipsam derivatur, quae in satanae malitiam torqueri debuerat. Est hic divini verbi quidam quasi genius, ut nunquam emergat, quieto ac dormiente satana.Haec certissima et in primis fidelis nota, qua discernitur a mendacibus doctrinis, quae se facile produt dum aequis omnium auribus recipiuntur et a mundo plaudente audiuntur."

262) Ibid., epistola nuncpatoria:""At vero ubi lux e supernis affulgens tenebras eius aliquantum discussit, ubi fortis ille regnum eius turbavit ac perculit, tum vero solitum suum torporem excutere coepit, et arma corripere.Et primum quidem hominum manus

개가 토한 것을 도로 먹으며 돼지가 씻었다가 더러운 구덩이에 도로 눕는 것이라고 말하였다. 그러므로 현명한 왕인 프란시스는 프랑스 개혁 교회 성도들을 괴롭히지 말 것을 권면하였다.

### 율법, 십계명 해설 포함

칼빈은 그의 기독교 강요 최종판에까지 지속적으로 진술하고 있는 것은 거룩한 교리에 대한 두 부분이다. 그것은 "**하나님에 대한 지식과 우리 자신에 대한 지식이다.**"263) 그는 기독교 강요 최종판에서도 1권 1장 제목으로 "**하나님의 지식과 우리 자신에 대한 지식은 서로 연결되어 있다.**"264)고 진술한다. 그리고 1절에서 "**우리의 모든 지혜의 전체 교리는 하나님에 대한 지식과 우리 자신에 대한 지식 두 부분으로 되어 있다고 하는 것이 확실하고 분명한 지혜라고 생각하는 것은 당연하다.**"265)

칼빈은 하나님에 대한 지식과 우리 자신에 대한 지식이 서로 얽혀있기 때문에 어느 지식이 먼저이고 그것으로부터 다른 지식이 나왔는지 아는 것이 그리 쉬운 일이 아니라고 말한다.266) 그러나 칼빈은 하나님을 배워야만 비로소 우리 자신에 대한 지식을 알 수 있다고 말한다.267)

---

concitavit, quibus illucescentem veritatem violenter opprimeret. Per quas ubi nihil profectum est, ad insidias se convertit, dissidia et dogmatum contentiones per Catabaptistas suos et alia nebulonum portenta excitavit, quibus eam obscuraret, tandem et exstinueret."

263) Ioannus Calvinus, Christaianae Religionis Institutio, (1536) cap.1:"Summa fere sacrae doctrinae duabus his partibus constat: Cognitiojne Dei ac nostri."

264) _____, Christaianae Religionis Institutio, (1559) Libri.I. cap.1:"Dei notitia et nostri res esse coniunctas, et quomodo inter se cohaereant."

265) Ibid., Libri.I. cap.1.ver.1.:"Tota fere sapientiae nostrae summa, quae vera demum ac solida sapientia censeri debeat, duabus partibus constat, Dei cognitione et nostri."

266) Ibid., Libri.I. cap.1.ver.1.:"caeterum quum nultis inter se vinculis connexae sint, utra tamen alteram praecedat, et ex se pariat, non facile est discernere."

267) Ioannus Calvinus, Christaianae Religionis Institutio, (1536) cap.1.:"Haec vero de Deo

존 칼빈은 하나님의 지식에 대한 부분에서 네 가지로 나누어서 설명한다. 첫 번째는 하나님께서는 무한하시고, 지혜로우시며 공의로우시고, 선하시며, 자비로우시고, 진실하시고 능력과 생명이 있으시다는 것이다.268) 두 번째 하늘에 있는 것과 땅에 있는 모든 것 그의 영광 안에서 창조되었다.269) 세 번째 그는 공의로우신 재판장이시다.270) 네 번째 그는 자비로우시고 온유하시다.271) 칼빈은 인간에 대한 지식에 대하여서 언급하면서 **"우리 자신의 지식에 확실하게 이르는 것은 가장 먼저 이것을 알아야 한다."** 고 말한다. 즉 **"우리 조상 아담이 하나님의 형상과 모양을 따라서 창조되었다."** (창 1장)고 하는 것이다. 이것은 지혜, 정의, 거룩성 등이 제공되었다. 그리고 그의 은혜의 선물로서 하나님에 의하여서 수여 받았다. 그러므로 만약 그러한 상태에 계속 있었다면 그 안에 지속적으로 생명이 주어졌을 것이다. 그러나 죄로 타락하였고 하나님의 형상과 모양은 사라졌다. 모든 신적 은혜들은 파괴되었다.272)

존 칼빈은 인간의 타락으로 이르게 된 인간의 비참한 상태에 대하여서 **"비록 실재로 그와 같이 우리는 태어날 때부터 하나님**

---

nobis in praesentia discenda sunt."
268) Ibid., cap.1:"ipsum infinitam esse sapientiam, justitiam, bonitatem, misericordiam, veritatem, virtutem ac vitam:ut nulla sit prosus alia sapientia, justitia, bonitas, misericordia, veritas, virtus et vita."
269) Ibid., cap.1:"Deinde, universa quae in coelo sunt, et in terra, in eius gloriam creata esse."
270) Ibid., cap.1:"Tertio loco, justum esse ipsum judicem,"
271) Ibid., cap.1:"Quarto, misricordem esse ac mansuetum,"
272) Ibid., cap.1: "Quo, in certam nostri notitiam veniamus, hoc prius habendum est: parentem omnium nostrum Adam esse creatum ad imaginem et similitudinem Dei (Gen.1), hoc est, sapientia, justitia, sanctitate praeditum, atque his gratiae donis Deo ita haerentem, ut perpetuo in eo vieturrus fuerit, si in hac integritate naturae, quam a Deo acceperat, stetisset.Verum ubi in peccatum lapsus est haec imago et similitudo Dei inducta et obliterata est, hoc est, omnia divinae gratiae bona perdidit, quibus in viam vitae deduci poterat."

께 받으실만한 것을 우리 안에 어느 것도 가지고 있지 않고 그를 기쁘시게 할 능력을 가지고 있지 않다고 할지라도 그럼에도 불구하고 우리는 우리가 할 수 없는 그것을 행하는 것을 그만두어서는 안 된다."273)고 하였다. 이러한 인간 타락의 결과로 발생한 전적인 무능력함은 "우리 자신의 죄책이며 우리 자신의 죄악으로부터 비롯된 것이다. 그것은 우리에게 족쇄와 같이 우리를 얽어매고 있다. 그러므로 우리는 선을 행할 의지도 없어져 버렸고 선을 행할 능력도 상실해 버렸다."274) 결국 그것은 인간이 자신의 죄악에 대하여서 변명할 수 없는 성격으로 남아 있다는 것이다. 그러므로 "악을 행한 자들을 심판하시는 하나님께서 보응하실 때 우리는 죄로 인한 사망과 영원한 심판을 받는 것이 마땅하다는 것을 인정해야 한다. 사실상 우리 가운데 자기 책임을 수행하려고 하거나 할 수 있는 능력을 가지고 있는 사람은 아무도 없다."275)

존 칼빈은 이러한 인간 본성의 깊은 타락으로 인하여서 인간이 의와 능력과 생명과 구원을 자기 자신 속에서 찾을 수 없다고 진술한다. 오직 인간에게 남아있는 것은 불행, 연약, 사악, 죽음과 지옥 이 외에 없다고 하는 것이다. 그러나 하나님께서 그러한 상태의 인간으로 하여금 피하지 못하게 하시고자 그들에게 율법을 새기셨다고 진술한다. 그리고 그 율법은 사람들 마음 안

---

273) Ibid., cap.1:"Quanquam etiam sic nati sumus, ut non sit in nobis situm quidquam agere quod Deo acceptum esse possit, nec sit in nostra virtute positum illi gratificari, non tamen desinimus id ipsum debere quod praestare no possumus, quando enim Dei creaturae sumus, eius honori et gloriae servire debebamus, ac eius mandatis morem gerere."
274) Ibid., cap.1:"Culpa enim nostra est et peccati nostri quod nos vinctos tenet, ne quid bene aut velimus agere aut possimus~Ioan. 8. Rom 7)"
275) Ibid., cap.1:"Porro, cum Deus sit justus scelerum vindex, agnoscamus nos oportet maledictioni obnoxios esse mortisque aeternae judicium mereri. Siquidem nemo est nostrum, qui aut velit ea quae sunt officii sui facere, aut possit."

에 심기워진 양심이다.276)라고 말한다.

칼빈은 인간 안에 심겨진 양심과 하나님의 영원한 도덕법으로서 기록된 율법과의 관계를 설정한다. "**이것은 참으로 양심 이외에 다른 것이 아니다. 그것은 우리에게 증거자로서 우리가 하나님께 빚진자 됨을 증거한다. 그리고 양심은 우리에게 선과 악을 보여주고 그것으로서 우리를 정죄하고 우리의 죄악을 드러낸다.**"277) 그럼에도 불구하고 인간은 교만하고 야망이 가득한 존재이다. 그리고 눈먼 자기 애착이 강한 존재이다. 그래서 그들은 자기 자신을 볼 수 없으며 그와 같이 자신을 낮추어서 자신의 비참한 상태를 볼 수 없다. 그러므로 주님께서는 인생들에게 율법을 기록하여서 주신 것이다. 우리는 하나님의 완전한 공의에 대하여서 그것으로 가르침을 받아야 하고, 그것에 의하여서 그것에 따라서 살아가야 하는 것이다.278)

존 칼빈은 이러한 그의 논증을 통하여서 인간이 하나님의 율법을 마음에 받았다고 할지라도 인간성의 부패로 인하여서 그 양심은 희미하여지고, 오히려 교만하고 야망을 가지고 있어서, 스스로 낮아져서 자신의 비참한 상태를 보려고 하지 않는다는 것이다. 바로 그러한 인간 양심의 희미한 것을 더욱 분명하게 드러내 보여주시고자 하나님께서 율법을 기록하여서 주셨다고

---

276) Ibid., cap.1:"Nihil ergo homini superest cur in se ipso suam justiam, virtutem, vitam, ac salutem quaerat, quae omnia non nisi in uno Deo sunt, a quo homo dissitus ac divisus peccato suo(Hos 13), apud se non nisi infelicitatem, imbecillitatem, iniquitatem, mortem, et ipsos denique inferos reperiet."
277) Ibid., cap.1:"Haec vero non aliud est quam conscientia, quae nobis intus testis sit eorum quae Deo debemus, nobisque quid bonum sit, quid malum proponat, atque ita nos accuset reosque teneat,"
278) Ibid., cap.1:"Quoniam autem homo adhuc arrogantia et ambitione sic turgidus et sui amore excaecatus est, ut se perspicere non possit et velut in se descendere, quo se deiicere et submittere discat suamque miseriam fateri, Dominus legem nobis scriptam posuit, qua edoceamur de perfecta justitia, quae et qualis illa sit et quibus numeris absolvatur:"

하는 것이다. 이렇게 하나님께서 율법을 통하여서 인간의 실체를 비추어주심으로서 인간은 더욱 자신의 행위에서나 다른 어떤 것으로도 구원을 받을 수 없다고 하는 사실을 깨닫게 되었다고 하는 것이다. 그러므로 인생들은 자신에 대하여서 절망하고 다른데서 오는 도움을 구하게 된다고 하는 것이다. 이것이 율법의 첫 번째 기능이다. 율법의 첫 번째 기능은 바로 죄인들로 더욱 심히 죄 되게 하여서 더이상 자신 안에 구원의 소망이 없다고 하는 사실을 깨닫게 하여 주는 것이다. 즉 율법으로 죄를 깨닫는 것이다.

존 칼빈은 "**그러므로 만일 우리가 율법 안에서 단지 사려 된다면 영혼이 절망과 파멸과 포기할 수밖에 없다. 그로부터 우리 모두는 정죄를 받고 저주를 받게되는 것이다. (갈 3:10) 바울은 다음과 같이 말하였다. 율법 아래에 있는 모든 자들은 저주 아래 있는 것이다.**"279)라고 하였다. 칼빈은 율법을 통하여서 모든 인간들은 하나님의 진노와 저주 아래에 놓여 있다고 말한다.280) 그러므로 율법은 우리를 찌르고 물어뜯는다고 하는 것이다.281)

존 칼빈은 율법의 세 가지 용도에 대하여서 언급 할 때에 첫 번째는 "**하나님의 공의를 드러내는 것이다. 그리고 이것은 하나님께서 우리에게 부과하시는 것이 무엇인가하는 것을 권고하시고 죄를 깨닫게 하시는 것이다.**"282)라고 말한다. 율법의 두 번

---

279) Ibid., cap.1:"Itaque si in legem duntaxat intuemur, non aliud quam animum despondere, confundi, ac desperare possumus, cum ex ea damnemur omnes ac maledicamur(Gal. 3).Id est quod ait Pulus: quicunque sub lege sunt, omnes sub maledicto esse."
280) Ibid., cap.1:"Manet igitur illud: totum hominum genus per legem argui maledictioni et irae Dei obnoxium,"
281) Ibid., cap.1:"sensu nos pungebat ac mordebat lex"
282) Ibid., cap.1:"Primum, ut dum justitiam Dei ostendit, hoc est, quam a nobis Deus exigit, suae unumquemque iniustitiae admoneat, ac peccati convincat."

째 기능은 그 율법을 통하여서 그리스도를 예시 한다고 하는 것이다. 칼빈은 우리가 우리 스스로의 능력으로 구원을 받을 수 없다고 하는 사실을 알게 되면 우리는 그 율법을 완성하신 그리스도를 더욱 바라게 된다고 진술한다. 결국 율법은 그리스도를 지향한다는 것이다. 율법은 그리스도께서 오시기 전까지 몽학 선생이었으며 그리스도가 오심으로서 그 기능은 상실 되었다. 결국 율법이 지향하던 실체이신 그리스도께서 오심으로서 율법의 두 번째 기능은 그리스도 안에서 완성된 것이다. 그것은 법적으로 유효 할지라도 실재적으로 무효하다. 왜냐하면 그 기능은 예표였으며 실체이신 그리스도가 오셨기 때문에 더 이상 율법의 그림자와 모형의 기능은 사라지게 될 것이다. 그것은 폐지 되었다기보다는 그리스도 안에서 완성된 것으로 보아야할 것이다.

존 칼빈은 신자된 자가 지켜야 할 영원한 도덕법으로서 율법을 제시한다. **"우리는 십계명에서 설명하고 있는 전체 율법을 가지게 된다. 그것으로서 우리는 하나님께서 그 자신을 향해서나 이웃을 향하여서 우리에게 요구하시는 것이나 금지하시는 것에 대한 충분한 의미를 알 수 있다."**283)

존 칼빈은 율법에 대한 오해로부터 비롯된 잘못된 율법관에 대하여 다음과 같이 비판한다. **"참으로 간과하지 말아야 할 것이 있다. 그것은 하나님의 율법을 형식적으로 지켰다고 해서 그것이 율법을 지킨 것은 아니라는 사실이다. 오히려 그 자체와 내적인 마음과 감정까지 그 율법의 요구를 이루어야 비로소 그 율법을 지킨 것이다. 그러므로 사람이 단지 어떤 일을 했다고**

---

283) Ibid., cap.1:"Habemus totam legem decem mandatis explicatam, quibus satis omnium eorum admonemur, quae vel a nobis exigit, Deus vel fieri vetat, tum erga se, tum erga alios."

하는 사실을 통하여서 그가 율법을 지켰다고 할 수 없다."284) 칼빈은 율법에 대한 가장 바른 해석이란 율법의 완성자가 되시는 그리스도를 따르는 것이라고 말한다.

### 신앙, 사도 신경 해설을 포함

존 칼빈은 믿음이 무엇인가 하는 바에 대하여서 사도 신경을 통하여서 쉽게 배울 수 있을 것이라고 말하였다. 왜냐하면 그것이 공교회가 합의한 믿음의 요약이고 총체이기 때문이다.285)

존 칼빈은 믿음의 종류를 두 가지로 나누고 그 하나로서 역사적으로 일어난 사실을 믿는 것이다. 그것을 일반적으로 역사 신앙이라고 하는데 그러한 사실 자체를 믿는 것은 참된 신앙이 아니라고 칼빈은 말한다.(약 2:19) 칼빈은 참된 신앙이란 "**하나님과 그리스도를 믿을 뿐 만 아니라 우리의 하나님으로서 그리고 우리의 구주로서 그리스도에 대하여서 깨닫는 것이다.**"286)라고 말하면서 참된 신앙에 대한 가르침을 성경 안에서 찾아야 한다고 말한다. 그러므로 하나님의 말씀인 성경이 지향하는 것이 우리의 신앙의 목적이고 이 말씀으로 우리의 믿음이 지지받고 그것 없이는 믿음이 서 있을 수조차 없다고 진술한다.287)

칼빈은 우리가 믿어야 할 첫 번째 내용으로서 성삼위일체 하

---

284) Ibid., cap.1:"Hoc vero non est obiter praetereundum: non externa modo opera lege Dei praecipi aut prohiberi, sed cogitationes ipsas et intimos cordis affectus; ne quis legi satisfactum existimet, ubi manus duntaxat ab opere continuerit."
285) Ibid., cap.2:"Hoc nunc superest, qualis esse haec fides debeat: id quod ex symbolo, quod Apostolicum vocant facile discemus, quo breviter compendium collectum est, et quasi epitome quaedam fidei in quam consentit ecclesia catholica."
286) Ibid., cap.2:"qua non modo Deum et Christum esse credimus, sed etiam in Deum credimus, et Christum, vere ipsum pro Deo nostro ac Christum pro salvatore agnoscentes."
287) Ibid., cap.2:"Verbum ergo Dei obiectum est et scopus fidei in quem collimare debet, basisque qua fulciatur ac sustineatur, sine qua etiam consistere nequeat."

나님에 대한 지식을 언급한다. 그는 신명기 6장 4절을 인용하면서, "**성경은 우리에게 하나님께서 하나이시고 여럿이 아니라고 말씀하셨다.**"(*Scriptura unum nobis Deum tradit, non plures.*)고 하면서 "**그럼에도 불구하고 아버지 하나님과 아들 하나님 성령 하나님이라고 하는 것은 모호한 주장이 아니라**"(*Eadem tamen et patrem Deum, et filium Deum, et spiritum sanctum Deum, nihil obscure asserit*)고 진술한다.288) 칼빈은 우리에게 하나의 신앙이 있다는 사실로부터 하나이신 하나님이 계심을 알 수 있다고 말한다.(*Ut quia una est fides, ex eo unum esse Deum demonstret,*)289)그리고 나서 그는 신앙이 하나라고하는 것을 세례가 하나라는 사실로부터 알 수 있다고 말한다.(*quia unus est baptismus inde quoque unam esse fidem ostendat*)290) 그런데 우리가 세례를 받을 때 성부와 성자와 성령의 이름으로 받는다.(마태복음 29장 19절)고 하는 것은 아버지와 아들과 성령을 믿는다고 하는 것이다. 그리고 이것은 아버지와 아들과 성령을 한분 하나님으로 믿는 것이다.291)

존 칼빈은 비록 하나님 안에 세 위격이 존재할지라도 여전히 그 하나님은 하나이신 분으로 성경이 증거한다고 가르친다. 칼빈은 그럼에도 불구하고 "**태초에 그가 하나님과 함께 계셨다.**"(요 1:1)와 "**아버지가 세상을 그를 통해 지으셨다.**"(요 1:2)그리고 "**그가 세상이 만들어지기 전에 아버지와 함께 그 자신이 광채를 가지셨다.**"(히 1:3,10)고 하는 것이 성부와 성자간의 구분

---

288) Ibid., cap.2.
289) Ibid., cap.2.
290) Ibid., cap.2.
291) Ibid., cap.2:"Iam, cum scriptura voluerit(Matth.), nos baptisari in nomen patris et filii et spiritus sancti, simul utique voluit, una omnes fide in patrem, filium, et spiritum sanctum credere."

을 의미한다고 말한다.292)

　존 칼빈은 성령에 대하여서 언급할 때 사도행전을 예로들면서 사도 베드로는 성령을 하나님으로 묘사하였다고 진술한다. 그리고 요한복음으로부터 열 군데에서나 성령이 예수 그리스도와 다른 분이시라고 묘사한다.293) 사도 바울은 이 모든 신비의 가장 분명한 진술을 한다.(로마서 8장) 예수 그리스도의 영과 함께 예수를 죽은 자들로부터 일으켜 세우신 자를 그의 영이라고 부른다. 만약 아버지와 아들의 영이 하나라고하면 아버지와 아들은 하나이시라고 하는 것이 합당하다. 그와 같이 그의 영으로부터 다른 영이 없다고 하면 성부와 성자와 함께 성령이 하나라고하는 것이다.294)

　존 칼빈은 어떤 사람들이 하나님께서 영이시라고 하는 말을 가지고 비판하는 것에 대하여서 그들이 하나님 아버지께서 영이시라고 하는 것을 통하여서 다른 이해를 하지 못한다고 논박하였다. 그러나 하나님께서 영이시라고하는 것은 또한 동일하게 성령께서는 성부의 영이시면서 동시에 성자도 영이시라고 하는 것이다. 이것은 하나님의 본질이 영이시라고하는 것이다. 성부와 성자와 성령이 모두 영이시라고 하는 것이다. 그러므로 이러한

---

292) Ibid., cap.2:"Et tamen cu dicitur principio fuisse apud Deum, patromque fecisse per illum saecula; praeterea cum ipse testatur, claritatem suam se habuisse apud patrem, antequam mundus fieret, distinctio ostenditur; magis etiam perspicue ex eo, quod non pater venisse et carnem nostram induisse, sed filius apatre exisse, ut ad nos descenderet et homo ficret dicitur(Ioan. 1 Hebr.1 Ioan.17 Ioan. 16 et alibi Zach 13)"
293) Ibid., cap.2:"Spiritum sanctum diserte Deum esse pronuntiat Petrus in Actis (Act 5). Alium tamen esse a Christo, plus decem locis ex Ioannis Evangelio constat (Ioan.14. 15)"
294) Ibid., cap.2:"Sed omnium clarissime hoc totum mysterium explicavit Paulus (Rom.8), cum spiritum Christi, et spiritum eius qui suscitavit Iesum a mortuis, promiscue vocavit. Si enim unus est patris et filii spiritus, pater et filius unum sint oportet. Rursum, spiritum ipsum unum esse cum patre et filio convenit, cum nullus a spiritu suo diversus sit."

것을 통하여서 성부와 성자와 성령이 다른 위격을 가지고 있지만 하나이심을 알 수 있다. 그러므로 성부와 성자와 성령이 한 하나님이시다. 그런데 세 이름이 나오며 셋이 증거되고 있다. 그리고 셋이 구별이 되고 있다. 그런데 하나이면서 셋이다. 한 하나님 한 본질이다. 그런데 왜 셋인가? 그것은 세 하나님이 아니고, 세 본질이 아니다. 그것은 정통 교회가 고백한 하나의 본체(ουσιαν)와 세 위격(υποσιασεις)이다. 하나의 실체와 그 하나의 실체 안에서의 세 위격을 의미한다. 그래서 삼위일체이다.[295]

칼빈은 이제 사도 신조에 대한 해설을 통하여서 믿음이 무엇인가를 설명한다. 사도 신조의 구조는 네 부분으로 되어 있다. 그것은 라틴어 "내가 믿는다.(Credo in)"라고 하는 신앙 고백적 표현 안에 구성되어 있다.

[전능하사 천지를 창조하신 아버지 하나님을 내가 믿습니다.]
[성령으로 잉태하셔서 동정녀 마리아에게로서 나시며 본디오 빌라도에게 고난을 당하시고 십자가에 못박혀 죽으시고 장사지내신바 되었다가 지하에 내려가시고 삼일 만에 죽은자 가운데서 다시 부활하시며 하늘에 오르사 아버지 우편에 앉으시고 저리로서 산자와 죽은자를 심판하러 오실 그의 독생자 우리 주 예수 그리스도를 내가 믿습니다.]
[성령을 내가 믿습니다.]
[성도의 교제와 죄의 사죄와 육체의 부활과 영원한 생명과 거

---

295) Ibid., cap.2:"Vident non contentiosi, nec pervicaces, patrem, filium et spiritum sanctum unum esse Deum quia et pater Deus et filius Deus et spiritus Deus, nec potest nisi unus esse Deus. Rursum, tres nominantur, tres describuntur, tres distinguuntur. Unus itaque, et tres, unus Deus, una essentia. Qui tres? Non tres dii, non tres essentiae. Utrumque ut significarent orthodoxi veteres, dixerunt unam esse ουσιαν tres υποσιασεις, id est, substantiam unam, tres in una substantia subsistentias."

룩한 우주적 교회를 내가 믿습니다.]296)

칼빈은 첫째 부분에 대하여서 다음과 같이 진술한다. "**그러므로 우리는 아버지 하나님 안에 우리가 모든 것을 가지고 있다고 하는 것을 고백한다. 우리와 창조된 만물은 그에게 고정되어 있다. 그러므로 우리는 그를 창조주로 인식한다. 그런데 그는 그의 말씀과 그의 영원한 지혜로 (성자 하나님을 의미한다.) 그리고 그의 능력으로 (성령 하나님을 의미한다.) 그 모든 만물을 창조하셨다.**"297)

이러한 칼빈의 삼위일체에 대한 이해는 전통적인 삼위일체 구조 안에서의 창조주 하나님에 대한 이해이다. 그것은 성부는 성자 안에서 성령을 통하여서 그의 역사를 이루어 가시는 것이다.

---

296) Philip Schaff, The Creeds of Christendom:vol.2. The Greek and Latin Creeds, p. 45.:
"Symbolum Apostolicum (Forma Recepta)
Credo in Deum patrem omnipotentiem, creatorem coeli et terrae. Et
(Credo) in Iesum Christum, filium eius unicum, Dominum nostrum, qui conceptus est e spiritu sancto, natus ex Maria virgine, passus sub Pontio Pilato, crucifixus, mortuus, et sepultus; descendit ad inferos, tertia die resurrexit a mortuis, ascendit in coelum, sedet ad dexteram patris: inde venturus ad iudicanteram patris: inde venturus a diudicandum vivos et mortuos.
Credo in spiritum sanctum.
Credo (in) sanctam ecclesiam catholicam, sanctorem communionem, remissionem peccatorum, carnis resurrectionem, vitam aeternam.
"Graeca Forma"
Πιστεύω εις ΘΕΟΝ ΠΑΤΕΡΑ, παντοκράτορα, ποιητην οὐρανοῦ καὶ γῆς
Καὶ (εἰς) ἸΗΣΟΥΝ ΧΡΙΣΤΟΝ, υἱόν αὐτοῦ τόν μονογενῆ, τὸν κύριον ἡμῶν, τὸν συλληφθέντα ἐ κ πνεύματος ἁγίου, γεννηθέντα ἐκ Μαρίας τῆς παρθένου, παθόντα ἐπὶ Ποντίου Πιλάτου, ο ταυρωθέντα, θανόντα, καὶ ταφέντα, κατελθόντα εις τὰ κατώτατα, τῇ τρίτῃ ἡμέρα ἀναστάν τα ἀπὸ τῶν νεδρῶν, ἀνελθόντα εις τοὺς οὐρανούς, καθεζόμενον ἐν δεξιᾷ Θεοῦ πατρὸς παν τοδυνάμου, ἐκεῖθεν ἐρχόμενον κρῖναι ζῶντας καὶ νεκρούς.
Πιστεύω εἰς τὸ ΠΝΕΥΜΑ ΤΟ ΑΓΙΟΝ, ἁγίαν καθολικὴν ἐκκλησίαν, ἁγίων κοινωνίαν, ἄφεσιν ἁ μαρτιῶν, σαρκὸς ἀνάστασιν, ξωὴν αἰώνιον. Ἀμήν."
297) Ioannus Calvinus, Christaianae Religionis Institutio, (1536) cap.1.:"Qua profitemur, nos habere omnem in Deo patre fixam, quem et nostrum et omnium omnino rerum, quae creatae sunt, creatorem agnoscimus:quas verbo et aeterna sua spientia (qui filius est) et sua virtute (qui spiritus sanctus est) condidit (Psal.33. Psal.104. Act. 17. Hebr. 1)"

그와 같은 삼위일체 하나님의 외적 사역의 통일성에 대한 구조가 칼빈의 초판에서 그대로 구현되고 있다. 그래서 칼빈은 "**하나님께서 그의 말씀과 영원한 지혜로(그는 성자이시다.) 그리고 그의 능력으로 (그는 성령이시다.) 만물을 창조하셨다.**"(quas verbo et aeterna sua sapientia (qui filius est) et sua virtute (qui spiritus sanctus est) condidit)고 진술한다. 이러한 칼빈의 삼위일체론에 대한 신학적 입장은 고대 교회의 삼위일체론의 전형적인 신학적 구조였다.

칼빈은 이제 두 번째 부분에 대하여서 "**그러므로 우리는 예수 그리스도를 하나님 아버지의 외아들이시라는 것을 믿는다고 고백한다. 그는 신자들과 같이 입양을 통하여서 은혜로 된 아들이 아니시다. 그는 영원 전부터 아버지로부터 나신(gentium) 본성적인 아들이시다. 그와 같이 확실하게, 우리는 그를 독생자라고 부른다. 그것은 모든 다른 자들로부터 그를 구별하시고자 하는 것이다. 그는 본성적으로 그리고 실체로서 본질적으로 아버지 하나님과 함께하시는 하나이신 하나님이시다. 다만 그 위격(perona)에 있어서 달리 구별이 되신다. 그러므로 그러한 측면에서 성부와 구별되는 자신의 고유의 위격을 가지고 계신다.**"298)

존 칼빈은 다음과 같이 그리스도의 신성에 대하여서 고백한다. "**그러므로 아들은 아버지와 모든 면에서 동일하신 하나님이시다. 우리는 그가 천지를 창조하신 하나님이심을 믿는다. (히**

---

298) Ibid. cap.2:"Qua confitemur nos credere in Iesum Christum, quem persuasum habeamus, unicum esse Dei patris filium, non ut fideles, adoptione duntaxat et gratiae, sed naturalem et ab aeterno ex patre genitum, Sic enim a caeteris omnibus ipsum discernimus, dum unicum vocamus.Ut quatenus Deus est, sit unus cum patre Deus, eiusdem naturae ac substantiae seu essentiae, non aliter quam persona distinctus, quam propriam ac distinctam a patre habet."

1:2) 우리는 모든 신뢰를 아버지 안에 두는 것처럼 아들 안에 둔다. 그것은 그가 아버지와 동일한 하나이신 하나님이시기 때문이다."299)

이제 칼빈은 그리스도의 중보자로서 속성에 대하여서 다음과 같이 고백한다. "**신적 자비와 긍휼로서 아버지로부터 우리를 위해 보내심을 받으시고 내려오셔서 우리와 같은 육체를 입으셨다. 그의 육체는 그의 신성과 결합하셨다. 그와 같이 우리를 위해서 참 하나님이시면서 참된 인간으로서 우리의 중보자가 되셨다.**"300)

존 칼빈은 루터주의자들과 달리 신성과 인성의 속성간의 교류를 인정하지 않는다. 그래서 그는 다음과 같이 진술한다. "**그러므로 참된 사실은 이것이다. 하나님이신 그가 동시에 인간이 되셨다는 것이다. 그것은 인간이시며 동시에 하나님으로서 한분이시다. 그러나 그것은 실체의 혼합이 아니라 한 위격 안에 결합이다.**"301)

존 칼빈의 이러한 신학적 입장은 개혁주의 신학의 기독론에 있어서 중요한 신학적 전통이다. 그것은 울드리히 쯔빙글리 이후 마틴 부쩌와 하인리히 불링거를 통하여서 존 칼빈에게 그대로 고백 되었고 베자와 그 이후 모든 개혁주의 신학에 있어서 피할 수 없는 전통으로 되어있다. 이것은 울드리히 쯔빙글리와

---

299) Ibid. cap.2:"Quando igitur Deus filius, unus atque idem cum patre Deus est, habemus verum esse Deum creatorem coeli et terrae(Hebr. 1). Atque ut fiduciam omnem in patre constituimus, ita et in filio constituenda est, cum unus sit Deus."
300) Ibid. cap.2:"divina benignitate ac misericordia a patre missum, ad nos descendisse, ut carnem nostram indueret, quam suae divinitati coniunxit. Sic enim nostra referebat, verum esse Deum et hominem eum, qui mediator noster futurus esset"
301) Ibid. cap.2:"Verum itaque caro factum est, et qui Deus erat, simul etiam homo factus est, ut unus sit idem, et homo et Deus: non confusione substantiae, sed unitate personae."

마르틴 루터의 성만찬에 대한 교리적 논쟁으로부터 개혁 교회와 루터 교회가 나누이게 되는 근본적인 교리적 차이점이었다.

존 칼빈은 세 번째 부분에 대하여서 다음과 같이 진술한다. **"그로부터 우리는 성부와 성자와 함께 참된 하나님이신 성령을 믿는다고 고백한다. 그 하나님은 삼위로서 일체로 계시는 성삼위일체 하나님이시다. 성령 하나님은 성부와 성자와 함께 동일 실체이시며 동일 선재하시고, 전능하시며 만물의 창조주이시다. 그러므로 참으로 세 위격의 다양성에도 불구하고 본질에 있어서 하나이시라고 말하는 것이다."**302)

존 칼빈은 이 본문에서도 성부는 성자 안에서 성령을 통하여서 그의 역사를 이루신다고 하는 삼위일체의 외적 역사에 대한 교리적 진술을 한다. **"성부 하나님께서 성자 안에서 성령을 통하여서 무엇이든지 어디에서든지 선을 행하신다."**303) 칼빈은 이제 네 번째 부분에 대한 진술에서 교회의 본질이 무엇인가 하는 것을 다루고 있다.

"가장 먼저 우리는 거룩한 공 교회를 믿는다. 이것은 천사들이건 사람들이건 온 세상의 택자들의 숫자들을 포함한다. (엡 1:9~10, 골 1:16) 인간들 중에서는 죽은 자들이건 살아있는 자들이건 지상에 있는 그 모두를 포함한다. 혹은 흩어져 있는 어떤 민족들 안에서도 그러하다. 교회는 하나이다. 그리고 하나님의 백성들의 하나의 연결체이다. 우리 주 그리스도께서 그 교회의 기초가 되신다. 그리고 하나이 몸인 교회의 머리가 되신다. 그와 같이 하나님 자신의 선하심 안에서 택자들이 세상의 기초

---

302) Ibid. cap.2:"Ubi confitemur, nos cedere spiritum sanctum, verum cum patre ac filio Deum esse, tertiam personam sacrosanctae trinitatis, patri et filio consubstantialem ac coaeternum, omnipotentem, omniumque creatorem. Sunt enim personae tres distinctae, una essentia, ut dictum est."
303) Ibid. cap.2:"per quam Deus pater, in filio, quidquid usquam est boni, operatur,"

**전에 선택되어 하나님의 나라 안에 모이게 되었다.**"304)

칼빈은 비가시적 교회는 우주적이고 보편적이며 하나라고 진술한다. 그 교회의 머리는 그리스도이시며 그가 주가 되시고 모퉁이의 머릿돌이 되신다. 이러한 칼빈의 진술은 개혁 교회 내에서 중요한 교리가 된다. 그는 교회론 안에서 구원론을 다루고 있다. 이러한 칼빈의 신학적 입장은 바로 교회와 신자와 관계에 대한 중요한 기준을 제시한다. 그리스도께서 교회의 머리가 되심처럼 교회는 신자들의 후견자가 된다. 그러므로 성도들은 예외없이 교회를 떠나는 것에 대하여서 신중해야 할 것을 말한다.

칼빈은 로마서 8장 30절 "**또 미리 정하신 그들을 또한 부르시고 부르신 그들을 또한 의롭다하시고 의롭다 하신 그들을 또한 영화롭게 하셨느니라.**"(로마서 8장 30절)을 인용하면서 이것은 하나님의 자비의 순서(ordo misericordiae Dei)라고 언급한다. 하나님께서 그의 택자들을 부르시는 것은 바로 그들로 하나님께서 그들의 하나님 되심을 드러내시고자 하심이다. 그리고 그 하나님께서 그리스도의 의로 옷을 입혀 주심으로서 그들을 의롭다고 하셨다. 그것으로 하나님께서는 그들로 완전함으로 갖추게 하시고자 하시며 그들의 불완전함을 덮어주시고자 하신 것이다.305)

이제 존 칼빈은 성도의 교제(communionem sanctorum)를 믿

---

304) Ibid. cap.2:"Primum credimus sanctam ecclesiam catholicam, hoc est, universum electorum numerum, sive angeli sint, sive homines(Eph. 1. Col.1); ex hominibus, sive mortui, sive adhuc vivant; ex viventibus, quibuscunque in terris agant, aut ubivis gentium dispersi sint:unam esse ecclesiam ac societatem et unum Dei populum cuius Christus, Dominus noster, dux sit et princeps, ac tanquam unius corporis caput; prout in ipso divina bonitate electi sunt, ante mundi constitutionem, ut in regnum Dei omnes aggregarentur."
305) Ibid. cap.2:"Justificat dum eos Christi justitia vestit, qua et pro sua perfectione ornentur, et suam imperfectionem obtegant,"

는 다고 하는 진술을한다. "**우리는 성도들의 교제가 있음을 믿는다. 이것은 공 교회 안에 모든 택자들이 서로 서로 선한 일에 대하여서 교제하고 동참하는 것이다.**"306) 그럼으로서 성도들은 서로 모여 한 몸으로 지어져 가는 것이다. 이것이 그리스도의 신비스러운 몸인 공 교회이다.(에베소서 1장22~23)307)

존 칼빈은 "**죄의 용서를 믿는다.**"(Credimus remissionem peccaorum, hoc est)고 하는 부분을 다음과 같이 진술한다. "**교회와 성도들의 교제 밖에서는 구원이 없다.**"308)그러므로 이러한 죄의 용서는 하나님의 자유를 따라서 중보자 그리스도의 공로를 통해서 교회라고 하는 몸에 접붙혀진 자에게 온다고 하는 것이다. 그것은 공교회와 성도의 교제는 죄의 용서에 선행되어야 하는 필수적인 신앙의 요소라고 하는 것이다. 참다운 신자들은 모두다 공교회에 소속되어서 성도의 교제 안에 있는 자들이다. 그리고 그러한 자들은 지속적인 죄의 용서를 통하여서 하나님께 가까이 나아가는 것이다.

### 기도, 주기도문 해설을 포함

존 칼빈은 기도란 인간이 전적으로 무능력하고 공허한 존재라는 사실로부터 시작된다고 말한다. 그래서 그는 말하기를 "**만약 인간이 그 자신의 결핍으로 인하여서 어떠한 도움을 구하고자 한다면 그는 그 자신의 밖으로부터 무엇을 구하여야 합당하다. 그리고 다른 자들로부터 자신을 위하여서 예비해야 한다.**"고 말

---

306) Ibid. cap.2:"Credimus item communionem sanctorum, hoc est: in ecclesia catholica electis omnibus, qui vera Deum fide simul colunt, esse mutuam bonorum omnium communicationem ac participationem."
307) Ibid. cap.2:"in unum collecti ac compactisunt corpus. Haec est ecclesia catholica, corpus Christi mysticum(Eph. 1)"
308) Ibid. cap.2:"Quando extra hanc ecclesiam et hanc sanctorum communionem, nulla est salus."

한다.309)

　그러할 때 모든 것을 기꺼이 자유로이 주시고자 하시는 주님께서 그리스도 안에서 자신을 우리에게 계시하셨다. 그래서 그 안에서 우리의 비참함 대신에 모든 축복을 그리고 우리의 결핍 대신에 모든 만족함을 베풀어 주신다. 그리고 그리스도 안에서 하늘의 신령한 보화들을 우리에게 쏟아 부어 주신다. 그것은 그의 사랑하시는 아들을 우리의 모든 신앙으로 정관하기 위함이다. 그러므로 그리스도로부터 우리의 모든 바램이 달려있고 그리스도 안에서 우리의 모든 소망이 고정되어 있다.310)

　존 칼빈은 그러나 그러한 기도의 높은 가치를 등한히 하는 자들에 대하여서 다음과 같이 진술한다. "**반면에 모든 만물의 주가 되시고 수여자이신 하나님을 알고 있으면서도 하나님께서 우리에게 구하라고 초청하심에도 불구하고 참으로 하나님께 스스로 나아가지 아니하고 그를 구하지도 아니한다는 자들은 보화를 땅 아래에 묻어두고 그것을 망각하고 살아가는 자들과 같은 것을 보여주는 자들이다.**"311)

　존 칼빈은 기도의 자태에 대하여서 다음과 같이 진술한다. "**그러므로 올바른 기도의 첫 번째 법칙은 이러하다. 그것은 우리 자신의 모든 영광에 대한 인식을 우리로부터 제거하는 것이**

---

309) Ibid. cap.3:"Quare si praesidia quaerit quibus inopiae suae succurrat, extra se exeat oportet, et aliunde ea sibi comparet."
310) Ibid. cap.3:"Hoc postea vobis explicatum est, Dominum sese nobis ultro ac liberatliter in Christo suo exhibere, in quo pro nostra miseria omnem felicitatem, pro nostra inopia opulentiam offerat, in quo coelestes thesauros nobis aperiat, ut dilectum illum filium suum tota fides nostra intueatur, ab ipso tota nostra expectatio pendeat, in ipso tota spes nostra haereat, et acquiescat."
311) Ibid. cap.3:"Alioqui scire Deum bonorum omnium dominum ac largitorem qui nos ad se poscendum invitet, ipsum vero nec adire, nec poscere, adeo non prodesset; ut perinde id futurum sit, ac si quis indicatum thesaurum, humi sepultum ac defossum negligat."

다. 그리고 우리가 보기에 가치 있다고 생각되는 모든 것을 버리는 것이다. 그리고 우리 자신에 대한 모든 신뢰를 포기하는 것이다. 그리고 우리 자신에 대한 부정과 겸손으로 모든 영광을 주님에게 돌리는 것이다. 그리고 선지자들의 가르침을 깨우치는 것이다."312)

존 칼빈은 올바른 기도의 두 번째 자태에 대하여서 다음과 같이 진술한다. "**두 번째 기도에 대하여서 살펴야 할 것은 이러하다. 참으로 우리는 자신의 부족함을 깨닫고 우리에게 하나님으로부터 요구되는 결핍을 진지하게 인식해야 한다. 그리고 그분으로부터 우리가 무엇을 받으려고 하면 그 안에서 우리는 간구해야 한다. 때문에 만약 우리가 우리 자신에 대하여서 다른 생각이나 마음을 가지고 있다면, 우리의 기도는 위선되고 불결한 것이다. 만약 죄의 사죄를 하나님으로부터 받는 것이라면, 무엇보다 확실하고 진지하게 그 자신의 죄악을 인식해야한다. 다른 어떤 속임수로도 하나님을 우습게 만들수는 없다.**"313) 칼빈은 그의 기도에 대한 해설에서 인간의 전적인 무능력함에 대하여서 진술한다. "만약 그러므로 우리가 죄의 무게로 억눌리고 그 고통을 깨닫게 되면 모든 공허함으로 인하여서 하나님 존전에서 그에게 영광을 돌릴만한 것이 우리에게 없다는 사실을 알게 될 것이다."314) 칼빈은 기도란 하나님 앞에서 우리 자신을 거만하

---

312) Ibid. cap.3:"Porro, esto haec prima probae orationis lex, ut omni gloriae nostrae cogitatione nos abdicemus, ut omnem nostrae dignitatis opinionem exuamus, ut omni nostri fiducia decedamus, dantes gloriam in abjectione nostri ac humilitate nostra Domino; ut prophetica doctrina admonemur:"
313) Ibid. cap.3:"Esto et altera, ut vere inopiam nostram sentiamus, ac serio cogitemus his nos indigere, quae a Deo nobis, ac in rem nostram petimus, eaque nos petere, ut ab ipso impetremus. Nam si alius nobis esset sensus aut animus, oratio nostra ficta impuraque foret.Ut si quis peccatorum remissionem a Deo postulet, non certo ac serio se peccatorem cogitans, nihil aliud quam sua simulatione Deum rideat."
314) Ibid. cap.3:"Si itaque nos peccatorum mole premi ac laborare intelligimus, si rebus

게 하는 것도 아니고 우리 자신의 어떤 가치를 비대하게 평가하는 것이 아니라고 하면서 우리는 기도로서 오직 우리의 부패에 대하여서 자백해야 한다고 말한다. 그리고 그러한 죄악을 애통해야 한다고 말한다. 그것은 마치 자녀들이 부모들에게 친근감 있게 자신들의 문제를 아뢰는 것과 같다고 하였다.315)

칼빈은 기도의 중보자로서 그리스도를 언급하고 그리스도 이외에 어느 누구도 기도의 중보자가 될 수 없다고 하는 사실을 설명한다. **"그러므로 하나님께 기도하는 법칙이 있고 기도를 드리는 자들의 간구를 확실하게 들으시겠다고 하는 그의 약속을 받았기 때문이다. 그러므로 성도들은 그리스도의 이름 안에서 기도하도록 작정 되었다. 그리고 우리는 그 약속이 실현될 것을 알고 있다. 그것은 그의 이름 안에서 기도하는 것이 곧 그 기도를 응답받는 길이기 때문이다."**316)

칼빈은 고대의 성인들에 대하여서 그들은 그들 자신들로부터 어떤 것도 행할 수 없는 분들이라고 하면서 우리가 고대 성인들을 통하여서 우리의 어려움을 받을 것으로 생각하는 것은 참으로 어리석은 오류라고 언급한다.317)

칼빈은 기도의 두 가지 요소에 대하여서 진술한다. **"기도란 (지금 우리가 이 이름을 통하여서 응답을 받기 위하여서) 두 가지 요소가 있다. 그것은 간구와 감사이다. 간구는 우리의 마음**

---

omnibus vacuos inspicimus, quae gratiam apud Deum nobis conciliare possint:"
315) Ibid. cap.3:"Non enim instituta est oratio, qua nos arrognater coram Deo efferamus aut aliquid nostrum magno aestimemus, sed qua nostras calamitates confiteamur et apud eam deploremus, quemadmodum filii apud parentes suas querelas familiariter deponunt."
316) Ibid. cap.3:"Atque ut lex de invocando Deo posita est, ut promissio data, exauditum iri qui invocaverint, ita in nomine Christi invocare peculiariter iubemur, et promissionem habemus propositam: impetraturos, quod in eius nomine petierimus."
317) Ibid. cap.3:"error est accessum per sanctos velle nobis moliri, quem neque sibi ipsi praestare possunt."

의 소원을 하나님의 존전 앞에서 아뢰는 것이다. 첫 번째는 그의 선하심을 간구하는 것이다. 그리고 그의 선하심으로부터 그의 영광을 섬기는 것이다. 그때에 우리의 소용에 대하여서 바라는 것이다. (딤전 2:1) 감사로서 우리는 그의 은혜를 깨닫게 되고 찬양으로 고백한다. 그리고 모든 선한 것을 그의 선하심으로 돌리는 것이다."318)

### 하늘에 계신 우리의 아버지여(Pater noster qui es in coelis)

존 칼빈은 주기도문의 첫 관문에서 언급된 이 내용은 그리스도의 이름이 포함되어 있는 것이라고 진술한다.319) 왜냐하면 그리스도의 이름 안에서 성도들이 하나님께 아버지로 간구하라고 명령이 되어 있기 때문이다. 우리가 하나님을 아버지라고 부를 수 있는 것은 그리스도의 공로가 그 기초가 되기 때문이다. 그리스도와 합하지 않고 어떻게 그 누가 하나님을 아버지라고 부를 수 있는가 하는 것이다. 오직 그리스도와 합한 성도들만이 그리스도를 아버지라고 부를 수 있을 뿐이다.320)

존 칼빈은 이 부분에서 기도의 공익성에 대하여서 언급한다. 그것은 주 그리스도께서 성도들에게 기도를 가르치실 때 하늘에 계신 "**나의 아버지**"라고 가르치시지 않고 "**우리 아버지**"라고 가

---

318) Ibid. cap.3:"Orationis (ut hoc nomen nunc accipimus) duae sunt partes: petitio et gratiarum actio. Petitione cordis nostri desideria apud Deum deponimus, petentes ab ipsius bonitate, primum quae ipsius duntaxat gloriae serviunt, deinde quae usibus etiam nostris conducunt(1 Tim. 2) Gratiarum actione eius erga nos benefacta recognoscimus et cum laude confitemur, accepta ferentes eius bonitati omnia quae uspiam sunt bona."
319) Ibid. cap.3:"omnem a nobis orationem offerri Deo debere in Christi nomine, ut nulla alio nomine commendari illi potest. Nam ex quo patrem vocamus Deum, nomen certe Christi praetendimus."
320) Ibid. cap.3:"Qua enim fiducia Deum aliquis patrem nominaret, quis huc temeritatis prorumperet ut sibi honorem usurparet filii Dei, nisi in Christo adoptati essemus in filios gratiae?"

르치신 사실로부터 알 수 있다고 하는 것이다.321) 그러므로 모든 기도는 우리 주님께서 그의 나라 안에 그리고 그의 통치 아래에서 그의 가족으로 삼으신 공동체를 사려해야 한다고 말한다.322) 이러한 존 칼빈의 가르침은 기도가 얼마나 공적인 성격이 강한가 하는 것을 알 수 있으며 신앙생활 자체가 매우 공적인 생활이라는 것을 알 수 있다. 그러므로 사적인 기도 생활은 공적 기도 생활의 연장이며 확대에 불과하다. 참된 기도의 시작은 공적 기도로 부터이다. 칼빈은 이러한 기도의 공적인 성격을 가지고 이웃에 대한 구제의 당위성에까지 확대 해석한다. 그래서 "**일반적으로 모든 가난한자들을 구제해야 하는 것이 하나님의 명령이다.**"라고 진술한다.323)

존 칼빈은 하나님께서 하늘에 계신다고 하는 표현을 마치 하나님께서 하늘이라고 하는 환경 속에 갇혀 계시는 것으로 생각하지 말아야 한다고 언급한다. 오히려 하나님께서 하늘에 계신다는 표현은 하나님의 영광을 그러한 방식으로 표현한 것에 불과하다는 것이다. 그러므로 하나님의 통치와 지배력이 하늘로 한정된다고 생각하는 것은 어리석은 것이다. 하나님께서 영화로우신 분이시라고 하는 것을 그렇게 표현한 것 뿐이라는 것이다.324)

---

321) Ibid. cap.3:"Quod autem non ita instituimur, ut suum quisque patrem peculiariter nominet, sed potius ut nostrum in commune omnes vocemus, ex eo admonemur, quantum fraternae dilectionis affectum inter nos intercedere oporteat, qui talis patris communes sumus filii."
322) Ibid. cap.3:"In summa, sic debent omnes esse orationes, ut in eam spectent communitatem, quam Dominus noster in regno suo ac sua constituit."
323) Ibid. cap.3:"Generale est Dei mandatum de sublevanda pauperum omnium egestate."
324) Ibid. cap.3:"Adscribitur: ipsum esse in coelis. Ex quo non protinus ratiocinandum est, upsum coeli circumferentia, quasi cancellis quibusdam, inclusum et circumscriptum alligari.········Verum, quia aliter inenarrabilem eius gloriam mens nostra, pro sua crassitie, concipere non poterat, nobis per coelum designata est, quo nihil augustius, aut maiestate plenius sub aspectum nostrum venire potest."

### 이름이 거룩히 여김을 받으시오며(Sanctificetur nomen tuum)

칼빈은 하나님의 성호는 그의 능력을 나타낸다고 말한다.325) 그런데 그 성호는 하나님의 능력과, 지혜와, 공의와 긍휼과 진리와 같은 그의 모든 덕을 함축하는 것이다.326) 그러므로 하나님께서는 공의롭고 지혜로우시고 긍휼하시며 전능하시고 진실하시기 때문에 그 안에서 위대하시고 탁월하신 것이다.327)

### 나라이 임하옵시며 (Adveniat regnum tuum)

칼빈은 하나님의 나라는 그의 성령으로 그가 인도하시고 통치하시는 나라이라고 하면서 하나님의 모든 긍휼과 선하심이 성도들이 행하는 모든 사역 안에 있다고 말한다.328)

칼빈은 유기자들의 파멸과 내던져지는 것도 하나님의 사역에 속한 것이라고 말한다. "**유기된 자들은, 하나님과 주님에 대하여서 무지하다. 그들은 그의 권위 아래에 복종하기를 즐겨하지 않는다. 그러므로 그들은 파멸과 던져짐과 그들의 불경건한 교만으로 전복된다. 그러나 이것은 어느 누구도 하나님의 권능을 거부할 권세가 없다는 것을 드러내는 것이다.**" 329) 칼빈은 "**하나님의 나라가 오소서**"(regnum hoc Dei adveniat)라고 기도 하는 것은 주님께서 새롭게 믿는 무리들을 더하실 것을 의미한다고

---

325) Ibid. cap.3:"Dei nomine hic eius potestas indicatur,"
326) Ibid. cap.3:"quae omnibus eius virtutibus constat, ut eius potentia, spientia, justitia, misericordia, veritate;"
327) Ibid. cap.3:"in hoc enim magnus et mirabilis est Deus, quia justus, quia sapiens, quia misericors, quia potens, quia verax etc."
328) Ibid. cap.3:""Regnum Dei est, sancto suo spiritu agere ac regere suos, quo in omnibus eorum operibus divitias bonitatis ac misericordiae suae conspicuas faciat;"
329) Ibid. cap.3:"reprobos, qui se pro Deo et Domino non agnoscunt, qui suo imperio subiici nolunt, perdere ac deiicere, et sacrilegam eorum arrogantiam prosternere, quo manifestum fiat, nullam esse potestatem quae suae potestati resistere queat."

진술한다. 그리고 그것은 그의 영광을 모든 방식으로 더하는 것이라고 말한다.330)

### 뜻이 하늘에서 이룬 것 같이 땅에서도 이루어지이다. (Fiat voluntas tua, ut in coelo, ita in terra)

존 칼빈은 이 본문에서 하나님의 작정에 대하여서 간단하게 언급한다. 그것은 이본문 자체의 의미가 바로 하나님의 작정하심이 되어지도록 간구하는 것이라는 것이다. **"그러므로 우리는 하늘이나 땅에 있는 만물이 하나님의 뜻을 따라서 연결되고 모아지고, 그 하나님께 복종되고 만물이 다스려지며 그의 모든 피조물들에게 그의 자유로우신 뜻으로 교제하고 모든 뜻이 그에게 복종하도록 간구하는 것이다."**331) 그리고 **"주님께서 다스리시고 허락하심이 우리의 바램으로부터가 아니라 그 자신이 미리 아시고 작정하신대로 이루어지기를 바라는 것이다."**332)

### 오늘날 우리에게 일용할 양식을 주옵시고
### (Panem nostrum quotidianum da nobis hodie)

존 칼빈은 이 본문의 의미에 대하여서 단순히 육신이 이 세상에 필수적으로 사용하기 위한 기초적인 먹고 입는 것을 넘어서 참으로 우리에게 있어야 하는 하나님께서 미리 아시는 모든 것들 까지도 간구하는 것이라고 말한다.333)

---

330) Ibid., cap.3:"Oramus itaque ut regnum hoc Dei adveniat, hoc est, ut novum indies fidelium populum sibi Dominus multiplicet, qui gloriam suam modis omnibus celebrent:"
331) Ibid., cap.3:"Qua postulamus ut, tum in coelo tum in terra, hoc est, ubique, omnia pro voluntate sua temperet atque componat, omnes rerum eventus moderetur, omnibus suis creaturis pro arbitrio suo utatur, omnes omnium voluntates sibi subiiciat:"
332) Ibid., cap.3:"Domino resignantes ac permittentes, rogantesque ne res ex voto nostro nobis fluere, verum up ipse prospexerit ac decreverit succedere faciat."
333) Ibid., cap.3:"Qua in genere omnia, quibus corporis usus sub elementis huius mundi

## 우리가 우리에게 죄지은 자를 사하여준 것 같이 우리의 죄를 사하여 주옵시고(Remitte nobis debita nostra, sicuit et nos remittimus debitoribus nostris)

존 칼빈은 이 기도의 목적은 모든 사람들에게 어떠한 예외 없이 필요한 죄의 용서를 간구하는 것이라고 말한다.334) 그리고 이 용서는 "**우리는 결국 우리에게 빚진자를 용서함과 같이, 우리에게 임할 사죄를 간구하는 것이며, 그것은 마치 우리를 상해한 자를 용서하고 또한 우리에게 모욕을 하는 자를 용서하는 것과 같이 우리도 이러한 용서가 오기를 간구하는 것이다. 그러나 이것은 허물이나 죄을 사하는 권세가 우리에게 있는 것이 아니라 오직 하나님께 있다고 하는 것을 의미한다.(사 43:25)**"335)

## 우리를 시험에 들게 하지 마옵시고 다만 악에서 구하옵소서 (Ne nos indulcas in tentationem, sed libera nos a maligno)

존 칼빈은 시험의 형태가 여러 가지라고 말하면서 우리로 하여금 우리 자신의 욕망이 우리에게 유혹하여서 그 충동으로 인하여서 하나님의 법을 어기거나 마귀의 유혹에 의하여서 하나님의 법을 어기거나 모든 마음의 악한 성향의 상태를 의미한다고 말한다.(약 1:2)336)

---

indiget, a Deo petimus, non modo quo alamur ac vestiamur, verum etiam quidquid omnino nobis conducere ipse prospicit, ut panem nostrum in pace comedamus."
334) Ibid., cap.3:"Qua peccatorum remissionem condonari nobis petimus, omnibus, sine ulla exceptione, hominibus necessariam.(Rom. 3) Et peccata debita nuncupamus, nec satisfacere ullo modo possemus, nisi hac remissione liberaremur:"
335) Ibid., cap.3:"Petimus demum remissionem nobis fieri, ut ipsi debitoribus nostris remittimus, hoc est, ut iis parcimus, ac veniam condonamus, a quibus ulla in re laesi sumus, aut facto inique tractati, aut dicto contumeliose accepti.Non quod iis delicti atque offensae culpam remittere nostrum sit,quod solius Dei est(Jes. 43),"
336) Ibid., cap. 3:"Multae sunt ac variae tentationum formae. Nam et pravae omnes animi conceptiones, in legis transgressionem nos provocantes, quae vel concupiscentia nostra nobis suggerit, vel diabolus excitat, tentationes sunt(Iac. 1)"

존 칼빈은 이 유혹들이 좌로나 우로부터 온다고 말한다.337) (잠 4:27) 먼저 우로부터 오는 것은 부와 권세와 영예와 같은 것으로서 휘황찬란하게 빛을 밝히는 상태와 가장된 선으로 인간의 예리한 시야를 흐리게 하는 것 그리고 온갖 매력에 빠져서 착각하게 하는 형태로서 하나님을 잊어버리게 하는 것이라고 말한다.338) 칼빈은 좌로부터 오는 유혹에 대하여서 그것은 "**가난과 수치와 경멸과 곤란과 같은 것들이다.**"라고 말한다.339) 이러한 것들은 그것들이 주는 역경과 곤란에 위축되어서, 그 마음이 절망을 하게 되어 믿음과 소망을 상실하게 되며 결국 하나님으로부터 전적으로 멀어지게 되어 있다고 말한다.340)

## 대개 나라와 권세와 영광이 아버지께 영원히 있사옵나이다.
### (Quia tuum est regnum et potentia et gloria, in saecula saeculorum)

존 칼빈은 이 본문의 내용이야말로 우리의 믿음의 고요하고 유일한 안식처라고 말한다.341) 그리고 우리가 비록 비천하고 가치 없는 자라고 할지라도 또한 모든 명령에 전적으로 무능한자로 할지라도 그것 때문에 우리가 예배드려야 할 이유를 상실당하지 않는다. 그리고 확실성을 파괴당하지 않는다.342)

---

337) Ibid., cap. 3:"Et hae quidem tentationes sunt, vel a dextris, vel a sinistris."
338) Ibid., cap. 3:"A dextris, ut divitiae, potentia, honores, quae plerumque suo fulgore et boni specie quam prae se ferunt, hominum aciem praestringunt, et blanditus suis inescant, ut talibus praestigiis capti, ut tali dulcedine ebrii, Deum suum obliviscantur."
339) Ibid., cap. 3:"A sinistris, ut paupertas, prebra, contemptus, afflictiones, et caetera id genus,"
340) Ibid., cap. 3:"guorum acerbitate difficultateque offensi, animos despondeant, fiduciam ac spem, abiiciant, demum a Deo prorsus alienentur."
341) Ibid., cap. 3:"haec solia tranquillaque est fidei nostrae requies."
342) Ibid., cap. 3:"Nunc, ut miserrimi simus, ut omnium indignissimi, ut omni commendatione vacui, nunquam tamen orandi nos causa deficiet, nunquam fiducia destituet:"

칼빈은 맨 마지막에 "**아멘**"이 있는 것은 하나님께 대한 우리의 간구와 소망을 담고 있는 따스한 소원이라고 말한다. 그리고 이러한 모든 방식으로 우리들은 하나님으로부터 주어진 약속은 결코 실패할 수 없다고 하는 사실과 확실하게 우리에게 주어질 것을 의미한다고 말한다.343)

## 성례에 대하여서

존 칼빈은 성례의 본질에 대하여서 "**그것은 외적 표징이다. 그것으로 주님께서 우리를 향하신 그의 선하신 뜻을 우리에게 표현하시고 증거하신다. 우리의 신앙의 표지이다.**"344)라고 말한다. 그리고 "**그것은 하나님의 은혜의 언약이 외적 상징으로서 우리에게 드러난 것이다.**"345)라고 말한다. 그리고 칼빈은 "**성례는 우리의 신앙을 견고하게 하는 하나님의 말씀의 확실한 외적 시행이다.**"라고 말한다.346) 칼빈은 어거스틴을 인용하면서, 성례는 보이는 말씀이라고 말한다.347) 구약의 성례는 아브라함과 그의 후손들에게 주어진 할례였다고 말하면서 이러한 유대인들의 할례는 오실자 그리스도에 대한 성례이다. 그리고 그것이 새 언약 아래에서는 그것은 세례와 주의 만찬으로 주어졌다.348)

---

343) Ibid., cap. 3:"Ad finem additur: Amen: quo ardor desiderii exprimitur obtinendi quae a Deo petita sunt, et spes nostra confirmatur, huiusmodi omnia iam impetrata esse et certo nobis concessum iri, uqndo a Deo promissa sunt, qui fallere non potest."
344) Ibid., cap. 4:"Est autem signum externum, quo bonam suam erga nos voluntatem Dominus nobis repraesentat ac testificatur, ad· fidei nostrae imbecilitatem."
345) Ibid., cap. 4:"testimonium gratiae Dei, externo symbolo nobis declaratum."
346) Ibid., cap. 4:"Sacramenta igitur exercitia sunt, quae certiorem verbi Dei fidem nobis faicunt, et quia carnales sumus, sub rebus carnalisbus exhibentur;"
347) Ibid., cap. 4:"Hac ratione Augustinus sacramentum verbum visibile nuncupat, quod Dei promissiones velut in tabula depictas repraesentet, et sub aspectum graphice atque εἰκό τως expressas statuat."
348) Ibid., cap. 4:"Abrahae enim, et eius posteritati, mandata est circumcisio (Gen 17), cui postea purificationes, et sacrificia ex lege mosaica addita sunt. Haec Iudaeorum fuerunt

## 기독교 강요 최종판 (주후 1559년판) 요해

존 칼빈의 기독교 강요 최종판은 초판을 시작으로 재판을 거쳐서 가장 큰 분량으로 확대되었다. 그러나 기독교 강요 최종판의 신학적 입장은 단 한가지도 변질되거나 뒤바뀌거나 철회되거나 한 것이 없다. 모든 신학적 입장들은 이미 기독교 강요 초판에서 정리가 되었고, 그것이 좀더 논쟁적으로 그리고 구조적으로 확장되면서 그의 신학적 입장에 대한 진술들이 늘어난 것이다. 그러므로 이 논의는 결코 새로운 것이 없고 칼빈이 다룬 내용들 중에서 어떤 부분이 확장되거나 혹은 구조적으로 초판과 같은 형태를 벗어나서 사도 신조의 구조를 따라서 새롭게 재편하였다고 하는 것이다. 그러므로 기독교 강요 최종판은 칼빈이 자신이 처음 기독교 강요 초판에서 간결하게 정리한 신학적 입장을 좀더 자세하게 그리고 구조적으로 사도 신조의 형태로 저술하고자 하는 의지를 따라서 확장된 것이다. 그러므로 기독교 강요 최종판에 대한 요해는 칼빈이 좀더 강하게 피력하고자 하는 내용들을 중점적으로 다루고자 한다. 칼빈의 기독교 강요 최종판은 1권에서 신론, 2권에서 기독론, 3권에서 구원론, 그리고 4권에서 교회론을 다루고 있다. 이러한 구조는 어느 정도 사도 신조의 구조와 일치한다. 사도 신조는 성부와 성자와 성령에 대하여서 다루고 그 다음에 교회에 대하여서 다루고 있다. 이러한 사도 신조의 구조는 그대로 칼빈의 기독교 강요 최종판의 구조에 반영되고 있다.

### [1권] 창조주 하나님에 대한 지식

---

sacramenta, ad Christi usque adventum; quo, abrogatis illis, sacramenta duo instituta, quibus nunc christiana ecclesia utitur, baptismus et coena Domini(Matth. ult. Matth. 26)"

## ⟨1장⟩ 하나님의 지식과 우리 자신의 지식은 서로 밀접하게 연결되어 있다. 그리고 함께 결합되어 있다.

존 칼빈은 이 본문에서 사람이 자기 자신에 대한 지식 없이는 그 무엇도 올바르게 파악할 수 없다고 말한다. 그러므로 사람이 사물에 대한 건전하고 바른 판단을 하려고 하면 그 판단하는 주체가 되는 자기 자신에 대한 올바른 지식을 가지고 있어야 한다고 말한다.

존 칼빈은 그러나 인생들이 전적으로 타락하여서 자신들 스스로는 자신들을 볼 수 있는 시야를 가질 수 없다고 말한다. 그래서 하나님께서 그에게 자신 스스로를 볼 수 있는 안목을 열어주시기 전까지는 결코 자신을 볼 수 없다고 말한다. 그래서 칼빈은 인간이 자신에 대하여서 올바르게 알고자 하면 하나님을 알아야 한다고 말한다. 하나님에 대한 지식이 없이는 결코 인간은 자기 자신에 대한 올바른 지식을 알 수 없다고 말한다. 그것은 그 자신을 창조하신 하나님께서 인간의 본성에 대한 가장 정확한 지식을 가지고 계시다는 것을 의미한다. 그래서 칼빈은 우리 자신에 대한 지식은 하나님을 아는 지식으로부터 알 수 있다고 말한다. 그러므로 하나님을 아는 지식을 통해 인생들이 자기 자신에 대한 지식을 얻게 되고 그 이후에야 비로소 사물에 대한 올바른 지식에 이를 수 있다고 칼빈은 말한다.[349]

## ⟨2장⟩ 하나님을 아는 것은 무엇인가 그리고 그 안에 그의 지식이 목적을 이룬다.

존 칼빈은 이 부분에서 **"경건"**(Piety)은 하나님을 아는 지식에 필수적이라고 진술한다. 칼빈은 하나님을 아는 지식이라는 것이 하나님이 존재하시는 분이심을 믿을 뿐만 아니라 그가 우리에게

---

349) Donald K. McKim, editor, Calvin's Institutes, abridged edtion, WJK, 2001, p. 1.

그의 은혜를 베풀어 주시며 그의 영광으로 우리에게 자신을 계시하셔서 우리로 하여금 하나님을 알게 하여 주시는 분이라고 하는 것을 아는 것이라고 말한다. 그러므로 칼빈은 "**경건**"이 없이는 합당하게 하나님을 아는 것이 아니라고 말한다. 칼빈은 "경건"이란 하나님과 연합되어 살아가는 삶의 자태라고 말한다. 그런데 그것은 하나님을 아는 지식에 기초하는 것을 말한다.350)

하나님을 아는 지식의 목적은 하나님의 뜻을 따라 살아가는 성도들의 삶의 자태를 이루어 가는 것이다. 즉 하나님을 알 뿐 아니라 그의 뜻을 따라서 살아가는 성도들의 영원한 삶에 대하여서 증거하는 것이 하나님을 아는 지식의 내용을 구성한다.

### 〈3장〉 하나님의 지식은 인간의 정신안에 본유적으로 가지고 있다.

존 칼빈은 이 장에서 비록 전적으로 타락하여서 그 온전한 형태를 찾아 볼 수는 없지만 그럼에도 불구하고 희미하게나마 인간 안에는 본유적으로 하나님의 존재와 그에 대한 지식을 가지고 있다고 증거한다. 그것을 칼빈은 세상 어디에서도 종교가 없었던 시대와 지역은 없다고 하는 것을 통하여서 말한다. 모든 시대와 모든 지역에서 종교는 필연적으로 그 시대와 사회의 중요한 사회 현상으로 가지고 있다고 하는 것이다. 결국 이러한 인간성 안에 뿌리깊게 자리 잡은 종교성은 바로 인간의 본성이라는 것이다. 그러므로 종교는 어느 시대 어느 지역의 자의적 발명품이 아니라고 말한다. 그러므로 실재적 무신론은 불가능하다고 칼빈은 말한다. 그러므로 칼빈은 무신론 자체도 신에 대한 반발로서 가지고 있는 일종의 신앙 형태라고 하는 것이다.351)

### 〈4장〉 동일하게 지식이 부분적으로 무지,

---

350) Ibid., p. 3.
351) Ibid., p. 4.

**부분적으로 악 혹은 질식 혹은 타락으로 어두워졌다.**

칼빈은 하나님을 아는 지식에 대한 왜곡과 굴절 그리고 부패와 오염과 타락을 미신으로부터 찾는다. 그는 미신(superstition)이란 하나님에 대한 지식으로부터의 무지와 전복으로부터 발생한 것이라고 말한다. 칼빈은 말하기를 하나님께서 인간 안에 창조 시에 종교의 씨앗을 주셨으나 인간이 전적으로 타락함으로서 그 본래의 성격을 상실하고 오염되고 부패한 하나님에 대한 지식을 갖게 되었다고 말한다. 그러므로 칼빈은 미신이란 인간들이 하나님의 지식으로부터 부패와 오염된 상태로 하나님을 섬기는 것이라고 진술한다. 그리고 그러한 미신의 형태가 점차적으로 더욱 심화되면 무신론으로 발전하게 된다고 칼빈은 말한다. 결국 인간들이 하나님을 자의적으로 섬기는 것이 바로 미신이라고 칼빈은 말한다. 그리고 그것은 위선의 형태로 바뀌어서 모든 가식과 거짓을 일삼게 된다고 칼빈은 말한다. 결국 인간성 안에 뿌리깊게 드리워져 있는 이러한 부패는 결국 하나님에 대한 지식으로부터의 인간성의 타락으로 인하여서 발생한 것이다.

### 〈5장〉 우주의 형상 안에 그리고
### 그의 계속적인 통치 안에서 하나님의 지식이 빛난다.

칼빈은 이 부분에서 만물 안에 하나님의 지식이 그의 창조와 섭리를 통하여서 빛난다고 말한다. 칼빈은 우주의 형상 자체가 하나님의 지식을 우리에게 전하고 있으며(시 19:1~4) 그럴 뿐만 아니라 그의 계속적인 통치가 하나님의 지식을 비추어준다고 말한다.[352]

칼빈은 그러나 인간성 안에 있는 미신성으로 인하여서 그리고 세상적 과학(science)의 오류로 인하여서 하나님을 아는 지식이

---

352) Ibid., p. 7.

질식 상태에 있다고 말한다.353) 그러나 그러한 오류에도 불구하고 인간이 결코 변명할 수 없다고 말한다. 그것은 그러한 오류에 대하여서 인간 자신이 가장 큰 오염의 원인자로 되어있기 때문이다. 자연과 만물 안에 하나님을 아는 지식이 충만할지라도 그것을 파악 할 수 없는 인간의 어두움이 가장 근원적인 원인이기 때문이다. 이로 인하여서 인간은 결코 변명할 수 없다고 하는 것이다.

### 〈6장〉 그러므로 창조주 하나님에게 이르기 위하여서 성경은 인도자와 선생으로서 필요하다.

이제 존 칼빈은 자연을 통하여서 하나님을 아는 지식을 파악 할 수 없을 정도로 어두워진 인간들을 위하여서 하나님께로 인간들을 인도하는 선생과 교사로서 성경의 발생이 필연적이었다고 말한다.

존 칼빈은 그러므로 하나님께서 우리에게 자신을 알리시는 실재적인 수단은 오직 성경이라고 말한다. 오직 성경만이 유일하게 하나님에 대하여서 알 수 있는 수단이라고 하는 것이다. 칼빈은 그러므로 하나님의 말씀으로서 성경을 거부하게 되면 우리들은 다른 어떠한 방도로서도 하나님을 아는 지식에 이를 수 없다고 단언한다. 칼빈은 이르기를 우리는 그러한 하나님의 말씀을 통하여서 창조주이신 그 분을 구주로서 믿게 구원에 이르게 된다고 말한다. 그러므로 칼빈은 성경 없이 우리는 하나님을 아는 지식에 있어서 오류에 빠질 수 밖에 없다고 말한다. 그러므로 성경은 창조의 계시가 우리에게 알려줄 수 없는 구주에 대한 지식을 우리에게 드러낸다.354)

---

353) Ibid., p. 8.
354) Ibid., p. 10.

**〈7장〉 그러므로 성령의 증거에 의하여서 성경이 확증되는 것이 합당하다.: 그와 같이 그것의 권위는 확실하게 서있다. 그리고 교회의 증거로부터 성경의 신실성이 있다는 것은 악한 거짓말이라는 것이다.**

존 칼빈은 성경의 신적 권위에 대하여서 그것은 교회로부터가 아니고 하나님으로부터 왔다고 말한다. 가시적 교회가 성경의 신적 권위를 확증하는 것이 아니라, 성경 자체가 신적 권위를 증거한다고 말한다. 오히려 교회는 성경에 기초를 두고 서 있는 것이라고 말한다. 결국 교회의 기초는 성경이다. 성경은 교회를 세우는 기초와 원리와 기둥이 되는 것이다. 그러므로 기독 교회는 그 시작으로부터 선지자들과 사도들의 가르침에 의하여서 세워졌다고 하는 것이다. 그러한 사도와 선지자들의 가르침 없이 교회는 세워질 수 없다. (엡 2:20) 그러므로 교회의 기초는 성경이다. 이러한 교리의 신뢰성은 성경의 저자가 하나님이시라고 하는 사실로부터 알 수 있다. 성경자체의 가장 높은 증거는 바로 일반적으로 하나님께서 그것을 말씀하셨다고 하는 것이다.355) 그러므로 성경은 자체 가신성(αὐτο πιστος)을 가지고 있다. 성경은 그 자체의 권위에 대하여서 그 자체에 전적으로 의존한다고 하는 것이다.

**〈8장〉 인간의 이성이 사려된 한도 내에서 증거들도 성경의 신뢰성을 충분하고 견고하게 세운다.**

칼빈은 성경이 모든 인간들의 지혜보다 우월하다고 말한다. 그런데 이러한 확실성은 그 언어의 스타일로부터가 아니라 그것의 내용으로부터 증거된다고 한다. 그 장엄한 하나님의 나라의 신비가 가장 평범하고 낮은 언어로 기록이 되었다고 하는 것이다. 그것은 가장 낮은자라고 할지라도 천상의 그 장엄한 내용을

---

355) Ibid., p. 11.

이해하게 하시고자 하신 것이다. 그러므로 우리가 성경에 대하여서 관심을 기울여야 할 것은 그 언어의 스타일이 아니라 그 내용의 가르침이다.356)

### 〈9장〉 광신자들은 모든 경건의 원리를 전복시키고 성경을 저급하게 취급하며 직접 계시로 비약한다.

칼빈은 광신자들이 성경에 대하여서 그릇되게 취급한다고 말한다. 그들은 성경을 죽은 언어라고 말하면서 성경의 순수한 가르침을 호도하고 왜곡한다. 그리고는 우리를 성경의 가르침으로부터 점차적으로 멀어지게 한다. 그러나 칼빈은 그러한 광신자들의 거짓된 가르침에 대하여서 다음과 같이 말한다. 우리 구원의 보증이신 성령께서는 새로운 것을 발명하시거나 하나님의 계시를 듣지 못하게 하시거나 새로운 교리를 날조하시거나 하시지 아니하신다. 오히려 성령께서는 하나님의 말씀으로서 성경을 확증하신다. 그리고 그가 친히 성경의 저자이시기도 하시다. 그러므로 오직 성령께서 그것을 은혜의 방도로 사용하셔서 성도들을 인도하신다.357)

### 〈10장〉 모든 미신을 바로 잡기 위하여서 유일한 하나님의 씀으로서 성경은 이방 모든 신들에 대하여서 배타적으로 독립적이시다.

존 칼빈은 성경의 신관이 유일신관이라고 말한다. 오직 유일신관은 성경의 가르침으로부터 얻을 수 있는 독특한 신에 대한 지식이다.

### 〈11장〉 하나님의 속성은 결코 가시적 형태로 드러나지 않는다.

---

356) Ibid., p. 13.
357) Ibid., p. 14.

### 그리고 일반적으로 참다운 하나님에 대하여서
### 그 자체의 우상을 세우는 것은 타락이다.

존 칼빈은 가시적 우상에 대하여서 비판한다. 그것은 하나님의 뜻이 아니라고 하는 것이다. 형상과 화상은 성경의 가르침으로부터 위배된다고 하는 것이다. 그래서 칼빈은 주님께서 형상을 세우는 것에 의하여서 그 자신을 섬기는 것을 금지하실 뿐만 아니라, 그러한 것을 장인들에 의하여서 조형하는 것 조차 금하시는 것이라고 말한다.

### 〈12장〉 우상으로부터 하나님은 분리되시는 분이시다. 그러므로 그는 유일하신 분으로서 경배를 받으셔야 한다.

존 칼빈은 참된 종교는 오직 하나님은 한분이시고 유일하시다고 하는 가르침과 연결되어 있다고 말한다. 성경은 하나님께서 한분이심을 언급한다고 하면서 다른 어떤 것들도 하나님의 신성에 속한 것으로서 전환된 것이 없다고 말한다. 만물은 하나님과 구분이 된다고 하는 것이다. 만물이 하나님의 속성의 연장이 아니라는 것이다. 만물은 하나님의 피조물일 뿐 신의 속성의 연장이 아니다. 피조물과 하나님은 본질적으로 다르다. 하나님은 모든 피조물로부터 독립적으로 존재하시는 분이시다. 그러므로 우상 숭배는 순수한 종교로부터 몰락과 오염의 상태를 의미한다. 형상 숭배는 하나님을 멸시하는 것이다. 그러므로 유일하신 하나님을 다른 어떤 형태로 변환하여서 섬기는 것은 신성 모독이다.358)

### 〈13장〉 하나의 본질이신 하나님은 그 자체로서
### 세 위격으로 관계하신다고 성경안에 창세로부터 증거되어 있다

---

358) Ibid., p. 15.

존 칼빈은 정통 교회의 교부들로부터 삼위일체 교리가 정리되었다고 말한다. 하나님의 속성은 영이시고 헤아릴 수 없으시다. 하나님께서 자신을 의인화 하셔서서 "**입**"과 "**귀**"와 "**손**"과 "**눈**"으로 말씀하실 때에는 그것은 피조물과 관계하실 때에 하나님께서 높으신 계시의 말씀을 지극히 낮추셔서 유아들을 돌보는 보모처럼 대하시는 것이다. 칼빈은 참되신 하나님 안에 세 위격이 있으시다고 말한다. 칼빈은 하나님께서는 그 자체의 독특한 표지를 통하여서 다른 우상들로부터 구별되신다고 말한다. 그러므로 하나님께서는 그 자체의 일체성과 함께 세 위격 안에서 그 일체성을 계시하신다. 칼빈은 만약 우리가 이 교리를 붙잡지 않는다면 우리는 빈껍데기로서 하나님의 이름을 우리의 생각 안에 가지고 있는 것이라고 말한다.359)

존 칼빈은 이 본문에서 삼위일체 하나님의 세 위격의 각각의 의미에 대하여서 설명하고 위격상의 차이에 대하여서 진술하면서 동시에 일체성을 강조한다. 칼빈은 말하기를 삼위일체 하나님에 대하여서 사색할 때에 일체를 생각하지 않는 삼위성은 의미가 없으며 삼위격을 생각하지 않는 일체성도 의미가 없다고 말한다. 두 측면에 하나라도 빠뜨리면 고대의 이단들의 오류에 빠지게 된다고 칼빈은 지적한다. 그것은 고대 이단들인 사벨리우스주의자들과 아리우스주의자들이다.

사벨리우스주의자들은 삼위하나님의 위격의 차이를 부정하였다. 그리고 아리우스주의자들은 삼위일체 하나님의 본질의 일체성을 부정하였다. 그러므로 삼위일체는 칼빈이 말한대로 항상 삼위일체를 동시적으로 사색해야 할 하나님에 대한 지식이다.

### 〈14장〉 성경은 세상과 창조된 만물 그 자체 안에

---

359) Ibid., p. 19.

거짓 신들로부터 참 하나님께서 구별되어계심을 증거한다.

존 칼빈은 하나님의 선하심을 창조 안에서 관조하는 것은 우리로 감사와 신뢰를 낳게 한다고 말한다. 칼빈은 우리가 천지를 창조하신 창조주로서 하나님을 부르면 동시에 우리의 마음 안에 모든 만물에 대한 그의 섭리를 알게 된다고 말한다. 그것은 하나님께서 우리를 창조하시고 우리가 그의 자녀들이며 그의 보호 아래 있다고 하는 사실이다.360)

### 〈15장〉 피조물인 인간은 영혼의 능력과 하나님의 형상, 자유 의지 그리고 원초적 순결이 있다.

존 칼빈은 인간의 창조에 대하여서 말할 때 그것은 하나님의 사역이 가장 고귀하고 가장 주목할만하게 인간에게 이루어졌다고 하는 것이다. 그래서 인간은 정의, 지혜, 선에 대한 추구하는 마음이 있다고 하는 것이다. 비록 타락하였음에도 불구하고 그러한 본성들이 남아 있다고 하는 사실로부터 인간이 하나님의 형상으로 피조된 존재임을 말한다고 하는 것이다.

칼빈은 인간은 몸과 영혼으로 이루어져 있다고 말한다. 몸과 영혼으로 구성되어 있는 인간은 "**영혼**"이라는 말에 의하여서 불멸성을 생각할 수 있고, 그것은 인간의 구성중에서 고귀한 부분이다. 때때로 이것은 "**영**"(spirit)라고도 한다. 이 용어는 함께 결합되어 있다. 그러므로 "**영혼**"(soul)과 "**영**"(spirit)은 동일한 의미이다.

존 칼빈은 인간 안에 비추어지는 하나님의 형상과 모양에 대하여서 다음과 같이 말한다. 인간은 하나님의 형상으로 피조되었다.(창세기1:27) 비록 하나님의 영광이 인간의 외모에서도 비추어지지만 그럼에도 불구하고 의심할 것 없이 하나님의 형상의

---

360) Ibid., p. 23.

적합한 좌소는 인간의 영혼이다.

　칼빈은 인간의 외모에 다른 피조물들과 구별하는 영광스러운 형상이 있지만 하지만 인간의 영혼이 하나님의 형상에 더욱 분명한 영광으로 빛난다고 말한다. 존 칼빈은 그런데 참다운 하나님의 형상은 그리스도를 통하여서 새롭게 드러났다고 말한다. 그는 말하기를 하나님의 형상이 첫 사람 아담에게 주어졌을지라도 그것은 타락으로 인하여서 오염되고 부패하여서 더 이상 그 온전한 형상을 알아볼 수 없게 되었다. 그러므로 타락한 아담의 후손들인 모든 인류 안에서는 파괴되어 버린 기형적인 하나님의 형상만이 남아있다.

　그러므로 하나님의 형상의 회복은 마지막 아담이신 그리스도를 통하여서 이루어지게 되었다. 그리스도께서는 참되고 완전하게 하나님의 형상을 회복시키셨다. 그러므로 신자들은 그리스도로부터 그 형상을 온전하게 받을 수 있다고 말한다.

　존 칼빈은 사도 바울의 고린도서를 인용하면서 첫 사람 아담은 살아있는 영혼(soul)이었다면 마지막 아담이신 그리스도는 살려주시는 영(Spirit)이다. 그것은 그리스도 안에서 더 부요한 하나님의 형상의 회복이 있으며 그리스도께서 하나님의 형상을 성도들에게 다시 형성해(reform) 주신다.361)

### 〈16장〉 하나님께서 그의 능력으로 세상을 그 자신으로부터 세우셔서 보존하신다. 그리고 그의 유일하신 섭리로 다스리신다.

　칼빈은 하나님의 창조와 섭리의 사역은 불가분리적이라고 말한다. 무엇보다도 하나님께서는 그의 창조를 마치시고 그 피조물로부터 모든 역사를 그치시고 냉담해지시거나 권능을 행하시지 아니하신 것이 아니라 오히려 그가 그의 피조물 안에 계속적

---

361) Ibid., p. 24.

으로 그의 권능을 지속적으로 행하시고 계신다고 말한다. 그러므로 칼빈은 하나님께 우연과 운명이라고 하는 것은 말이 되지 않는 것이라고 말한다. 모든 것은 하나님의 영원하신 작정 안에서 되어지는 것이고 하나님 편에서 우연적으로 운명적으로 이루어지는 일은 없다고 하는 것이다362).

모든 피조물들은 하나님의 역사를 이루는 수단으로 되어 있다. 그러므로 그러한 하나님의 역사의 범주를 벗어나서 존재하거나 활동할 수 있는 피조물은 결단코 없다. 그러므로 하나님의 섭리는 그의 만물에 대한 통치에서 빛난다. 그러므로 하나님께서는 공허하시거나 게으르거나 하시지 않는다. 그분은 부지런히 만물을 지켜보시고 역사하시고 활동적으로 끊임없이 만물의 역사에 관여하고 계신다. 그런데 그러한 하나님의 섭리에는 두 가지 종류가 있다. 그것은 일반 섭리와 특별 섭리가 그러하다. 우주는 하나님의 통치 아래에 있다. 그것은 그가 만물을 관찰하시고 보존하시는 것이다. 이것이 일반 섭리이다. 그런데 하나님께서 특별하게 그의 역사 안에서 어떠한 존재를 다스리시고 통치하시는데 그것이 특별 섭리이다.363)

### 〈17장〉 이 교리는 그의 혜택을 우리에게부으시고자 부분적으로 그 안에 알려졌다.

하나님의 통치는 세심하게 관찰되어야 한다. 하나님의 섭리는 우리의 책임성을 경감시키지 않는다고 칼빈은 말한다. 그것은 하나님께서 다스리고 계신다는 사실이 우리로 하여금 우리 자신의 삶에 대한 의무와 경건에 대한 책임이 경감되는 것은 아니라

---

362) "여기에서 운명적이라고하는 것은 하나님조차도 피할 수 없는 그러한 종류의 운명을 의미한다. 그러나 하나님께서는 그의 자유로우신 뜻 안에서 만물의 되어질 것을 작정하셨기 때문에, 일반적인 의미에서 운명은 하나님의 뜻과는 관련성이 없는 세속적인 사고 방식의 결과이다."
363) Donald K. McKim, editor, Calvin's Institutes, p. 27.

는 것이다. 하나님의 섭리 자체는 이미 우리의 책임성까지도 다스리시기 때문에 우리는 하나님 앞에서 변명할 수 없다. 그러므로 악한 자들이 자신들의 악에 대하여서 변명할 수 없는 것은 그것이 비록 하나님의 섭리의 수단이라고 해도 그들 자신들의 악에 대한 책임도 하나님의 섭리의 수단이기 때문이다. 즉 하나님께서는 악한 자들의 악을 그의 영원하신 작정을 이루어 가시는 수단으로 사용하신다고 해도 그와 동시에 그들을 형벌하시는 작정을 이미 하시었기 때문에 그들은 자신들의 악에 대하여서 변명할 수 없다. 인간은 스스로 자신들의 의지로 범죄하고 그 책임도 지워지도록 하나님의 영원한 작정 안에서 되어 있었다. 그러나 하나님의 섭리는 성도들에게 위로가 된다. 하나님께서 성도들을 견인하신다는 약속을 따라서 성도들은 전적으로 그의 보호아래 있다고 확신하게 되고 더욱 하나님을 의지할 수 있게 된다.364)

### 〈18장〉 그와 같이 하나님께서 불경건한자들의 행위에 대하여서 심판하신다. 그리고 그의 심판을 수행하심으로 그 영혼을 결박하신다. 그리고 그 자체로서 순수한 영혼은 모든 타락으로부터 보존된다.

칼빈은 단순한 **"허용"**은 없다고 말한다. 피조물들이 무엇을 행하는 것과 하나님께서 허용하시는 것의 관계는 불가해한 것이다. 칼빈은 사탄과 모든 다른 악한 존재들이 하나님의 손아래에 있고 그의 권능 아래에 있다고 하는 사실을 부인할 수 없으나 그럼에도 불구하고 그러한 악한 자들의 행위가 허락된 것은 아니다. 오히려 그들은 그러한 악으로 인하여서 심판을 자초하고 멸망을 받게 된다. 그러므로 이것을 칼빈은 하나님께서 역사하시는 차원이 다르고 사탄이 역사하는 차원이 다르며 인간이 역

---

364) Ibid., p. 31.

사하는 차원이 다르다고 말한다. 그것은 그 일의 목적과 방식과 차원이 서로 다르기 때문에 하나님께서 하나님의 일을 하시고 사탄도 자기의 일을 하고 인간도 자신들의 일을 할지라도 그 모든 일의 목적과 결말은 하나님 안에 있다고 하는 사실이다. 이것이 하나님의 차원적인 섭리의 사역이라고 칼빈은 말한다. 그러므로 모든 피조물들이 각자 자신들의 일을 할지라도 결국 그 목적과 결말은 하나님께로 귀착이 되며 하나님의 섭리 아래 있다고 하는 것이다. 그러므로 선한 지혜를 가진자는 스스로 생각하기를 겸손하게 주의 가르침에 순복하는 것이다.365)

## [2권] 그리스도 안에서 하나님의 구속에 대한 지식 첫 번째는 율법 아래에서 조상들에게 알려졌고 그 다음에 복음 안에서 우리에게 알려졌다.

### 〈1장〉 아담의 타락과 전인류의 반역에 의하여서 형벌이 더하여졌다. 그리고 최초의 상태로부터 떨어졌다. 그것이 원죄이다.

존 칼빈은 인간이 자기 자신에 대한 지식에 있어서 첫 번째 알아야 하는 것은 자기 확신을 버리라는 것이다. 인간이 자신들의 지식이 잘못되었다고 하는 사실로부터 올바른 지식을 찾게 된다. 그러므로 우리들은 우리 자신의 무지와 그로 인하여서 비참하게 자신을 속이고 있다는 것을 알아야 한다.

존 칼빈은 우리 자신에 대한 참된 지식은 우리가 피조된 자라는 사실과 하나님께서 어떻게 그의 혜택을 우리에게 베푸시는가를 아는 것으로부터 얻을 수 있다고 말한다. 그리고 그 다음으로 우리의 비참한 상태를 아는 것이라 말한다. 그것은 아담의 타락으로 인하여서 인류에게 주어진 것이다. 그것은 전 인류의

---

365) Ibid., p. 32.

전적 타락이다. 그러므로 존 칼빈은 우리 자신에 대한 어리석은 자랑이나 자기확신을 경계해야 할 것이라고 말한다.

존 칼빈은 사람이 두 가지 측면에서 자기 자신에 대한 지식을 깨달아야 한다고 말한다. 첫 번째는 그가 피조된 목적이 무엇인가 하는 것이다. 그는 말한다. 사람들은 이 지식을 통하여서 그 자신을 하나님께 대한 예배와 경건으로 스스로 일으키게 된다고.

두 번째는 그 자신이 얼마나 무능력한 자인가를 아는 것이다. 사람들은 이러한 부분에 무지와 무능력으로 인하여서 극단적 혼란에 빠져있다. 첫 번째를 통하여서 사람의 삶의 의무가 무엇인가를 알게 된다면 두 번째를 통하여서 그 의무를 행하여야 하는 자신의 무능력한 처지에 대하여서 알게 된다. 결국 아담의 타락으로 인간의 원래의 재능은 상실되었다. 그리고 전 인류는 파멸되었다.

존 칼빈은 인류 타락의 역사에 대하여서 창세기 3장을 인용하면서 설명한다. 칼빈은 인류 타락의 가장 근원적인 원인은 불신앙에 있다고 지적한다. 왜냐하면 하나님께서 아담에게 명령을 내렸지만 아담은 그 명령을 불신앙으로 거부하고 불순종에 이르게 되었기 때문이다. 그의 명령은 그에게 거부되었고 그의 시험은 악으로 드러났다. 그것으로 인하여서 아담은 하나님의 진노를 촉발시켰고 결국 하나님과의 교제가 상실하는 결과를 야기하였다. 그러므로 인간은 모든 야망과 자기 자랑과 오만과 정욕에 빠지게 되었다. 이것은 엄청한 사악이다. 이것이 원죄이다. 그리고 그것은 창조주와 결합되어 있었던 아담의 영적인 삶에 치명적인 해악을 주었다. 그로부터 전인류는 창조주와 분리되어서 영적으로 죽음을 맞이하게 되었다. 그리고 아담의 반역으로 모든 인류는 전적으로 타락하기에 이르렀다. 그리고 그들은 하늘과 땅의 자연 질서로부터 벗어나게 되었다.

그러므로 모든 피조물들이 울부짖게 되었고(롬 8:22) 오염아래 놓이게 되었다. 그러한 하나님의 저주가 모든 피조물 아래에 드리워졌고 그들은 하나님의 아들들의 출현을 고대하게 되었다. 이렇게 첫 사람 아담의 타락을 유산으로 물려받은 죄악을 원죄라고 교부들은 말한다.366)

### 〈2장〉 지금 인류는 자유의지를 상실당하고 비참한 종의 상태가 되었다.

존 칼빈은 인간의 자유 의지에 대하여서 다음과 같이 말한다. 인간이 전적으로 타락한 이후에 선과 악을 자유롭게 선택할 권리가 사라진 것이 아니다. 오히려 그가 강제적이지 않고 자발적으로 악을 행한다는 사실이다.367)

존 칼빈은 어거스틴의 교리를 인용하면서 인간에게 선을 행할 자유 의지는 없다고 말한다. 인간은 죄악으로 타락하여서 죄의 노예가 되었기 때문에 죄를 자발적으로 행할 의지는 있지만 선을 자발적으로 행할 의지는 없다고 말한다. 그러므로 이것은 노예 의지이다. 그리고 비참하게 죄의 종의 상태가 된 것이다.

존 칼빈은 인간이 누리고 있는 과학은 하나님의 선물이라고 말한다. 그래서 그러한 과학과 학문은 하나님의 성령으로부터 온 것인데 그것은 일반적으로 인류에게 베푸시는 것이다.368) 그러나 그러한 과학의 산물들은 하나님의 지식을 이해하는 구조로서는 제한적이라고 말한다. 그러므로 인간의 영적 무지는 하나님의 사역에 대하여서 전적으로 모르게 된다고 말한다. 칼빈은

---

366) Ibid., p. 35.
367) Ibid., p. 37.
368) Ibid., p. 38.

인간이 깨달아서 알아야 할 하나님에 대한 지식을 3가지로 구별한다. 그것은 (1) 하나님을 아는 것 (2) 하나님의 부성적 은혜와 우리에게 베푸시는 구속의 은혜를 아는 것 (3) 그의 율법을 따라서 우리에게 형성된 삶의 구조를 아는 것이다.369)

존 칼빈은 우리의 의지는 하나님의 성령이 없이는 결코 선을 추구하지 않는다고 단언한다. 그러므로 성령께서 인간의 자연적 본성을 통해서가 아니라 중생된 본성을 통하여서 역사하셔야만 인간은 선을 행할 수 있다고 말한다. 그렇지 아니하면 인간은 죄의 멍에 아래에 지속적으로 갇혀 있게 된다고 말한다. 그러므로 칼빈은 신자들에게 하나님께서 우리의 의지로 그의 율법에 순종할 수 있도록 간구 해야 한다고 말한다.370)

### 〈3장〉 인류의 타락된 본성으로부터 받을 것은 정죄밖에 없다.

존 칼빈은 주의 자비 이외에 다른 어떤 방식으로도 인간의 구원을 위한 방편은 없다고 말하면서 로마서 3장 23절을 인용한다. "**모든 사람이 죄를 범하였으매 하나님의 영광에 이르지 못하더니**"(롬 3:23) 칼빈은 인간이 범죄이후에 죄로 얽매여 있기 때문에 하나님을 향한 선을 행할 수 없다고 말한다. 결국 인간은 타락에 의하여서 오염되었고 자발적으로 죄를 범하였으며 강제로 죄를 범하지 않았다. 인간 자신의 강한 성향을 따라 죄를 지었다. 그리고 그 자신의 정욕을 따라서 죄를 지었다. 이러한 인간 본성의 부패와 타락은 스스로 변명할 수 없게 되었다. 인간의 선에 대한 전적인 무능력은 구속의 사역이 절대적으로 필요하다고 하는 사실로 귀착된다.

존 칼빈은 빌립보서 1장 6절을 인용하면서 하나님께서 우리

---

369) Ibid., p. 39.
370) Ibid., p. 41.

안에서 그의 착한 일을 심으셨다고 말한다. 그리고 그것을 그리스도 예수의 날까지 이루실 것이라고 증거한다. 칼빈은 어거스틴을 인용하면서 이 모든 역사는 하나님의 은혜가 최초의 원인자라고 한다. 하나님의 은혜가 모든 것에 선행하여서 역사함으로서 성취되는 것이라고 하는 것이다.371) 결국 하나님의 주권적인 역사로 중생과 회심에 이르게 되고 결국 신앙을 갖게되며 그 신앙은 하나님의 자유로우신 선물이라고 성경은 증거한다. 결국 칼빈은 어거스틴을 인용하면서 인간의 의지는 전적으로 하나님의 은혜에 의존한다고 말한다.

### 〈4장〉 어떻게 하나님께서 인간의 마음 안에서 역사하시는가?

존 칼빈은 사탄이 비록 인간을 지배하려고 할지라도 성경은 증거하기를 하나님께서 사탄의 사악한 습성을 사용하신다고 하는 것이다. 그러므로 하나님의 섭리는 인간의 의지 위에 통치하신다. 그러므로 선악에 대하여서 스스로 행하기 이전에 하나님의 섭리가 있는 것이다. 하나님의 섭리적 역사는 이 정도까지 확장된다. 그가 미리 아신자로서 사물의 활동을 섭리하실 뿐만 아니라 인간의 의지도 또한 동일한 목적으로 섭리하신다. 칼빈은 자유 의지란 인간이 하고자 하는 바를 성취할 수 있다는 것이 아니라 다만 자유롭게 의지한다고 하는 것이다.

### 〈5장〉 자유의지를 옹호하는 자들에 대하여서
### 그들이 주장하는 견해에 대하여서 논박하다.

존 칼빈은 일반적 의미의 자유의지 옹호론자들에 대하여서 논박하기를 자유의지는 율법과 약속과 성경의 책망에 대한 해석에 기초한다고 한다. 그것은 성경 안에서 특별하게 증거하는 성향

---
371) Ibid., p. 42.

에 기초한다.372)

### 〈6장〉 타락한 인간은 그리스도 안에서 구속을 추구하게 된다.

　존 칼빈은 중보자를 통하여서 하나님께서 은혜로우신 아버지로서 드러나신다고 말한다. 그러므로 오직 중보자 그리스도만이 타락한 인간을 도울 수 있다. 전 인류는 아담 안에서 형벌을 면치 못하게 되었다. 결과적으로 원래의 고귀성과 탁월성은 우리에게 어떠한 효력을 주지 못하고 오히려 더욱 큰 부끄러움만 주게 되었다. 그러므로 우리가 타락한 이후에 창조주 하나님에 대한 지식은 무용하게 되었다. 그것은 오직 믿음을 통해서만 가치를 얻을 수 있게 되었다. 인간의 반역은 하나님의 저주를 맞게 되었고 이 저주는 불행하게도 우리의 영혼을 침범하였다.

　그러므로 비록 하나님께서 그의 부성적 혜택을 우리에게 다양한 방식으로 드러내신다고 할 찌라도 여전히 우리는 자연을 관조함으로서 창조주 하나님을 아버지로 깨닫지는 못한다. 오히려 우리의 마음은 무지와 반역으로 기울어진다. 그래서 어둡게 되어 진리를 관조하지 못하게 된다. 우리의 모든 감각은 왜곡되고 우리는 악하게도 하나님의 영광을 갈취한다.373)

　구약조차도 중보자 없이는 하나님의 은혜 안에 주어지는 신앙이 없다고 말한다. 그러므로 그리스도는 구약 언약의 실체이시고 참된 신앙의 기초이시다. 하나님 안에 있는 신앙은 그리스도 안에 있는 것이다. 그러므로 칼빈은 골로새서 1장 15절 인용하면서 그리스도는 보이지 아니하시는 하나님의 형상이시라고 말한다. 그것은 하나님께서 그리스도 안에서 우리와 대면하시겠다고 하는 것이다. 우리는 그리스도 없이 하나님을 알 수 없다. 그

---

372) Ibid., p. 44.
373) Ibid., p. 45.

리고 그리스도 없이 구원하는 신앙을 알 수 없다.

존 칼빈은 이레니우스의 말을 인용하면서 무한하신 성부께서는 아들 안에서 유한한 세상에 자신을 계시하셨다고 말한다. 그러므로 그 무한하신 하나님께서 그 자신을 유한한 우리에게 적응하셨다. 그렇지 아니하시면 누구도 결코 그 영광이 무한하신 하나님을 깨달아 알 수 없다. 광신자들은 이러한 것을 생각하지 않고 유용한 교리들을 비틀어서 불경건한 신비주의로 뛰어든다.

**〈7장〉 율법은 구약의 백성들에게만 그들 안에서 보존하게 하시고자 주어진 것이 아니라, 그 율법에 의하여서 그리스도 안에서 그의 오심에 따라서 구원의 소망을 불러일으키게 하시고자 주신 것이다.**

존 칼빈은 율법의 제 1 사용에 대하여서 구약의 율법은 그리스도에게 인도하는 몽학 선생과 같다고 말한다. 칼빈은 말하기를 이스라엘에게 주어진 율법은 아브라함이 죽은지 사백년 후에 주어진 것이라(갈 3:17)고 말하면서 그것은 그리스도로부터 멀리 떨어져서 행하라고 주어진 것이 아니라 그리스도께서 오시기까지 그들의 마음 안에서 그리스도를 바라보라고 주신 것이다. 그러므로 율법은 경건과 의로움을 세우고자 주신 십계명뿐만 아니라 모세를 통하여서 하나님에 의하여서 주어진 종교적인 것 모두이다. 우리가 아는 대로 모세는 하나님의 축복의 약속을 파기하고 새로운 법을 세운 입법자가 아니었다. 그는 다만 그들의 조상들과 맺으신 하나님의 은혜 언약의 경륜 아래에서 이스라엘에게 그 언약을 상기시켜 주는 역할을 수행한 은혜 언약의 중보자의 모형이었다. 그러므로 우리는 율법을 전적으로 성취할 수 있는 존재가 아니다. 율법은 하나님의 의를 드러내며, 우리의 죄악된 상태와 하나님의 도우심을 필요한 상태를 드러내는 역할을 한다.

이제 칼빈은 율법의 제 2 사용에 대하여서 그것은 적어도 죄악된 성향을 가진 인간들에게 죄를 억제시켜 주고 그들의 죄를 깨닫게 해주는 역할을 한다고 말한다. 인간은 율법에 대한 두려움이 없다고 하면 공의와 정의에 대하여서 무지하게 되어서 방탕에 이르게 된다. 그러므로 그들은 율법의 두려움으로 인하여서 죄악을 행할 것을 억제하게 되고 결국 그들은 결코 하나님 앞에서 더 이상 의롭지 못하다고 하는 사실을 깨닫게 된다.

칼빈은 율법의 제 3 사용에 대하여서 다음과 같이 말한다. 율법의 3 사용은 율법에 대한 더욱 적합한 목적에 긴밀하게 연결되어 있다. 비록 그들이 하나님의 손에 의하여서 그들의 마음 안에 기록되고 새겨졌다고(렘 31:33; 히 10:16)할지라도 그들은 하나님께 순종하게 하시는 성령의 인도하심을 따라서 살게 된다. 다시 우리는 가르침을 받거나 권고를 받을 필요가 없다. 하나님의 종들은 자주 율법을 묵상함으로서 율법에 순종할 수 있는 이러한 혜택을 얻을 수 있게 된다. 그래서 율법 안에서 강하게 되고 모든 타락의 길로부터 벗어나서 하나님을 온전하게 섬길 수 있게 된다.374)

### 〈8장〉 도덕법 해설

칼빈은 십계명은 자연법을 해석하는 기록된 도덕법이라고 말한다. 우리는 그 율법을 통하여서 하나님께서 우리의 아버지가 되심을 알게 된다. 그리고 그가 자비하시고 전적으로 거룩하시며 자비안에서 순종을 요구하시는 분이심을 알게 된다. 우리는 율법을 통해서 입법자의 율법을 주신 목적과 함께 그것을 영적

---

374) Ibid., p.48.:"율법의 제 3 사용은 영원하신 도덕법으로서 율법이 새 언약의 교회에게도 여전히 유효하며 그 율법의 효용성으로 인하여서 성도들이 새 언약 아래에서도 성령의 역사를 통하여서 율법의 요구를 이루어 가는 성화의 삶을 살아가게된다."

으로 이해하고 해석한다.

　칼빈은 율법의 두 돌판에 대하여서 하나님께서 그의 율법을 두 부분으로 나누어 주셨다고 말한다. 첫 번째 부분은 엄위로우신 하나님께 대한 예배에 관련되어있는 종교적 의무에 대한 것이다. 두 번째는 그와 같이 이웃에 대한 사랑의 의무에 대한 것이다.

　칼빈은 전체 율법의 목적을 결정하는 것은 어렵지 않다고 하면서 그것은 경건한 성도들의 삶에 대한 의의 성취라고 하는 것이다. 그래서 하나님께서는 그의 성품을 율법 안에 묘사하셨다. 그러므로 누구든지 십계명의 요구를 이루어 가면 그는 그 자신의 삶 속에서 하나님의 형상을 이루어가는 것이다.[375]

　존 칼빈은 우리의 이웃이 누구인가 하는 질문에 대하여서 그리스도께서 사마리아인의 비유를 통하여서 우리에게 말씀하셨다고 말한다.(눅 10:36) 칼빈은 우리는 모름지기 전 인류를 예외 없이 사랑으로 감싸 안아야 한다고 말한다. 여기에서 그는 희랍인이나 야만인이나 가치있는 사람이나 가치 없는 사람이나 친구나 원수라도 차별이 있을 수 없다고 말한다.(롬 1:14) 그러므로 모든 만물은 하나님 안에서 정관(靜觀 contemplatio)되고 우리 자신부터는 아니다.[376] 그러므로 우리가 이웃을 사랑하려고 하면 우리의 마음을 사람에게 돌리지 말아야 한다. 왜냐하면 그것은 자주 미움을 일으키기 때문이다. 오히려 우리의 마음을 하나님에게 돌리고 그가 우리를 더욱 확장된 사랑으로 모든 사람을 사랑하게 해 달라고 간구해야할 것이다. 이것이 불변하는 원칙이다.

　〈9장〉 그리스도는 율법 아래에서 유대인들에게 알려졌다. 그럼에도

---

[375] Ibid., p.49.
[376] Aurelius Augustinus, De Trinitate Dei, Lib. 1. cap. 17.

불구하고 복음 안에서 최종적으로 보여졌다.

존 칼빈은 그리스도의 은혜에 참여하는 것과 드러나는 것에 대하여서 율법과 복음에 대한 관계의 오류를 말하는 자들을 논박한다. 그는 사도 요한의 위치를 통하여서 율법과 복음의 관계를 알 수 있다고 말한다. 그는 구약과 신약은 동일한 언약이라고 말한다.

### 〈10장〉 구약과 신약의 유사성

그것은 먼저 중요한 요점이 동일하다고 하는 것이다. 두 언약은 동일한 말씀을 지향한다. 모든 조상들과 맺어진 그 언약은 본질적으로 동일하게 우리와 맺어졌다. 경륜적으로 두개의 언약이지만 실재적으로 하나의 언약이다. 그 차이란 방식과 경륜의 차이에 불과하다. 영원한 생명에 대한 관심에 대한 논의에서 칼빈은 구약의 족장들도 장래의 삶에 있어서 약속의 성취를 소망하였다고 말한다. 그리고 그것은 다윗과 욥과 에스겔과 다른 여러 믿음의 조상들을 통하여서 알 수 있다고 말한다.

### 〈11장〉 두 언약의 경륜 상의 차이점에 대하여서

존 칼빈은 다섯가지 관점에서 구약과 신약은 차이점을 가지고 있다고 말한다. (1) 구약은 영적인 축복을 현세적인 것으로 표현했다. (2) 구약 안에 진리들은 형상과 의식과 모형을 통하여서 그리스도를 전달한다. (3) 구약은 문자로, 신약은 영적으로 전달되었다. (4) 구약의 얽매이는 것이 신약에서는 자유하게 되었다. (5) 구약은 한 국가와 민족 안에 교회가 있었고 신약은 모든 열방들 안에 교회가 있다.[377]

### 〈12장〉 그리스도께서 중보자의 사역을 이루시고자

---

377) Donald K. Mc Kim, Calvin's Institutes, p. 50.

### 사람이 되시는 것이 합당하다

존 칼빈은 중보자가 인간이 되셔야 하는 이유에 대하여서 오직 그가 참된 하나님이시고 참된 사람이시기 때문이라고 말한다. 그만이 하나님과 우리 사이에 장애에 가교 역할을 하실 수 있기 때문이다.

존 칼빈은 참 하나님이시면서 참 사람이신 중보자로서 그가 우리에게 가장 중요하다고 말한다. 칼빈은 인간의 구원에 대한 천상의 작정으로부터 그 구도가 그려질 것이라고 말한다. 우리의 가장 자비로우신 아버지께서 우리를 위하여서 가장 선한 것을 작정하셨다. 그러므로 우리의 불법이 하나님과 우리의 사이를 가로막는다고 해도, 중보자 안에서 화평을 누리게 되었다고 말한다.

존 칼빈은 언약의 중보자는 아담의 후손들인 인간이 될 수 없다고 말한다. 그들은 범죄로 인하여서 하나님의 진노 아래에서 저주로 공포에 떨고 있는 죄인들이기 때문이다. 그러면 천사가 가능한가? 그것도 불가능하다고 말한다. 왜냐하면 천사는 우두머리가 필요한데 그리스도 이외에는 어느 누구도 천사들의 우두머리가 될 수 없다. 그러므로 천사들은 중보자가 될 수 없다. 엄위로우신 하나님 앞에서 중보자로서 이 땅에 강림할만한 존재가 하나님의 아들이신 독생자 예수 그리스도 이외에는 없게 되었다. 따라서 그리스도께서 우리를 위한 중보자로 오셔야 하셨다. 그리고 이러한 방식 안에서 그의 신성과 우리 인간의 인성이 그리스도 안에서 하나가 되셨다. 그러므로 중보자는 참 하나님과 참 인간이시다.378)

### 〈13장〉 그리스도께서 참된 사람의 육체를 실체로서 가지셨다

---

378) Ibid., p.51.

칼빈은 고대 이단들에 대하여서 논박하면서 메노 시몬스 (Menno Simons)에게 답변을 한다. 그는 그리스도의 인간적인 혈통과 참된 인성에 대하여서 말한다. 참 사람이신 그리스도께서는 죄는 없으시다. 그리고 영원하신 하나님이시다.

### 〈14장〉 그와 같이 중보자의 두 본성이 한 위격을 이루셨다

존 칼빈은 그리스도 안에서 한위격의 두 본성에 대하여서 설명한다. 칼빈은 "**말씀이 육신이 되었다.**"(요한복음 1:14)고 하는 말씀은 말씀이 육신으로 전환되었거나, 육신과 혼합되어서 섞여 버렸다고 하는 의미가 아니라고 말한다. 그러므로 우리는 말한다. 그의 신성이 인성과 결합되시고 그러나 각각의 속성은 구별이 되어서 그리스도의 두 본성이 한 위격 안에서 결합되어 있으시다.379)

### 〈15장〉 그러므로 우리는 그리스도께서 아버지로부터 보내심을 받으셔서 우리에게 선지자와 왕과 제사장의 직무를 수행하시고자 그 안에서 그 세 직분이 하나가 되어서 오셨다고 하는 사실을 알고 있다.

존 칼빈은 그리스도의 중보자 사역은 세 가지 직무를 맡으신 사역이라고 말한다. 먼저 그는 선지자의 직무를 맡으셨다. 이 교리는 매우 중요하다. 왜냐하면 성경이 그리스도께서 선지자의 사역을 맡으셨다고 증거하기 때문이다. 칼빈은 그리스도의 삼중직에 대하여서 설명하면서 그 중에서 선지자의 직무의 중요성을 피력한다. 칼빈은 메시야라고 하는 칭호가 왕직과 관련된 것일지라도 선지자와 제사장 직무와도 관련이 있다고 말한다. 칼빈은 이사야 61장 1~2절을 인용하면서 그리스도께서 선지자의 직무를 수행하시려고 오셨다는 것을 진술한다. 그리스도께서는 아

---

379) Ibid., p. 53.

버지의 은혜의 햇빛을 증거하시고자 오셨다. 그것은 선지자의 직무이다. 칼빈은 그리스도의 선지자의 직무를 통하여서 그리스도께서 우리에게 완전한 지혜를 가지시고 우리를 인도하시는 분이심을 진술한다.

존 칼빈은 그리스도의 왕 직에 대하여서 영원한 통치를 언급한다. 그럴지라도 그리스도의 왕 직은 영적이다. 그러한 사실로부터 우리는 그리스도의 왕 직이 우리에게 효력과 혜택을 준다는 것을 알게 된다. 칼빈은 왕이신 그리스도께서 통치하시기 때문에 사탄의 권세가 교회를 이길 수 없다고 말한다. 그리스도의 왕권이 영적이라는 것은 그의 권능으로 우리들을 보존하시고 다가올 세대에 그의 은혜의 열매를 풍성하게 기대하게 하시는 것이다. 그리스도의 왕 직으로 베푸시는 복은 우리에게 그리스도 안에서의 약속된 복락으로서 기쁨과 평화의 삶이며 부요한 삶이다. 그리고 모든 영적인 대적자들을 대적하여 영원한 구원을 위한 필요한 모든 것을 얻을 수 있게 하시는 것이다. 우리의 왕은 우리를 결코 버리지 아니하시고 우리의 모든 필요를 채우시며 인도하실 것이다.

칼빈은 그리스도의 제사장의 직무를 화해와 중재의 사역이라고 말한다. 그리스도의 제사장적 사역은 그의 거룩하심으로서 하나님께 우리를 화해시키시는 것이다. 그리고 또한 하나님의 공의로우신 심판과 진노를 무마 시키시는 직무이다. 그리스도의 제사장 직무는 그리스도에게 고유하게 속한다. 그것은 그리스도만이 그의 죽으심으로 화목 제사를 드리실 수 있기 때문이다. 그리스도의 제사장 사역을 이해하려면 그리스도의 죽음으로부터 시작해야 한다. 그것으로부터 그리스도께서 영원한 중재자가 되셨다.

**〈16장〉 그와 같이 그리스도께서 구주로서의 사역을 완성하셨다.**

**그러므로 우리에게 구원을 성취시켜 주셨다. 그것은 그가 죽으시고
부활하신 이후에 하늘에 오르셨다고 하는 사실이다**

존 칼빈은 가장 높은 의를 가지신 하나님께서는 불의한자를 사랑하실 수 없으시다고 말한다. 그런데 우리 모두는 우리 안에 하나님께서 미워하실 만한 모든 것을 가지고 있다. 우리의 부패하고 악한 생활이 그렇다. 그런데 그리스도께서 우리를 위하여서 죽으심으로서 우리에 대한 하나님의 사랑을 확증하셨다.

존 칼빈은 이 장에서 그리스도의 고난과 죽으심과 부활과 승천에 대하여서 설명한다. 그리고 그러한 모든 그리스도의 사역이 어떠한 효력이 있는가를 말한다. 죄의 저주가 그리스도의 육체로 전가되었을 때 하나님께서는 죄의 권능을 파괴시키셨다. 그리스도께서는 십자가에서 죽으심을 통하여서 속죄의 제물로 아버지께 드리셨다. 그로 인하여서 아버지의 진노가 그쳐지게 되었다. 그리스도의 죽으심은 신자들의 죄의 멍에를 스스로 짊어지신 것이다. 그리고 그 죄로부터 우리를 자유케 하시고자 자신을 대속의 희생 제물로 드리신 것이다. 그리스도의 죽으심으로 우리는 우리의 옛 사람을 장사지내게 되었다. 그리고 그리스도의 부활을 통하여서 우리는 죄의 모든 권세로 부터 벗어나서 그리스도와 함께 의와 생명을 회복하게 되었다. 존 칼빈은 이러한 모든 그리스도의 사역은 성도들의 구원의 성취에 대한 토대가 된다고 말한다.380)

## 〈17장〉 그리스도께서 하나님의 은혜와 구원의 공로로
## 바르고 합당하게 말씀하셨다

존 칼빈은 그리스도의 공로는 하나님의 자유로우신 은혜를 제외시키지 않는다고 말한다. 오히려 그것을 전제하는 것이라고

---

380) Ibid., p. 61.

말한다. 그래서 그리스도의 공로는 전적으로 하나님의 은혜에 기초하는 것이라고 말한다.381)

## [3권] 그리스도의 은혜를 얻는 방도에 대하여서

### 〈1장〉 그리스도에 대하여서 우리에게 말씀하시는 분은 은밀하게 역사하시는 성령이시다

존 칼빈은 성령께서 우리를 그리스도에게 연합시키는 끈이시라고 말한다. 우리는 복음을 통하여서 나타나신 그리스도와 함께 연합되는 것을 기뻐한다. 우리는 성령에 의하여서 그리스도와 그의 모든 혜택을 누리게 된다.382)

존 칼빈은 성령께서 그리스도의 모든 공로를 우리에게 베푸시는 이유에 대하여서 다음과 같이 말한다. 그리스도께서 특별한 방식 안에서 성령으로 우리에게 은혜를 베푸신다. 그것은 우리로 세상으로부터 분리되고, 영원한 기업에 소망을 두게 하신다. 그래서 성령은 살려주시는 영이시다. 아버지 하나님께서 성령을 그의 아들을 인하여서 우리에게 부으셨다.383)

칼빈은 믿음이 성령의 원리적인 사역이라고 말하면서, 성령께서 성도들의 신앙 안에서 그의 능력과 역사를 행하신다고 하는 것이다. 그러므로 성령께서 신자들의 참된 선생이 되신다고 하면서, 우리의 마음이 구원의 약속에 집중하도록 하신다고 말한다.

### 〈2장〉 신앙에 대하여서: 그것의 한정을 세운다.

---

381) Ibid., p. 64.
382) Ibid., p. 65.
383) Ibid., p. 67.

## 그리고 그것의 의미를 설명한다

존 칼빈은 하나님께서 우리를 마땅히 지켜야 할 율법 아래에 두셨는데 만약 우리가 그 율법을 지키지 못하면 우리는 영원한 죽음의 선고를 받게 된다고 말한다. 그러나 우리는 그 율법을 온전하게 지키기에는 턱 없이 부족하여서 그것을 지킨다는 것은 매우 어려운 일이라고 말한다. 그런데 그러한 비참한 상태에 있는 우리를 구원하여 주시는 분이 구주 예수 그리스도이시라고 하는 것이다. 그리스도를 통하여서 하늘 아버지께서 우리를 불쌍히 여기시고 그의 무한한 자비와 선하심으로 베푸신다. 그리고 그러한 하나님의 자비와 선하심은 믿음을 통하여서 받게 된다.384)

존 칼빈은 믿음은 무지에 기초하지 않고 지식에 기초한다고 말한다. 그 지식은 하나님으로부터 나온 것 일뿐 아니라 하나님의 뜻으로부터 나온 것이다. 그러므로 우리가 하나님을 우리의 자비로우신 아버지로 알 때에 그리스도를 통하여서 화목을 알게 되고 그리스도께서 우리의 의와 거룩과 생명으로 주어지신 분이심을 알게 된다. 이 지식에 의하여서 우리는 하나님 나라를 기업으로 받게 되는 것이다.

존 칼빈은 복음이 그리스도에 대한 참된 지식이라고 말한다. 그러나 칼빈은 복음이 비록 그리스도에 대한 참된 지식이라고 해도 그것은 모세와 선지자들을 통하여서 주어진 구약에 기초한다고 말한다. 그러므로 모세와 선지자들의 가르침에 복음은 기초하는 것이다. 그러나 또한 복음 안에 모세와 선지자들의 가르침이 전적으로 드러나 있다고 말한다.385)

---

384) Ibid., p. 67.
385) Ioannus Calvinus, Inst(1559) Lib.III. Cap.2.:"Hqec igitur vera est Christi cognito, si eum qualis offertur a patre suscipimus, nempe evangelio suo vestitum; quia sicuti in scopum fidei nostrae ipse destinatus est, ita nominisi praecunte evangelio recta ad eum

### 〈3장〉 우리는 믿음으로 중생한다. 그것은 마음의 태도를 바꾸는 것이다

존 칼빈은 이 장에서 회개에 대하여서 자세하게 설명한다. 회개란 죄에 대하여서 죽고 의에 대하여서 사는 것이다. 육신에 속한 것들이 죽고 영혼은 생명을 얻는 것을 의미한다. 그런데 이 두 가지 요소는 그리스도 안에 참여함으로서 우리에게 주어진다. 만약 우리가 참으로 그의 죽으심에 참여한다면 우리의 옛 사람은 그의 권능으로 십자가에 못 박힌 것이다. 그리고 죄의 몸은 멸망한 것이다.(롬 6:6) 즉 원래의 본성의 오염이 더 이상 활개를 치지 못하게 되는 것이다. 만약 우리가 그의 부활에 함께 한다면, 그것을 통하여서 우리는 하나님의 의에 이르는 생명의 새로움 안에서 일으킴을 받는 것이다.386) 회개의 목적은 하나님의 형상이 우리 안에서 회복되는 것이다.

존 칼빈은 중생을 통하여서 죄의 결박으로부터 하나님의 자녀들이 자유롭게 되었다고 말한다. 그러나 여전히 그들은 충만한 자유를 얻지 못하였다. 그래서 죄로부터 괴로움을 받지 않는 것이 아니다. 오히려 여전히 죄악이 그들이 안에 머물고 있어서 지속적으로 그들은 그것으로 단련을 받고 살아간다. 오히려 그것으로 더욱 자신들의 연약함을 깨닫게 된다. 이러한 사실로부터 우리들은 성도들이 썩을 육신을 벗어버리기 전까지는 항상 죄와 싸우게 되며, 때문에 그들의 육신 안에 의에 대항하여서 다투는 난폭하고 부패한 욕망이 있다.387)

### 〈4장〉 복음의 순수함으로부터 너무 멀리가 있는 소피스트주의자들의

---

tendemus.~~~~Neque sic tamen ad evangelium restringo fidem, quin fatear a Mse et prophetis traditum fuisse, quod ad eam aedificandam sufficeret; sed quia plenior Christi manifestatio in evangelio exhibita est, merito vocatur a Paulo doctrina fide.(1Tim. 4, 6)"
386) Donald K.McKim, Calvin's Institutes, abridged edition, p. 77.
387) Ibid., p. 78.

### 스콜라 철학의 회개론에 대하여서; 고해와 만족설에 대한 촉구

존 칼빈은 이 장에서 스콜라 철학자들의 잘못된 회개론을 논박한다. 존 칼빈은 말하기를 그러한 가르침은 성경의 증거 없이 주장하는 것이라고 말하면서 고해성사와 같은 것은 후대에 발생한 것이라고 말한다. 그렇게 로마 카톨릭의 오류에 대하여서 지적한다. 그리고 오직 그리스도의 은혜만이 유일하게 죄를 대속할 참된 만족이 되시며 양심에 대한 화해가 되신다고 말한다.

### 〈5장〉 만족설에 대하여서 더하여진 보충에 대하여서 그것은 면죄부와 연옥에 대한 이론이다

존 칼빈은 이 본문에서 면죄부의 잘못된 교리와 그의 결과에 대하여서 논박한다. 그리고 성경을 증거로 하여서 연옥설의 부당함을 말한다.388)

### 〈6장〉 기독교인의 생활에 대하여서: 첫 번째 성경은 어떠한 논거에 의하여서 이러한 것에 대하여서 우리에게 권고하는가?

존 칼빈은 이 장에서 기독교의 생활에 대하여서 자세하게 논거한다. 칼빈은 중생의 목적이 하나님의 의와 인간들의 순종 사이에 조화와 일치를 신자들 안에 드러내는 것이라고 말한다. 그리고 그와 같이 하나님의 아들로서 입양된 것을 확증하는 것이라고 말한다. (갈 4:5; 벧후 1:10) 하나님의 율법은 그 자체 안에 그의 형상을 성도들에게 회복시켜 주시는 것이다. 그러나 우리의 게으름은 여러 가지 도움을 받아서 격려를 받지 못하면 더욱 나태하게 된다. 그러므로 성경은 성도들이 그들의 열의에 오류가 없도록 삶의 기준을 정하여 준다고 말한다.

존 칼빈은 기독교인들의 삶의 기초에 대하여서 다음과 같이

---
388) Ibid., p. 80.

말한다. 그것은 먼저 의(Righteousness)에 대한 사랑이라고 말한다. 만약 우리가 의를 사랑하지 않으면 우리들은 아주 쉽게 부패한 본성으로 돌아가려고 하는 성향을 가졌다는 것이다. 그러므로 의에 대한 사랑으로 우리를 세우고 확고히 해야 한다고 말한다. 두 번째는 의를 위한 우리의 열성에 있어서 빗나가지 않도록 해야 한다고 말한다. 그러므로 하나님의 거룩하심을 따라서 우리가 거룩해야 한다고 하는 성경적 경고를 상기해야 한다고 말한다.

칼빈은 기독교인의 생활의 가장 중요한 동인(motive)은 그리스도의 구속과 그의 공로라고 말한다. 그것은 하나님께서 그리스도 안에서 그 자신을 우리와 화해하시려고 하시기 때문이다. 그리스도는 하나님과 우리들의 중보자가 되신다. 그리스도는 우리를 하나님과 화목하게 하실 뿐만 아니라 하나님과 친밀한 관계 안에 들어가도록 하신다.[389] 그러므로 기독교인의 삶은 단순히 입술의 응얼거림으로 되는 것이 아니라 마음의 성향과 삶의 인내로 되는 것이다.

### 〈7장〉 기독교인들의 생활의 최고의 것: 우리 자신의 부정함에 대하여서

존 칼빈은 자기 부정의 기초는 우리 자신이 우리의 것이 아니고 하나님의 것이라고 하는 사실로부터 출발해야 한다고 말한다. 비록 주님의 율법이 인간의 삶을 질서지우는 최종적이고 가장 좋은 방식을 제공한다고 할지라도 그것은 율법 안에서 우리를 세우시고자 하시는 하나님의 분명한 계획에 의해 형성되어야만 하는 것이다. 그 첫 번째는 성도들이 하나님께 산제사를 드리는 삶이다.(롬 12:1)

---

389) Ibid., p. 81.

그리고 그의 영광 이외에는 다른 어떤 생각이나 말이나 중재나 행동을 하지 않는 것이다. 무엇보다 우리가 하나님의 것이라고 하는 사실을 알아야하며 그로부터 하나님께서 우리에게 역사하신다. 그러므로 성도들은 하나님을 위하여서 살고 그를 위하여서 죽고자 하는 삶이 되어야 하는 것이다. 그럴 뿐 아니라 그의 지혜와 의지가 우리의 삶의 행동을 지도하시도록 해야 한다.

그러기 위하여서 성도들은 첫 번째 그 자신을 위한 삶으로부터 떨어져서 그의 전 능력을 주님을 섬기는 삶으로 전환해야 하는 것이다. 그리고 두 번째 그럴 뿐만 아니라 그 자신의 육적 공허한 생각을 버리고 하나님의 말씀에 순종해야 하도록 하나님의 성령의 인도함을 받아야 한다.[390] 그러한 하나님에 대한 헌신을 통하여서 성도들은 자기 부정에 이를 수 있다.

### 〈8장〉 십자가를 짊어지는 것: 그것은 부분적으로 자기 부정의 일부이다

존 칼빈은 그리스도를 따르는 자로서 자신의 십자가를 짊어지는 성도가 되어야 할 것을 말한다. 경건한 신자들은 그리스도의 부르심을 따라서 더 높은 삶을 지향하는 자들이다. 그러할 때에 각각 신자들은 자신들의 십자가를 짊어져야 한다. 무엇보다 주께서는 그를 따르는 자들에게 더욱 가치 있는 삶으로 인도하시고자 입양하셨다. 그러므로 삶의 어려움과 고난과 어지러운 상황은 그러한 가치 있는 삶을 준비하는 것이다. 하늘의 아버지께서는 우리를 그의 자녀로 세우시고자 그러한 시험을 허락하신다. 그러므로 그리스도와 함께 시작한 성도들의 신앙의 삶은 그리스도 안에서 마치는 것이다. 그것은 주님께서 각자에게 맡기신 십자가를 짊어지는 것이다. 그러므로 그리스도께서 그의 삶

---

390) Ibid., p. 82.

전체가 십자가의 지속이었다고 하는 사실을 통하여서 우리들은 우리들의 고난을 이겨낼 수 있는 능력을 얻는 것이다. 그러므로 사도 바울은 말하기를 **"그가 모든 고난을 당하심으로서 일체의 순종을 배우셨다."** 고 하셨다.(히 5:8)

존 칼빈은 십자가는 우리를 하나님의 권능에 완전하게 의존하도록 한다고 말한다. 이것은 순종과 인내를 우리에게 가르치시는 것이다. 그러므로 십자가는 우리에게 하나님의 신실성을 알게 하며 우리로 장래에 소망을 갖게 한다. 사도 바울은 **"고난은 인내를 인내는 신실한 속성을 낳는다"** 고 말하였다.(롬 5:3~4)391)

## 〈9장〉 다가올 생활에 대한 고민에 대하여서

존 칼빈은 장래를 걱정하는 것은 공허한 것이라고 말한다. 칼빈은 말하기를 하나님께서는 인간이 얼마나 이 세상의 야만적 사랑에 본성적으로 이끌리는 자들인지를 잘 아시기 때문에 때때로 신자들을 그들의 게으름으로부터 흔드시고 가장 합당하게 연단하신다. 그럼으로서 그들로 더욱 십자가의 고난을 통하여서 제자로서 나아가도록 하신다. 결국 이러한 고난과 어려움과 고통은 그 자체로서는 공허한 것이고 우리들은 그것을 통하여서 우리의 생각을 더욱 하늘 아버지에게 두는 것이 참된 소망이라고 하는 사실을 아는 것이다. 그러므로 삶의 모든 선한 싸움을 통하여서 하나님 나라에 자신을 집중하고 그 나라를 소망하게 되는 것이다.392)

그러므로 신자들은 현재의 삶을 관조하면서 살아가야 할 것이다. 왜냐하면 신자에게 이 생에서의 삶은 여전히 하나님의 축복

---

391) Ibid., p. 87.
392) Ibid., p. 89.

아래에 있는 것이기 때문이다. 우리는 여러 가지 은혜를 통하여서 현재의 삶을 하나님의 축복으로 가득 채울 수 있는 것이다. 그러므로 이 세상에서 성도들의 삶은 하나님의 자비를 선물로 받고 살아가는 삶이다. 그럴 때에 성도들은 마땅히 영원한 삶을 기대하며 살아가야 할 것이다. 이제 칼빈은 성도들의 생애 여정을 마치고 하나님의 앞에 서는 죽음에 대하여서 다음과 같이 설명한다. 칼빈은 죽음의 공포에 저항하여서 성도들은 오히려 그 날을 기다리며 생명의 부활을 소망하라고 말한다.

비록 육신의 어둡고 어리석은 욕망이 저항을 한다고 할지라도 성도들은 주님의 다시 오심을 주저없이 기다리는 것처럼 그날을 기다려야할 것이다. 그가 오시면 그가 우리들을 모든 죄악과 비참의 상태로부터 구원하실 것이다. 우리의 구주로서 그가 하나님의 영광과 생명의 복된 기업으로 인도하실 것이다.393)

## 〈10장〉 현재 생활과 보조 수단들에 대한 사용에 대하여서

존 칼빈은 현재 우리가 누리는 생활의 보조 수단들을 하나님의 선물로서 여기고 누리라고 말한다. 그러나 칼빈은 두 가지 측면을 경계할 것을 말한다. 그것은 극단적인 금욕주의(strictness)와 극단적인 사치주의(laxity)이다. 성경은 이 세상의 것들을 누리는 것에 대하여서 올바른 자태를 우리에게 제시한다. 만약 우리가 이 세상에서 살고 있다면 우리들은 이 세상의 혜택을 받지 않고 살 수 없다. 그럴 뿐만 아니라 그것을 어느 정도 누리게 되는 것을 피할 수 없다. 그러므로 우리들은 깨끗한 양심을 가지고 그것들을 그것을 필연적으로 사용해야 하는 때와 어느 정도 기쁘게 누리는 것에 대하여서 그 적당한 기준을 가져야 할 것이다.394)

---

393) Ibid., p. 90.

### ⟨11장⟩ 신앙의 칭의에 대하여서, 그리고 그 명칭과 규정에 대한 정의

존 칼빈은 우리가 그리스도를 영접하게 된 것은 하나님의 자비로우신 은혜로 인하여서 믿음을 통하여서 되어진 것이라고 말한다. 우리는 그리스도의 은혜에 참여함으로서 원리적으로 두 가지 은혜를 받는다. 첫 번째는 그리스도를 통한 하나님과 화목함이다. 우리는 그리스도를 통하여서 하나님의 심판하심 대신에 자비로우신 아버지의 은혜를 받는다. 그리고 두 번째는 그리스도의 영으로서 우리는 삶의 순수함과 흠 없는 상태로 나아가려는 성화를 받게 되었다. 칭의를 통해 우리가 알게 되는 것은 오직 믿음만이 하나님의 선하신 일에 동참할 수 있는 첫 번째 원인자가 된다는 것이다. 우리는 오직 믿음으로만이 하나님의 자비에 의한 자유로우신 의에 이르게 된다는 것이다. 그렇다고 하면 칭의의 개념이 무엇인가? 그것은 하나님의 존전 앞에 의롭다 함을 받는 것이다. 그리고 하나님의 의로 인하여서 하나님께 받으신바 되는 것이다.[395]

### ⟨12장⟩ 우리에게 거저 주시는 칭의가 진지하게 확신이 되기 위하여서 하나님의 법정을 향하여서 우러러 보며 생각해야 한다

존 칼빈은 하나님의 엄위로우신 완전하심의 빛 안에 칭의가 있다고 말한다. 하나님 앞에서 자신을 돌아보는 것과 양심은 우리로 선한 일을 촉구하게 한다. 그리고 그것이 하나님의 자비에 우리를 둘러 쌓이게 한다.[396]

### ⟨13장⟩ 거저주시는 칭의에 대한 두가지의 지켜야 할 것들

---

394) Ibid., p. 90.
395) Ibid., p. 93.
396) Ibid., p. 97.

존 칼빈은 하나님의 영광은 여하한 경우에서도 축소될 수 없다고 하는 것을 말한다. 그러므로 인간은 신성 모독 이외에 스스로는 다른 어떤 의의 작은 부스러기조차도 요구할 수 없다고 말한다. 결국 그것을 요구하는 것은 신성 모독이라고 하는 것이다. 그리고 존 칼빈은 하나님의 칭의는 오직 그의 자유로우신 은혜의 산물이라고 말한다. 그러므로 그것은 우리의 모든 행위로부터 멀리 있다. 그리고 오직 믿음으로만 받는 것이다.[397]

### 〈14장〉 칭의의 시작과 계속적인 진전

존 칼빈은 우리가 받은 칭의가 어떠한 종류의 의(righteousness)인가를 살펴보겠다고 말한다. 하나님 앞에서 받은 의는 행위로부터 온 것이 아니라 하나님의 선하심과 그의 은혜로부터 온 것이다. 그러므로 참된 신앙이 없이는 참된 의가 있을 수 없다.

존 칼빈은 선한 행위는 신앙을 더욱 견고하게 한다고 말한다. 그러므로 선한 행위는 부르심의 열매이다. 그러므로 선한 행위들은 칭의로 인하여서 주어지는 하나님의 선물이다[398].

### 〈15장〉 행위의 자랑에 대하여서 그것은 칭의의 수여 안에서 하나님을 찬송하는 것 즉 구원의 확실성을 전복시킨다

존 칼빈은 행위의 자랑에 대하여서 그것은 위험한 발상이라고 말하면서 모든 선한 행위는 하나님의 은혜로부터 주어진 것이라고 말한다. 의심할 것 없이 모든 칭송할만한 선한 행위는 하나님의 은혜로부터 온 것이다. 그러므로 그러한 선한 행위를 자기

---

397) Ibid., p. 98.
398) John T. McNeill, Calvin: Institutes of the Christian Religion 1. Westminster, 1955, p. 788.

자신의 것으로 돌리는 것은 어리석은 짓이다399).

### 〈16장〉 이 교리에 대한 교황주의자들의 혐오스러운 중상에 대한 논박

존 칼빈은 왜 오직 믿음으로만 의롭게 되는가라고 묻고 그것은 오직 믿음으로서만 그리스도의 의를 붙잡을 수 있기 때문이라고 말한다. 그리고 오직 그 믿음으로서만 하나님과 화해할 수 있기 때문이라고 말한다. 결국 하나님의 은혜와 자비가 선한 행위의 동인이 되는 것이다.400)

### 〈17장〉 율법과 복음의 약속에 일치성

존 칼빈은 하나님께서 율법을 통하여서 축복하시기로 약속하셨다고 말한다. 그런데 그것은 율법을 완전하게 지키는 사람에게 그렇게 하시겠다고 하신 것이다. 그러나 전적으로 타락한 인류는 결코 그 율법을 온전하게 지킬 수 없으며 오직 하나님의 진노와 저주 아래에 놓이게 되었다. 축복의 수단으로 주어진 율법이 그들의 죄악으로 인하여서 진노와 저주의 근거가 되었다. 결국 우리는 행위로서 하나님의 의를 이룰 수 없게 되었다. 오직 그리스도만이 율법의 요구를 이루시고 그 약속을 성취하신 것이다. 그러므로 율법의 약속은 복음을 통하여서 효과적으로 세워지는 것이다.

율법과 복음의 차이는 신구약 경륜의 방식에 있어서 모형과 실체의 차이일 뿐 그 모든 약속과 그 약속의 내용은 일치하는 것이다. 율법이 모세를 통하여서 주어졌으나 그것은 이미 아브라함을 통하여서 주어진 약속에 근거하여서 주어진 것이다. 그

---

399) Donald K.McKim, Calvin's Institutes, abridged edition, p. 102.
400) Ibid., 103.

러므로 율법은 하나님의 약속을 지향하고 그것을 비추어주는 모형이었다. 그리고 그 모형의 실체로서 그리스도께서 오심으로서 율법의 약속은 그리스도 안에서 성취되고 그리스도 안에서 주어진 복음의 약속으로 더욱 분명하게 드러났다.

### 〈18장〉 보상으로부터 행위의 의를 주장하는 것은 악한 것이다

존 칼빈은 하나님의 보상하심이 행위의 의(義)의 근거가 될 수 없다고 말한다. 그것은 믿음을 통한 칭의의 열매가 된다. 하나님께서 성도들의 행위를 보응하시는 것은 신자들의 믿음의 열매에 대한 하나님의 은혜의 베푸심이다. 그러므로 칼빈은 "**보상**"(reward)이란 "**기업**"(inheritance)을 의미한다고 말한다. "**그것은 하나님께서 믿음의 의(義) 안에서 주시기로 작정된 하나님께서 베푸시는 기업을 의미하는 것이다. 그러므로 보상이 행위의 의의 기초가 될 수 없다. 그러므로 보상이라고 하는 의미는 우리의 행위의 의에 대한 것이 아니라 우리 구원의 원인자라는 의미이다. 하나님 나라는 삯을 받고 일하는 종들이 들어가는 나라가 아니다. 오히려 하나님 자신이 최고의 보상이 되시는 하나님의 아들들이 들어가는 곳이다. 그러므로 보상은 행위의 의로부터 온 것이 아니라, 하나님의 은혜의 베푸심으로부터 주어진 선물이다.(창15:1)**"라고 말한다.[401]

### 〈19장〉 기독교인의 자유에 대하여서

존 칼빈은 그리스도인의 자유에 대하여서 3가지로 나누어서 말한다. "**첫 번째는 신자들의 양심이다. 그것은 하나님 앞에서 그들의 칭의의 확신을 찾는 것이다. 그것은 율법을 넘어서 더욱 고양되고 나아간다. 두 번째 부분은 첫 번째 부분에 전적으로**

---

401) John T. McNeill, Calvin: Institutes of the Christian Religion 1. p. 822.

의존한다. 그것은 율법을 지키는 양심이다. 그것은 율법의 요구를 강제적으로 지키려고 하는 것이 아니라, 율법의 멍에로부터 자유롭고, 오직 하나님의 뜻에 대하여서 자발적으로 순종하려는 자유이다. 세 번째 부분은 별로 대수롭지 않은 외적인 것들에 대하여서 우리는 하나님 앞에서 의미 없는 어떤 종교적 의무에 의하여서 우리 자신이 방해를 받는 것에 대하여서 자유하다. 이러한 자유에 대한 지식은 매우 중요하다. 왜냐하면 만약 그러한 지식이 결여되면, 우리의 양심은 하루도 쉴 날이 없을 것이다. 그리고 끝없는 미신에 빠져 버리게 될 것이다. 이러한 자유는 하나님의 선물로서 그 선물을 주신자의 뜻을 따라서 그 목적에 부합하게 행동하는 것이다."402)

### 〈20장〉 기도에 대하여서 그것은 신앙의 특별한 실천이며, 그것에 의하여서 하나님의 은혜가 매일 매일 우리에게 베풀어진다

존 칼빈은 믿음과 기도에 대하여서 다음과 같이 설명한다. "신자들은 믿음을 통하여서 주님께서 그의 자유로우신 뜻 가운데 그리스도 안에서 자신을 계시하시는 것을 깨닫고 그리스도 안에서 그가 우리의 비참한 곳에 그의 행복을 우리의 결핍한 곳에 그의 충만하심을 쏟아 부어주시는 분이심을 알게 된다고 말한다."403) 칼빈은 기도의 필요성에 대하여서 다음과 같이 설명한다. 기도의 혜택에 의하여서 우리들은 하늘 아버지로부터 우리를 위한 모든 부요하심을 받는다고 말한다.

### 〈21장〉 하나님의 영원한 예정에 대하여
하나님께서 이 예정에 의하여서 어떤 사람은 구원에 이르도록

---

402) Donald K.McKim, Calvin's Institutes, abridged edition, p. 103.
403) Ibid., p. 106.

### 선택하셨고 다른 어떤자들은 멸망에 처하도록 유기하셨다

존 칼빈은 하나님의 예정에 대한 교리가 보통의 많은 사람들에 의하여서 이해하기 어려운 면이 있지만 그것은 성경으로부터 분명하게 추론되는 바른 교리라고 설명한다. 그러므로 이 원리를 모르는 것은 하나님의 영광을 매우 떨어뜨리는 것이다. 그리고 참된 겸손으로부터 떨어지는 것이다.

존 칼빈은 로마서 11:5~6을 인용하면서 우리의 구원이 하나님의 전적인 자비로부터 주어진 것이라고 말한다.404) 바울이 증거한대로 남은자의 구원이 은혜의 선택에 기인한다면 그것은 하나님의 전적인 선하신 기뻐하심을 따라서 보존된 것이다. 칼빈은 성경에 증거하시는 대로 명백하게, 하나님께서 단번에 그의 영원한 그리고 불변하는 계획에 의하여서 머지않아 구원으로 받아들이기로 결정한 모든자들을 예정하시고 나머지 멸망당할 자를 결정하셨다.405)

존 칼빈은 말하기를 이러한 모든 택자들에 대한 예정은 그의 은혜의 자비에 기초하고 인간의 어떤 가치에 기초하는 것이 아니라고 말한다.406)

### 〈22장〉 이 교리는 성경의 증거에 의하여서 확증된다

칼빈은 하나님의 선택이 그의 자유로우시고 기뻐하신 뜻에 기초한다고 말한다. 그것은 택함을 받을 자의 어떠한 가치(merits)에 의하여서 영향을 받지 않고 오직 하나님의 선택하신 결정에

---

404) John T. McNeill, Calvin: Institutes of the Christian Religion 2. p. 921.
405) Ioannus Calvinus, Inst(1559) Lib.III.cap.21.ver.7:"Quod ergo sacriptura clare ostendit dicimus, aeterno et immutabili consilio Deum semel constituisse, quos olim semel assumere vellet in salutem, quos rursum exitio devovere."
406) Ibid., ver.7:"Hoc consilium quoad electos in gratuita eius misericordia fundatum esse asserimus, nullo homnae dignitatis respectu;"

의존한다고 말한다. 칼빈은 에베소서 1장 4절의 **"창세전에 그리스도 안에서 택하셨다."** 고 하는 말씀을 인용하면서 그것은 인간 편의 어떤 것도 사려함이 없이 그가 그의 자유로우신 뜻을 따라 선택하셨다는 것이다. 칼빈은 택자의 선택이 그 어떤 것도 사려됨이 없이 작정되었다고 할 때에 그것은 타락조차도 사려되는 것이 없다는 것이다.

존 칼빈은 에베소서 1장 4절에 대한 해석에서 하나님께서 창세전에 그리스도 안에서 그의 백성들을 선택하셨다는 것은 이미 타락 이전이라는 것이다. 선택의 대상이 타락 이후의 죄인이 아니라 창세전에 그 대상에 대한 어떠한 사려도 없이 선택하셨다는 것이다.407)

이것은 선택의 시기에 대한 것이 아니라 선택의 대상의 상태에 대한 것이다. 타락 후 선택설과 타락 전 선택설은 모두 창세 이전의 예정의 논리적 순서에 대한 것이고 시간 이후에 대한 것이 아니다. 이러한 칼빈의 예정론에 입장을 따라서 볼 때에 칼빈은 타락 전 선택설을 주장하였다고 볼 수 있다.

### 〈23장〉 이 교리에 대한 부당한 중상에 대한 논박

존 칼빈은 하나님께서 택자를 예정하셨다는 교리를 인정하는 자들 중에서 그 반대로 하나님께서 유기자를 예정하셨다는 교리를 반대하는 자들에 대하여 논박한다. 칼빈은 이 본문에서 하나님께서는 택자를 예정하신대로 유기자도 예정하셨다고 말한다.

### 〈24장〉 선택은 하나님의 소명에 의하여서 확인되지만 유기는 그

---

407) Ibid., Lib.III. cap.22.ver.1~2:"Paulus quum docet (Eph. 1, 4) nos in Christo electos fuisse ante mundi creationem, omnem certae dignitatis nostrae respectum tollit.·············Electos fuisse dicens ante creatum mundum, omnem dignitatis respectum tollit."

### 자체에게 멸망으로 결정된 공의에 의하여서 판결된다

존 칼빈은 하나님께서 그의 자녀로서 그가 선택하고 지명한자들을 지명하신다고 말한다. 그리고 소명을 통하여서 하나님께서 그들을 그의 자녀로 받으시고 그 자신에게로 연합시키신다. 칼빈은 소명이 택자들과 연결시켜서 사려 될 때에 그 소명은 하나님의 전적인 은혜라고 하는 사실을 말한다.408) 그러므로 소명의 본질과 시여는 그 사실에 의존한다. 그것은 말씀의 선포와 성령의 조명을 통하여서 효력을 발휘한다. 이러한 내적 부르심은 구원의 보증이다.

존 칼빈은 신앙을 선택의 결과라고 말한다. 그리고 선택이 신앙에 의존하는 것이 아니라고 말한다.409) 여기에서 칼빈은 두 가지 잘못된 오류에 대하여서 지적한다. 그 첫 번째 오류는 이러하다. 인간이 그 자신의 가치에 의하여서 선택이 되어진다는 일종의 하나님의 협력자라는 것이다. 그것은 인간의 의지가 하나님의 계획보다 더욱 우월하다고 하는 것이 된다. 존 칼빈은 그와 같은 주장은 성경의 가르침으로 볼 때에 틀리다고 말한다. 성경은 다음과 같이 말한다. 우리들은 단지 믿어지도록 하는 권능을 부여받았다. 그러므로 그것은 믿는 그 자신의 가치도 아니고 믿음 그 자체도 아니고 오직 믿게 하여주시는 전능하신 하나님으로 인하여서 주어진 것이다.

칼빈이 지적하는 두 번째 오류는 이러하다. 어떤 사람들이 성령의 은혜를 약화시키지는 않지만 선택이 신앙에 의존한다고 생각하는 것이다. 그래서 하나님의 선택은 믿음에 의하여서 확증될 때까지 의심스럽고 불충분하다고 생각한다. 그래서 선택은 인간의 관점에서 확증이 되며 또한 이미 사람이 하나님의 감추

---

408) Donald K.McKim, Calvin's Institutes, abridged edition, p. 118.
409) Ibid., p. 119.

어진 비밀을 보고 있는 자가 되는 것이다. 그러나 이것도 또한 오류이다. 성경은 다음과 같이 가르치고 있다. 우리가 하나님의 선택하심에 의하여서 조명을 받는 것은 선택된 자들의 마음이 거부할 수 없을 정도의 밝은 빛에 의하여서 이미 주어진 것이다. 그리고 그 결과로서 신앙이 열매의 형태로 주어진 것이다.410)

존 칼빈은 선택이란 오직 그리스도 안에서 주어진 것이라고 말한다. 그러므로 하나님께서 인간들 안에서가 아니라 그리스도 안에서 그의 양자로서 택자들을 부르셨다고 말한다. 만약 우리가 그리스도 안에서 선택이 되었다면 우리는 우리 자신 안에서 우리의 선택의 확증을 찾을 수 없고 아버지 하나님 안에서도 아니다. 오직 그리스도 안에서 뿐이다. 그러므로 성도들은 그들의 선택을 오직 그리스도 안에서 정관(靜觀 Contemplatio)할 수 있을 뿐이다.

존 칼빈은 말한다. 일반적 부르심과 특별한 부르심을 구분하고 일반적 부르심은 하나님의 말씀에 대한 외적인 가르침을 통하여서 모두 다 동일하게 초대를 받는 것이라고 말한다. 그러므로 그 초대를 받은 자들 중에서는 죽음의 냄새를 가지고 있는 자들도 있고 더 엄격한 저주를 받는 자들도 있다. 그러나 특별한 부르심은 성령의 내적인 조명에 의하여서 그들의 마음 안에서 거하시는 말씀을 원인으로 하여서 때가 차서 그 부르심에 동참하게 되는 것이다. 그러한 자는 더 큰 어둠과 배은망덕한 것으로부터 자신을 내어 버리는 것이다.411)

존 칼빈은 택자들의 부르심 이전에 선택이 있었다고 말한다. 그런데 그것은 선택의 씨가 그 택자들 안에 있는 것은 아니다.

---

410) Ibid., p. 119.
411) Ibid., p. 121.

그래서 선택은 태어나자마자 즉시 부르심에 의하여서 그리스도의 양의 우리에 들어가는 것이 아니다. 오히려 하나님의 기뻐하심을 따라서 합당한 때에 그의 은혜를 통하여서 그들에게 베푸시는 것이다.412)

## 〈25장〉 종국의 부활

존 칼빈은 최후의 부활에 대한 확증된 교리가 중요하다고 말한다. 그것은 부활에 대한 소망이 신앙에 매우 중요한 요소이기 때문이다. 그때에 성도들의 부활은 몸의 부활을 의미하는데 그것은 그리스도께서 하나의 모범으로서 부활하신 것이다.

존 칼빈은 성도들의 부활은 영원한 축복이고 승리이며 하나님의 충만한 은혜라고 말한다. 그러므로 주께서 그의 영광과 권능과 의로우심을 택자들에게 베풀어 주시는 것이다. 그것이 성도들의 최후의 부활의 목적이다. 그것은 하나님께서 그들의 하나님이 되시고 그들이 그의 백성이 되어서 그와 함께 영원토록 즐거워하는 것이다. 우리는 하늘 영광의 밝음에 의하여서 압도되며 더욱 담대하게 그리스도 안에서 그에게 나아간다.

존 칼빈은 유기자들에 대하여서 그들은 그들의 사악함을 인하여서 하나님의 복수의 무게에 짓눌릴 것이라고 말한다. 그래서 그들은 큰 고통과 괴로움을 당하고 어둠과 원통함과 이를 감이 있을 것이다. 끌 수 없는 화염에 휩싸여서 고통을 당하게 될 것이다. 주의 입김이 유황과 같이 그들에게 임하여서 그들을 사를 것이다. 무엇보다 그들은 하나님과의 교제가 끊어져서 비참하게 될 것이다.413)

---

412) Ibid., p. 121.
413) Ibid., p. 123.

## [4권] 하나님께서 그리스도의 회중 안에 우리를 초대하시는 외적 방식과 수단에 대하여서

### 〈1장〉 참된 교회에 대하여서 그 교회 안에 우리가 거주하는 모든 경건한자의 어머니인 교회와의 일치성에 대하여서

존 칼빈은 기독교 정통 교리는 거룩한 보편 교회가 경건한 신자의 어머니라고 하는 측면에서 접근해야 한다고 말한다. 칼빈은 앞 장에서 믿음으로 복음 안에서 그리스도께서 우리의 주가 되시고, 우리는 그가 베풀어 주시는 구원의 역사와 영원한 축복에 동참하는 내용에 대하여서 다루었다면 이제는 그러한 우리가 여전히 죄악 가운데 있고 연약한 상태에 놓여있기 때문에 하나님께서 우리를 위하여서 교회라고 하는 신앙 공동체를 허락하여 주셨다고 말한다.414)

존 칼빈은 우리의 신앙을 증진시키고, 우리의 연약함을 돕기 위하여서 하나님께서 교회에 목사와 교사를 두셨다고 말한다.(엡 4:11) 그가 그들의 입술을 통하여서 그 자신의 뜻을 증거하시기를 기뻐하셨다. 그가 권위를 가지고 그 사역자들을 교회에 주셨다. 그가 신앙과 거룩한 규례의 일치를 위하여서 어떤 것도 생략하지 아니하셨다. 무엇보다 그가 성례를 주셔서 성도들로 그 신앙을 견고하게 하고 증진시키도록 하셨다. 그리고 게다가 하나님께서 그의 경이로우신 섭리를 따라서 그 자신을 우리의 수준으로 낮추셔서 우리를 위하여서 하나의 길을 명령하셨다. 그래서 우리로 그에게 더욱 나아가도록 하셨다. 그것은 우리에게 요구하시는 것이다. 그것은 교회의 정치와 규례와 권세에 대하여서 그리고 성례와 최후의 국가 질서에 대하여서 명령하신 것이다.

---
414) Ibid., p. 124.

존 칼빈이 교회와 신조와의 관계가 무엇인가 하는 것을 말한다. 칼빈은 사도 신조의 "**거룩한 교회를 믿는다.**"라는 신앙 고백은 하나님의 영원한 택자들을 포함하는 비가시적 교회에 대한 것일 뿐만 아니라 가시적 교회에 대한 신앙 고백이라고 말한다. 칼빈은 "**거룩한 공 교회를 믿는다.**"라는 의미는 신자들과 불신자들 그리고 경건한 자들과 불경건한 자들을 나누는 중요한 지표가 된다고 말한다. 그리고 그때에 "**공회**"라고 하는 것은 "**범우주적 교회**"(Catholic Church)를 의미한다고 말한다.

존 칼빈은 교회의 통일성에 대하여서 교회는 하나이며 두 개이거나 세 개이거나 할 수 없다고 말한다. 이러한 교회의 통일성에 대하여서 칼빈은 그것은 머리이신 그리스도에게 연결되어 있기 때문이라고 말한다. 그러할 때 택자들은 그리스도 안에서 함께 연결되어서 함께 지어져 간다고 말한다. 그러한 연결의 고리로서 칼빈은 한 소망과 한 신앙 그리고 한 하나님을 예시한다. 그러므로 택자들은 동일한 유업에 참여할 뿐만 아니라 하나님과 그리스도 안에 동참한다고 말한다.415)

존 칼빈은 이러한 교회의 통일성이 외적으로 확장될 때에 그것은 우리 각각이 하나님의 자녀로서 서로 동일한 신앙의 형제적 사랑을 가지게 된다고 말한다. 그리고 그것은 신조의 일치로 드러난다고 말한다. 그것은 동일한 교회의 권위 아래 순종하는 것이며 동시에 하나의 양무리로서 그리스도에게 순종하는 것이다. 그리고 하나님께서 바로 그러한 교회 위에 그의 축복을 부으시고 무엇이든지 선한 것을 그들에게 베풀어 주신다는 것이다.

존 칼빈은 이러한 것으로부터 얻어지는 은혜를 아는 것이 매우 중요하다고 말하면서 우리가 교회를 믿는다고 할 때에 그 기

---

415) Ibid., p. 125.

반은 우리가 전적으로 그 교회의 회원이 된다고 하는 것이다. 그리고 이러한 방식 안에서 우리의 구원이 확실하게 된다고 말한다.

존 칼빈은 신자들의 어머니로서 가시적 교회에 대하여서 말한다. 그는 교회가 신자들의 어머니라고 하는 진술이 거룩한 보편 교회를 이해하는데 매우 유용하다고 말한다. 그것은 참으로 다른 방법으로서는 설명할 수 없다. 어머니가 우리를 그의 모태에 기르지 아니하면 어느 누구도 태어나지 못하듯이 모든 신자들은 그들의 삶을 교회에 의존해서 살아가야 할 것이다. 그러므로 교회를 떠나서는 죄의 용서와 구원의 소망도 없는 것이다.416)(사 37:32; 요엘2:32)

### 〈2장〉 참된 교회와 거짓된 교회의 비교

존 칼빈은 참된 교회와 거짓된 교회의 구분은 바로 말씀의 바른 선포와 성례의 바른 시행에 있다고 말한다.417) 존 칼빈은 교회의 참된 터는 사도와 선지자들의 가르침이라고 말하면서, 그러한 사도와 선지자들의 가르침을 제외시키고 어떻게 참다운 교회가 될 수 있는가라고 말한다.418)

존 칼빈은 로마 카톨릭이 거짓 교회라고 하는 그 원인에 대하여서 다음과 같이 말한다. 그것은 하나님의 말씀의 정당한 사역 대신에 거짓된 법령으로부터 잘못된 제도로 바꾸어 버렸다. 그래서 하나님께 대한 정당한 예배가 미신적인 미사의 형태로 대치되었고 고대 교회의 정통 교리가 전체적으로 사장되어 버리고 묻혀 버렸다. 공적인 치리회는 우상과 불경건의 학교가 되어 버

---

416) Ibid., p. 126.
417) John T. McNeill, Calvin: Institutes of the Christian Religion vol. 2. p. 1041.
418) Ibid., p. 1042.

렸다.419)

　그러면서 존 칼빈은 로마 카톨릭 교회가 옛날 유대교가 구약 선지자들에 의하여서 책망을 받은 우상 숭배와 불경건과 무분별한 짓을 자행한다고 논박하였다. 존 칼빈은 [**기독교 강요**] 제 4권 2장 4절에서 교회의 참된 기초는 하나님의 말씀이라고 진술한다. 칼빈은 교회의 열쇠는 하나님의 말씀이라고 하면서, 교회의 타락은 하나님의 말씀으로부터의 타락으로 기인한다고 말한다.

### 〈3장〉 교회의 교사들과 목회자 그들의 선택과 서임에 대하여서

　칼빈은 교회의 교직 제도를 논하기 이전에 교회의 참된 기초는 하나님의 말씀이라고 하는 사실을 상기해야 한다고 말한다. 그래서 하나님만이 교회 안에서 다스리고 통치하셔야 하며 권위와 우월하심을 지니셔야 한다고 말한다. 이 권위는 그의 말씀에 의하여서만 시행되어야 한다고 말한다.420) 그러므로 칼빈은 하나님께서 교회에 직원들을 세우셨으나 그것은 자신의 권세와 영광을 양도하신 것이 아니라 다만 그들의 입술을 통하여서 그의 사역을 행하도록 하신 것이다.421)

　칼빈은 그 비유를 노동자가 일을 할 때에 연장을 사용하는 것과 같다고 말한다. 존 칼빈은 [**기독교 강요**] 4권 3장 2절에서 이 목회사역의 의의에 대하여서 다음과 같이 설명한다. 하나님께서 인간 사역자들로 그의 교회를 치리하도록 하셔서 한 몸 안에서 함께 신자들을 모으시고 세우시고자 하신 것이다.422) 그러므로 칼빈은 지상의 교회는 이러한 사도적이고 목회적인 직문이 필요

---

419) Ibid., p. 1042.
420) Ibid., p. 1053.
421) Ibid., p. 1053.
422) Donald K.McKim, Calvin's Institutes, abridged edition, p. 132.

하다고 말하면서 교회의 정치를 폐지시키려고 하거나 불필요하다고 생각해서 이러한 제도를 무시하려고하는 사람들은 교회를 파괴시키고 파멸시키려는 사람들이라고 말한다.423)

## 〈4장〉 고대 교회의 상태에 대하여서
## 그리고 교황 제도 이전의 교회 정치에 대하여서

존 칼빈은 이 장에서 교회 정치의 역사적 변천에 대하여서 다루고 있다. 먼저 사역자들의 세 부류에 대하여서 그것은 목사와 교사 그리고 치리 장로와 빈민을 돌아보고 구제하는 집사의 성격이다.

존 칼빈은 고대 교회에서 감독은 장로회에서 한 사람을 선임해서 감독이라고 불렀다고 말한다. 그러나 그것은 장로회의 다른 회원들보다 더 많은 영예와 위치를 갖는 것을 의미하지는 않았다. 오직 그것은 사무를 보고하고, 견해를 묻고, 그 회의의 의장이 되어서 권고와 회의 결정 사안에 대한 심사 등을 수행하였다.424)

그때에 각 노시에 장로회가 있었고 그 장로회는 목사들과 교사들이 참여하였다. 그들은 신자들을 가르치고 격려하며 교정하는 일을 하였다. 또한 감독과 장로들의 중요한 직무는 말씀을 가르치는 것과 성례를 시행하는 것이었다.425)

집사는 신자들로부터 교회에 헌상된 예물들을 받아서 합당하게 쓰는 일을 맡았다. 그것은 감독의 지도 아래에서 빈민들의 생활비와 그 분배 상황들을 알리는 일을 하였다.

존 칼빈은 교회의 재정에 대하여서 어떻게 고대 정통 교회는

---

423) John T. McNeill, Calvin: Institutes of the Christian Religion vol. 2. p. 1055.
424) Ioannus Calvinus, Inst (1559) Lib.IV. cap.4. ver.2.
425) Ibid., Lib.IV. cap.4. ver.3.

그것을 분배하였는지에 대하여서 말한다. 그것은 네 부분으로 나누어서 분배가 되었다고 말한다. 첫 번째는 성직자들의 생활비이다. 그 다음은 두 번째로는 빈민들의 구제이다. 세 번째 교회 건물의 수리를 위하여서 이다. 네 번째는 타 지방과 본 지방의 불쌍한 사람들을 위하여서 이다.426)

존 칼빈은 고대 정통 교회는 교회의 성물을 장식하는데 교회가 매우 검소하였다고 말한다. **"그리고 후에 더욱 풍부하게 되었을 때에도 그러하였다고 말한다. 그리고 교회가 소유하고 있는 재정은 가난한 자들을 구제하기 위하여서 모아 두었으며 모아둔 재정이 모두 기부되어 버리면 교회의 기물들을 가난한 자들의 구제를 위하여서 제공되었다."**427)

존 칼빈은 고대 정통 교회의 성직자를 양육하는 제도에 대하여서 다음과 같이 말한다. **"그 제도는 교회의 지도자 교육을 위하여서 부모의 동의하에 젊은이들을 모아서 성직자로 양육하는 것이었다. 성직자라고하는 의미는 교회의 것을 "맡기운자"라고 하는 의미가 있다. 그들은 어려서부터 몸과 마음을 성별하여서 교회에 바치고자 하는 목적으로 구별되었다. 이들은 감독의 지도 아래에서 양육되었다. 이 제도는 매우 유익하고 거룩한 제도였다. 그리고 그것은 훌륭한 예비 교육을 받은 자들만이 성직을 맡을 수 있는 제도가 정착이 된 것이다. 이러한 젊은이들은 어려서부터 거룩한 학문을 배우고 엄격한 교육을 받아서 근엄하고 거룩한 생활을 하게 되었고 세상적인 일로부터 떨어져서 영적인 일에 몰두하게 하였다."**428)

---

426) Ibid., Lib.IV. cap.4. ver.7.
427) Ibid., Lib.IV. cap.4. ver.8.
428) Ibid., Lib.IV. cap.4. ver.9.

## 〈5장〉 폭군적인 교황 정치에 의하여서 고대 교회 정치 제도가 전복되었다

존 칼빈은 이 장에서 교회의 거룩한 정치 제도가 폭군적인 교황 정치에 의하여서 전복되었다고 하는 것을 다룬다.

첫째로 가장 먼저 감독직에 필요한 자격이 무시되기 시작하였다. 그래서 감독직에 무엇보다 중요한 학식에 대한 시험이 고리타분한 제도로 전락하여서 거의 거룩한 학문을 조금이라도 이해하는 감독을 백에 하나도 찾아 볼 수 없게 되었다. 가장 극악한 것은 교황의 명령에 의하여서 열 살도 되지 않는 아이를 감독의 자리에 앉힌 것이다.429)

두 번째 칼빈이 지적한 것은 교황 제도의 폭력성으로 인하여서 고대 정통 교회가 가지고 있었던 일반 신자들의 감독 청빙에 대한 투표, 찬성, 서명, 승낙과 같은 제도가 박탈당했다는 것이다.430)

세 번째로는 성직자들의 태만으로 통치자들의 간섭이 늘어나게 되었다는 것이다. 그것은 일반 신자들에게 있었던 선거권을 관원과 로마 교황의 합의하에 관원들에게로 임명권의 형태로 돌아갔다고 하는 것이다.431)

## 〈6장〉 로마 교황청의 수위권에 대하여서

존 칼빈은 로마 교황청의 수위권에 대하여서 그것은 고대 정통 교회로부터 근거를 찾을 수 없는 악폐라고 논박한다. 특히 교회의 열쇠권에 대한 왜곡된 그들의 견해가 결국 그러한 결과로 나아가게 되었다고 비판한다.

---

429) Ibid., Lib.IV. cap.5. ver.1.
430) Ibid., Lib.IV. cap.5. ver.2.
431) Ibid., Lib.IV. cap.5. ver.3.

존 칼빈은 열쇠를 매고 푸는 권세는 그리스도께서 베드로에게 약속하셨다고 할지라도 그것은 모든 사도들에게 동등하게 부여하신 것이며 한 사도에게 약속하신 권리를 모든 사도들에게 허락하신 것이다. 그러므로 어떤 면에서도 베드로가 다른 사도들보다 우월하지는 않은 것이다.432)

존 칼빈은 교회의 참된 기초에 대하여서 그것은 그리스도라고 말한다. 그러므로 사람이 교회의 머리가 될 수 없다. 그러므로 교회의 머리되신 그리스도의 지위는 누구에게 양도될 수 있는 것이 아니다. 이러한 면에서 교황 제도는 망할 제도라고 하는 것이다. 그러므로 인간 왕이 아닌 그리스도 안에서만 하나가 되는 것이다. 그러므로 어떠한 수위권도 베드로에게 주어진 것은 없다. 그런데 우리가 그것을 양보한다고 가정하여도 로마 카톨릭이 그것을 교황의 수위권으로 가져다가 부칠 수 있는 이유는 전혀 없다. 결국 그것은 어불성설이다.433)

## 〈7장〉 로마 교황권의 기원과 발달에 대하여서 또한 그들이 그 자리를 최대로 높여서 교회의 자유를 억압하고 모든 규례를 뒤집어 버렸다

존 칼빈은 이 장에서 로마 교황권의 기원과 발달에 대하여서 자세하게 문헌들을 뒤져서 비판한다. 그리고 그러한 잘못 정착된 제도로 인하여서 교회의 자유가 억압되고 모든 합당한 규례들이 전복되었다고 비판한다.

## 〈8장〉 신조에 대한 교회의 권세에 대하여서; 그리고 교황 제도 안에서 모든 교리의 순수성의 파괴와 몰락에 대하여서

존 칼빈은 교회의 어떠한 가시적 권세로도 하나님의 말씀을

---

432) Ibid., Lib.IV. cap.6. ver.4.
433) Ibid., Lib.IV. cap.6. ver.5. ~14.

넘어서서 어떤 교리를 결정할 수 없다고 주장한다.

### 〈9장〉 교회의 회의들과 그 권위에 대하여서

존 칼빈은 이 장에서 교회의 회의의 참된 권세에 대하여서 다루고 있다. 교회 회의에서도 오류된 결정은 내릴 수 있다고 말한다. 그러므로 성경으로부터 벗어난 모든 교회의 결정은 효력이 없는 것이라 말한다. 오직 성경의 빛으로부터 교회의 회의의 가치는 결정되는 것이다.434)

### 〈10장〉 법을 세우는 권세에 대하여서, 교황은 이 권한을 가지고 사람들의 영혼과 육체 안에 가장 야만적인 폭군적 행위를 자행하였다

존 칼빈은 이 장에서 교회의 법과 전통 그리고 하나님 앞에서 신자들의 양심에 대하여서 자세하게 말한다. 인간의 양심과 교황 제도의 권세 사이에서 하나님만이 유일한 입법자라고 말한다. 그러므로 교회의 법은 오직 하나님의 말씀으로부터 추론하여서 결정되어야 한다고 말한다. 칼빈은 로마 카톨릭이 자신들을 스스로 사도적이라고 말하는 것은 어리석은 오류라고 비판한다. 교회의 전통과 인간의 발명품들은 오직 그리스도의 말씀에 의하여서 판단되어야 한다고 말한다. 그러므로 칼빈은 정당한 교회의 정치와 질서는 하나님의 말씀을 따라서 오직 사랑과 양심 안에서 정해져야 한다고 말한다. 그러나 칼빈은 교회의 법이 필요하다고 하는 사실에 대하여서 설명한다. 그는 교회의 질서와 공적인 신앙의 규범을 위하여서 교회의 법이 있어야 할 것을 말한다. 그러므로 칼빈이 비판하는 것은 교회의 법 자체가 아니라 하나님의 말씀으로 부터 벗어나서 왜곡되어 버린 교회 법의 잘못된 내용이다.435) 그러므로 참되고 올바른 교회의 법은 하나

---

434) Donald K.McKim, p. 138.

님의 말씀에 기초해야 한다고 말한다.

## ⟨11장⟩ 교회의 재판권과 교황 제도 안에서 그것의 남용과 실행에 대하여서

존 칼빈은 교회의 재판권에 대하여서 그것은 전적으로 도덕적인 권징에 관한 것이며 사법권이 아니라고 말한다.436) 그리고 이어서 칼빈은 그러한 권세는 어느 개인에 의하여서 집행되는 것도 아니라고 말한다. 그것은 장로회에 속한 것이다. 칼빈은 치리회의 권세가 가장 높다고 하는 의미를 다음과 같이 표현한다. **"감독이 다른 사람들 보다 영예가 더 높은 것처럼 치리회가 개인의 권위보다 더욱 높다."**437) 이러한 칼빈의 입장들은 후대에 장로교회 치리회의 열쇠의 권세가 어디에 소재하는가 하는 것에 대한 개혁주의 입장을 드러내는 것이다. 그러므로 칼빈은 로마 카톨릭이 고대 정통 교회의 치리회에 대한 권세를 박탈하고 교황을 치리회 위에 높이는 극악한 부패를 행하였다고 비난하였다.

## ⟨12장⟩ 교회의 권징에 대하여서 그것의 실천으로서 견책과 출교에 대한 시행에 대하여서

존 칼빈은 권징의 목적이 세 가지라고 말한다. 첫째는 하나님의 영예를 더럽히는 추잡하고 파렴치한 생활을 하는 자들에게 그리스도인이라는 이름을 빼앗는 것이다. 둘째는 악한 사람들과 항상 교제함으로서 선한 사람들이 타락하는 일이 없도록 하려는 것이다. 세 번째는 부끄러움을 모르는 사람들이 회개를 시작하

---

435) Ibid., p. 139.
436) Ioannus Calvinus, Inst(1559) Lib.IV. cap.11. ver.1.
437) Ibid., Lib.IV. cap.11 ver.6:"Ut est reliquis honore superior, ita in ipso collegio plus est autoritatis quam in uno homine."

게 하고자 하는 것이다.438) 교회의 권징은 온화하게 해야 한다고 주장하면서 교회의 권징의 엄격주의를 지향하였던 도나투스파와 재세례파의 유혹에 빠져들지 말 것을 권고한다.439)

### 〈13장〉 서원에 대하여서 그것의 무분별한 사용과 그로 인하여서 불행하게 연좌되어 버린 사람들에 대하여서

존 칼빈은 로마 카톨릭의 독신 서원과 수녀 제도에 대하여서 비판하면서 감당할 수 없는 짐을 스스로 지고 수행할 수 없는 서원을 수행하려고 하는 것은 어리석은 것이라고 말한다. 그러므로 하나님께서 지우시지 아니하신 짐을 지는 것은 언제든지 벗어버릴 수 있다고 말한다.440)

### 〈14장〉 성례에 대하여서

존 칼빈은 성례에 대하여서 그것은 주께서 그의 선하신 뜻을 우리를 향하여서 베풀어 주시고자 우리의 양심에 인치신 외적 표징이라고 말한다. 그것은 우리의 연약한 신앙을 견고하게 한다.441) 그러므로 성례는 주님께서 우리를 향하여서 외적 표징을 통하여서 베푸시는 신적 은혜의 증거라고 하는 것이다. 그래서 그것은 **"거룩한 것의 가시적 표징이며 보이지 않는 은혜의 가시적 형상이다."** 그러므로 성례의 표징은 그 성례가 지향하는바 실체인 하나님의 말씀과 연결되어 있다고 말한다. 하나님께서는 이 성례를 수단으로 하여서 어리석고 무지한 우리에게 그의 말씀을 드러내신다. 우리가 거룩한 말씀을 우리의 믿음 안에 둔다고 할 때에 그것은 성례를 통하여서 어느 정도 외적으로 드러나

---

438) Ibid., Lib.IV. cap.12 ver.5.
439) Ibid., Lib.IV. cap.12 ver.11~14.
440) Ibid., Lib.IV. cap.13
441) Donald K.McKim, p. 145.

는 것이다. 그러므로 성례는 말씀과 외적 표징으로 구성되어 있다. 그러므로 우리는 말씀이 의미 없는 속삭임이 아니고 믿음 없는 단순한 소음이 아니며 마술사의 주문과 같은 것이 아니라고 하는 것이다. 그러므로 가르치는 자는 그에 대한 올바른 이해를 통하여서 신자들에게 일러주어야 한다.

존 칼빈은 성례란 성령께서 내적인 선생이 되셔서 성도들 안에 효과적으로 역사하심으로서 그 적절한 시행이 이루어지는 것이라고 말한다. 그러므로 그것은 성령께서 그의 능력으로 마음 안에 오직 집중되고 감동하셔서 우리의 영혼을 그러한 효력 안으로 들어가게 하시는 것이다. 만약 성령께서 역사하시지 아니하시면 성례는 우리의 마음 안에서 어떠한 효력도 얻지 못한다. 성령께서 그의 권능을 드러내심으로서 그 효력이 나타나는 것이다.442) 성례는 하나님의 말씀과 동일한 역할을 한다. 성례는 그리스도께서 우리와 함께 하시며 하늘의 신령한 은혜를 내려 주시는 분이심을 증거한다.

존 칼빈은 성례는 주님께서 다양한 방식으로 그의 백성들에게 그 자신을 나타내시기를 기뻐하심을 따라서 각 경륜 안에서 다르게 나타났다고 말한다. 아브라함과 그의 후손들을 위하여서 할례가 주어졌다.(창 17:10) 그리고 모세 이후 결례(레 11장~15장)가 첨가 되었으며, 희생과 다른 의식들이 지켜졌다.(레 1장~10장) 이것이 그리스도께서 오시기 전까지 구약 성도들의 성례였다. 그러나 그가 오심으로서 그러한 구약의 성례는 폐지되었고 두 개의 성례가 그리스도에 의하여서 제정되었다. 그것은 세례와 주의 만찬이다. 옛 언약의 성례들도 동일한 목적으로 시행되었다. 그것은 오실자 메시야 이신 그리스도에게로 인도하는 것이었다. 그러므로 형상과 의식들은 그림자와 모형으로서

---

442) Ibid., p. 146.

그것들의 실체이신 그리스도를 비추어 주었다.443)

### 〈15장〉 세례에 대하여서

존 칼빈은 세례는 교회의 일원이 되는 것을 수납하는 것으로서 그리스도와 접붙히기 위한 표징이라고 말하면서, 세례를 통하여서 우리가 하나님의 자녀로 간주되는 것이다. 그러므로 세례는 하나님 앞에서 우리의 신앙의 표징이고 사람들 앞에서 우리의 신앙의 고백이다.444)

존 칼빈은 세례의 외적인 형상인 물은 하나님의 말씀 없이는 어떠한 가치도 없다고 말한다. 그러므로 세례는 그리스도의 보혈의 공로를 통하여서 깨끗하게 되는 그러한 의미 이외에 다른 의미가 없다. 그것은 사물을 깨끗하게 씻는 역할을 하는 물을 통하여서 표현된 것이다. 그러므로 물 자체는 아무런 의미가 없다.

존 칼빈은 의심할 것 없이 모든 경건한 사람들은 삶을 통하여서 자신들의 과실로 인하여서 양심에 고통을 겪을 때에 그들이 받은 세례를 통하여서 자신들을 다시 생각함으로서 그리스도의 보혈 안에서 누리는 사죄의 확신을 얻게 된다고 말한다.445)

존 칼빈은 궁극적으로 세례를 통하여서 성도들은 그리스도의 죽으심과 살아나심 안에서 그리스도와 연합하고 그가 주시는 하늘의 신령한 복을 받는 증거를 얻게 되는 것이라고 말한다.446)

존 칼빈은 세례는 사람들 앞에서 우리의 신앙 고백이라고 하면서 그것은 우리가 하나님의 자녀라고 하는 사실을 상기시켜 주는 것이라고 말한다. 세례를 받은 사실을 통하여서 우리는 하

---

443) Ibid., p. 147.
444) Ibid., p. 148.
445) Ibid., p. 149.
446) Ibid., p. 150.

나님께 합당한 예배를 드리는 자라고 하는 것이며 그와 동일한 세례를 받은 자들은 그리스도 안에서 하나라고 하는 것이다. 그리고 궁극적으로 우리의 신앙을 확증한다. 그리고 마음으로 하나님을 찬양하는 것이다.447)

### 〈16장〉 그리스도에 의하여서 제정된 유아 세례에 대하여서 그 표징의 본질에 일치하는 것에 가장 선한 것에 대하여서

존 칼빈은 새 언약의 교회가 시행하는 유아 세례는 구약의 유아들에 대한 할례와 동일한 것이라고 말한다. 할례는 유대인들을 통하여서 교회에 들어온 첫 번째 성례이다. 그것으로 구약의 성도들은 하나님의 집에 들어온 양자됨의 표징으로 삼았다. 그리고 그와 동일하게 새 언약 아래에서는 세례를 통하여서 그러한 표징을 삼았다. 그러므로 세례는 구약 시대 할례가 행하였던 것과 동일한 효력을 가지고 있다. 그 두 성례의 차이점은 방식과 신구약 경륜의 차이점일 뿐 실체와 효력의 차이는 아니라고 하는 것이다.

하나님께서 구약 시대에는 할례를 통하여서 그의 언약의 외적 표징을 드러냈다면 새 언약 시에서는 세례를 통하여서 그의 언약의 외적 표징을 드러내셨다. 그러므로 구약 시대에 할례를 통하여서 구약의 유아들이 하나님의 언약의 자녀로 가입된 것처럼 신약 시대의 유아들은 유아 세례를 통하여서 하나님의 언약의 자녀로 입양되는 것이다.448)

### 〈17장〉 그리스도의 거룩한 만찬에 대하여서 그리고 그것이 우리에게 주는 유익에 대하여서

---

447) Ibid., p. 152.
448) Ibid., p. 153.

## 제 2 장 종교 개혁 역사와 개혁 장로 교회사 249

존 칼빈은 주의 만찬에서 베풀어지는 떡과 포도주는 영적 양식을 의미한다고 말한다. 하나님께서 우리를 단번에 그의 백성으로 받으시고 우리를 그의 백성으로 뿐만 아니라 그의 자녀로 삼으셨다. 그러므로 우리가 그에 대하여서 행하여야 할 의무는 바로 그를 아는 것이다. 주의 만찬은 가시적 말씀으로서 떡과 포도주를 통하여서 하나님의 은혜를 깨닫게 하시고자 하신 것이다. 그러므로 세례가 하나님의 백성으로 가입하는 외적 표징으로 주어졌다면 주의 만찬은 각 개인 신자들의 영적 성숙을 위하여서 베풀어졌다.449)

첫 번째 그 외적 표징은 떡과 포도주이다. 그것은 우리에게 보이지 아니하시는 영적 양식을 표현하는 것이다. 우리는 그러한 가시적 표징을 먹고 마심으로서 그리스도의 몸과 피를 먹고 마시는 것이다. 오직 그리스도만이 우리의 영적 양식이다. 그러므로 우리의 하늘 아버지께서는 그리스도에게 우리의 모든 영적 양식을 맡기신 것이다. 주의 만찬 시에 떡과 포도주는 그리스도를 상징한다.

두 번째 그 실체는 그리스도이시다. 그리스도께서 떡과 포도주의 실체가 되신다. 그리고 그것은 하나님의 말씀으로 나타나는 것이다. 하나님의 말씀이 바로 그리스도를 드러내는 것이다. 그러므로 떡과 포도주는 그리스도의 영적 임재를 드러내는 것이다. 주의 만찬의 떡과 포도주를 통하여서 그리스도께서 영적으로 임재하셔서 그의 축복을 내리신다.450) 그러므로 주의 만찬 시에 떡과 포도주는 하나님의 약속에 대한 표징이라고 할 수 있다. 그러므로 우리들은 믿음으로 그 예식에 참여함으로서 그 효력을 얻게 된다. 이것이 주의 만찬의 비밀이다.451)

---

449) Ibid., p. 155.
450) Ibid., p. 157.

### ⟨18장⟩ 교황주의 미사에 대하여서 그것은 그리스도의 만찬을 더럽힐 뿐만 아니라 말살시키는 신성 모독적 행위이다

존 칼빈은 로마 카톨릭의 미사는 신성모독적이라고 말한다. 그리고 로마 카톨릭이 행하는 성찬식은 그야말로 미신 투성이라고 비판한다. 칼빈은 로마 카톨릭의 성체시의 희생의 개념에 대하여서 설명하고 "**희생**"에 대한 성경적 사용을 설명한다. 결론은 오직 새 언약 교회의 성례는 세례와 성찬 이 두 가지 이외에 없다고 하는 것이 칼빈의 입장이다. 이 두 가지만이 그리스도께서 제정하여 주시고 사도들이 교회에게 세운 전통이라는 것이다. 이 두 가지 성례로부터 벗어나서 여러 가지 의식들을 첨가하는 것은 인간의 자의적인 발명품일 뿐이라고 칼빈은 비난한다.452)

### ⟨19장⟩ 다섯가지 거짓 성례라고 부르는 것들에 대하여서: 그 전까지는 관습적으로 성례라고 불렀지만, 그것은 성례가 아니다. 그리고 그러한 것들에 대하여서 밝혀서 진상을 천명한다

존 칼빈은 5가지의 거짓 성례에 대하여서 그것들은 하나님의 말씀으로부터 권위를 얻지 못한다고 말한다. 그리고 초대 교회로부터도 증거를 얻지 못한다고 말한다. 칼빈은 견신례는 성례가 아니라고 말한다.453)

### ⟨20장⟩ 국가 정치에 대하여서

존 칼빈은 시민 통치에 대하여서 그 제도가 가지는 유익한 점과 그러나 그 제도를 통하여서 야기되는 위험성에 대하여서 지

---

451) Ibid., p. 158.
452) Ibid., p. 162.
453) Ibid., p. 162.

적한다. 칼빈은 시민 통치 제도에 대하여서 전적으로 거부하는 자들을 야만인이라고 정죄하고 그러나 그와 정반대로 군주에게 아첨하여서 군주의 권력을 과장하는 자들도 무서운 해독이라고 말한다.454) 칼빈의 이러한 견해를 통하여서 우리들은 칼빈이 무정부주의자들과 전체주의자들에 대하여서 반대하고 있음을 알 수 있다.

존 칼빈은 그러므로 시민 정부가 어느 정도 필요하고 그것을 통하여서 성도들의 신앙생활에 유익이 되기도 하는 것을 설명한다. 그러므로 그러한 시민 정부는 그리스도인들과 전적으로 무관한 것으로 생각할 수 없다고 하는 것이다. 칼빈은 건전한 시민 정부가 있음으로서 성도들이 이 세상에서 사는 동안 하나님께 대한 외적인 예배와 경건한 교리와 가시적 교회의 위치를 보존하고 살아 갈 수 있다고 말한다.455)

존 칼빈은 그러므로 건전한 시민 정부의 주요 임무에 대하여서 다음과 같이 설명한다. 가장 먼저 시민 정부는 하나님의 이름에 대한 모독 하나님의 진리에 대한 훼방들 그리고 종교에 대한 공공연한 방해 등이 발생하지 않도록 하고 치안을 유지하며 시민들의 재산을 보호하고 사람들이 서로 선한 교제가 가능하게 하고 사람들 사이에 영예와 온화로 가득하게 하는 것이다. 요약하면 그리스도인들 사이에 공적인 종교 생활이 가능하고, 시민들 사이에 인간성이 보존되게 하는 것이다.456)

존 칼빈은 집권자의 지위는 하나님께서 정하시기 때문에 성도들이 집권자들을 이유 없이 부인 또는 배척하는 것은 불가하다고 말한다. 그러나 집권자들도 그러한 시민들의 권리를 보존하

---

454) Ioannus Calvinus, Inst(1559) Lib.IV. cap.20. ver.1.
455) Ibid., Lib.IV. cap.20. ver.2.
456) Ibid., Lib.IV. cap.20. ver.3.

기 위하여서 하나님의 대리자처럼 그의 직무를 시행해야 할 것을 말한다.457)

존 칼빈은 어떠한 정부 형태가 가장 바람직한가 하는 문제에 대하여서 대의정치라고 말한다.458) 칼빈은 집권자들이 자신의 직책과 관련하여서 율법의 두 돌판을 사려해야 할 것을 말한다. 그러므로 첫 번째 돌판과 관련하여서는 하나님께 대한 경배와 종교를 순수하고 흠 없게 보존하고 종교를 더욱 활성화 시키는 것이다. 그러므로 하나님에 대한 관심에 대하여서 태만하고 인간들 사이의 정의(正義)만을 세우는 것은 우매한 통치자라고 하는 것이다. 이제 칼빈은 둘째 돌판과 관련하여서 공평과 정의를 세우고 탈취당하고 압박받는 자의 권리를 보호하며 이방인과 고아와 과부를 압제하거나 학대하지 말고 무죄한 피를 흘리지 말아야 한다고 말한다. 집권자들은 하나님의 재판장으로서 악인들에 의하여서 침해를 받는 선한 사람들의 권리를 보존해 주고 사회의 평화를 어지럽게 하거나 무너뜨리는 자들의 악한 행위들을 제어하는 것이다.459)

존 칼빈은 그러므로 건전한 공권력은 정당하다고 말한다. 그러므로 집권자가 하나님의 공의를 실현하는 자로서 공권력을 발휘 할 때에 그것은 정당하다고 말한다. 칼빈은 정부의 전쟁 수행권에 대하여서 설명하면서 통치자와 시민들은 공적인 보복을 위하여서 무기를 들어야 할 때가 있다고 말한다. 그리고 이러한 목적으로 수행하는 전쟁은 합법적이라고 말한다. 그러므로 공권력이 시민의 치안과 질서를 유지하는데 발휘된다면 한 나라 전체를 황폐하게 하는 도적들의 침략을 그대로 둘 수 없다고 말한

---

457) Ibid., Lib.Ⅳ. cap.20. ver.4~5.
458) Ibid., Lib.Ⅳ. cap.20. ver.8.
459) Ibid., Lib.Ⅳ. cap.20. ver.9.

다. 그러므로 그러한 자들을 방어하기 위하여서 통치자와 시민들은 전쟁을 수행해야 할 수 있다고 말한다. 그러나 칼빈은 집권자가 절제해야 할 전쟁을 일으킬 수 있는 권한이란 바로 집권자의 사적인 감정에 지배를 받아서 전쟁을 하지 말고 오직 시민들을 위한 불가피한 수단으로서 전쟁을 수행해야할 것이라고 말한다.

존 칼빈은 정부의 과세권에 대하여서 그것이 남발되지 말아야 할 것을 주장한다. 과세권이 관원들의 공적 경비와 사적인 삶에 매우 필요하기는 하지만 시민들의 고혈을 짜는 그러한 과도한 과세는 결국 잔혹 행위이며 그것은 약탈이라고 주장한다. 그러므로 각종 세금은 필요한 공공 재원에 제한되어야 하며 이유 없는 과세는 전제적 착취란 것을 숙고해야 할 것이라고 가르친다.460)

## 【4】 칼빈 신학의 원리들

### 오직 성경(Sola Scriptura)과 모든 성경(Tota Scriptura)

존 칼빈 신학의 원리들은 매우 중요하다. 그것은 칼빈의 신학적 원리들이 어디에 기초하며 그리고 그러한 신학적 원리들을 따라서 후대에 개혁주의 신학이 어떻게 발전되어 왔는가 하는 것에 대한 중요한 기초가 되기 때문이다.

존 칼빈 신학의 원리들은 이미 마틴 부쩌와 하인리히 불링거 그리고 울드리히 쯔빙글리로 이어지는 가장 좋은 개혁의 원리들에 있다. 그리고 마르틴 루터가 종교 개혁을 시작하기 이전인 주후 1517년 이전 비텐베르그 대학에서 그의 문하생들에게 가

---

460) Ibid., Lib.Ⅳ. cap.20. ver.10~13

르쳤던 갈라디아서 강의에서 칼빈 신학의 원리들이 보여지고 있다.

그러므로 마틴 루터는 주후 1517년 이전과 이후의 사상으로 나누이게 된다. 그의 사상이 주후 1517년 종교 개혁이라고 하는 시발점을 넘어섰을 때 더 이상 그 이후의 루터는 그 이전의 루터와 다르게 되었다. 특히 루터가 갈라디아서 강해를 하였을 때 그 갈라디아서 강해에 드러난 신학적 원리들이 나중에 존 칼빈의 신학적 원리들과 일치한다. 주후 1517년 이전의 루터의 가르침은 존 칼빈의 가르침과 일치한다. 그러나 칼빈이 종교 개혁 이전의 루터의 갈라디아 강의를 직접 들었다고 할만한 증거들이 없다고 할 때에 칼빈은 루터와는 달리 독자적으로 그의 신학적 원리들을 구축하였을 것으로 보는 것이 타당하다. 다만 그가 루터의 영향을 전혀 받지 않은 것으로 볼 수 없다. 이미 그 당시에 대부분의 개혁주의자들은 루터의 저서로부터 직접적으로 간접적으로 영향을 받고 있었다. 칼빈이 그의 친구 콥의 학장 취임사를 저술했을 때 그 내용이 루터의 추종자들의 사상으로 프랑스 당국이 생각한 것은 그만큼 그 당시에 종교 개혁 정신을 루터의 사상으로 보려고 하는 측면이 강하게 있었다는 것을 말한다. 그러나 울드리히 쯔빙글리, 부쩌, 불링거와 존 칼빈으로 이어지는 개혁주의 신학의 구조는 루터주의 신학의 구조와 전혀 다르는 것이다. 그러한 분명한 교리적 차이들이 종교 개혁이 확산되면서 점차적으로 드러나기 시작하였다. 그리고 그러한 교리적 차이는 후대에 개혁 교회 루터 교회로 개신교 진영이 나누어지는 계기가 되었다.

오히려 칼빈의 많은 사상은 마틴 부쩌로부터 온 것으로 볼 수 있다. 그러므로 종교 개혁 역사에 있어서 개혁 교회와 루터 교회는 매우 다른 형태로 발전하였다. 개혁 교회들은 전반적으로 거의 일치하는 신학적 원리를 가지고 북유럽과 영국 그리고 스코틀랜드와 프랑스와 남부 유럽의 이탈리아, 동부 유럽의 보헤미아, 폴란드 등 유럽 각처로 다양한 문화적 형태를 가지고 발전하였다. 그러나 루터주의는 루터 교회라고 하는 미명 아래에서 독일과 스칸디나비아 반도에 머무르는 것으로 그 발전의 형태가 제한적이었다.

그러므로 비록 종교 개혁의 시발점이 루터로부터 시작되었다고 할지라도 이미 그 당시에 스위스 쮜리히에서 개혁을 시작하였던 울드리히 쯔빙글리의 신학적 원리들이 종교 개혁의 신학적 원리의 시작으로 보는 것이 타당하다. 다만 주후 1517년 이전에 루터의 사상이 개혁주의 교리와 일치하는 점이 있다는 측면을 통하여서 루터의 사상이 후기로 가면서 변질되었을 것으로 추정이 된다. 루터는 당대 독일의 영주들과 결탁하여서 종교 개혁을 시도하면서 많은 부분에 세속 관원의 입김이 영향을 미쳤다. 이러한 루터의 사상은 루터주의로 발전하면서 더욱 개혁주의 신학과 멀어지게 되었다. 루터주의 사상은 원리적으로 개혁주의 사상과는 다르다. 그리고 그러한 차이점은 존 칼빈의 기독교 강요를 통하여서 더욱 분명하게 드러났다. 개혁 주의 신학은 존 칼빈의 신학적 저술을 통하여서 그 분명한 체계가 드러났다고 할 수 있다. 칼빈 신학의 중요한 원리는 결국 그가 로마 카톨릭의 부패한 교회로부터의 원리적으로 다른 길을 가야할 필요성과 맞물려 있었다. 왜냐하면 로마 카톨릭의 모든 원리는 가시적 교회의 완전성과 보편성 그리고 절대성에 있기 때문이다. 그래서 가시적 로마 카톨릭의 교리로 부터의 이탈은 이단의 멍에를 써야 하는 것이었다. 로마 카톨릭은 그들 이외에 다른 어떤 형태의 가시적 교회를 용납하지 않았던 것이다. 그리고 그러한 로마 카톨릭의 가시적 교회 형태는 계급구조적인 교직자 제도를 통하여서 구현된 계속적인 발전의 형태의 교회였다. 이러한 교회의 형태에 저항하는 원리로서 그가 종교 개혁의 원리적인 기초를 오직 성경(Sola Scriptura)에 두었던 것이다. 성경이 하나님의 말씀이라고 하는 교리는 로마 카톨릭과 공유하는 교리이다. 그러나 로마 카톨릭은 성경과 함께 교회의 전통을 동등한 위치에 두고 있었기 때문에 실질적으로 성경보다 교회의 전통이 더욱 우위를 차지하는 그러한 형태의 교회였다.

존 칼빈은 이에 대하여서 오직 성경만이 교회의 유일한 기초가 된다고 하는 원리를 갖게 되었던 것이다. 그러나 로마 카톨릭 교회는 가시적 교회로부터 신구약 성경이 나왔다고 본다. 그러므로 성경보다 더욱 근원적으로 가시적 교회를 성경의 발생의 기초로 둔다.

그러나 종교 개혁자들은 교회조차도 성경으로부터 나왔다고 말한다. 그것은 하나님의 말씀이 교회의 기초가 된다는 주장이다. 이러한 원리적인 큰 차이는 로마 카톨릭과 개혁 교회의 중요한 그 근원적 교리의 차이로 되어 있다. 이러한 두 차이로 인하여서 이제 더 이상 로마 카톨릭은 개혁 교회를 부정하지 못하게 되었다. 왜냐하면 개혁 교회는 자체적인 원리를 가지게 되었기 때문이다. 또한 그리고 그러한 자체적인 원리가 개혁 교회가 고백하고 있는 성경 자체의 교리적인 성격이기도 하기 때문이다. 로마 카톨릭은 개혁 교회의 오직 성경의 원리를 부정할 수 없게 되었다.

존 칼빈도 이러한 개혁주의의 원리를 따라서 오직 성경을 종교 개혁의 기초적인 원리로 삼았고 그 원리를 따라서 모든 신학적 체계를 세웠다. 그러나 이러한 기초적인 원리는 이미 울드리히 쯔빙글리, 하인리히 불링거와 마틴 부쩌에게 있었으며 그 당시에 외콜람파디우스와 피터 마터 등 모든 종교 개혁주의자들의 동일한 신앙 고백적 원리가 되었다.

존 칼빈은 고대 교회의 교부들의 문헌들을 통하여서 성경만이 교회의 참된 교사가 될 수 있으며 후대에 발생한 모든 인간적인 교회의 전통이 정통 교회에 첨가될 수 있는 교리적 내용을 구성할 수 없다고 주장하였다. 그러므로 성경으로부터 이탈된 가시적 교회의 전통은 오직 성경으로 비판하고 제거되어야 할 인간적인 유산으로 간주하게 되었다.

이러한 종교 개혁주의자 존 칼빈의 신학적 원리는 오직 성경만이 교회를 세우는 모든 것 즉 정통 교리와 교회 정치와 권징 예배 지침에 이르기까지 유일한 근원이라는 것이다. 오직 성경 이외에 다른 어떤 인간적인 제도들도 교회의 전통이 될 수 없다. 그리고 교회를 이루는 데 첨가 될 수 있는 요소도 아니다. 칼빈은 그러므로 제네바 교회를 개혁하려고 하였을 때 바로 그러한 원리를 따라서 교회의 정치와 권징과 치리를 하였던 것이다.

## 하나님의 삼위일체(De Trinitate Dei)

존 칼빈은 오직 성경만이 모든 교회의 원리들의 기초라고 주장 할 때에 그가 그러한 신학의 원리를 세우면서 오직 성경에 계시된 하나님은 삼위일체라고 주장하였다. 이것은 이미 주후 2세기 이후에 지속적인 논쟁을 통하여서 정립된 교회의 정통 교리였고 로마 카톨릭 조차도 공유하는 교리였다. 그런데 칼빈은 이 삼위일체 교리를 성경의 해석의 원리로 삼았던 것이다. 그가 기독교 강요 최종판을 내놓을 때 사도 신조의 구조를 따라서 재정리한 것은 바로 그러한 원리를 구조적으로 드러내고자 하였기 때문이다.

존 칼빈에게 정통 교회의 삼위일체 교리는 단순히 신앙 고백의 차원을 넘어서서 모든 신학 체계의 원리이며 교회 정치와 권징과 예배 지침서의 원리이기도 하였다. 그는 삼위일체론 위에 그의 신학의 체계를 세웠다. 그래서 그가 예정론과 은혜 언약의 통일성을 진술할 때에 그 예정은 삼위일체 하나님의 영원하신 예정으로서 진술하였고 그러한 예정의 내용으로 되어 있는 은혜 언약의 통일성은 삼위일체 하나님의 영원한 예정 안에서 주어진 내용으로서 은혜 언약의 통일성이었다. 그러므로 칼빈은 하나님의 영원하신 예정과 그 예정의 내용으로서 은혜 언약의 통일성은 불변하는 것 이었다. 다만 그 경륜의 방식의 차이로서 구약과 신약이 나누이는 것으로 보았다. 그래서 옛 언약은 족장들과 모세의 율법을 통하여서 모형과 그림자의 형태로 그 언약이 주어졌고 새 언약은 그리스도 안에서 실체로서 주어졌다. 이것은 은혜 언약의 경륜의 차이이다. 그러나 그 두 언약은 그 언약이 지향하는 내용과 실체는 동일하다. 그러므로 신구약 언약 그 자체의 실체는 삼위일체 하나님이시다. 신구약 언약 안에서는 한 하나님과 한 신앙과 한 소망과 한 주님이 계시되어 있다. 그리고 동일한 예정의 내용으로서 구원의 서정 그리고 동일한 교회의 형태와 동일한 구원의 언약을 가지고 있다.

칼빈은 말하기를 삼위일체 하나님께서 피조물과의 관계 안에서 역사하신 이러한 모든 계시된 내용들은 하나님의 영원하신 작정과 예정 아래에 종속되는 것이라고 하였다. 그러므로 하나님의 작정과 예정은 하나님의 삼위일체 안에서 의논된 것이다. 그리고 그것이 하나님의 자유로우시고 기뻐하신 뜻이었다. 이렇게 삼위일체 하나님의 뜻과 의논과 피조물에 대한 작정과 이성적 존재에 대한 예정, 그리고 그 예정의 내용으로서 삼위일체 하나님께서 계시되어 있는 은혜 언약과 그 언약의 실체의 통일성에 대한 교리는 모두 근원적으로 삼위일체 하나님에 대한 교리로부터 나온 것이다. 이러한 삼위일체의 교리적인 체계는 칼빈 신학의 전 구조를 이루는 것이다. 칼빈은 삼위일체 교리로 시작하여서 마치는 그의 교리적인 체계의 시작과 마침을 한다. 그러므로 정통 교회의 삼위일체 교리는 칼빈 신학의 전 구조적인 체계의 기초가 된다.

## 삼위일체 하나님의 영원하신 예정

칼빈은 예정론을 통하여서 이제 고대 정통 교회의 교리들이 어떻게 실천적 방안을 찾게 되었는지를 진술한다. 칼빈의 예정론은 그러므로 가장 실천적이고 가장 실재적인 예정론이다. 칼빈은 예정론을 통하여서 신자들의 삶의 원리가 어떠해야 하며 어떠한 삶을 살아가야 하는가를 드러내고 있다.

칼빈은 예정론을 단순히 사변적인 지적 유희를 추구하는 형태로서가 아니라 신자들의 삶의 원리로서 다루고 있다. 칼빈은 말하기를 거룩한 삼위일체 하나님의 자유로우시고 기뻐하신 뜻과 의논 안에서 작정되고 예정된 그 실체는 변할 수 없는 것이라고 말한다. 왜냐하면 그러한 실체는 하나님의 역사의 방식과 관련하여서 영원한 것이기 때문이다.

칼빈은 인간의 타락조차도 하나님의 영원하신 작정 안에 있었으며 그 타락의 책임성조차도 작정되었기 때문에 인간이 하나님 앞에서 어떠한 변명도 할 수 없다고 칼빈은 말한다. 비록 인간의 타락이 하나님의 작정으로부터 나온 것이라고 할지라도 선하신 하나님께서 죄의 창시자가 될 수 없으신 것은 그 작정은 하나님의 속성으로부터 나온 것이 아니라 하나님의 자유로우시고 기뻐하신 뜻과 의논 안에서 역사의 방식으로 왔기 때문이다. 그러므로 죄의 발생은 하나님의 역사의 방식과 관련되어 있고 하나님의 속성과는 무관하다. 그러므로 선하신 하나님께서 죄를 창시하시지는 않으셨다. 죄는 그 죄를 범하는 주체로부터 나온 것이다. 그것은 최초의 타락한 사탄과 어둠의 권세들로부터 나왔고 그리고 책임조차도 하나님의 영원하신 작정 아래에 있다고 할 때에 그들이 죄의 시작이 된다고 할 수 있다. 그리고 그러한 어둠의 권세들의 유혹에 말려들어서 타락한 아담과 하와가 그 다음으로 죄의 시작이라고 할 수 있다. 그리고 그러한 죄에 대한 책임은 이성적 피조물들에게 부여된 자유의지의 책임을 따라서 죄를 지은 그 자신에게로 돌려진다.

그러므로 죄가 하나님의 영원하시고 불변하시는 작정으로부터 나왔다고 해도 죄의 발생과 원인과 책임은 그 죄를 지은 장본인에게 있다. 왜냐하면 그러한 발생의 원인과 책임과 형벌까지도 작정하셨기 때문이다. 그러므로 죄를 범한 인간은 죄책이 주어지게 되는 것이다. 이러한 죄의 심오한 문제와 관련하여서 칼빈은 영원한 예정은 하나님의 작정 안에 있으며 그것은 하나님께서 예정의 내용으로서 주신 은혜 언약 안에 담겨 있다고 말한다. 그러므로 하나님께서 아담과 맺으신 행위 언약의 무능력함과 두 번째 언약을 세우셨던 은혜 언약의 유능함을 대조하심으로서 근원적으로 모든 언약이 하나님의 은혜 언약이라고 하는 것이다. 행위 언약은 은혜 언약의 한 형태에 불과하다. 왜냐하면 그 언약을 순종했다고 해도 그것을 인하여서 하나님의 영원한 복을 요구할 권리가 인간에게는 없기 때문이다. 그러한 방식으로 은혜를 주시고자 하신 하나님의 절대적 주권 앞에서 대등하게 자기의 권리를 주장할 피조물은 없기 때문이다. 그러므로 행위 언약은 그러한 방식으로 은혜를 주시고자 하신 하나님의 은혜의 산물이다. 그러나 행위 언약이 파기되었을 때 더 이상 그 언약의 방식을 통하여서 하나님의 복락을 누릴 수 없다는 것이 드러났다.

그러므로 하나님께서 두 번째 언약으로서 은혜 언약을 주신 것이다. 그러나 그 언약이 두 번째 언약이라고 하여서 행위 언약 이후에 비로소 주어진 언약이라고 할 수 없다. 왜냐하면 이 두 번째 언약이야 말로 하나님의 영원하신 예정 안에서 하나님께서 그의 성도들에게 주시고자 하신 언약이기 때문이다. 그러므로 비록 그 은혜 언약이 시간적으로 타락 이후에 주어진 언약이지만 바로 은혜 언약이 행위 언약보다 선행하는 것은 하나님의 영원하신 예정에 관점에서 볼 때에 궁극적으로 그가 예정하신 언약이 은혜 언약이기 때문이다. 행위 언약은 은혜 언약에 종속적이다. 그리고 이것은 하나님의 은혜가 모든 피조물들의 행위 이전에 선행하는 것을 의미한다. 그의 은혜가 있음으로서 비로소 피조물들의 존재가 있었다고 할 때에 결국 하나님의 영원하신 복락은 더욱 하나님의 은혜의 산물이다. 그렇다고 하면 실재적으로 은혜 언약은 행위 언약에 앞서는 하나님의 영원하신 예정의 내용을 구성하는 언약이다. 결국 행위 언약은 은혜 언약을 비추어주는 거울과 같고, 모형이었다. 이러한 관점에서 칼빈은 영원한 도덕법으로서 십계명을 보아야 한다고 말한다.

율법은 행위 언약의 법이었다. 그러므로 누구든지 율법을 온전하게 지키기만 하면 하나님의 영원한 복락에 이를 수 있다.(롬 2:13) 그러나 전적으로 타락한 인간들은 율법을 지킬 수 없고 오직 그 율법을 통하여서 죄를 깨달을 수 있을 뿐이다.(롬 3:20) 그러나 율법 이외에 오신 하나님의 한 의가 되신 그리스도 안에서 율법은 완성되고, 그 실천적 실체가 드러난다.(롬 3:21) 결국 율법은 그리스도 안에 있는 성도들에게 영원하신 도덕법으로서 주어진 것이다. 그러므로 그 율법의 3번째 사용과 관련하여서 성도들은 율법의 요구를 따라 살아가야 할 의무가 있다. 이것이 성도들의 삶의 지향성이다.

이것은 율법의 요구에 대한 완전성을 요구하는 것이 아니라 지향성을 요구하는 것이다. 모든 신자들에게 도덕법으로서 율법이 요구하는 바는 그 법을 삶의 기준으로 삼고 살아가라고 하는 것이다. 이것이 택자들에 대한 예정의 목적이다. 하나님께서 그의 백성들을 선택하시기로 예정한 것은 바로 그리스도 안에서 흠없이 온전하게 하시고자 하셨던 것이다. 그러므로 하나님의 율법을 따라 살아가는 것을 지향하는 삶이 바로 하나님께서 그의 백성들을 선택하시기로 예정하신 예정의 목적이다.

존 칼빈은 예정론을 통하여서 성도들은 더욱 높은 차원의 신앙의 거룩성을 추구하게 되고, 우리를 부르신 부르심의 목적에 부합하며 살아 갈 수 있다고 말한다. 그러므로 예정론은 단순히 사변적인 지적 유희의 도구로서가 아니라 신자들의 삶의 실천적인 원리로서 매우 중요하다고 말한다.

## 하나님의 영원하신 예정의 내용으로서
## 은혜 언약과 은혜 언약의 통일성

존 칼빈은 기독교 강요 초판(주후 1536년)의 2장 믿음에 대한 내용에서 그는 신구약 전체를 인용하면서 믿음의 일체성을 강조한다. 믿음은 하나라는 것이다. 그런데 그는 믿음의 일치성에 대하여서 신구약의 차이를 논하지 않는다. 그가 우리가 믿고 의지하는 주체로서 삼위일체 하나님을 진술할 때에 그 대상에 대하여서 신구약 전체와 관련하여서 동일한 분으로 묘사한다. 그가 기독교 강요 초판에서 은혜 언약의 통일성에 대하여서 직접적인 논의를 하지 않는다고 해도 이미 그의 믿음에 대한 진술과 초판

전체적인 흐름을 통하여서 볼 때 칼빈은 구약을 신약과 별개의 다른 언약으로 보고 있지 않다는 것이다. 다만 그 언약의 실체의 통일성과 그 차이점에 대한 언급을 하지 않고 있다.

그러나 그가 그 다음에 개정한 주후 1539년 판에서는 직접적으로 언약의 통일성과 경륜상의 방식의 차이점에 대하여서 논거한다461).그리고 이렇게 증보된 언약론은 주후 1543년판과 주후 1550년판에 11장에서 그대로 이어지고 이것은 다시 주후 1559년 최종판 2권 10장과 11장에서 언급한다462). 그런데 이러한 칼빈의 언약론의 핵심은 하나님이 우리와 함께 하신다고 하는 것이다. 그리고 그러한 언약은 신구약 전체에 일치한다고 하는 것이다. 그리고 그러한 존 칼빈의 언약론은 후대에 지속적으로 개혁주의 신학의 중요한 원리가 되었다. 17세기 스코틀랜드의 장로주의 성직자 사무엘 러더포드는 [**계시된 생명 언약**]이라고 하는 저술을 내놓았다.463)

## 【5】 존 칼빈의 교회론과 장로교회 정치 원리

존 칼빈이 그의 기독교 강요 초판으로부터 가장 확대시킨 부분이 바로 최종판(주후 1559) 4권이다. 주후 1559년 판 4권에 해당하는 내용들은 그의 기독교 강요 초판 6장 2 절에 할애할 정도로 간단하게 마쳤던 부분이다. 그러한 그가 최종판에 와서 전면적으로 기독교 강요를 재편할 때 교회의 권능에 대한 내용들은 성례에 대한 내용을 포함하여서 4 권 안에 함께 엮어서 출

---

461) Ioannus Calvinus, Inst(1539), Cap.7. De similitudine ac Differentia Veteris et Novi Testamenti.
462) _____, Inst(1559), Lib.I. cap.10.:De similitudine veteris et novi testamenti.: cap.11:De differentia unius testamenti ab altero.
463) Samuel Rutherford, The Covenant of Life Opened: or a Treatise of the Covenant of Grace, Edinburgh,1655.

판하였다. 그가 교회의 권능에 대한 초판의 내용을 확대할 때에 그것은 주로 로마 카톨릭과의 분리 이후로부터 오는 범우주적 교회의 보편적 속성의 교리에 대한 개혁 교회의 신학적 부담감이 그로 하여금 4권에 대한 저술을 더욱 많이 할애하게 하였다고 할 수 있다. 칼빈은 이 4권의 내용을 통하여서 교회가 무엇이고 그 교회가 가시적 형태로 지상에서 존재할 때에는 어떠한 자태를 가져야 하는 바를 자세하게 기술한다. 그러므로 칼빈은 이 부분에서 가시적 교회와 비가시적 교회를 다루면서 주로 가시적 교회에 대하여서 많은 지면을 할애한다.

존 칼빈은 비가시적 교회에 대하여서 원리적인 중요한 핵심을 기술하고 거의 대부분의 교리적 내용을 가시적 교회에 대하여서 집중하여서 기술한다. 그러므로 기독교 강요 4권은 교회의 자태와 그리고 그 교회의 가시적 형태에 대한 존 칼빈의 신학적 입장이라고 할 수 있다. 이러한 존 칼빈의 가시적 교회의 형태에 대한 신학적 정리는 그 당대에는 프랑스 신앙 고백과 치리서에 영향을 미쳤고 후대에 화란 개혁 교회 정치 형태와 웨스트민스터 신앙 고백에 그대로 투영되어 있다. 무엇보다 원리적으로 존 칼빈의 가시적 교회의 형태에 대한 교리적 진술은 후대에 스코틀랜드 장로교회의 교회관에 원리적인 기초를 이루고 있다.464)

존 칼빈은 비가시적 교회를 신구약 전체에 걸친 하나님의 택자들의 무리로 보았다. 그러므로 비가시적 교회는 보이지 아니하고 완전하며 거룩하다고 말하면서 그러한 비가시적 교회는 하

---

464) H. Bouwman, Gereformeerd Kerkrecht het recht der kerken in de practijk, eerste deel, uitgave van j.h. kok te Kampen, 1934, p. 235:"Met deze beschouwing hangt ten nauwste samen Calvijn's leer over de kerk en hare inrichting. Het moge waar zijn, dat de algemmene cultuurverhoudingen in het Westen, onder welke Calvijn opgroeide, invloed hebben uitgeoefend op de vorming van de presbyteriaansche kerkregeering, dat met name de vrije stedelijke republieken met haar fiere en ontwikkelde burgerij daartoe hebben medegewerkt, dit neemt niet weg,"

나님 안에 감추어져 있고 우리의 눈으로는 파악할 수 없는 신비한 교회라고 말한다. 그리고 그러한 비가시적 교회의 모든 원리들이 가시적 교회에 적용되며 가시적 교회는 비가시적 교회의 완전성을 지향하여야 할 것을 말한다. 그러므로 가시적 교회는 비가시적 교회의 모형과 그림자이고 비가시적 교회는 가시적 교회에 대하여서 실체이다. 그러므로 참된 교회는 비가시적 교회이고 가시적 교회는 아니다. 칼빈은 바로 이러한 입장에서 그의 교회관을 기술한다. 그러나 칼빈은 교회의 완전성에 대하여서 가시적 교회가 취해야 할 자태에 대하여서 말한다. 그것은 원리적으로 비가시적 교회를 따라가는 것이다.

먼저 비가시적 교회는 우주적이다. 그 교회는 보이지 아니하나 완전하고 통일성이 있으며, 하나이다. 그리고 그리스도의 참된 몸이다. 그렇다고 하면 가시적 교회는 우주적 교회를 지향하여야 하고 완전하고 통일성을 지향해야 한다. 그리고 그리스도의 몸으로서 자태를 유지해야 할 것이다. 먼저 교회의 우주적 통일성에 대한 것이다. 칼빈은 교회의 우주적 통일성에 대하여서 가장 중요한 것으로서 교리적 통일성을 들고 있다. 즉 교회의 일치성은 가장 먼저로 일치된 교리적 체계를 따라서 하나를 이룰 수 있다고 하는 것이다. 그러므로 칼빈은 로마 카톨릭이라고 할지라도 그들이 고대 정통 교회의 바른 교리로부터 이탈한 로마 카톨릭의 잘못된 교리들을 폐기한다면 로마 카톨릭 교회도 개혁 교회와 하나가 될 수 있다고 말한다. 이렇게 칼빈은 교회의 일치성에 기초를 교리적 통일성에 두었다. 그러므로 칼빈이 추구한 에큐메니칼은 교리적 통일성에 기초한 에큐메니칼이다. 단순히 기구적 통일성을 이루는 것이 참된 교회의 통일성을 이루는 것 이라고 할 수 없다. 이제 칼빈이 추구하는 교회의 통일성은 동일한 정치 제도 아래에서의 통일성이다. 이것은 교회의 질서와 통일을 위하여서 필수적이라고 말한다. 그러할 때 칼빈이 강력하게 요청하는 타락한 교회의 부패한 정치 형태는 바로 교황제도이다.

존 칼빈은 교황 제도의 부패성에 논박하면서 비록 로마 가톨릭 교회가 기구적 일치성을 가지고 있다고 하여도 그 교회가 바른 교리를 따라서 교회의 형태를 유지하고 있지 못하다면 그 교회는 그리스도 안에서 통일성을 가진 교회가 아니라고 말한다. 그리스도 안에서 통일성이란 오직 진리 안에서의 통일성이고 그것은 바른 교리 안에서의 통일성과 동일한 정치 제도 아래에서의 통일성이다. 칼빈이 생각한 교회의 통일성은 결국 교리적 통일성과 교회 정치 제도의 통일성이다. 그러므로 로마 카톨릭이 기구적 통일성을 이루고 있다고 해도 그것은 그 교리적 부패와 교회정치 형태의 부패로 인하여서 결국 참된 교회의 표지를 가지고 있지 않다고 하는 것이다.

존 칼빈이 생각한 가시적 교회의 참된 통일성은 가장 먼저 역사적 정통 교회가 가르쳤던 교리에 대한 통일성이다. 그리고 그러한 교리적 통일성 아래에서의 교회 정치 제도의 일치성이다. 그리고 그러한 교회 정치 제도의 일치성을 위하여서 치리회를 두는 것이다. 그래서 각 치리회는 교회의 통일성을 유지하고 신자들로 하여금 더욱 힘써서 신앙 생활 할 수 있도록 울타리가 되어 주는 것이다.

존 칼빈은 교회의 치리회에 직분자들을 세우는 것과 관련하여서 사도와 선지자들과 목사와 교사와 치리 장로와 집사를 언급한다. 그러나 사도와 선지자들과 전도자들은 다음 세대로 나아가면서 점차적으로 사라지게 되었다. 이들은 교회의 기초 직원이고 비상 직원들로서 그리스도에 의하여서 임명을 받았다. 그리고 그들 다음으로 목사와 교사들이 있다. 이들은 사도와 선지자들과 전도자들과 함께 그 직분을 수행하는 직원이 된다. 그리고 목사와 교사들 다음으로 치리 장로와 집사들이 있다.

존 칼빈은 로마 카톨릭과 달리 치리 장로와 집사의 직분을 일반 신자들로부터 선출하도록 하는 제도를 마련하였다. 그러나 그들과 달리 목사와 교사는 구별하여서 교회를 치리하는 주체로서 정하였다. 이러한 독특한 정치 제도는 장로 제도의 기초를 마련하는 것이었다. 루터주의 교회가 가르치는 권세를 목사와 교사에게 그리고 교회의 치리권을 세속 군주에게 맡겼던 것과 달리 칼빈은 모든 교회의 가르치는 권세와 치리권을 교회 자체적으로 시행하도록 하는 제도를 마련하였다. 그러므로 교회의 가르치고 치리하는 권세를 목사와 교사들에게 그리고 교회를 치리하는 권세를 치리 장로들에게 시행하도록 함으로서 교회가 자체적으로 교회 정치를 이룰 수 있도록 하는 제도적 장치를 마련함과 아울러 교회 정치의 전횡적 부패를 막고자 일반 신자들이 교회의 치리에 관여할 수 있도록 하였다. 그것이 치리 장로의 선출이다. 그러나 세속 군주의 교회 정치에 참여는 제지하고자 하였다. 존 칼빈과 그 계승자들에 의하여서 발전한 장로 제도적인 교회 정치는 다른 어떤 곳으로부터도 찾을 수 없는 독특한 것이다. 영국의 성공회는 왕이 교회의 수장이 되는 감독 정치이다. 그리고 루터 교회는 에라스투주의와 같은 형태이다. 그런데 이 두 교회 제도는 모두 세속 군주로부터 영향을 받도록 되어 있다. 그러나 칼빈이 세운 장로교회 제도는 전적으로 세속 권력으로부터 독립적으로 교회가 자체적 권징과 치리를 하도록 하는 교회 제도였다.

## (5) 데오도레 베자(주후 1519~1605)
### 【1】 베자의 생애와 사상

데오도레 베자는 제네바에 칼빈의 계승자였고 개혁 교회의 중요한 유산들을 후손들에게 물려준 인물이다. 그는 칼빈의 신학의 정수를 계승하였을 뿐만 아니라465) 화란 개혁 교회의 유산인 도르트 회의에 정신적인 후견인이기도 하였다. 그럴 뿐만 아니라 프랑스 개혁 교회의 직접적인 후견인 역할도 하였다.466) 그리고 그는 또한 스코틀랜드 종교 개혁자 존 낙스에게도 많은 영향을 주었다.467) 그

[그림 15] 데오도레 베자
(Theodore Beza)

만큼 그는 칼빈의 개혁을 계승하여서 더욱 확고하게 유지될 수 있도록 제네바에서의 종교 개혁을 완수하려고 한 인물이었다. 그의 생애는 칼빈이 이루어 놓은 종교 개혁의 유산들을 정리하고 그것을 유럽 지방 전체에 파급되도록 하였던 인물이었다.

데오도레 베자는 주후 1519년 프랑스의 베젤레이(Vezelay)의 부유한 가문 피에르 드 베자(Pierre de Besze)에게서 태어났다. 그러나 그는 모친을 그의 나이 세 살 때 여의고 그의 삼촌 니콜라스 드 베자(Nicolas de Besze)에게서 자랐다.468) 모친의 갑작스러운 사망으로 그는 더 이상 그의 가정에서 자랄 수 없었던 것이다. 그의 삼촌 니콜라스 드 베자는 칼론과 세트의(de Cette et de Chalonne) 영주였다. 그리고 파리 의회의 의원이었다. 그러므로 그의 삼촌은 그를 자신의 양자로 삼고 파리에서 살았다.

---

465) William Cunningham, The Reformers & the Theology of the Reformation, Banner of Truth, 1862, p. 345.
466) Philip Shaff, History of the Christian Church.vol.8, p. 846.
467) William Cunningham, The Reformers & the Theology of the Reformation, p. 346.
468) Philip Shaff, History of the Christian Church.vol.8, p. 848.

그리고 베자를 매우 영향력 있는 교사 밑에서 수학하도록 하였다. 어린 베자는 매우 어른스러웠으며 그의 삼촌은 그의 좋은 교육을 위하여서 많은 노력을 아끼지 않았다.469)

데오도레 베자는 그의 나이 아홉 살 때 삼촌의 배려에 의하여서 그 당시의 유명한 헬라어 학자 멜키오르 볼마르(Melchior Wolmar)의 가정에서 사사를 받을 수 있었다. 그때가 주후 1528년이었다. 그는 주후 1535년까지 그 밑에서 많은 것을 배울 수 있었다. 그 시기가 베자의 나이 16세 쯤되었을 시기였다. 볼마르는 매우 현명한 사람이었으며 그는 이미 그 당시에 로마 카톨릭과의 단절을 생각하고 있었다. 그리고 루터에 의하여서 알려진 새로운 이념에 대하여서 관심을 기울이고 있었다. 그러므로 베자는 이러한 인물에 의하여서 그리스도의 의(righteousness) 안에서 믿음을 통한 칭의의 교리를 알게 되었고, 교회의 타락을 알게 되었다.

데오도레 베자는 볼마르로부터 학업을 마치고 오를레앙(Orleans) 대학교에 입학을 하게 되었다. 그는 그곳에서 열심히 공부하였고 주후 1539년에 법률사 자격증을 얻었다. 그리고 베자는 그의 나이 20세에 부친의 요청에 따라서 파리로 가서 법률관으로서 일을 수행하였다. 그러나 그는 그의 하는 일이 마음이 내키지 않았다. 그러므로 그의 부친에게 그의 소견을 아뢰었고, 그의 부친은 그에게 하고 싶은 일을 하라고 허락하였다. 그때에 그는 개혁교회를 이루는데 중요한 자료들을 얻게 되는 문헌학 연구에 종사할 수 있었다.470)

주후 1548년 그는 그의 유명한 시집 쥬벤릴리아(Juvenilia)를 출판하였다. 이 시집으로 그는 그의 인문주의와 고전주의에 대

---

469) Ibid., p. 848.
470) Ibid., p. 849.

한 관심을 드러내었다. 이 시집을 그의 스승 볼마르에게 헌사하였다. 그러나 그는 이후에 종교 개혁자가 되고 나서 그의 이 시집 중에서 많은 부분을 삭제하고 재발행하였다. 파리에서 그는 그의 가족들로부터 성직 서임에 대한 모종의 압력을 받고 있었다. 그러나 그는 비밀리에 클라우드 데즈노스(Claude Desnoz)와의 혼인을 생각하고 있었다.

주후 1548년 10월 23일 베자는 클라우드 데즈노스를 데리고 제네바로 피신하였다. 그는 그곳에서 칼빈을 만나게 되고, 다시 튜빙겐의 볼마르를 방문하게 된다. 그리고 피에르 비렛(Pierre Viret)에게서 설득을 받고 주후 1549년 11월 6일 라우사네에 있는 학원의 헬라어 교수가 되었다. 그는 그곳에서 로마서와 베드로서의 강론을 통해서 그의 성경에 대한 열정적인 관심을 보여주었다.471) 그는 라우사네에서 페스트에 걸렸다. 그때에 칼빈이 파렐에게 보낸 서한에서 베자에 대한 관심을 표명하였다. 라우사네는 베른시에 의하여서 통치되었던 곳이다. 그리고 베른은 제네바시와 동맹관계였다. 주후 1557년 베자는 페스트로부터 회복되었다.

주후 1557년 봄 발데시안에 대한 핍박이 있었다. 그리고 독일 성직자들의 이름이 거명되었다. 베자와 파렐은 베른시의 특별한 허락을 받고 스위스를 통하여서 여러 곳을 방문하기에 이른다. 그리고 독일의 개신교 지방을 방문하였다. 그리고 프랑스 왕에 대항하여서 개신교 전체의 연합을 추구하기에 이르렀다.472)

주후 1558년 비렛과 함께 있었던 베자에 대하여서 칼빈의 청빙이 있게 되었다. 칼빈은 제네바 학원의 헬라어 교수로 베자를 초청하기에 이른다. 비렛과 그의 동료들은 칼빈의 이러한 요청

---

471) Ibid., p. 852.
472) Ibid., p. 854.

에 대하여서 유감을 표명하면서도 칼빈의 요청을 받아들이기로 하고, 베자를 칼빈에게로 보내게 된다.

주후 1559년 2월 제네바 학원이 개원하였다. 그는 그 학교 학장으로 부임하였다. 이 해가 그의 나이 40세 였을 때였다. 그는 그 학원에서 그의 재능과 노고를 아끼지 않고 수고하였으며 그로부터 칼빈의 사역과는 분리될 수 없는 그러한 성격으로 남게 되었다. 베자는 가끔씩 제네바를 떠나 다른 곳을 방문하러 갈 때에도 늘 제네바에 그의 마음을 두고 갔다.

주후 1559년 3월 17일 베자는 제네바 시민권을 받게 되었다. 베자는 시 교회의 목사 중에 하나로서 봉직하였다. 베자의 노고로 제네바 학원은 사람들로 넘쳐 났다. 앙리 2세에게 개신교를 변호해주던 파리 의회의 의장인 아네 드 부르그(Anne de Bourg)가 체포되었다. 그 사건이 칼빈에게까지 전해졌고 칼빈은 신성 로마 제국 프레드릭 3세에게 베자를 보냈다. 이러한 노력의 결과 신성 로마 제국으로부터 두 브르그(Du Bourg)에게 하이델베르그 대학의 법률 교수로서 부름이 있게 되었다. 그러나 그러한 것이 효력을 얻지 못하고, 주후 1559년 12월 23일 결국 그는 단죄되었다.473)

주후 1564년 프랑스 내전이 있을 때 베자는 프랑스 개혁 교회인 위그노들에게 중요한 인물이었다. 베자는 프랑스 개혁 교회에 깊게 간여하여서 그들에게 정신적인 후견인 역할과 함께 많은 자문 역할을 수행하였다. 칼빈이 소천하게 되는 주후 1564년까지 베자는 프랑스 개혁 교회에 머물면서 많은 권고를 아끼지 않았다.474)

---

473) Ibid., p. 855.
474) J.D. Douglas, The New International Dictionary of the Christian Church, Paternoster Press, 1978. p. 126.

주후 1564년 칼빈의 사망 이후 베자는 실질적인 제네바 개혁 교회의 지도자로서 역할을 수행하게 되었다. 베자는 그의 생애를 통하여서 여러 분야에 관심을 표명하였다. 주후 1565년 헬라어 성경을 출판하였다. 그것이 베자 사본이다. 이렇게 성경 본문에 대한 관심은 후대 헬라어 성경 사본 연구의 지대한 공헌을 하였다.

베자는 지속적으로 오키노(Okino) 카스탈리오(Castellio), 모렐(Morell)그리고 라무스(Ramus)와 울드리히 쯔빙글리 추종자(Zwinglians)들과 알미니우스주의자들(Arminius)와 다른 여러 사람들과의 활발한 논쟁을 통하여서 개혁 교회의 위치를 방어하는 일을 견지하였다.475)

데오도레 베자는 주후 1571년 라 로첼레(La Rochelle)의 국가 종교 회의에 의장 역할을 하면서 위그노들을 위한 종교적 변호를 지원하는데에 아끼지 않았다. 주후 1572년 성 마돌로매 대학살 사건을 통하여서 베자는 불의한 정부에 대하여서 저항할 수 있다는 내용의 [**관원의 공의**](De jure Magistratu)라고 하는 저서를 통하여서 프랑스 위그노를 변호하였다. 주후 1580년 베자는 프랑스 개혁 교회 역사를 저술하여 출판하였다. 그리고 주후 1582년 신약 성경 본문 비평을 다룬 책을 출판했다. 그의 이러한 성경 비평의 결과들은 1611년의 영국 흠정역에 영향을 주었다. 그의 저술은 불어와 라틴어 영어로 기록되었다. 그는 16세기 거의 반 세기 가까운 시기의 종교 개혁에 강한 영향력을 행사하였던 인물이었다.

그의 이중 예정에 대한 강한 교리적 입장과 신약 성경 본문 비평에 대한 연구 성과들은 그리고 교회 권징서들은 개혁 교회 역사에서 그의 위치가 어느 정도 중요한가를 알 수 있게 해준

---

475) Ibid., p. 126.

다. 그리고 무엇보다 칼빈 사후에 제네바 개혁 교회를 지도하면서, 제네바를 중심으로 모든 개혁 교회의 다양한 형편들을 살피고 보살피는 역할을 하였던 베자의 노고는 깊은 경의를 표하지 아니할 수 없는 것이었다. 베자가 예민함과 재능에 있어서는 칼빈에게 미치지 못할지라도 그의 지식과 치리회에 대한 경험과 자비로운 태도는 칼빈보다 더욱 우월하다고 할 수 있다.476) 베자는 주후 1605년 기도 중에 잠을 자듯이 소천하였다. 이것은 하나님께서 베자에게 내린 이 땅에서의 최고의 축복이리라 생각된다.

### 【2】베자의 신학 원리

데오도레 베자의 신학원리는 칼빈의 신학 원리와 동일하다고 할 수 있다. 그는 칼빈의 계승자로서 칼빈의 신학 전 체계를 가장 정확하게 이해하고 그 다음 세대에 유산으로 물려준 인물이다.

데오도레 베자의 예정론은 칼빈의 예정론을 그대로 계승하였다. 그러므로 베자는 전택설주의자였고, 그리고 그러한 베자의 예정론은 스코틀랜드 개혁가 존 낙스에게 계승되어서, 스코틀랜드 청교도들의 신학의 원리가 되었다. 그만큼 베자는 칼빈 이후 세대에게 개혁주의 신학을 가장 엄밀하고 바르게 계승하여 주었던 인물로 평가되어야 할 것이다.

데오도레 베자의 신학 원리에 대하여서는 그의 저서중에 하나인 **"어떤 신학생들에 의하여서 제네바 대학에서 논의되고 제안된 신적 속성에 대한 명제와 원리들"**(Propositions and principles of Divinitie, propounded and disputed in the universitie of Geneva, by certaine students of Divinitie)이

---

476) Philip Shaff, **History of the Christian Church.vol.8**, p. 862.

라는 글을 통하여서 살펴보려고 한다. 이 저서는 라틴어로 기록한 것을 주후 1591년에 스코틀랜드 에딘버러에서 영어로 번역한 것이다. 그는 이 저서의 첫 부분을 삼위일체로부터 시작한다. 1장에서 4장까지 삼위일체에 대하여서 다루고 5장에서 7장까지 신론과 그 신론에 대한 지식에 대하여서 다루고 있다. 그리고 8장 하나님의 뜻 9장 하나님의 선하심, 사랑 그리고 존귀하심에 대하여서 다루고 10장에서 섭리를 먼저 다루고 11장에서 하나님의 영원한 예정에 대하여서 다룬다. 그리고 12장에서 15장까지 천사들과 인간의 예정에 대하여서 다루고 16장에서 자유 의지 17장에서 18장까지 죄에 대하여서 다루고, 19장에서 인간성의 회복에 대하여서 다루고 20장에서부터 21장까지 그리스도에 대하여서 다루고 있다. 22장 믿음에 대하여서 23장 믿음의 원인과 효력에 대하여서 그리고 24장 칭의 25장 성화 26장 죄인들의 칭의 27장 선행 28장 하나님의 율법에 대하여서 29장에서 39장까지 하나님의 율법에 대하여서 다루고 있다. 그리고 40장에서 회개에 대하여서 다루고 41장에서 48장까지 그리스도의 사역에 대하여서 다루고 있다. 그리고 49장 신앙에 대하여서 50장 교회에 대하여서 51장 성도의 교제 52장 하나님의 말씀 53장 전통에 대하여서 54장 공의회와 교부들에 대하여서 55장 성례에 대하여서 56장 새 언약과 옛 언약의 성례의 일치점과 차이점에 대하여서 57장 새 언약의 성례의 종류에 대하여서 58장에서 59장까지 세례에 대하여서 그리고 60장은 주의 만찬 61장 미사의 미신성 62장 공제설에 대하여서 63장에서 71장까지 주기 도문에 대하여서 72장 교회의 사역자에 대하여서 73장 복음 아래에서의 하나님의 사역에 대하여서 76장 교회의 권세에 대하여서 77장 교회의 권징과 출교에 대하여서 78장 관원에 대하여서 80장 육체의 부활에 대하여서 그리고 81장 영생에 대하여서 기술한다. 그러므로 이러한 베자의 저서를 크게 분류하면 신론과 예정론 그리고 구원론 그리고 율법과 기독론과 교회론과 종말론으로 나누어 볼 수 있다.

  베자의 저서를 통한 그의 신학적 저술 방식은 신론이 먼저 다루어지고 있다는 것이다. 그리고 그 신론으로부터 예정론이 다루어지고 있고 그리고 죄의 문제와 그리스도의 사역에 대하여서 다루고 있다. 그리고 나서 믿음에 대하여서 다루고 그 믿음에 종속적인 위치에서 하나님의 율법에 대하여서 다루어지고 있다. 그리고 교회에 대하여서 다루고 교회에 주어진 성례와 주기도문과 관원들과 영생에 대하여서 다루고 있다. 이것은 베자의 신학의 독특성이라고 할 수 있다. 베자는 이러한 신학적 구조를 통하여서 하나님으로부터 모든 것이 나왔다는 사실을 강조한다. 삼위일체 하나님으로부터 영원한 예정이 나왔고 그 예정으로부터 죄의 문제와 그리스도의 사역과 믿음과 율법과 교회에 대한 교리들이 나왔다는 것이다. 그리고 세상 관원과 영생의 문제 또한 하나님의 예정으로부터 나왔다는 것이다. 베자에게 예정론은 모든 신학적 원리들을 산출하는 기본적인 토대가 된다. 베자는 예정론으로부터 모든 그의 신학적 원리들을 산출한다. 이렇게 베자의 신학에 있어서 예정론은 중요한 위치를 차지한다. 그런데 그러한 베자의 예정론이 정통 교회의 삼위일체론으로부터 나왔다는 것은 그가 정통 교회의 교리와 신조에 굳건하게 견지한다는 것이다.

## 삼위일체론

  데오도레 베자는 그의 신학의 원리 중에서 하나님에 대한 원리를 제시할 때에 **"유한은 무한을 받을 수 없다."**고 하는 개혁 교회의 계시의 무한성에 대하여서 기술한다.

그는 1장에서 말하기를 "**인간이나 천사들 누구라도 하나님의 엄위로우심과 위대하신 완전한 지식의 충만함을 받을 수 없다.**" 라고 언급한다;477)

베자는 1장에서 인간 이성의 불충분성과 하나님의 말씀의 필요성에 대하여서 다음과 같이 기술한다. "**비록 인간의 이성이 우리에게 하나님께서 존재하시는 것을 가르치고 있고 그것으로부터 하나님의 속성을 어느 정도 우리에게 알려준다고 해도 그럼에도 불구하고 이러한 증거들은 더욱 확실하고 강한 증거를 필요로 한다. 그리고 더욱 의심할 수 없는 증거를 요구한다. 그 증거는 하나님의 말씀으로부터 나온다. 그것은 우리의 거룩한 문헌으로부터 나온다. 그것은 사도와 선지자들이 기록한 것이고, 구약과 신약을 포함한다.**"478)

그러므로 베자에게 있어서 하나님은 오직 신구약 성경에 기록되어 있는 그 하나님을 의미한다. 이것은 이미 신론 안에 베자의 성경론이 들어와 있는 형태이다. 그러므로 베자가 1장에서 간단하게 신론 안에 성경론을 다루고 있지만 이미 그 안에 개혁교회가 교리로 고백하는 그러한 신학적 입장을 가지고 있다.

데오도레 베자는 2장에서 하나님의 속성에 대하여서 다루고 있다. 베자는 기록된 하나님의 지식은 우리에게 하나님께서 본체에 있어서 하나이시고 세 위격으로 존재하심을 말씀한다고 하면서 이러한 교리는 오직 기록된 하나님의 말씀이 외에 다른 어

---

477) Theodore Beza, Propositions and principles of Divinitie, propounded and disputed in the universitie of Geneva, by certaine students of Divinitie, Edingburgh, 1591. p. 1 :"Not that a full & a perfect knowledge of his Majestie, who is far greater, then the capacitie of men, and Angels can reachvnto, may be any waies comprehended within our vunderstanding."

478) Ibid., p. 2.

떤 곳으로부터도 배울 수 없는 교리라고 말한다. 그리고 그것은 의심할 것 없이 명백한 것이라고 말한다. 그리고 베자는 우리가 그러한 교리를 알게 되는 것은 인간적인 논쟁을 통하여서가 아니라 오직 믿음을 통한 계시된 진리 안에서라고 말한다479). 베자는 말하기를 신적 속성 안에 위격들은 전체가 하나의 동일한 신적 실체를 가지고 있다고 말한다. 그리고 각 위격들은 존재의 방식의 차이점으로서 구별된다고 말한다.480) 베자는 하나님의 삼위일체의 신적 실체의 통일성에 대하여서 다음과 같이 진술한다. 하나님의 본질과 신성은 본질적으로 하나이고 동일하다.481)

데오도레 베자는 제 3장에서 성부 하나님에 대하여서 그리고 성자 하나님에 대하여서 진술한다. 그는 말하기를 성부는 항상 성부이시다. 그리고 성부는 모든 신성의 근원이시라고 말한다. 그리고 말하기를 성부는 그 자신과 교제하시며 두 위격과 교제하신다. 성부는 영원히 성자를 발생하시고, 그의 전체 본질을 성자와 함께 하신다.

그리고 성자에 대하여서 성경은 지혜 권능 형상 빛으로 말한다. 성부께서 독립된 한 위격이신 것처럼 성자도 그리하시다. 그 위격에 관한 한 서로 독립적이시다. 성부께서 성자와 다른 위격이신 것처럼 성자께서도 성부와 다른 위격이시다. 그러나 신성이 분리된 것이 아니다. 그래서 성자를 하나님으로부터 나오신 하나님이시라고 하는 것이다. 그러나 동일한 실체와 동일한 본질을 가지고 계신다.

---

479) Ibid., p. 4.
480) Ibid., p. 4.:"The properieties whereby the perons are distinguished, are the diuers maner of being, that they haue in the Deitie, where by the sublstance of the Godhead, is no wise deuided assunder, nor the persons of the same effesnce seperated, but yet so distinguished, as the one of them cannot possiblie bee the other."
481) Ibid., p. 4.:"The diuine Essence, the Deitie or Godhead, & God, are essentiallie the one and the same."

데오도레 베자는 3장에서 성령에 대하여서 증거한다. 성령은 성경에서 증거하는 바 삼위일체 하나님의 3번째 위격을 가지신 분이시다. 성령은 아버지와 아들로부터 발출하셨다. 그러므로 성령께서도 아버지와 아들과 함께 경배를 받으셔야 할 하나님이시다. 비록 삼위일체 하나님의 외적 사역이 분리할 수 없는 것이라고 할지라도 각 위격의 특성과 사역은 서로 구별된다482).

데오도레 베자는 삼위일체 하나님의 사역의 방식에 대하여서 다음과 같이 기술한다. 성령의 모든 적합하고 합당한 역사는 삼위일체 하나님의 모든 사역 안에 있다. 그래서 그것은 자연스럽고 질서가 있다. 그래서 성부께서 그의 아들 안에서 그 지혜로 영원 전부터 만물의 되어질 것을 작정하셨다. 그리고 성자는 되어질 모든 것의 질서를 세우시고 위치를 정하셨다. 그와 같이 성령께서도 성부와 성자의 사역을 보조적으로 도와주시는 기구적 원인이 아니시다. 오히려 성부와 성자와 함께 동일하게 사역하시는 동등한 사역자이시다. 그러므로 삼위일체 하나님의 사역 안에서는 우열과 불평등이 있을 수 없다. 그런데 성령의 권능과 사역은 특히 교회의 설립과 정치에 있어서 빛을 발한다. 성령께서는 그 안에서 그의 택자들의 모든 행위를 지켜주시고 보존하여 주신다. 성령의 영감으로 선지자들이 말하고, 그럴 뿐만 아니라 성도들로 하여금 들을 수 있는 귀를 주시고 믿을 수 있는 마음을 주신다. 그리고 그가 목사와 교사를 교회에 필요한 선물로 주셨다.483)

데오도레 베자는 하나님의 전능하심에 대하여서 다음과 같이 진술한다. 하나님의 전능하심은 하나님의 무한한 그리고 한량없

---

482) Ibid., p. 8.:"And although the works of the Trinnitie, which they call outward, 개 external, are vnseperable, yet in the effecting of them, wee are to obserue a distinction, not onelye of the persons, but also of the personall actions."
483) Ibid., p. 9.

는 본질인데, 그것은 결코 피조물과 교류될 수 없는 속성이다. 그리고 이 속성은 참으로 하나이다. 그러므로 하나님의 전능성은 한가지로 설명된다. 그것은 하나님께서 오직 자신 안에서 그 스스로 행하시는 분이시라고 하는 것이다.

데오도레 베자는 그 다음 장에서 하나님의 지식에 대하여서 논증한다. 그는 말하기를 하나님의 지식은 그의 전능하심으로부터 필연적으로 나온다고 말한다. 그리고 이 지식은 그 자체로서 단일하시다. 이 지식에 의하여서 우리는 하나님 안에서의 절대적이고 가장 분명한 그 자신과 모든 만물에 대한 지식과 그 지식의 목적을 알게 된다.[484] 이 지식은 인간과 천사들이 가지고 있는 지식과 다르다. 베자는 이 지식이 다른 모든 인간이나 천사들과 같은 피조물과 다른 것을 몇 가지로 나누어서 기록한다. (1) 이 지식은 본질적이다. (2) 이 지식은 외부의 감각으로부터 온 것이 아니다. (3) 이 지식은 관습이나 행위로부터 온 것이 아니다. (4) 이 지식은 만물을 즉시 이해하는 지식이다. (5) 이 지식은 가장 확실한 것들이다. (6) 이 지식은 항상 동일하다.

데오도레 베자는 이 지식은 하나님께서 만물을 그 자신에 의하여서 그 자신으로부터 아시는 것 이라고 말한다. 이 지식은 하나님께서 만물의 되어짐을 미리 아시는 것이다. 그러므로 하나님께서 되어질 모든 것들에 대하여서 모르시는 것이 없으시다. 그리고 이 지식은 전체적으로나 부분적으로 피조물들이 받을 수 없는 지식들이다.[485]

데오도레 베자는 하나님의 지식으로부터 나오는 것이 바로 하나님의 뜻이라고 말한다. 베자는 우리가 하나님의 뜻을 알게 됨으로서 비로소 그의 신적 본질에 대하여서 이해할 수 있다고 말

---

[484] Ibid., p. 13.
[485] Ibid., p. 14.

한다. 그런데 하나님께서 그의 뜻을 드러내시는 것이 그의 작정을 통하여서라고 말한다. 그리고 하나님께서 계시하신 율법을 통하여서라고 말한다. 결국 하나님의 작정과 그의 율법을 통하여서 하나님의 뜻을 알 수 있다고 말한다. 그런데 하나님의 작정은 변할 수 없는 것이라고 말한다. 그리고 그의 작정은 율법에 대한 범죄까지 포함하는 것이라 말한다. 그것은 택자와 유기자 모두에게 해당된다고 말한다. 그러므로 택자들도 스스로의 노력으로는 율법을 지킬 수 없다고 말한다. 베자는 하나님의 뜻은 만물의 원인이며 되어질 모든 물 자체의 원인이시다. 그래서 하나님께서는 가장 선하시고 그의 뜻은 가장 높으시며 모든 공의로우신 통치가 있다. 이제 베자는 하나님의 은혜와 사랑과 자비에 대하여서 그 원리적인 이해를 진술한다. 베자는 하나님의 선이 그의 본질적인 속성으로서 그가 그 자신 안에서 선하시고 모든 피조물을 향하여서 관대하시다. 하나님께서는 최고의 선이시고, 그러므로 그로부터 나오는 모든 것은 선하다. 하나님의 자유로우신 은혜가 오직 택자들에게 특별하게 주어지고, 그것은 오염된 상태로부터 해방된 우리의 의지를 견고하게 하시고 지속적으로 동일한 것을 견지하게 하신다. 베자는 이제 사랑에 대하여서 다음과 같이 설명한다. 하나님 안에 있는 사랑은 정욕이 없다. 그러나 그것은 참으로 단일한 본질을 가지고 있다. 바로 하나님께서 그 사랑으로서 그의 피조물을 향하여서 사랑을 베푸시고 그들을 선하다고 축복해 주신다. 하나님의 사랑의 원인은 피조물에게 없다. 오직 하나님 안에 있다. 이러한 사랑 안에서 하나님께서 자비로우신 분으로 여겨지신다.[486]

## 예 정 론

---

486) Ibid., p. 17.

이제 데오도레 베자는 그 다음 장에서 하나님의 섭리에 대하여서 설명한다. 베자는 말하기를 하나님께서는 그의 섭리라고 하는 영원한 방법을 가지고 그의 피조물들을 보존하시고 다스리시고 인도하신다. 그런데 그러한 섭리는 그침이 없고 지속적으로 주어지는 것이다.[487] 그래서 만물은 그의 섭리 아래에서 하늘에 있는 것이나 땅에 있는 것이나 동일하게 그의 뜻 가운데서 이루어진다. 하나님께서 그의 권능으로 모든 피조물들을 보존하고 계신다. 오직 그만이 홀로 모든 만물의 질서를 정하시고 그만이 홀로 만물에 역사하신다. 그러므로 만사는 오직 하나님의 영원한 작정에 의하여서 행하여지는 것이다. 그러나 제 2 차적인 원인과 관련하여서 그 대상의 의지로 행하는 것이다.[488] 하나님께서 그의 가장 지혜로우신 그리고 공의로우심에 의하여서, 만물을 다스리신다. 베자는 섭리 다음으로 예정을 다루면서 예정에 대하여서 다음과 같이 말한다. 베자는 예정이란 하나님의 영원하시고 불변하는 작정이며, 그것으로서 만물을 보편적으로 그리고 특수하게 작정하셨다. 그리고 그러한 만물은 그의 자신의 영광을 위하여서 그 자신에 의하여서 활동하고, 인도된다. 무엇보다 이러한 작정이 인간에게 적용될 때 그것을 예정이라고 말한다. 그리고 그러한 작정을 따라서 하나님께서 그의 백성으로서 어떠한 자들을 그의 목적을 따라서 구원으로 선택하셨다. 그리고 그 나머지를 그의 가장 공의로우심을 따라서 정죄하셨다. 이러한 영원한 예정을 수행하시는 하나님께서 죄의 창시자일 수 없는 이유는 그가 모든 피조물들을 선하게 창조하셨기 때문이다.

---

[487] Ibid., p. 18.
[488] Ibid., p. 19.

## 창조에 대하여서

데오도레 베자는 창조란 피조물에 대한 작정과 미리 아심에 대한 하나님의 외적 사역이라고 말한다. 그리고 말하기를 하나님께서는 그의 영광을 위하여서 만물을 무로부터 창조하셨다고 한다. 그러므로 만물은 그의 본질로부터 다르다고 말한다.

오직 하나님께서 모든 만물의 유일한 주권적인 원인이시다.[489] 그가 만물을 창조하셨을 때에, 그것은 어느 누구의 도움이나 사역이나 공로 없이 그 자신의 말씀으로 창조하셨다. 그리고 이것은 성부께서 성자에 의하여서 성령을 통하여서 그의 사역을 하시는 것이다. 이것이 삼위일체 하나님의 불가분리적인 사역의 방식이다. 하나님의 창조의 목적은 하나님의 사랑하시는 은혜를 피조물들이 누리고 그리고 하나님의 엄위로우신 영광을 영원토록 찬송하는 것이다. 이러한 목적을 위하여서 천사들과 사람들은 창조되었다. 그리고 그 다음으로 다른 피조물들이 창조되었다.

## 인간 존재에 대하여서

데오도레 베자는 인간 창조에 대하여서 다음과 같이 설명한다. 인간 창조는 하나님의 가시적 창조 사역의 최고의 탁월한 사역이다. 바로 그 원인을 위하여서 다른 피조물들의 창조가 선행되었던 것이다. 인간은 단순히 몸이거나 영혼이지 않고 몸과 영혼이 결합된 형태를 취하여서 창조되었다. 인간의 몸은 하나님에 의하여서 지면의 먼지로부터 창조되었다. 그리고 그 몸은 불멸하는 존재로 창조된 것은 아니었다. 그러나 하나님의 정하심에

---

[489] Ibid., p. 24.

의하여서 불멸하는 영혼과 결합됨으로서 불멸하는 영혼을 가진 몸이 되었다. 그러나 죄가 세상에 들어온 이후에 그 몸은 원래의 사멸하는 상태로 돌아갔다.[490]

데오도레 베자는 영혼의 본질에 대하여서 알려진 것이 거의 없다고 말하면서 그러므로 그것은 우리의 몸의 감각의 수단들에 의하여서 감지되지 않는다고 말한다. 그래서 인간의 몸에 주입되어진 인간의 영혼은 하나님의 형상을 따라서 창조된 본질로 되어 있다고 말한다. 그래서 인간의 영혼은 영적이고 육적이지 않다고 말한다.

## 자유 의지에 대하여서

데오도레 베자는 자유 의지란 헬라어의 "**아우텍수시온**"(Αυτεξουσιον)이라고 하는 말로부터 유래되었다고 하면서 그러나 이 "**아우텍수시온**"(Αυτεξουσιον)이라고 하는 말은 인간이나 천사들에게 사용될 수 없고 오직 하나님께만 참되고 절대적으로 적용될 수 있다고 말한다. 그리고 그것을 인간과 천사들에게 사용할 때에는 오직 하나님에 의하여서 부여 받은 것으로 이해해야 할 것이라고 말한다. 베자는 말하기를 인간이 타락하기 이전에 인간의 이해력과 의지는 하나님의 뜻에 일치하였다고 한다. 그러므로 인간은 하나님의 율법에 전적으로 복종하는 상태에 있었다고 말한다. 그때에는 인간이 참으로 자신의 의지의 주인이었다. 그가 선이나 악을 행하고자 하면 행할 수 있었다. 그러나 어거스틴이 말한대로 타락한 이후에 인간은 그러한 자유를 상실하고 노예 의지를 갖게 되었다. 성경이 가르치는 바는 다음과 같다. 우리의 본성은 오염되었고 죄로 인하여서 죽었으며 하나님의 진

---

490) Ibid., p. 30.

노의 자녀가 되어서 그의 원수로 전락하였다. 그래서 우리는 하나님께로 나아갈 어떠한 선도 행할 수 없도록 전적으로 타락하였다.491)

## 죄에 대하여서

첫 사람 아담과 그 후손들은 전적으로 타락하였고 첫 창조 상태로부터 정 반대의 형상을 갖게 되었다. 본래 인간은 하나님의 지극히 높고 영원한 율법을 따라서 살도록 피조 되었다. 그러나 그들이 스스로 불순종하여서 하나님의 율법에 불복하고 타락하여서 멀어지게 되었다. 죄라고 하는 것은 바로 그러한 것이다. 죄는 단지 선의 결핍이나 결여 정도가 아니다. 하나님의 뜻으로부터의 분리이다.

그런데 그러한 죄의 종류는 두 가지로 분류가 된다. 그것은 원죄와 자범죄이다. 하나는 다른 하나의 죄로부터 온 것이다. 그래서 하나는 다른 하나의 원인과 뿌리가 되고, 다른 하나는 그 하나의 열매와 결과이다. 원죄는 절대적 죄라고 부른다. 옛 첫 아담의 본성이다. 육신의 정욕을 의미한다. 인간의 본성이다. 아담의 범죄 이후에 아담과 온 인류가 그 죄 아래 놓이게 되었다. 그 죄가 놓여 있는 곳은 인간의 몸 뿐만 아니라 인간의 영혼이다. 그래서 인간의 모든 부분이 타락하였다고 하는 것이고 그와 같이 전인이 부패하였다고 하는 것이다.492)

## 그리스도의 이성 일인격에 대하여서

---

491) Ibid., p. 37.
492) Ibid., p. 41.

데오도레 베자는 10장에서 그리스도안에 두 본성의 연합에 대하여서 설명한다. 베자는 말하기를 신성의 두 번째 위격이신 말씀이 인성을 그 자신 안에 가지셨다. 이 두 본성의 완전한 결합으로 하나의 위격으로서 예수 그리스도가 되셨다. 그것은 그가 참 하나님이시며, 참 사람이 되셨다고 하는 것이다. 이것은 두 본성의 연합이며 위격적 연합이다.

데오도레 베자는 말하기를 지금 이 두 본성은 분리할 수 없으나 그 본질적 속성은 구분되며, 그래서 신성은 별개의 신적 속성이고 인성은 인간의 속성이다. 그래서 두 본성의 한 본성이 다른 본성과 혼합된 것이 아니고 한 본성은 다른 본성에 대하여서 별개이다. 그래서 신성은 피조되지 않았으며, 무한하고 어느 한 장소에 제한되지 않는다. 그러나 인성은 피조 되었으며 유한하고 어느 한 장소에 제한되어 존재하신다. 그러므로 그리스도의 인성은 지금 하늘에 계시지만, 지상에는 계시지 않는다. 그러나 그의 신성은 온 세상에 충만하고 편재하시다.[493]

### 그리스도의 사역에 대하여서

데오도레 베자는 하나님께서 그리스도를 그가 요구하시는 바를 이루시는 중보자로 세우셨다고 말한다. 인간이 순종해야 할 율법을 범함으로서 그 저주 아래 놓여 있는 상태를 회복하는 것이다. 그리스도의 이 사역을 통하여서 율법의 요구가 충족되고, 하나님의 공의를 보존하신다. 그럴 뿐만 아니라 이 중보 사역을 통하여서 그리스도께서 그의 백성들에게 왕과 선지자와 제사장으로서 사역하신다. 이 세 직분이 그리스도께서 이루시는 모든 사역의 전체이다.[494]

---

493) Ibid., p. 45.

## 믿음에 대하여서

데오도레 베자는 말하기를 기독교인들의 신앙이란 그리스도에게 우리 자신을 의지하는 것이다. 그리고 그가 우리에게 모든 그의 축복과 우리의 필요와 구원까지도 베푸시는 분이심을 신앙하는 것이다. 그런데 우리는 여기에서 신앙을 일반적인 신뢰와 구별해야한다. 신앙은 우리의 삶의 능력이다. 그것은 그리스도께서 우리에게 베푸시는 모든 축복을 확신하는 것이며, 우리에게 베풀어 주시는 구원의 약속을 신앙하는 것이다.495)

데오도레 베자는 그러한 신앙의 원인과 효력에 대하여서 다음과 같이 말한다. 베자는 말하기를 신앙의 효과적인 원인은 하나님의 자비를 아는 것이라고 한다. 그리고 그에 대한 효력은 그리스도께서 우리에게 베푸시는 것을 의미하는데, 그것은 믿음을 통하여서 우리에게 주어진다. 그 효력은 신자들에게 주어질 때에 그리스도의 보혈의 공로에 의하여서 주어지며 그에 의하여서 모든 의로움이 실현된다.496)

## 칭의에 대하여서

데오도레 베자는 칭의란 하나님께서 그리스도에 의하여서, 그리스도를 위하여서 신자 모두에게 구원에 대하여서 베푸시는 의의 전가라고 말한다. 칭의(稱義)의 효과적 원인은 하나님 아버지의 자비하심이다. 그리고 우리를 향하신 그의 자유로우신 사랑하심이다. 칭의의 질료적 원인은 그리스도께서 십자가에 죽으심

---

494) Ibid., p. 45.
495) Ibid., p. 48.
496) Ibid., p. 52.

이다. 그리고 삼일만에 다시 살아나심이다. 그의 죽으심은 그가 대신 형벌을 받으신 것이다. 그가 그로 인하여서 우리의 모든 죄를 대속하셨다. 그의 살으심은 율법의 모든 요구를 이루시고 성취하신 것이다. 칭의의 형식적 원인은 그리스도의 의의 전가이다. 그로 인하여서 우리는 죄로부터 자유롭게 되었다. 그리고 의로움과 거룩함과 영원한 생명의 후사를 받게 되었다.497)

## 성화에 대하여서

데오도레 베자는 믿음의 효력은 두 가지로 드러난다고 말한다. 그것은 칭의와 성화이다. 후자는 전자로부터 필연적으로 나오는 것이라고 말한다. 베자는 말하기를 우리가 그리스도 안에 있다면, 성화는 원인과 결과의 관계처럼 그리고 나무와 열매의 관계처럼 필연적인 것이다. 베자는 성화에 대하여서 직접적으로 다음과 같이 언급한다.

성화란 신자들의 마음 안에 역사하시는 성령의 효과적 사역이다. 이것은 조금씩 그 신자의 생애 마지막까지 이루어져 가는 것이다. 그러므로 육신의 오염이 점차적으로 사라지고 하나님의 형상이 우리 안에 회복되는 것이다. 그리고 그것은 죽은 이후에 저 세상에서 완성되는 것이다. 이것이 영화이다. 이 선물은 성령께서 전적으로 그리스도로부터 받아서 우리에게 베푸시는 은혜의 사역이다. 그래서 그리스도 안에 그의 죽으심과 장사 지내심 그리고 그의 부활과 우리의 원죄의 제거 등이 있다. 그러므로 우리는 우리의 전 생애 성화를 세 가지로 나눈다. 그것은 옛 사람이 죽어서 장사 지낸바 되고 새로운 사람으로 다시 사는 것이다. 옛 사람의 장사 지낸바 되는 것은 그리스도의 장사 지내

---
497) Ibid., p. 53.

신바 된 것의 영적인 적용의 효력이다. 그것으로 인하여서 우리 옛 사람은 조금씩 제거되고 새로운 사람이 그리스도의 부활의 영적 적용의 효력으로서 다시 살며 우리의 마음이 하나님의 지식으로 충만하여져 가고 우리 삶이 참으로 거룩해져 간다. 이것은 믿음으로 우리에게 주어지는 것인데 우리의 생애 기간 내내 지속된다.

## 하나님의 율법에 관하여서

데오도레 베자는 하나님의 율법이란 그의 뜻의 선포와 현현이라고 말한다. 그것은 그 자신에 의하여서 공적으로 선포되었고 그로 인하여서 하나님께 대한 내적인 예배와 이웃들에 대한 모든 의무를 설명한다. 이 율법은 세 가지로 분류된다. 도덕법과 의식법 그리고 사회법 혹은 치리법이 있다. 도덕법은 경건한자들의 하나님 앞에서의 고양된 삶의 법칙이다. 그러므로 율법은 오직 입법자의 뜻이다. 그리고 그것은 두 개의 돌판에 기록되었다. 첫 번째 돌판은 하나님에 관한 것이고 두 번째 돌판은 우리의 이웃에 대한 것이다. 전자는 4가지 계명 안에 포함되어 있고, 후자는 6 가지 계명 안에 포함되어 있다. 이것은 열 가지의 계명으로 되어 있다.

의식법은 형태나 모양이다. 그것은 하나님을 향한 경배의 외적 감각을 보여준다. 그것은 율법의 한 부분으로서 부분적으로 사람에게 요구되는 희생 제사를 의미하며 그 기능은 영원한 죽음과 정죄이다. 그리고 부분적으로 오실자 메시야이신 그리스도를 비추어주는 모형과 그림자의 역할을 한다. 그것은 그리스도께서 행하실 비천의 사역이다. 치리법 혹은 통치법은 외부의 행위에 대한 것이다. 유대의 시민법이라고도 한다. 그것은 유대 공동체를 다스리는 법이다. 베자는 이 도덕법은 곧 자연법이라고도 한다고 말한다. 그것은 하나님께서 태초에 인간의 마음 안에 심으신 것이기 때문이다. 만약 죄가 인간 안에 들어오지 않았다면 그 법에 대한 이해력이 충분히 있었을 것이다. 그러나 지금은 죄로 인하여서 그에 대한 적절한 이해력이 상실되었고 그로부터 멀리있다. 그러나 주님께서 그의 백성들에게는 동일한 법을 심으시고 주신다. 의식법은 그것을 사용하는 것으로서 폐지되었다. 그 자체는 남아있다. 그것은 그림자와 모형으로서 있었기 때문에 실체이신 그리스도께서 오셨을 때 그 의미를 상실하였다. 사회법 혹은 치리법 또한 폐지되었다. 그것은 유대 공동체에게 주어진 법이기 때문에 지금의 우리에게는 없는 것이다.

## 하나님의 거룩한 공 교회에 대하여서

데오도레 베자는 교회라고 하는 용어의 언어적 의미는 함께 모이는 곳이라고 말한다. 그래서 그것은 사도 시대부터 있었던 의미로서 사도 시대 회당이라고 하는 곳이 교회라고 하는 의미를 가지고 있다고 말한다. 지금은 주로 교부들에 의하여서 그 의미가 정착 되었다고 하며 하나님의 자비의 음성을 듣고 타락한 죄인들이 그 상태로부터 돌이켜서 함께 모여 모임을 이루는 공동체라고 하는 것이다. 그 교회는 세상 끝 날까지 지속될 것이며 참된 예배를 통하여서 신앙을 고백한다.

그러므로 교회란 참된 신앙을 고백하는 모든 자들의 모임이라고 말 할 수 있다. 참된 교회는 하나님께서 그 무한하신 자비로 창세전에 택정하신 무리들을 효과적으로 부르셔서 하나님의 무리들로서 모으신 곳이다. 그런데 이러한 개념은 가시적 교회와 비가시적 교회로 나누어서 생각해야한다. 가시적 교회란 외적 신앙 고백에 의하여서 형성되는 교회이다. 그것은 참된 신자와 거짓된 신자가 혼재하여 있다. 그러나 비가시적 교회란 오직 참되고 항구적인 신앙을 가지고 종국에 이르기까지 이르는 신자들의 교회이다. 이것은 비가시적 교회이기에 오직 하나이고 유일하신 하나님 아버지 안에 감추어져 있는 교회이다. 그것은 한 중보자가 계시고 그의 신비적인 몸으로서 연합되어있으며 한 신앙과 성령에 의한 한 소망 그리고 영원한 생명을 함께 가지고 있는 곳이다. 그러므로 이것을 거룩한 카톨릭 교회(Holy Catholic Kirk)라고 말한다. 그것은 보편적이고 하나님께서 그들을 한 몸 안에 모으신다. 이러한 비가시적 교회는 진리로부터 결코 분리될 수 없고 여전히 사도와 선지자들의 가르침에 굳건히 서 있다. 그러나 가시적 교회는 오류가 있고 분리되며 지상에 있어서 끊임없이 전투하는 교회이다. 그러나 가시적 교회 또한 참된 교회의 표지가 있으니 하나님의 기록된 말씀으로부터 나온 참된 교리를 가지고 있어야 하며 그리고 합당한 성례의 시행을 해야 한다. 이러한 두 가지 측면은 모두 다 하나님의 말씀으로부터 나와야 하는 것이다. 그러므로 하나님의 말씀에 대한 합법적이고 정당한 가르치는 사역은 보존되어야 한다.

합법적으로 가르치는 사역은 교회의 양떼를 파괴시키는 이리들의 공격으로부터 효과적으로 교회를 보존하는 것이다. 그런데 그러한 사역들의 혼돈과 분란을 막기 위하여서 합당한 교리적 일치는 매우 중요하다. 그렇지 아니하면 교회는 벌판에 널려 있는 양떼들처럼 이리의 공격에 노출되게 되어 있다. 그러므로 단순하고 절대적으로 필수적인 교리의 일치가 지상의 교회에 중요한 것이다.

그러므로 지상의 교회 어디에서든지 사도적 교리가(the Doctrine of the Apostles) 가르쳐져야 하는 것이다. 그러한 사실에는 의문의 여지가 없으며 그러한 곳에 참된 교회가 있는 것이다. 그러므로 참된 교회는 보편적이면서 동시에 개별적이다. 그것은 하나님의 말씀을 받는 회중들이 모인 교회를 의미한다. 그러므로 더욱 참된 교회의 표지와 관련하여서 교리적 일치가 중요하다고 할 수 있다.

두 번째 그러한 자체의 교리를 가지고 있는 회중들의 연합체인 교회의 정치가 그 교리 위에 기초해야 한다. 그러므로 하나의 교리와 하나의 정치 제도를 가지고 있는 것이 지상의 가시적 교회의 통일성이다.[498]

## 성도의 교제에 대하여서

데오도레 베자는 성도의 교제의 기초는 그리스도께서 성육신(Incarnatio)하심 안에 있다고 말한다. 하나님이신 그리스도께서 인간이 되신 것이 바로 성도들의 교제의 참된 기초가 된다고 하는 것이다. 그리스도와 교회와의 영적 연합은 그리스도께서 머리가 되시는 신비한 몸을 형성하며 그리고 우리 모두를 그 분 아래에 모으시는 것이다. 그런 의미에서 교회는 사도 베드로가 말한대로 하나님의 도성이며 영적인 성전이다. 그리고 산돌이신 그리스도가 그 기초이시다. 그가 전체 몸을 받쳐주는 머릿돌이시라는 것이다. 우리는 바로 이러한 신비한 몸에 참여하는 자들이다. 그러므로 참된 소망과 결합된 참된 신앙만이 우리를 그리스도에게 연합시킨다. 이러한 모든 것은 하나님의 자유로우신 목적을 따라서 오직 그의 택자들에게 예비된 것이다.[499]

---

498) Ibid., p. 143.
499) Ibid., p. 147.

## 하나님의 말씀에 대하여서

　데오도레 베자는 참된 교회의 지표는 하나님의 말씀과 성례라고 하면서 하나님의 말씀은 오직 사도와 선지자들이 하나님의 영으로 영감을 받아서 증거하신 것들이라고 한다. 그 말씀은 이제 지나갔고 그것이 기록으로 남아서 우리에게 전수되었다. 그것이 신구약 성경이다. 그것이 유일한 하나님의 말씀이다. 이 기록된 말씀 안에 하나님께서 그 자신에 대한 지식과 우리에게 요구하시는 바를 기록하셨다. 하나님께서 이 말씀의 참된 저자이시다. 모든 성경은 하나님의 감동으로 되었다.(딤후 3:16)
　하나님의 유일한 분별력에 의하여서 기록된 성경은 기나긴 기간 동안 교회에 의하여서 전수되어 오면서 정경이 되었다. 그리고 그것은 다른 문헌들과 구별되는 것으로 간주되었다. 성경만이 신앙과 행위의 유일한 법칙이다. 그래서 정경이라고 불리는 것이다. 다른 문헌들은 그 기록자가 누구이건 간에 여전히 사적인 인간의 기록일 뿐이다. 이 성경이 정경으로 간주되는 것은 교회의 동의에 의하여서 된 것이 아니라 우리에게 말씀하시는 하나님의 성령의 증거에 의하여서 된 것이다. 그것은 의심할 수 없는 하나님의 진리이고 하나님의 입으로부터 나온 것이다. 이러한 거룩한 책들은 우리의 구원에 필요한 모든 것을 포함한다. 성경은 절대적으로 하나님의 사람들에 의하여서 기록된 것이다.
　거룩한 성경의 자연스럽고 합당한 해석은 신앙의 유비로부터 이끌어낸다. 그래서 어떤 구절의 해석이 어려우면 다른 구절로 그것을 해석하는 것이다. 그리고 어떤 구절이 매우 짧으면 그와 동일한 내용의 긴 구절로 해석한다. 이것이 바로 성경은 그 자체가 해석자라고 하는 원리이다.(so the Woord is the rule and the interpretour of itselfe)

데오도레 베자는 하나님의 말씀은 매일 묵상해야 한다고 말한다. 그리고 그 말씀 안에 우리의 삶을 두어야 한다고 말한다. 그러므로 성경은 교회에 절대적으로 영속적으로 그리고 필수적으로 가지고 있어야 할 것이다. 거룩한 교회는 이러한 순수한 교리를 가지고 있어야 하며 그러한 교회가 진리의 기둥과 터가 되는 것이다.500)

## 교리적 전통에 대하여서

데오도레 베자는 이 장에서 기록된 하나님의 말씀이 교리적 전통으로서 전수된 것에 대하여서 설명한다. 베자는 이 전통을 헬라어로 **"파라도세이스"**($παραδοσεις$)라고 하여서 일반적으로 라틴어로 **"전통"**으로 번역이 된다고 말한다. 베자는 전통에는 두 가지 종류가 있는데 하나님의 영으로부터 나온 명령적 전통이 있고 그것은 그리스도와 사도들로부터 받은 것이다. 그리고 인간의 지혜로부터 창안된 전통이 있다. 그것은 그리스도께서 유대인들을 책망하시면서 말씀하신 유대인들의 유전이다.(마 15:3) 그리고 이것은 사람의 계명과 가르침을 의미한다. 주의 만찬과 같은 교리는 바울이 주께 받은 것이라고 말한다. 그리고 어떤 것들은 교회의 선한 질서와 의식으로서 목매어 죽은 동물들의 피에 대한 것과 여자들의 머리에 쓰는 것들과 남자는 기도할 시에 머리에 쓰지 말 것과 같은 것들이다. 이러한 교리들 중에 교회가 항구적으로 지켜야할 것들이 있다.

그러나 인간의 전통은 고대성도 없고 거룩성도 없으며 하나님의 지혜도 없다고 말한다. 그것들은 하나님의 말씀과 함께 하지 않고 그것들 자의적 예배보다 더 나을 것이 없다고 말한다. 그

---

500) Ibid., p. 150.

래서 그것들은 궁극적으로 다른 모든 미신들과 함께 추방되어야 한다. 이것들은 주로 육식과 의복 날들에 대한 차별을 두는 것과 죽은자들을 위한 기도와 성자들을 향한 간구와 같은 것들이다. 그리고 어리석고 불결한 도구들을 사용하는 것들이다. 성경은 하나님께 예배함에 있어서 오직 유일한 법칙이다. 무엇이든지 신앙이 없이 하면 죄가 된다. 그리고 그 신앙은 사람으로부터 창안된 것에 의존하지 않고 하나님의 말씀에 의존한다. 하나님의 말씀만이 유일하고 완전한 법칙이다. 우리는 하나님의 말씀에 위배되는 어떠한 권고나 방침도 받을 수 없다. 오직 우리 영혼의 참된 감독자 되신 입법자이신 그리스도만이 우리가 영접해야 할 유일한 구주이시다. 그러므로 우리들은 그리스도와 그의 사도들이 우리에게 가르치신 것 만을 수납한다.501)

### 교부들과 회의들에 대하여서

데오도레 베자는 교부들의 직무였던 감독직은 교회의 목사직과 동일한 것이라고 말하면서, 그것은 치리회로부터 받은 직무라고 말한다. 그리고 치리회 안에서 우리는 평신도조차도 참여하게 한다고 말한다. 그러므로 목사와 장로들로 구성된 치리회가 있다고 말한다.502) 그러므로 치리회에서 결정된 것은 각 교회에게 보내지고 그것은 헌법으로서 세워진다. 거룩한 공 교회는 치리회 안에서 감독들 사이에서 일어난 논쟁들의 결론을 짓는다. 그런데 그것은 교회의 일반적 정치의 규범이라고 할 수 있는 성경으로부터 결정을 짓는다.503)

---

501) Ibid., p. 153.
502) Ibid., p. 156:"the Ecclesiasticall censures and judgements of the godly Pastors and Elders."
503) Ibid., p. 159.

## 성례에 대하여서

데오도레 베자는 성례에 대하여서 다음과 같이 설명을 시작한다. 하나님께서 그의 무한하신 선하심으로서 그의 교회에게 비참한 상태로부터 하나님의 약속과 말씀으로 그리스도를 통하여서 구원하셨다. 그리고 몇 가지 의식을 더하셨다. 그리고 그것을 통하여서 그가 우리를 향하신 하나님의 선하심의 확신을 심으셨다.

이 의식들은 헬라어로 "**비밀**"(Mysteries)이라고 말한다. 왜냐하면 그 표지들이 비밀스럽고 감추어져 있기 때문이다. 그것은 어느 누구에게도 알려지지 않았다. 그리고 하나님의 교회의 회원들에게만 알려졌다. 그래서 라틴어로 그것을 성례(Sacramentum)이라고 말한다. 그것은 헬라어 "**무스테리온**"(μυστηριον)을 해석한 것이다. 이 의식들은 하나님과 우리 사이의 언약의 표징이다. 그가 우리의 하나님이 되시고 우리가 그의 백성이 되리라는 언약의 표징이다.[504] 라틴 교부들에 의하여서 사용된 성례(Sacrament)는 일종의 표징을 의미하였다. 그리고 그것은 거룩한 일에 대한 표징이었다. 그래서 그와 같이 성례는 그리스도 안에서 하나님의 은혜의 표징으로 언급되었다.

성례는 하나님께서 교회에게 제정해 주신 가시적 표징이다. 우리는 그것을 통하여서 마음의 인장을 가지게 된다. 그것은 그리스도에 의한 자유로운 구원의 은혜의 약속이다. 그리고 무엇보다 성도들의 신앙을 견고하게 하는 것이다. 그리고 그로 인하여서 성도들은 머리되신 그리스도 안에서 서로 교제하는 것이다. 성례는 두 가지 요소가 있다. 그것은 외적으로 몸의 감각에 의하여서 감지하는 유형적인 요소가 있다. 그리고 마음과 영혼

---

504) Ibid., p. 161.

에 베풀어지는 내적이고 영적인 요소가 있다.505) 성례의 형태는 하나님의 법령으로서 하나님의 말씀으로부터 나온다. 그러므로 성례는 하나님께서 그의 말씀으로 제정하여 주신 것이다.

데오도레 베자는 성례가 하나님의 말씀에 기초하는 것이라고 말하면서 성례 없이 교회에서 하나님의 말씀이 가르쳐 질 수 있다. 그러나 말씀의 가르침 없이 성례의 시행이란 아무런 의미가 없다.506)

데오도레 베자는 그 다음 장에서 신구약 성례의 일치점과 차이점에 대하여서 언급하면서 하나님의 교회와 함께 하시는 그의 언약은 항상 하나이고 동일하다고 말한다. 그럼에도 불구하고 그것을 베푸시는 경륜에 따라서는 다양하다고 말한다. 이것이 구약과 신약의 다른점이다. 그러나 구약과 신약 자체는 동일한 실체를 가지고 있다. 그 표징이 시간의 경륜을 따라서 전환 되었던 것이다. 그래서 조상들은 동일한 신령한 양식과 음료를 먹고 마셨다. (고전 10:3~4) 그리고 그 양식과 음료는 그리스도이시다. 그러므로 그들의 효과적 원인은 하나이고 동일하다. 두 언약의 성례에 유일한 주체자는 하나님이시다. 그만이 홀로 성례를 제정하셨다. 그리고 그가 홀로 은혜를 약속하셨다. 결국 그 은혜 언약은 하나이고 동일하며 그러한 관점에서 예수 그리스도를 아는 것이 그 언약의 중보자를 아는 것이다. 그리고 영생에 이르도록 하는 그의 모든 축복에 참여하는 것이다.507) 구약의 성례는 오실자 그리스도를 예표하는 것이었다. 그리고 그가 오심으로서 지금 시대에서는 그것이 그쳐진 것이다.

사도들에 의하여서 증거 되었던 대로 할례는 더 이상 세례와

---

505) Ibid., p. 162.
506) Ibid., p. 166.
507) Ibid., p. 168.

혼합 될 수 없고 폐지되었다. 새 언약의 성례는 그리스도께서 오셨기 때문에 예표와 그림자였던 구약의 성례의 표징을 폐지시키고 새로운 표징을 갖게 되었다. 그것은 세상 끝까지 지속될 것이다.508)

데오도레 베자는 새 언약의 성례의 종류에 대하여서 다음과 같이 말한다. 새 언약의 성례는 두 가지 종류가 있다. 그것은 세례와 주의 만찬이다. 세례를 통하여서 우리들은 주의 교회의 회원이 되고, 주의 만찬을 통하여서 그 교회 안에서 자양분을 얻고 양육을 받는다.509)

## 세례에 대하여서

데오도레 베자는 세례가 새 언약의 성례라고 말하면서 오실 자 그리스도의 예표로서 구약의 할례가 그리스도를 증거할 때에 신약의 세례는 그리스도께서 제정하신 표징으로서 주어졌다고 말한다. 그러나 이 두 표징의 실체는 하나이고 동일하다. 다만 표징의 형식이 다를 뿐이다.510) 세례의 표징은 이러하다. 그것은 물이다. 그리고 그 물에 몸을 담그거나 혹은 그 물을 뿌리는 것이다. 그리고 그 물은 우리의 죄를 사하시는 그리스도의 보혈을 상징한다. 그럼으로서 옛 사람을 버리고 새 사람을 입는 것을 의미한다. 그 세례의 형식적 원인은 그것의 합당한 시행에 있다. 그것은 특히 성부와 성자와 성령의 이름으로 베푸는 것이다.511)

데오도레 베자는 그 다음 장에서 유아 세례에 대하여서 설명

---

508) Ibid., p. 169.
509) Ibid., p. 170.
510) Ibid., p. 172.
511) Ibid., p. 174.

한다. 유아 세례의 대상은 부모들 중에 세례를 받은자들이다. 그들은 하나님의 언약 안에 포함되어 있다. 지금 유아들은 믿는 부모들의 아이들로서 성년이 될 때까지 부모들이 교회에게 그들의 신앙으로 위탁하는 것이다. 그러므로 이 유아들도 세례를 통하여서 언약 안에 들어가는 것이다.512)

## 주의 만찬에 대하여서

성례의 두 번째 시행은 주의 만찬이다. 주의 만찬은 교회가 공적으로 시행하는 새 언약의 최종적인 성례이다. 그것은 떡을 떼는 것과 포도주 잔을 마시는 것이다. 그것은 그리스도의 죽으심과 그의 보혈을 흘리심에 대한 그의 백성들에게 인장으로서 주어진 표징이다. 이것은 영적으로 믿음을 통하여서 주어지는 것이다. 이 표징은 외적 감각을 통하여서 그리스도를 말씀에 참여하는 것인데 그 효력은 그 떡과 잔 자체에 있는 것이다. 오직 그리스도에게만 있다. 이러한 이유 때문에 떡과 잔은 표징일 뿐이다. 그리고 그 표징이 지향하는 바는 그리스도의 몸과 보혈이다. 그 대상들이 표징이라고 할 때에 그것들은 우리의 마음에 주어져서 우리 안에서 그리스도 자신으로부터 주어진 영적 생활을 세우고 견고하게 한다. 그러할 때 그것은 오직 믿음으로만 받게 되는 것이다. 그 형태는 유비(analogue)의 결합에 의하여서 성례적 행위로 드러나는 것이다. 그러므로 그러한 외적 표징이 실체로 변한다는 화체설과 그리고 그 표징과 함께 그 대상이 함께 있다고 말하는 공재설을 거부한다. 표징과 그 표징의 실체에 대한 것은 오직 유비적이다. 그것은 떡과 음료가 우리의 몸에 자양분을 주는 것처럼 그리스도의 몸과 피가 우리의 영혼을

---
512) Ibid., p. 173.

영생에 이르게 하는 것이다. 그리고 이 유비는(analogue) 신적 명령에 기초하는 것이다. 그리고 그것은 축복과 약속이 있다. 그러므로 주님께서 "**이 떡은 나의 몸이다. 이 잔은 새 언약의 피이다.**"라고 하셨을 때에 그것은 성례적 비유로서 그러한 행위 자체가 그리스도의 몸과 피에 대한 표징이라고 말하는 것이다.513)

### 미사에 대한 논박

데오도레 베자는 주의 만찬에 대한 오류로부터 모든 미신들이 일어났다고 말한다. 그 중에서도 화체설은 가장 추악한 오류라고 논박한다. 그것은 주후 1050년 란프랑케(Lanfranke) 회의에 의하여서 처음 도입되었다고 말한다.

사도 시대에 그리스도의 말씀에 따라서 성례적 행위로서 주의 만찬이 처음 제정되었을 때에 그것은 믿음으로 받는 표징으로 사려 되었다. 그러나 후대에 그러한 성례적 행위가 실체적 행위로 전환되었다. 그것은 성례가 그 실체에 대한 표징이라는 것에도 불구하고 그러한 유비적 의미를 제거하면서 바로 실체로 전환된다고 하는 것으로 변질 되었다. 그리고 이러한 교황주의자들의 화체설은 미사로 발전하기에 이른다. 미사는 성경으로부터 추론된 전통이 아니라 후대에 첨가된 인간의 전통이다.514)

### 하나님의 교회의 직원들에 대하여서

데오도레 베자는 교회에 말씀의 사역자는 하나님께서 그의 교

---

513) Ibid., p. 185.
514) Ibid., p. 188.

회 안에 세우신 것 이라고 말한다. 그리고 그리스도께서 오심으로서 그 사역자들은 사도와 선지자들과 전도자들 그리고 목사와 교사들에게 위임 되었다. 사도 바울이 말한대로 하나님께서 그의 교회를 세우시고 성도들을 온전케 하시고자 사도와 선지자들과 전도자들과 목사와 교사들을 세우셨다. 그러나 이 직분 모두가 항구적이지는 않다. 어떤 직분은 항구적이지만, 다른 어떤 직분들은 일정한 시간 동안만 존재하는 직무였다. 그러므로 사도와 선지자들과 전도자들은 초대 교회를 세우는 기초 직원들이었다. 그들은 다른 직분과 구별되어야 한다. 그러나 목사와 교사는 그리스도께서 오시는 그 날까지 항구적이다.

사도적 보편 교회 안에 가장 탁월하고 높은 직분이 있다. 그것은 사도직이다. 그들은 하나님의 대사들이었다. 그들은 사람에 의하여서 서임되지 않았고, 그리스도께서 직접 서임하셨다. 그들 모두는 동등권을 가지고 있었다. 그들은 교회를 세우는 일꾼들이었다. 그들은 성령의 영감에 의하여서 인도되었으며 하나님의 명령에 의하여서 사역하였다. 그러므로 그리스도의 은혜의 복음을 만방에 알리는 역할을 수행하였다. 그들은 표적과 성례를 통하여서 그들의 사역을 확증하였다. 그리고 그들은 그들이 세운 교회를 목사와 교사들에게 위임하였다. 그리고 이러한 직분이 신실하게 수행 되었을때에 사도의 사명은 그쳐졌다.[515]

선지자들의 직분을 맡은 자들은 성경에서 예언을 행하는 자들을 의미한다. 그런데 그들은 다양한 의미를 가지고 있었다. 일반적으로 그들은 목사의 직무를 행하고 있었다. 그러한 의미에서 선지자들은 교회를 교화하고 격려하고 위로하고 교리로 가르치는 자들이었다.

전도자들은 사도들이 함께 다니면서 복음을 전할 때에 동행했

---

[515] Ibid., p. 228.

던 자들이다. 그들은 사도들 없이 스스로 교회를 세우는 것에는 충분한 지위를 가지지 못하였던 자들이었다. 그러므로 그들은 사도들에 의하여서 직무를 위임 받아서 교회를 섬겼다. 주로 디모데, 디도, 실바누스 등 이다.

나머지 두 직무는 말씀을 가르치는 직분자들로서 목사와 교사들(Doctors)이 있었다. 그들은 사도와 선지자와 전도자들과 구별이 되어야 할 것이다. 그들은 사도 시대에 사도들과 선지자들에 의하여서 세우심을 받았다. 그리고 그 이후에는 치리회를 통하여서 세움을 받았다. 그리고 그들은 지교회와 연결되어 사역을 하였다. 그리고 이 직분자들은 기독교 교회의 항구적으로 가르치는 업무를 담당하도록 우리 주 예수 그리스도께서 이 직분을 서임하신 것이다. 그 중에서 기독교 교사의 합당하고 특별한 직무는 성경의 올바른 해석을 통하여서 참된 종교의 교리를 가르치는 것이었다. 그리고 정통 교리에 반론을 제기하는 자들로부터 교회를 보존하는 자들이다. 그리고 그들은 교회의 학교들을(Ecclesiasticall schools) 치리하는 것이다.516)

이제 그 다음 질서로는 치리 장로(Elders)와 집사 직분(Deacons)이 있는데 그것은 목사와 교사 직분과 함께 나머지 교회의 선(Goodness)을 위하여서 사역 하는 직분이다. 말씀의 시행이(The administration of the Words) 치리 장로에게 위임 되었다. 그것은 특별하게 치리라고 하는 이름으로 표현된다. 그러나 말씀을 가르치는 직무가 목사와 교사들에게 위임되었기 때문에 치리 장로들은 공적으로나 사적으로 말씀을 가르치는 것을 하지 못한다. 그러나 교회의 치리회를 통하여서 교회를 관리하는 직무를 위임 받았다. 그래서 목사와 함께 치리회에서 권징을 시행하는 직무를 가지고 있다. 치리 장로는 훈계와 책망과 바르

---

516) Ibid., p. 230.

게 함에 수고하는 직무이다. 이 직무는 일반적으로 감독이라고 불리우는 목사들과 함께 동역하는 것이다. 집사는 특별하게 구제의 시행을 책임지고 목사와 교사 그리고 치리 장로의 직무 이외에 다른 교회의 선을 시행하는 자들이다. 가난한자들의 필요를 채우고 거룩한 사역을 행하고, 고아와 과부를 살피는 것이다.517)

## 교회의 권세에 대하여서

데오도레 베자는 교회의 권세는 먼저 영적이라고 말한다. 그것은 양심에 지도를 받는다. 그리고 관원의 권세와 권력으로부터 분리된다. 그러므로 그 권세는 주권적 권세가 아니라고 말한다. 그래서 위임받은 자들이 자의적으로 시행하는 권세가 아니다. 그것은 그의 교회의 입법자이시고 주님이신 하나님에 의하여서 명령 되어진 것만을 시행할 뿐이다. 오직 그만이 유일한 주권자이시다. 인간은 아니다. 교회의 권력과 효력은 오직 하나님께 의존한다. 교회의 참된 권세는 부분적으로 사단에 대항하여서 효력을 발휘한다. 그리고 우리 구원을 방해하는 모든 원수들에 대항하는 것으로서 발휘된다. 즉 죄와 이 세상과 죽음과 같은 것들이다. 이러한 것들은 교회 아래 종속된다. 그리고 이것은 주님께서 그의 나라의 참된 통치자가 되시는 것이다. 그것은 여기 지상에서도 그러하다.

교회의 권세는 교회의 정치의 질서를 정하는 것이다. 그것은 사역의 기능 안에 있는 것이다. 목사와 치리 장로들에 의하여서 치리되는 치리회가 그러하다. 이 권세는 세 가지로 구별된다. 가르치는 권세와 법을 세우는 것과 권징이다. 치리회의 바르고 합

---

517) Ibid., p. 231.

당한 권세는 그들 자신들의 선한 생각에 기초하지 않고 오직 주님께서 사도와 선지자들을 통하여서 기록하게 하신 성경에 기초한다. 그리고 성례의 공적 시행이 교회의 권세이다. 그리고 그것은 합당하게 부름 받은 목사가 시행하는 것이 올바르다. 이것은 하나님의 백성들에게도 일반적이며, 모든 지교회에게도 그러하다. 교훈과 책망과 위로를 통하여서 그 권세를 행하는 것이다. 이 권세의 권능과 효력은 비유적으로 열고 닫는 열쇠의 기능으로 표현된다. 합당하게 시행된 치리회의 권세는 죄를 사죄하거나 그대로 머무르게 하는 권세가 있다. 그러므로 지상에서 열쇠를 통하여서 닫고 열면 하늘에서도 닫고 여는 권세이다.518) 그러나 이 권세는 사람에게 주어진 것이 아니다. 오직 우리 구주 그리스도 예수로부터 모든 판단이 위임된 그 치리회에게 주어진 것이다. 그러므로 이 권세는 궁극적으로 하나님께 있다고 보아야 할 것이다. 왜냐하면 하나님의 말씀으로부터 벗어나는 형태의 치리회는 그 권세를 상실하게 되기 때문이다. 하나님께 만이 그 권세의 유일한 열쇠권이 있다. 그리고 이 권세는 교회를 다스리는 목사와 치리 장로들이 속한 치리회에게 위임된 것이다.519)

## 세상 관원들에 대하여서

교회의 권징은 하나님의 말씀을 따라서만 시행되어야 하며 세상의 관원들이 참가할 바가 아니다. 그러나 일반적인 인간들의 범죄에 대하여서는 세상 관원들이 판단하는 것이 바람직하다. 이러한 세상 관원들의 권세 또한 사람으로부터 받은 것이 아니라 하나님께로부터 받은 것이다. 세상 관원의 정치 형태는 몇

---

518) Ibid., p. 247.
519) Ibid., p. 248.

가지가 있다. 먼저 왕정이다. 왕을 중심으로 국가 정치를 하는 것이다. 그 다음이 귀족정치이다. 그것은 귀족들에 의하여서 통치가 되는 형태이다. 그리고 민주 정치이다. 이것은 전체 백성들의 권세 안에 동일한 것을 주장하는 것이다.520)

## 【3】베자와 개혁 교회

베자와 유럽 대륙의 개혁 교회 역사는 매우 밀접한 관계를 가지고 있다. 베자는 특히 프랑스 개혁 교회와 긴밀한 관련을 맺고 있었으며 화란과 영국 그리고 스코틀랜드 개혁 교회와도 모종의 관계를 맺고 있었다. 그의 영향력은 칼빈 사후에 지속적으로 개혁 교회가 발전하는데 기여하였다.521) 그러므로 모든 개혁 교회는 제네바의 개혁 교회와 모종의 관계를 맺으면서 발전하였다. 베자와 제네바 개혁 교회는 개혁 교회의 역사의 견인차 역할을 하였다고 할 수 있다. 존 칼빈에 의하여서 설립된 제네바의 개혁 교회는 베자에 의하여서 더욱 견고하게 그 위치를 세웠다고 할 수 있다. 베자의 위치라고 하는 것은 17세기 개혁 교회의 역사에 피할 수 없는 것이었다. 대부분 북부 유럽의 개혁 교회들은 베자와 제네바의 개혁 교회에 신세를 지고 있었다. 화란의 개혁 교회 또한 베자와 연결되어 있는 부분이 있다. 화란의 개혁주의 신학자 고마루스가 베자의 영향을 받은 인물로 되어 있다.

---

520) Ibid., p. 259.
521) Philip Shaff, History of the Christian Church.vol.8, p. 858.

## 3. 프랑스 개혁 교회 역사

  프랑스 개혁 교회의 역사는 개혁 교회 역사의 하나의 중요한 이정표를 제시한다. 우리들은 프랑스 개혁 교회의 역사를 통하여서 참된 장로교회가 어떠한 형태가 되어야 하는가를 제시받는다. 영국과 스코틀랜드에서 장로교회가 설립되기 이전에 이미 프랑스 개혁 교회를 통하여서 장로교회의 정치를 통한 개혁 교회가 세워지고 약 100년간 발전하여 왔다. 비록 웨스트민스터 신앙 고백과 같은 신앙 고백적 장로교회 제도를 산출하지는 못하였지만 그 교회 정치 형태는 철저한 장로교회였고 그것은 스코틀랜드 장로교회가 세워지기 수 십년전에 이미 프랑스에 존재하였던 교회였다. 위그노란 교회의 연맹체를 의미한다. 이러한 교회 연맹체는 역사적 정통 장로교회의 노회와 대회 그리고 총회의 성격을 가지고 있었다. 이러한 위그노들의 신앙 고백적 저항은 프랑스를 내전으로 치닫게 하였다.
  그러므로 낭트 칙령으로 잠깐 동안 위그노들이 신앙 고백적 저항에 휴식을 얻을 수 있었던 기간을 제외하고 프랑스 종교 개혁사에서 위그노들의 삶이란 그야말로 고난과 고통의 연속이었다. 그러나 그들은 좌절하지 않았고, 프랑스 역사에서 지울 수 없는 중요한 역사적 한 부분을 차지하는 자취를 남겼다.

## (1) 프랑스의 정치 · 종교적 상황

프랑스에서 종교 개혁이 일어나게 된 계기는 이미 독일에서 일어난 마르틴 루터의 종교 개혁이 그 시발점이라고 할 수 있다. 인문주의를 통하여서 어느 정도 교회의 타락한 실체를 알게 된 프랑스 사람들은 마르틴 루터의 종교 개혁을 통하여서 더욱 분명하게 종교 개혁의 필요성을 깨닫게 되었다.

그러던 중에 개신교 종교 개혁의 중심지라고 할 수 있는 스위스의 종교 개혁이 프랑스 종교 개혁에 영향을 끼치게 되었다. 무엇보다도 프랑스 종교 개혁자들 중 다수가 스위스로 망명을 하고 그곳에서 종교 개혁을 주도함에 따라서 프랑스는 더욱 큰 힘을 얻게 되었다. 그 대표적인 인물이 존 칼빈과 데오도레 베자이다.

이미 스위스 종교 개혁의 중심지로 자리잡고 있었던 제네바의 개혁 교회는 프랑스 개혁 교회의 성립에 지대한 영향력을 행사하였다고 할 수 있다. 이미 존 칼빈이 프랑스에 있을 때에 종교 개혁적인 움직임이 있었고 그에 대한 핍박이 프랑스 정부로부터 있었다. 존 칼빈조차도 그의 친구 콥의 연설문 작성과 관련하여서 체포령이 내려지자 프랑스를 떠나게 되었던 것이다.

그리고 주후 1536년 그가 바젤에서 기독교 강요 초판을 출판하게 되었던 것이다. 존 칼빈은 핍박받는 프랑스 개혁 교회 성도들을 위하여서 이 저서를 저술하게 되었다고 머리말에서 기록한다. 그만큼 프랑스 개혁 교회의 역사는 유럽 각지에서 일어난 종교 개혁의 역사와 맞물려 있었다고 할 수 있다. 존 칼빈이 기독교 강요 초판을 헌사하였던 프랑스의 무적왕 프랑수아 1세는 주후 1547년에 죽고 그의 후계자인 앙리 2세가 (주후 1547~1559) 왕위에 오르게 된다. 그러자 이미 프랑스 내에서 상당하게 형성된 개혁 교회 성도들은 이 시기에 위그노를 결성하는 형태에 까지 이르게 된다.

## (2) 프랑스 종교 개혁
### 【1】위그노 형성의 시작

프랑스의 종교 개혁의 중심적인 세력이었던 **위그노**(Huguenots)들이 알려지는 시기는 주후 1552년 경이다522). 그러나 그전에 이미 프랑스 1세의 누이였던 왕녀 마가렛(Marguerite d'Angouleme)에 의하여서 나바르(Navarre)를 중심으로 하여서 종교 개혁적인 형태의 국가 교회가 발생하기 시작하였다.523)

나바르는 스페인과 프랑스 접경 지방으로서 어느 정도 자치를 누리고 있었던 지방이었다. 그런데 프랑스 종교 개혁이 일어나자 이 지방을 중심으로 나바르는 하나의 완전한 독립 국가를 이루고 종교 개혁을 시도하게 된다. 이때 중요한 역할을 수행하였던 인물이 바로 마가렛이었다.

주후 1492년에 태어난 그녀는 주후 1509년 알레퐁의 공작(Duke of Alengon)과 결혼을 하게 된다. 그러나 주후 1525년 미망인이 되어서 주후 1527년 나바르의 왕과 혼인을 하게 된다. 그리고 그녀와 그녀 남편 사이에서 쟌느 드 알브렛(Jeanne d'Albret)이 태어난다. 그리고 그녀가 나중에 나바르의 왕으로 있다가 프랑스의 왕이 된 앙리 4세(Henry IV)의 어머니가 되게 된다. 이렇게 나바르의 왕과 혼인한 마가렛은 개혁 교회를 이루는데 지대한 공헌을 하고 주후 1549년 생을 마감하게 된다. 그녀는 매우 창조적인 에너지를 가지고 있었으며 지성적인 부분과 신앙적인 부분에 있어서 탁월한 역량을 발휘하였으며 라틴어와 이태리어를 숙달하여서 정통하였다. 특히 그녀는 루터와 칼빈의 저서를 좋아하였으며 그로부터 깊은 감명을 받았다.524)

---

522) Williston Walker, p. 516.
523) J.D. Douglas, p. 489.
524) Thomas M. Lindsay, A History of the Refromation. vol.2. p. 138.

주후 1528~29년 사이에 프랑스 정부는 교회의 형태에 대하여서 토의하고자 프랑스 국가 평의회를 개최하기에 이른다. 그 회의에서 프랑스 정부는 프로테스탄트의 가르침에 반대하여서 중세적인 로마 카톨릭의 종교 형태를 고수하기로 재확인하였다. 그래서 그들은 가시적 교회의 불멸성과 통일성을 강하게 주장하기에 이르고, 로마 카톨릭 교회가 지켜오고 있었던 사제들의 독신과 금식, 7성례와 미사, 연옥과 성인 숭배, 형상 예배, 자유의지와 신앙과 행위에 대한 스콜라적 교리를 교회의 규범적 법칙으로 선언하였다. 그리고 그들은 교회의 분리주의자들과 이단들에 대한 견책을 국가 통치자가 수행하는 것으로 결정하였다. 그러나 그 평의회가 진행되는 동안 프랑스에 종교 개혁의 상징이라고 할만한 사건이 발생하게 된다. 그것은 성모 마리아 상을 파괴시킨 사건이다. 주후 1528년 5월 31일 이 사건으로 로마 카톨릭은 심각한 공황에 빠졌다. 프랑스 왕은 격노하였고 그는 은으로 제조된 새로운 성모 마리아 상을 세웠다. 그리고 프랑스 왕은 그 사건을 통하여서 핍박의 정당성을 다시 재확인하였다.525)

그런데 주후 1533년 프랑스 왕이 4년 후에 약간의 정책을 전환하기에 이른다. 그것은 그가 영국과 독일의 개신 교회와 협력을 해야 할 필요성에 의하여서 메아욱스(Meaux)의 종교개혁자들에게 설교하도록 허락하게 된다. 그리고 나바르의 왕과 왕비를 비난하였던 소르본의 교사들은 파리로부터 추방을 당한다. 니콜라스 콥의 파리대학장 취임식과 관련하여서 칼빈이 작성한 연설문이 원인이 되어서 칼빈과 그의 동료 니콜라스 콥이 피신하게 된 사건들이 발생했음에도 불구하고 복음적 설교가 루브르에서 시행되었고 프랑수아 1세는 여전히 종교 개혁에 대하여서

---

525) Ibid., p. 145.

관대하게 대하였다. 그러나 하나의 사건이 프랑스 종교 개혁의 도화선이 되는데 그것은 바로 주후 1534년 10월 18일 파리시 곳곳에 미사에 반대하고 화체설을 비방하며 교회에서 시행되던 희생 제사 의식을 공격하는 벽보가 게시되었다. 교황과 모든 그의 기생충들인 주교와 사제들과 수도승들과 다른 외식하는 자들은 즉 미사를 옹호하는 자들은 거짓말 하는 자들이고 신성 모독을 하는 자들이라고 게시하였다. 이 벽보의 게시자는 프랑스로부터 도망을 쳐서 네이샤뗄(Neuchatel)로 피신한 앙뜨안느 마르꼬르트(Antoine Marcourt)로 추정된다. 그의 대담함은 파리와 인근 도시 뿐만 아니라,(Orleans, Blois, Amboise) 왕의 침실 문 앞에도 게시하였다. 그 사건은 로마 카톨릭주의자들을 격노시키는 사건이 되었다. 프랑수아 1세 왕과 저명한 평의회의 귀족들은 그 다음에 1월에 모여서, 그 달에 35명의 **"루터주의자들"**을 체포하였다. 그리고 심문한 후에 화형을 시켰다. 잘 알려진 개혁주의자 클레멘트 마롯과 마터린 코르디어(Clement Marot & Mathurin Cordier)는 파리로부터 피신하였고 그들의 모든 재산은 몰수 되었다.

그러한 종교적인 핍박 이후에 프랑수아 1세의 종교 정책은 다시 선회하였다. 그는 독일의 개신교와 동맹을 유지하기를 원하였다. 그래서 독일의 개신교회 신학자들을 초청하였으나 독일의 개신교회 신학자들이 프랑스 형국의 위험성을 이유로 거부하였다. 그러자 종교적인 핍박이 다시 더욱 강하게 재개되었다.526)

주후 1538~1542년까지 프랑스 정부의 종교적인 핍박은 지속되었다. 그러나 왕에게 올린 보고서에 보면 그러한 핍박에도 불구하고 프랑스 각지에서 개혁 교회의 활동은 더욱 활발하고 확대되었다고 말한다. 그러므로 소르본과 파리와 아익스(Aix) 대법

---

526) Ibid., p. 147.

원은 루터주의자들에 대한 핍박을 가속화할 것을 촉구하였다. 소르본은 개혁 교회에 반박하는 25가지의 항목을 주장하였다. 그것은 주후 1541년 칼빈의 기독교 강요를 겨냥해서 작성된 것이었다. 그들은 개혁가들의 모든 가르침에 대하여서 거부하였다. 그리고 중세적인 교회의 교리와 규칙대로 시행하기로 재확인하였다. 이러한 법령은 파리시 대법원에 의하여서 서명되었고, 모든 국가 권력이 개혁교회의 가르침을 멸절시키는데 주력하게 되었다.527)

그리고 주후 1542~43년에 소르본은 금서 목록을 작성하기에 이른다. 그 목록에는 칼빈과 루터의 저작과 멜랑히톤과 클레멘트 마로(Clement Marot)의 저서들과 로버트 에스티에네(Robert Estienne)에 의하여서 출판된 역본 성경이 있었다. 시 대법원은 더욱 혹독하게 개신교에 대한 탄압 법령을 공포하였다. 이러한 개신교에 대한 다양한 탄압 법령은 결국 프랑스 전체에 퍼져 있는 개혁 교회를 말살하는데 쓰여졌다. 이 시기에 일련의 중대한 사건이 발생하다. 그것은 주후 1545년 듀랑스(Durance)에 있는 왈도파에 대한 학살과 메아욱스(Meaux)의 14인의 순교자에 대한 사건이다. 쁘로방스(Provence)에 위치한 듀란스는 로렌강이 흐르는 곳이다. 그곳은 14세기부터 세인의 관심으로부터 멀어진 한적한 곳이었다. 그 소작주인은 알프스로부터 그들의 경작지에 정착하도록 농부들을 초청하였다. 그때에 이민온 자들이 왈도파들이었다. 그들의 종교는 허락되었고, 그들의 근면과 검소는 곧 황폐한 그곳을 비옥한 농경지로 바꾸었다.

개혁 교회가 독일과 스위스에서 세워질 때에 이 마을 사람들은 매우 큰 관심을 보였다. 그들은 그들이 믿는 바에 대한 간단한 신앙 고백서를 작성하여서 스위스의 종교 개혁 지도자들에게

---

527) Ibid., p. 148.

종교적인 몇 가지 문의 사항을 동봉해서 보냈다. 그들은 부쩌와 외클람파디우스로부터 매우 긴 답변서를 받았다. 그로 인하여서 그들은 스위스의 종교 개혁자들과 회합을 위한 만남을 삐에드몽드의 앙그레그네(Angrogne in Piedmont)에서 갖게 되었다.(주후 1532년) 그들은 개혁가들에게 답변 할 간단한 신앙 고백을 작성하였고 그들에게 프랑스 내에서 개혁주의 활동의 진전을 지켜 보는 것은 자연스러운 것이었다.

그리고 그들은 로버트 올리버탄(Robert Olivertan)에 의하여서 번역된 불어판 성경의 출판을 위하여서 500 크라운의 비용을 후원하였다. 그 지방 30개 마을의 왈도파들의 신앙의 자유는 200년 동안 지속적으로 보존되어왔다. 그런데 그들이 프랑스 개혁 교회에 연민을 표출하기 시작하자 그 지방의 감독관이었던 쟌 드 로마(Jean de Roma)라는 인물이 그들의 전통적인 신앙을 포기할 것을 강요하였다. 그리고 이유 없이 트집을 얻어서 괴롭히기 시작하였다. 그리고 혹독한 핍박으로 짓밟기 시작하였다. 그러자 왈도파들은 왕에게 호소하기에 이르렀다. 그들은 왕에게 이 사건에 대하여서 위임받은 자를 보내시기를 탄원하고 그리고 그와 함께 쟌 드 로마(Jean de Roma)의 해임을 요구하기에 이른다. 그러나 오히려 종교적인 핍박은 가속화 되었다.

주후 1535년 아익스의 대주교와 대법원은 그 마을의 하나인 메린돌(Merindol)의 사람들중 17인을 소환하여서 심문하고 그들에게 이단의 멍에를 씌웠다. 주후 1540년 대법원은 메린돌에 대한 보고서(Arret de Merindol)를 작성하고 그 17인을 화형시켰다. 왈도파들은 다시 왕에게 호소하였다. 그것은 17인의 죄를 사면해 주실 것 과 그들의 종교를 지킬 수 있게 해달라는 것이었다.(주후 1540년 2월8일) 그리고 주후 1541년 다시 재차 그들의 종교를 보호해 주실 것을 호소하였다. 그러나 아익스의 대법원은 왕의 칙사(Majesty)를 보내서 메린돌(Merindol)의 사람들은 반역을 시도하였고 처벌받아 마땅하다고 선고하였다. 그리고 그들은 군대를 보내서 왈도파의 다른 성읍인 마르세이레스(Marseilles)를 약탈하겠다고 위협하였다.

프랑스 왕 프랑시스는 카르디날 드 뚜르농(Cardinal de Tournon)의 충동에 의하여서 그의 칙사를 다시 소환하여서 모든 왈도파들을 멸절시킬 것을 명령하게 된다. 그것이 주후 1545년 1월 1일이었다. 프랑스 왕 프랑수아에 의하여서 군대가 비밀스럽게 소집되었고 7주 동안에 신속하게 학살이 진행되었다. 그들은 매우 강포하고 거칠게 30개 마을 중에 22개를 파괴시켰으며 남녀 3~4천명 정도의 사람들을 살해하였다. 그리고 700명의 사람들을 노예선에 팔아 버렸다.[528] 그리고 나머지는 대부분 스위스로 피난을 가게 되었다.

그 이후에 프랑스 정부의 개신교에 대한 핍박은 메아욱스에서 발생하였다. 메아욱스(주후 1546년)의 핍박은 제한적이었지만 더우 처절하게 고문까지 자행하였다. 메아욱스의 개혁 교회는 스트라스부르그에서 프랑스 피신자들의 교회를 세웠다. 그들은 그들의 목사로서 피에르 레클레르(Pierre Leclere)를 청빙해서 세웠다. 그리고 그들 중에서 에티엔느 마긴(Etienne Mangin)에게 그들의 모임 때에 그들의 집을 맡기게 되었다. 그런데 어느 날 관원들이 그들의 모임 사실을 알고 갑자기 침공하였다.

그러므로 주후 1546년 9월 8일 관원들이 그들의 집에 침입하여서 61명을 잡아다가 파리시 대법원으로 소환시켰다. 그들의 특별한 죄목은 그들이 주의 만찬의 기념을 자의적으로 시행하였다고 하는 것이다. 그 법정의 선고는 이러하다. 메아욱스의 주교가 어리석게도 그러한 회합을 허락하여서 루터주의자들로 구성

---

528) Ibid. p. 149.

된 회합이 있게 되었다고 하는 것이다. 고소 받은 자들 중에 14명은 화형에 처해졌고 그리고 나머지는 고문을 당하였다. 5명은 나무에 달려서 그리고 몇몇은 채찍질 당하였다. 그리고 어떤 사람들은 목에 매여 달렸다.529)

주후 1547년 프랑수아 1세는 세상을 떠났다. 프랑스 종교 개혁에 간헐적인 핍박을 주도하였던 그는 결국 유명을 달리하게 되었다. 그럼에도 불구하고 프랑수아 1세의 핍박들은 개혁 교회의 성장을 억제하는데 크게 저해요소가 되지 못하였다. 오히려 개혁 교회의 활동이 은밀하게 추진되게 되는 결과만을 낳았다. 그런데 프랑수아 1세의 계승자 앙리 2세는 그의 선친의 우유부단한 정책을 따르지 않았다. 그의 통치의 초기부터 프랑스 내에 종교 개혁의 활동을 탄압하기에 이르렀다. 그는 그가 동원할 수 있는 모든 권력으로 종교 개혁의 확산을 억제하고자 하였다. 특히 프랑스 귀족 가문의 하나인 귀즈가(Guises)는 그의 가장 막강한 후견 세력이었다.

귀즈가는 로마 카톨릭의 철저한 신봉자들이었고, 그러므로 프랑스에서 일어나고 있는 프랑스 종교 개혁에 대하여서 크나큰 불만을 가지고 있다. 그러므로 그들은 프랑스 내에 개혁 교회의 확산을 막고자 혈안이 되어 있었다. 그러므로 그들이 생각하게 된 방법은 바로 닥치는 대로 시간과 장소를 가리지 않고 개혁주의 성도들을 몰살시키는 것이었다.530)

이러한 프랑스 개혁 교회에 대한 프랑스 국가의 핍박은 프랑스 종교 개혁의 형태를 전환시켰다. 그것은 개혁 교회 자체가 하나의 정부 형태를 가지면서 독자적인 개신교 국가를 이루는 것이었다. 프랑스 내에서 개혁 교회에 대한 핍박이 거세지면 거

---

529) Ibid., p. 150.
530) Ibid., p. 151.

세질수록 개혁 교회는 확장 되었고, 많은 사제들과 수도승들과 신부들이 개혁 교회에 가담하게 되었다.

## 【2】 제네바와 프랑스 개혁 교회

프랑스 종교 개혁은 주후 1536년에 급격하게 그 성격이 전환되게 된다. 그 시기에 레파브레(Lefevre)가 죽게 되는 해이며 로마 카톨릭으로부터 미신과 신비주의자들로 간주되어서 핍박을 받았던 프랑스 개혁 교회가 존 칼빈의 기독교 강요의 출판으로 인하여서 그 정당성을 확고하게 확보하게 되었다. 존 칼빈의 기독교 강요로 인하여서 개혁 교회는 더욱 분명한 종교 개혁의 정당성을 확립하고 교황주의자들에 대한 강한 저항을 할 수 있게 되었다.

칼빈의 기독교 강요는 무고하고 억울하게 고난을 당하는 프랑스 개혁 교회 성도들에게 자신들의 고난의 정당성과 자신들이 고대 교회로부터 떨어져 나간 것이 아니라 로마 카톨릭이 고대 정통 교회로부터 떨어져 나갔다고 하는 확고한 입지를 확보하는 것이었다. 이러한 존 칼빈의 기독교 강요는 고난 받은 개혁 교회 성도들에게는 너무 크나큰 위로의 책이었다고 할 수 있다. 프랑스 개혁 교회는 이 저서를 통하여서 더욱 신앙의 큰 싸움을 싸우며 부패한 로마 카톨릭에 가장 정확하고 바르게 저항할 수 있게 되었다. 칼빈의 기독교 강요는 울드리히 쯔빙글리와 마틴 루터의 가르침에 대한 산발적인 추종으로부터 개혁 교회의 방향을 결정한 지침서와 같았다고 할 수 있다.

우리가 프랑스에서 존 칼빈의 삶에 대한 논의는 이미 다루었다. 그러나 그가 프랑스 개혁 교회에 미친 중대한 영향력에 대하여서 간과할 수 없기 때문에 이 부분에 대하여서 간략하게 다루고 넘어가야 할 것이다. 존 칼빈은 그의 조국 프랑스의 종교 개혁에 탁월한 영향력을 행사하였던 인물이다. 그는 프랑스 개혁 교회에게 친숙한 언어인 불란서 언어로 설교하였으며 그의 기독교 강요 또한 불어로 저술하기도 하였다. 이렇게 그는 프랑스 개혁 교회에 깊숙이 영향력을 행사하였다.531)

존 칼빈의 프랑스 개혁 교회에 대한 영향력이란 직접적인 것이 아님에도 불구하고 프랑스 개혁 교회 성도들로 하여금 담대하게 그들의 종교 개혁에 대한 정당성과 확고한 확신을 존 칼빈의 설교와 강론 그리고 저서로부터 얻게 됨으로서 발휘되었던 것이다. 이러한 존 칼빈의 영향력을 통하여서 프랑스 개혁 교회는 존 칼빈 이후에 칼빈의 계승자라고 할 수 있는 데오도레 베자에 의하여서 더욱 큰 영향력을 받게 된다. 데오도레 베자는 직접적으로 그들의 종교 회의에 참석하여서 영향력을 행사하였다. 이러한 존 칼빈과 데오도레 베자의 프랑스 개혁 교회에 대한 영향력은 프랑스 개혁 교회를 엄밀한 개혁 교회로 나아가게 하는데 견인차 역할을 하였다고 할 수 있다.532) 앙리 2세의 통치와 함께 개혁 교회는 더욱 거센 핍박을 당하게 되었다. 이미 프랑수아 1세에 의하여서 취해진 종교 탄압 정책이 앙리 2세 때에는 더욱 강폭하게 되었다. 그래서 그는 프랑수아 왕의 서거 이후 5일 만에 더 악한 법령을 작성하여서 공포하였다.533)

주후 1547년 10월 8일 두 번에 걸친 형사 재판이 파리의 대법원에서 첨가 되었다. 이것은 이단들을 취급하는 법정이었다. 이것이 그 유명한 샹쁘레 아르당떼(Chambre Ardente)이다. 주후 1549년 11월 19일 법령에는 단순한 불순 세력(cas communs)은 교회의 법정으로 보내고 특별한 불순 세력(cas privile-

---

531) Ibid., p. 153.
532) Williston Walker, p. 517.
533) Op.cit. Thomas M. Lindsay, vol. 2. p. 162.

gies)은 시민 법정에 세우는 것에 대한 내용이 있다. 그러므로 가장 먼저 국가 종교 정책에 대한 불순 세력으로 간주되면, 교회의 법정으로 가게 된다. 그리고 그곳에서 재판을 한 이후에 공적인 불순 세력으로 간주되면 시민 법정으로 넘겨졌다. 그러나 이러한 정도로 만족하지 못한 프랑스 왕정은 성문법으로 로마 카톨릭을 옹호하는 법령을 제정하기에 이른다.534)

그러한 법령의 공포에도 불구하고 개혁 교회는 계속 증가하였다. 그것은 마치 의복 위에 스며드는 채색 물감처럼 프랑스 전국의 남녀노소 할 것 없이 왕국의 전체 도시와 지방에 걸쳐서 퍼져 나갔다. 프랑스 왕정에 의하여서 금서로 지정된 저서들은 익명으로 출판되기에 이른다. 주후 1551년 9월 3일 칙령이 서명되었다. 그것은 공권력을 사용하여서 개신교 신앙의 확산을 방지하고자 하는 것이었다.

주후 1557년의 꽁삐에그늬 칙령(Edict of Compiegne)은 더욱 혹독하여서, 불순 분자들을 먼저는 교회의 법정으로 넘겨서 심문을 하고 그 다음에 그에 대한 형벌을 부가하기 위하여서 시민 법정으로 넘겼다. 그런데 이 시민 법정의 법을 엄격하게 적용하여서 사형 이외에 더 낮은 형량을 없애 버렸던 것이다. 무장한 군대들이 개혁 교회 신자들을 체포하고자 이곳 저곳을 추적하였다. 어떤 감옥들은 개혁 교회 순교자들을 가두어 두기 위해 빈방을 확보해 두기도 하였다.535) 이러한 개혁 교회 신자들에 대한 지독한 핍박의 기간 동안에 프랑스 개혁 교회는 조직되기 시작하였다. 그들은 더 연약한 신자들을 보호하고 효율적인 교회의 치리를 위하여서 치리회를 구성하기에 이른다. 칼빈도 이러한 프랑스 개혁 교회의 구성에 여러 모로 도왔다. 칼빈은

---

534) Ibid., p. 162.
535) Ibid., p. 164.

프랑스 개혁 교회의 치리회 구성에 있어서, 초대 교회의 모범을 따라서 세울 것을 권고하였다. 그래서 지교회의 회중들을 치리할 자로서 목사와 치리 장로를 세우고, 그것을 당회라고 명명하였다. 그리고 집사들의 모임을 세우게 하였다.

이러한 칼빈의 제안은 수납되었고 프랑스 개혁 교회는 칼빈의 교회 정치 원리에 의하여서 세워졌다. 그러므로 이제 목사와 치리 장로들로 구성된 노회를 구성하였다. 그리고 의장은 목사가 되도록 하였다. 그리고 그가 가르치는 직무를 수행하도록 하였다. 그리고 치리 장로는 지교회의 영적 상황을 살피는 것이고, 집사는 구제와 병든자에 대한 보살피는 일을 행하도록 하였다.536) 치리 장로와 집사는 지교회의 회원들로부터 선출되도록 하였다. 그리고 목사는 장로들과 집사들에 의하여서 청빙 되도록 하였다.

각지에 세워진 프랑스 개혁 교회는 에글리제 쁠랑떼(eglise plantee)와 에글리제 드레세(eglise dressee)으로 구분하였다. 전자는 목사가 시무하고 있으나 치리회가 구성되어있지 않은 미조직 교회라고 하였고, 후자는 목사와 치리 장로로 치리회가 구성된 조직 교회라고 하였다.537) 주후 1555년 프랑스 개혁 교회의 구성이 시작되었다. 그것은 주후 1546년 메아욱스(Meaux)와 주후 1547년의 니메(Nime)에서 있었던 것보다 후대이다. 그러나 그때에는 대부분의 신자들이 핍박으로 뿔뿔히 흩어져 있었던 시기였다.

주후 1555~1557년 사이에 13개 미조직 교회가 파리에 세워진 교회의 치리회 형태를 따라서 메아욱스, 뽀이띠에르, 앙게라, 레스 일레스 드 씽통게, 아겡, 부르게스, 이쓔둥, 아이비닉, 블로

---

536) Ibid., p. 165.
537) Ibid., p. 165.

이스, 뚜어스, 리옹, 올래앙스, 루벵(Meaux, Poitiers, Angers, les Iles de Sintonge, Agen, Bourges, Issoudun, Aubigny, Blois, Tours, Lyon, Orleans, and Rouen) 세워졌다. 그리고 그 교회들은 주후 1560년 이전에 조직 교회로 발전하였다. 그리고 주후 1567년에는 120명의 목사들이 제네바로부터 프랑스로 파견되었다. 이러항 앙리 2세의 치세 동안 프랑스 개혁 교회의 역사는 비참하면서 동시에 극적이었다.538)

  프랑스 개혁 교회 성도들은 매우 위험한 상황에서 예배를 드렸다. 그들의 주변에는 바로 광신적 카톨릭 교도들로 가득차 있었기 때문이다. 각 도시의 법정에는 왕의 충성스런 관원들이 배치되어서, 샹뜨아우쁘리앙뜨의 칙령(Eidct of Chateaubriand)에 의하여서 개신교에 호의를 가지고 있는 사람들까지도 체포하고자 혈안이 되어 있었다. 그러므로 프랑스 개혁 교회는 지하에 있는 포도주 저장소에서 예배를 드리기도 하였다. 그리고 비밀스럽고 은밀하게 그들의 예배 지침서에 의하여서 예배를 드렸다. 이러한 괴경은 초대 교회의 로마 황제 데시우스와 도미티안 시대를 방불하는 것이었다. 그들은 심야에 만나서 예배를 드리기도 하였다. 이러한 심야 예배의 형태는 주후 3세기 로마의 박해 시기까지 초대 교회가 비밀스럽게 예배를 드렸던 것과 유사한 모습이었다. 자주 그들은 파리의 루에 쎙뜨~자케(Rue Saint~Jacques)의 관원들에게 발각되어서 체포되고 순교자가 되었다. 경건한 신자들은 더욱 이러한 교회가 하나의 연합체를 형성할 필요를 깨닫게 되었다. 그런데 프랑스 개혁 교회 내에서 교리적 분쟁이 일어나게 되었다. 주후 1558년 포이티에르(*Poitiers*)의 지방에 한 교회에서 교리적 논쟁이 일어났다. 파리에 있는 교회는 그 논쟁을 해결하고자 파리 노회의 사역자인 앙

---

538) Ibid., p. 166.

뜨안느 드 샹디유(Antonie de Chandieu)를 보냈다. 그는 뽀이띠에르(Poitiers)에 가서 논쟁이 되었던 "거룩한 만찬"(Holy Supper)의 예식에 대하여서 권고하였다. 그러므로 그 논쟁을 해소시켰다.

이러한 일련의 사건들을 통하여서 프랑스 개혁 교회는 전체 프랑스 개혁 교회가 고백할 신앙 고백을 작성할 것을 합의하게 된다. 그리고 그것을 칼빈과 협의하기에 이른다. 주후 1559년 5월 25일 프랑스 각지로부터 파송된 사역자들과 치리 장로들은 파리에서 첫 회합을 갖고자 모였다. 그리고 그 총회는 파리시의 장로회 목사인 모렐(Morel)을 의장으로 선출하고 3일 동안 협의하였다. 이것이 프랑스 개혁 교회의 첫 국민 총회(First National Synod) 였다. 그 국민 총회는 신앙의 고백과 권징 조례를 편찬하였다. 그 신앙 고백은 40개 항목으로 되어 있다.539) 그 신앙 고백은 계속적인 총회의 회집을 통하여서 수정되고 개정되었다. 이것은 프랑스 개혁 교회의 신조라고 불리게 되었다.540) 그리고 왕의 핍박에 대하여서 머리말에서 언급한다. 주후 1559년에 알려진대로 신앙 고백이 출판되었다. 그리고 권징 조례에서는 교회의 권징과 조직에 대한 원리들을 기록하였다.541) 그런데 이러한 권징 조례의 원리들은 장로교회적인 형태를 가지고 있었던 것들이었다. 이것은 스코틀랜드 장로교회 보다 훨씬 이전의 장로교회적 교회 제도 였던 것이다.542)

지교회를 치리하는 기관을 지교회 치리회(Consistory)라고 불

---

539) Ibid., p. 167.
540) Ibid., p. 168.:"*Confession de Foi faite d'un commun accord par les Francois, qui desirent vivre selon la purete de l'evangile de notre Seigneur Jesus Christ*"
541) Ibid., p. 168.:"*Discipline eccesiastique des eglises reformees de France*"
542) Ibid., p. 168.:"It was that kind of ecclesiastical polity which has become known as Presbyterian"

렀다543). 그리고 그 지교회 치리회로부터 선출된 대표자들로 구성된 지역 치리회(Colloquy)가 형성되었다. 그리고 지역 치리회(Colloquy)들을 포함하는 지방 대회(Provincial Synod)가 형성되었다. 그리고 프랑스 전체 개혁 교회의 치리회로서 총회 혹은 국민 회의(General or National Synod)가 형성되었다. 그리고 그 시행 세칙은 권징 조례를 따라서 정하기로 하였다544). 그리고 어떤 교회도 다른 교회 보다 우월할 수 없다고하는 교회의 평등성을 명시하였다. 그리고 모든 사역자들은 그 신앙 고백에 서명하였다. 그리고 그러한 교회의 권징에 순복할 것을 서약하였다.545)

## 【3】 프랑스 내전과 나바르

프랑스왕 앙리 2세의 죽음으로 프랑수아 2세가 왕위에 오르게 된다546). 그런데 이 프랑수아 2세의 아내가 귀즈가의 자녀였다. 그렇다 보니 귀즈가의 득세가 극에 달하게 되었다. 귀즈가는 원래 로레인(Lorraine) 지방의 귀족이었다. 그들은 프랑스 귀족들이 보기에 어느 정도 이방인으로 비쳐졌다. 열렬한 로마 카톨릭주의자이면서 귀즈가를 이끄는 지도자적 인물이 있었다. 그들은 라임즈의 대주교로서 프랑스 성직자회의 우두머리였던 로레인의 추기경 찰스(Charles, the cardinal of Lorraine)와 프랑스의 가

---

543) Ibid., p. 168:"지교회 치리회는 스코틀랜드 장로교회의 당회와 유사한 것이었다. 그런데 그 당시 프랑스 개혁 교회는 지교회 치리회에서 장로와 집사까지 포함해서 치리회를 구성하였다. 그런데 그러한 관점에서 살펴 보면, 지금의 장로교회 제직회와 같은 성격도 있다고 할 수 있다. 그러나 장로교회 제직회가 치리회가 될 수 없기 때문에, 이 제도는 당회와 제직회 중간의 형태를 취한다고 할 수 있다."(필자주)
544) Ibid., p. 168.
545) Ibid., p. 168.
546) Ibid., p. 173:"프랑수아 2세는 15세에 등극하였으며 매우 나약한 정신과 허약한 육체를 가지고있었다."

장 훌륭한 군인으로 여겨졌던 귀즈가의 공작 프랑수아이다. 그런데 그 당시 귀즈가에 경쟁자 관계에 있어서 가문이 있었다. 그들은 바로 부르봉(Bourgon) 가문이었다. 그들 중에 중요한 인물은 "첫 피의 왕자"로 불리우는 벤덤의 안토니(Antoine of Vendome)와 우유부단하고 허약한 사람이었던 나바르의 왕과 그보다 탁월한 그의 형제였던 콩트의 왕자(prince of Conde) 루이스(Louis)였다547). 그리고 귀즈 가에 적대적이었던 가문으로는 챠틸런(Chatillon) 가문이었다. 그 가문은 가스빠르드 드 꼴리니(*Gaspard de Coligny*:주후 1519~1572)가 이끌고 있었다. 그는 경이로운 꼴리(Admiral Coligny)라고 불리웠다. 그는 신실한 성격이었고 철저한 칼빈주의적 인물이었다. 이러한 다수의 고품격의 귀족들이 군주정치 안에서 중앙 집권적 경향에 반대하여서 개신 교회를 신봉하였다. 그들은 고루한 중세적인 귀족들에 대하여서 적대적이었다. 그 당시에서는 프랑스 귀족의 거의 반 정도가 그러한 입장에 있었다. 그러므로 그들은 주후 1560년대에 로마와의 결별을 주장하였다548). 그리고 프랑스 귀족들과 칼빈주의적인 향신층들이 프랑수아 2세의 치하에서 귀즈가의 위임 통치를 통하여서 위그노에 대한 핍박이 거세지자 더욱 로마 카톨릭에 대한 적대적 입장을 취하게 되었다. 그러므로 프랑스에서 종교 전쟁을 통하여서 내전이 일어나게 된 배경은 이러하다. 프랑스 왕 프랑수아 2세의 위그노들에 대한 핍박과 귀즈가문의 결탁을 통한 폭정이 계속되자 프랑스 개혁 교회는 자체적으로 군대를 갖출 것을 제안하기에 이른다.

그 첫 번째 사건은 주후 1560년에 앵보이세(Amboise)의 모반(Conspiracy)에 의하여서 발생하였다. 불순한 세력들이 프랑수

---

547) Williston Walker, p. 516.
548) Ibid., p. 517.

아 2세를 시해하고 부르봉 왕조를 세우려고 하였던 이 사건은 미수로 그쳤다. 그것은 프랑수아 2세가 주후 1560년 12월 5일 사망하였기 때문이다. 이 일에 콩트(Conde)가 어느 정도 관여하였던 것으로 드러났다.549)

선대 왕의 형제였던 샤를 9세(Charles IX: 주후 1560~1574)의 등극은 이렇게 혼돈된 정국에 새로운 변수로 떠올랐다. 그리고 귀즈 가문은 권력에 있어서 상당한 세력을 상실하였다. 그러나 그들은 여전히 프랑스의 국교였던 로마 카톨릭 교회에 대한 후견자로 자처하였고 스페인의 왕 필립 2세와 비밀스러운 협상을 프랑수아 된다. 그것은 개혁주의에 대하여서 국제적인 연합전선을 구축하자고 하는 것이었다. 필립이 정색하며 기뻐할 수만은 없는 그 계획은 부화뇌동을 잘하는 나바르의 안토니를 카톨릭으로 개종시키기에는 충분하였다.

이제 11살도 되지 않은 프랑수아 2세의 새로운 영향력으로 떠오른 인물은 그의 모친 캐서린 드 메디(Catherine de' Medici:주후 1519~1589)였다. 잔소리가 심하고 부도덕한 그녀는 종교적인 이유에서가 아니라 그녀가 속한 발로아(Valois) 왕조의 보존을 위하여서 로마 카톨릭과 결탁하기에 이른다. 그녀는 유혈 충돌을 피하려고 하였다. 그러면서 발로아 왕조의 왕권을 지키고자 하였다. 그러므로 그녀는 종교적 정책과 정치적 협상을 통하여서 발로아 왕조의 왕권을 지키고자 하였다. 그녀는 미첼 드 레호피탈(Michel de L'Hopital: 주후 1507~1573)을 그녀의 후견인으로 두었다. 그는 주후 1560년 프랑스의 대추기경으로 임명되었던 사람이다. 캐서린은 두 귀족 파벌들에 대한 화해를 모색하고자 하였다. 그래서 콩트(Conde)를 감옥으로부터 풀어주고 로마 카톨릭과 개혁 교회 신학자들 사이에 공적 토론

---

549) Ibid., p. 517.

을 하도록 자리를 마련하였다. 그래서 주후 1561년 9월에서 주후 1562년 1월까지 프이스(Poissy)에서 토론을 하게 되었다. 그리고 그때에 칙령을 통하여서 위그노들의 종교적 자유를 허락하고 공적으로 예배를 드릴 수 있게 하였고 사적으로도 그들 스스로 예배를 드릴 수 있도록 하였다. 이러한 포이시에서의 토론과 억압의 허락에 대한 칙령은 프랑스 개혁 교회 성도들에게 단비와 같았다.550)

그러나 이러한 온건한 정책을 허락하느니 전쟁을 불사하겠다고 로마 카톨릭 세력들이 반대하였다. 주후 1562년 3월 1일 귀즈의 공작은 파리로 군대를 이끌고 가서 바시(Vassy)에서 예배를 드리던 많은 위그노 회중들을 공격하였다. 거의 수 백명의 위그노들이 살해당하였고 중상을 입었다. 이 바시의 대학살 사건(Massacre at Vassy)은 위그노와 로마 카톨릭 사이의 세 번에 걸친 피비린내 나는 전쟁으로 확산되었다.(주후 1562~1563, 주후 1567~·1568 그리고 주후 1568~·1570) 나바르의 앙뜨안느는 상처를 입고 죽었다. (주후 1562) 귀즈의 공작 프랑수아도 개신교회 밀살자에 의하여서 죽었다.(주후 1563) 그리고 꽁뜨(Conde)는 전쟁에서 포로로 잡혀서 사형당했다.(주후 1569) 그러는 와중에 콜리니는 위그노의 지도자로서 부상하게 되었다.

---

550) Thomas M. Lindsay, A History of the Refromation.vol.2. p. 187.:"이 회의는 프랑스 왕의 모친 캐서런 드 메리에 의하여서 적극적으로 추천이 되었다. 그 두 종교 세력 간의 토론에서 로마 카톨릭은 개혁 교회를 마니교나 아리우스주의자들과 같은 이단은 아니었다고 인정하였으며, 개혁 교회가 성경의 절대적 가치에 대하여서 주장하였을때에 인정하였다. 다만 그들은 교회의 형태에 대하여서 가시적 교회를 절대시하였으나, 개혁 교회는 초대 교회를 통하여서 투영되었던 개혁된 교회의 형태인 장로교회 직제의 교회 형태를 주장하였다. 그러므로 개신교회에서는 교황주의적인 교회의 형태에 대하여서 절대적으로 거부의 입장을 표명하였던 것이다. 결국 교회관에 대한 크나큰 차이가 로마의 교회와 개혁 교회의 중대하고 결정적 차이였다고 할 수 있다. 그로부터 파급되는 성례관과 그 중에서도 주의 만찬에 대한 견해 차이는 결코 간격을 좁힐 수 없는 것이었다. 이러한 견해 차이로 인하여서 1562년 1우러 17일 토론을 마칠때까지 양측 간에 합의점을 도출하지 못하였다."

그러한 전쟁은 주후 1570년 성 제르마인 에 라이(St~Germaine Laye)에서 평화 협정을 맺음으로서 종식되었다.551) 이 협정은 위그노들에게 더욱 환영을 받았다. 그 협정으로 귀족들은 어느 쪽에 속하여서 든지 공중 예배를 자유롭게 드릴 수 있는 자유를 얻었다. 그리고 그 귀족들이 속한 영지에서 일반 시민 위그노들도 자유롭게 예배를 드릴 수 있도록 허락이 되었다.552) 이 협정 이후 철저한 개혁주의 신봉자인 해군 제독 콜리니는 위그노들의 가장 위대한 지도자로 남게 되었다. 그는 두 명의 젊은 부르봉 왕자 나바르의 앙리와 그의 사촌 콘트 앙리의 후견인처럼 행동하였다.553)

## 【4】 성 바돌로매 대학살 사건

캐서린 드 메디(Catherine de' Medici)는 국내적으로나 국외적으로 혼인을 통한 평화 협정을 생각하게 되었다. 그래서 그녀는 두 아들 중에 하나를 영국의 엘리자베스 여왕에게 혼인 시킬 것을 생각하였다. 그리고 왕녀 마고(Marguerite)를 나바르의 앙리에게 보낼 것을 생각하게 되었다. 이 두 계획은 위그노들과 평화 협정을 하는 것과 다름이 없는 것이었다. 그러나 영국의 엘리자베스 여왕과의 혼담은 이루어지지 못하였다. 만약 그 계획이 이루어졌다면 프랑스는 스페인과 관계가 파괴되었을 것이다. 이제 캐서린은 자신의 생각을 위그노 지도자 콜리니에게 전달하였다.

[그림 16] 성 바돌로매 대학살 사건

---

551) Williston Walker, p. 517.
552) Ibid., p. 518..
553) Thomas M. Lindsay, A History of the Refromation.vol.2. p. 196.

이에 대하여서 콜리니는 기꺼이 받아들였다. 프랑스 개혁 교회 지도자들도 많은 관심을 표명하였다. 그러나 나바르의 앙리의 모친 쟌 드 알브렛(Jeanne d' Albret)은 프랑스 왕녀 마고와 결혼을 결사적으로 반대하였다. 그러나 그녀는 그 결혼에 대한 협정을 위하여서 파리에 갔다가 늑막염으로 죽었다. 이것은 프랑스 개혁 교회에게 크나큰 손실이었다. 그리고 캐서린의 전략이 성공을 거두는 순간이었다.554) 그녀는 그의 왕녀 마고의 혼인 계획에 있어서 그녀에게 정치적 대적자였던 콜리니를 제거하고자 하였다. 왜냐하면 그가 그녀의 아들인 프랑스 국왕 샤를 9세에게 많은 영향력을 행사하고 있었기 때문이다. 그리고 그녀는 그러한 계획을 귀즈 가문과 음모하기에 이른다. 그것은 귀즈 가문 또한 콜리니와 오랫동안 원한 관계로 있었기 때문에 콜리니의 제거에 대하여서 흔쾌히 찬성하였기 때문이다.

    주후 1572년 9월 18일 파리시에서는 나바르의 앙리와 왕녀 마고의 혼인 잔치를 보려고 참석한 사람들로 북 거렸다. 그해 9월 22일 콜리니는 오전 10~11시 사이에 루브르(Louvre)를 출발하여서 그의 숙소를 향하여서 가고 있었다. 그때에 그를 살해하고자 하는 자객은 귀즈가의 가신(家臣)에게 속한 집의 커튼이 쳐져 있는 창문가에 몸을 숨기고 있었다. 이 해군 대장이 그 집이 위치한 길 앞을 천천히 걷고 있었을 때에 갑자기 총성과 함께 어디에선가 한방의 총알이 날라와서 그의 왼쪽 팔을 관통하였다. 그는 침착하게 총알이 날라 온 창문을 가리켰고 그의 수행원들은 그 집으로 들이닥쳤다. 그러나 그곳에는 화승총 한 자루 이외에 아무것도 없었다. 이미 자객은 몸을 숨기고 말았던 것이다. 그러한 현황이 프랑스 왕에게 전달되었고 왕은 창백해졌다. 캐서린은 앙쥬의 공작(Duke of Anjou)과 이 상황에 대하

---

554) Ibid., p. 197.

여서 논의하기에 이르렀다.555)

파리시는 각지에서 결혼식을 보러 온 위그노 신사들로 가득찼고, 그들은 콜리니가 누워있는 집으로 몰려들었다. 그리고 나바르의 젊은 왕과 그의 사촌 앙리 꽁트는 프랑스의 왕에게 가서 범인을 찾아서 처벌해 줄 것을 요청하였다. 프랑스 왕 사를 9세는 그렇게 하겠다고 약속하였다. 콜리니는 프랑스 왕을 뵐 것을 요청하기에 이른다. 왕은 콜리니에게 범인을 잡아서 처벌할 것을 약속하기에 이른다. 그러나 그 자객의 배후였던 캐서린은 실패한 테러로 인하여서 어찌할 바를 알지 못하고 두려움에 쌓였다. 조사관들은 그 집을 조사하고 그곳이 귀즈가에 속한 집이라고 보고하였다. 만약 왕의 조사관이 더 깊숙이 수사를 하게 되면 이번 테러에 귀즈 가문과 함께 왕의 모친 캐서린이 연루되어 있다고 하는 사실이 탄로 날 것이다. 캐서린은 그 테러에 대한 주범이 되는 것이었다. 캐서린은 이 사건의 전모가 드러나지 못하게 하고자 위그노들에 대한 학살을 계획하게 되었다. 그것은 파리에서 결혼식에 모여있는 개신교도들을 전부 살해하는 것이었다. 그해 9월 23일 그녀는 그 계획의 일환으로 평의회를 소집하였다. 그리고 그 모임에 참여한 자는 그녀가 호의를 가지고 있는 아들이며 후에 앙리 3세가 되는 앙쥬의 공작(Duke of Anjou)과 마샬 따방네스(Mashal Tavannes)그리고 네베르스(Nevers), 귀즈가의 후견인 넹모우쓰(Nemours), 대추기경 삐르가고(Birago), 그리고 꽁뜨 드 렛츠(Count de Ret)와 체발리어 드 앙골림(Chevalier d'Angouleme) 등이다. 그들 중에 네 명은 이탈리아 사람이었다. 그들은 만장 일치로 개신교도들에 대한 즉각적인 학살을 모의하였다. 그런데 따바네쓰(Tavannes)와 네베르스(Nevers)는 브르봉의 젊은 왕족인 나바르의 왕 앙리와 왕

---

555) Ibid., p. 198.

자 꽁트에 대하여서 살려줄 것을 요청하였다. 꽁트 드 렛츠(Count de Ret)는 이러한 학살 사건에 대한 사전 재가를 얻기 위하여서 나약한 프랑스 샤를 9세에게 꼴리니의 살해 음모에 그의 모친과 그의 동생이 연루되어 있으며 귀즈 가문과도 깊게 연관되어 있다고 하는 것을 알려주었다. 그러므로 꼴리니의 살해 사건을 은폐하지 않으면 오히려 개신교도들의 보복이 있을 것이기 때문에 그것을 차단하기 위하여서 이번 기회에 파리에 와서 있는 개신교 지도자들에 대한 대대적인 학살을 자행해야 할 것에 대한 당위성을 국왕에게 말하였다.

프랑스 국왕 샤를 9세는 모후 캐서린이 연루된 것과 또한 더 큰 환란에 대한 우려를 걱정하여서 그것을 사전에 차단하는 조치로서 학살을 허락하기에 이른다. 그는 그러한 계획이 왕국의 통합과 평화에 도움이 될 것으로 생각하였다. 그러나 그 결과는 전혀 다른 쪽으로 나아가게 되었다. 이러한 왕의 허락을 받은 음모자들은 이제 그 음모를 시행하기에 이르렀다. 이제 어둠이 깔리고 마지막 협상이 타결이 되었다. 그러므로 음모자들은 그 학살을 주도할 광신적이고 피에 굶주린 폭도들을 모집하였다. 가장 먼저 그 밤에 귀즈가의 사람들은 꼴리니가 누워있는 집으로 들이닥쳐서 그를 결국 살해하고 말았다. 그리고 그의 시체를 창문 밖으로 던져 버렸다. 이 해군 대장의 몸은 창에 찔린 체로 던져서 집 앞 뜰로 떨어졌다. 거기에는 귀즈 가문 사람들이 서 있었다. 그리고 루브르에 있었던 나바르의 앙리와 꽁뜨는 결박되었다. 그리고 왕 앞으로 끌려가게 되었다. 그리고 그들은 미사와 죽음 중에 하나를 선택할 것을 강요받았다. 그리고 다른 위그노 지도자들은 루브르에서 전부 살해당했다.556)

그 다음날 아침 궁전의 계단과 현관과 방들은 피로 깊게 물들

---

556) Ibid., p. 199.

었다. 살해자들이 궁전에서 그 일을 자행했을 때에 군대들은 여러 곳으로 분산되어서 개신교도들을 찾아서 학살하기에 이른다. 파리의 세느강 북쪽에 모든 위그노 신사들은 거의 대부분이 군대들에 의하여서 학살당했다. 그러나 세느강 남쪽에 숙박하였던 위그노들은 피할 수 있었다. 학살 명령은 전국에 걸쳐서 자행되었다. 오를레앙(Orleans)에서 학살이 5일간 계속되었다. 그리고 그러한 개신교도들에 대한 학살은 메아욱스(Meaux), 뜨로에스(Troyes), 로벤(Rouen), 리용(Lyon), 뚤로스(Toulouse), 뽀데아욱스(Bordeaux)와 많은 여러 지방에서 자행되었다. 그 전체 수를 헤아릴 수 없을 정도였다. 앙리 4세의 수석 사역자(Prime Minister) 슐리(Sully)는 약 7만명 정도의 위그노들이 살해되었다고 말하였다. 그것은 파리에서만 수천 명이 살해되었던 것이다.

이 정황은 바티칸의 로마 카톨릭 교황청에 알려졌다. 그리고 독일의 로마 가톨릭에게도 알려졌다. 바티간 교황청은 즉각 호의적인 성명을 발표하였다. 추기경 오르시니(*Orsini*)는 왕과 왕의 모친 캐서린에게 교황과 추기경단의 축전을 전달하였다. 스페인의 왕 필립은 기뻐하였다. 그는 그 어머니에 그 아들이고 그 아들에 그 어머니라고 기뻐하였다. 캐서린은 이 학살을 통하여서 개신교도들은 멸절하였다고 생각하였다. 그녀는 체포되어 온 나바르의 앙리를 보면서 매우 크게 조소하였다. 그러나 캐서린의 과제는 여기에서 끝나지 않았다. 위그노를 근절시키는 것이 그렇게 쉽지 않았기 때문이다. 지도자들의 대부분을 잃었지만 백성들은 남아있었고 조금 있으면 의심할 것 없이 위협할 것이었기 때문이다.

개신교도들은 라 로셸레(La Rochelle)와 샹세레(Sancerre)에 있는 그들의 성채에서 회의를 열었다. 라 로셸리는 프랑스 변방에 있었고, 샹세레는 프랑스의 중심부에 있었다. 라 로셸리의 해군들은 브릴(Brill)의 씨 베가스(Sea Beggars)와 친밀했다. 그들은 스페인의 배들에 대항하여서 처절한 싸움을 하였다. 니메스(Nimes)와 몽따우빵(Montauban)은 그들의 성문을 걸어 잠그고 왕의 군대와 싸웠다. 밀하우드(Milhaud), 아우뻥나쓰(Aubenas), 쁘리바스(Privas), 미라뻴(Mirabel), 앙듀즈(Anduze), 종미레쓰(Sommieres)와 그 외 비베라이스(Viverais)의 다른 성읍과 께벵네스(Cevennes)의 성읍들은 개신교도들의 은신처가 되었다. 프랑스 전역에 걸쳐서 위그노들은 비록 그들의 지도자들을 잃었지만 서로 보호하면서 그들 스스로 무장을 하고 그들의 종교적 예식을 보존하였다. 이러한 위그노들에 대한 전멸을 시도하려고 하였던 프랑스 국왕의 모후 캐서린의 계획은 오히려 프랑스 내전으로 치닫는 최악을 결과를 맞이하게 되었다. 그것이 바로 프랑스의 4번째 종교 전쟁이다. 라 로셸리가 이 일에 헌신하였다. 그들은 습격을 당하고 해상을 봉쇄당하였으나 배고픔을 견뎌내면서까지 요새를 지켰다. 라 로셸리에 대한 점령에 실패한 프랑스 군대는 퇴각하였다.

주후 1573년 7월에 전쟁은 라 로셸리의 평화와 함께 그쳤다. 양심의 자유가 모든 자들에게 동의 되었을 때 모든 예배가 허락되었다. 그곳은 로셸레, 니메스, 몽따우방 등이다. 그리고 몇몇 개신교도 귀족들에게도 그러하다. 이것이 그들이 살아 있어야 할 이유였다.557)

### 【4】 낭트 칙령

주후 1574년 화이트 선데이(Whitsunday)에 샤를 9세는 질병으로 죽었다. 그리고 샤를 9세는 그의 치세 중에 발로아 왕조의

---

557) Ibid., p. 202.

대학살 사건이라는 오염을 얻었다. 성 바돌로매 대학살 사건은 메디시 가문이 주도하였기는 하지만 샤를 9세 치세 중에 있었기 때문에 그 자신의 오명으로 후대에 남겨질 수 밖에 없었다. 그럴뿐만 아니라 성 바돌로매 대학살 사건은 그의 죽음을 재촉하였다. 왜냐하면 그 자신에게 그 사건은 크나큰 고통이었기 때문이다. 그는 죽으면서 열병에 걸려서 밤과 낮을 헤메었고 결국 그의 모친에게 외마디 비명을 지르고 죽었다. 그는 하나님 보다 그의 모친을 더욱 두려워하였던 것이다.

프랑스 국왕 사를 9세의 죽음으로 그의 형제 앙쥬의 공작 앙리 3세가 왕이 되었다. 그는 그때에 폴란드에 있었는데 파리에서 온 칙사들을 피하면서까지 왕이 되기를 거절하였다. 그러나 주후 1574년 파리로 돌아오게 되고 왕의 자리에 앉게 된다. 그의 등극은 별로 많은 변화를 일으키지는 못하였다. 캐서린은 실질적으로 프랑스를 지배하고 있었다. 그러나 앙리 3세는 성 바돌로매 대학살 사건에 대하여서 유감을 표명하고 백성들에게 사과하였다. 그리고 위그노들이 요구한 신앙의 자유에 대하여서 대부분을 수용해 주었다.558)

주후 1584년 6월 10일 앙리 3세는 개신교도들에 대한 신앙 자유를 허락하는 그의 정책으로 인하여서 자객에 의하여서 살해당하게 되었다. 그런데 그에게는 자식이 없었다. 결국 왕위 계승권은 프랑스 왕위 계승법(Salic Law)에 의하여서 여자였던 마고가 계승할 수 없고 결국 그의 남편인 나바르의 앙리가 앙리 4세로서 프랑스 왕에 등극하게 된다. 그리고 프랑스 왕권을 허락한 앙리 4세 자신은 개신교 신앙을 버리고 로마 카톨릭으로 개종하기에 이른다.559)

---

558) Ibid., p. 205.
559) Ibid., p. 208.

주후 1589년 8월 4일 앙리 4세는 왕의 명령서를 공포하기에 이른다. 그는 로마 카톨릭에게 그들의 영역에서 종교적인 행사를 하도록 하는 것과 동일하게 개신교도들에게도 그들의 성채에서 자유롭게 예배를 드릴 수 있도록 하였다. 이것은 로마 카톨릭 측의 몽뜨뻥시에르 공작(Duke of Montpensier)과 개혁 교회 측의 꽁띠 왕자(Prince of Conti)에 의하여서 서명이 되었다.

주후 1593년 10월~1594년 1월까지 망떼스(Mantes)에서 프랑스 개혁 교회 총회가 열렸다. 그 회의에서 총회의 참석자들은 죽든지 살든지 그들의 신앙 고백을 지킬 것을 서약하였다. 그리고 매년 이러한 개혁 총회가 교회의 정치적인 문제들과 교회적 사업을 위하여서 개회되었다. 그리고 프랑스 개혁 교회는 프랑스를 9개의 교구로 나누어서 각각의 대회를 두었다.560)

주후 1597년 드디어 프랑스 왕 앙리 4세는 낭트 칙령을 공포하기에 이른다. 이 기념비적 칙령은 95개 조항으로서 되어 있으며 4월 13일 서명되었다. 그리고 주후 1598년 5월 2일에 56개 조의 특별 항목은 다시 서명되었다. 그리고 낭트 칙령은 파리시 대법원에 의하여서 서명되고 왕에 의하여서 비준되었다. 낭트 칙령은 프랑스의 개신교도들의 신앙의 생활에 대한 권리를 성문화하여서 확대한 것이다. 그리고 그것은 이미 선언된 뽀이띠에르스(Poitiers:주후 1577년)의 칙령과 네라크 대회(Convention of Nerac:주후 1578년)와 플렉스 협약(treaty of Flex:주후 1580년), 그리고 싸잉뜨-끌로우드 선언(Declaration of Saint-Cloud:주후 1589년)과 망떼스의 조약(the Articles of Mantes:주후 1593년) 그리고 싸잉뜨-게르망의 칙령(Edict of Saint-Germain:주후 1594년)에 대한 재확인이었다.561) 그것은

---

560) Ibid., p. 221.
561) Ibid., p. 222.

어느 지방 어느 시간에도 양심의 자유를 따라서 신앙생활을 할 수 있도록 보장된 제도였다. 어떠한 경우에도 그 자신의 신앙을 인하여서 핍박이나 정치적 압력을 받지 않도록 하였다. 그래서 신앙의 자유를 따라서 사적이고 공적인 예배가 허락되었고 공적 예배에 대하여서는 어떤 장소에도 구애 받지 않고 예배드릴 수 있는 전적인 권한이 부여되었다. 그리고 개신교도들에게도 모든 시민적 권리가 주어졌다. 그들은 시민권에 따라 보호를 받을 수 있으며 모든 대학교와 병원과 관공서에 출입할 수 있는 권한이 주어졌다. 그러나 그 칙령은 개신교에 대한 완전한 신앙의 자유를 보장한 것은 아니었다. 그것은 상당한 제약을 가지고 있었던 부분적인 자유였다.

파리의 대법원은 6명의 개신교도 평의원을 허락하였다. 그리고 개신교도 사역자들도 군대에 군목으로 봉직할 수 있게 해 주었다. 개신교도들은 자신들의 교회의 종교 회의를 개회할 수 있도록 하였다. 그것은 지교회 치리회(consistories)와 지역 치리회(colloquies)와 대회(synod)와 국가 회의 혹은 지방 회의(National and provincial)등과 같은 것을 의미하였다.

낭트 칙령으로 인하여서 프랑스 개혁 교회는 다른 유럽의 개혁 교회들보다 더욱 앞서가는 위치에 서게 되었다. 개혁주의적인 신학 대학이 여러 곳에 세워졌다. 그것은 쎄당(Sedan)과 몽따우방(Montauban)과 쇼무르(Saumur) 대학이 그러하다. 학문과 경건이 꽃을 피웠고, 프랑스 개혁주의 신학은 항상 스위스와 화란의 신학과 자유롭게 토론할 수 있게 되었다.[562] 그러나 그러한 낭트 칙령은 주후 1685년 루이 14세(주후 1643~1715)를 통하여서 폐지되면서 다시 원상태로 돌아가게 된다. 그것은 개혁 교회에 대한 핍박과 그로 인한 순교와 망명 등으로 프랑스

---

562) Ibid., p. 223.

개혁 교회는 역사 속에서 거의 사라지게 된다.563)

---

563) Williston Walker, p. 526.

## (3) 프랑스 개혁 교회의 신조와 정치 형태
### 【1】 프랑스 신앙 고백 (주후 1559년)

프랑스 신앙 고백은 주후 1559년 위그노들이 교회의 일치성과 치리에 대한 필요성에 의하여서 작성하였다. 그리고 이러한 프랑스 신앙 고백의 작성은 후대에 스코틀랜드에서의 신앙 고백과 잉글랜드에서의 웨스트민스터 신앙 고백을 작성하게 되는 동인이 되었다. 프랑스 개혁 교회는 개혁된 교회의 공동의 신앙 고백과 권징 조례가 있어야 하는 필요성을 갖게 되었다. 그래서 프랑스 신앙 고백과 그 외에 치리서를 작성하여서 출판하기에 이른다. 그리고 이러한 프랑스 개혁 교회의 모범은 곧 바로 영국과 스코틀랜드에서 장로교회가 세워질 때에 직접적으로 드러났다. 이러한 측면에서 볼 때에 영국과 스코틀랜드 장로교회는 제네바나 화란의 개혁 교회보다는 프랑스 개혁 교회로부터 거의 대부분을 계승한 것으로 볼 수 있다. 이러한 것은 영국과 스코틀랜드 장로교 청교도들이 자체의 신앙 고백을 가지려고 하였다는 것과 왕권에 대하여서 시민전쟁을 벌이면서까지 신앙과 종교의 자유를 위하여서 저항하였다고 하는 것이다. 이렇게 교회 연맹체와 치리회원 상호 간의 동등성을 처음 실현한 개혁 교회는 프랑스 개혁 교회였던 것으로 볼 수 있다.

프랑스 신앙 고백의 내용은 다음과 같다. 제 1장에서 하나님에 대하여서 그리고 제 2장에서 그의 계시에 대하여서 그리고 3~5장까지 성경에 대하여서 그리고 5장에서 7장까지 3개의 에큐메니칼 신조에 대하여서 다루고 삼위일체에 대하여서 다루고 있다. 그리고 8장에서 9장까지 하나님의 창조와 섭리 그리고 인간의 타락에 대하여 다루고 있다. 그리고 10장에서 11장까지 아담과 아담의 후손들의 죄로 인한 비참한 상태에 대하여서 다루고 나서 12장에서 13장까지 하나님께서 그의 영원하시고 불변하시는 목적을 따라서 그의 택자들을 그리스도 안에서 선택하셨다고 하는 예정론을 다룬다. 그리고 예수께서 우리 모든 성도들의 구주가 되심을 가르치고 14장에서 17장은 그리스도께서 그러한 구속을 위하셔서 하나님이시면서 인간이 되셨다고 가르친다. 그리고 그리스도의 두 본성과 한 위격에 대하여서 다루고 그리스도께서 십자가에서 죽으신 사건과 그로 인하여서 하나님과 화목하게 된 것을 가르친다. 그리고 18장에서 22장까지 우리의 칭의가 그리스도께서 이루신 공로에 기초하며 오직 믿음으로만 그것을 감지할 수 있다고 말한다. 그리고 이러한 믿음으로 우리가 중생하고 은혜를 받으며 거룩한 삶으로 나아가게 된다고 말한다. 그리고 23장에서 24장까지 우리 자신에게는 아무런 선한 것이 없다고 하는 사실을 전적으로 인정해야 할 것을 가르치고 있다. 그리고 25장에서 33장까지 교회에 대하여서 다루고 있다. 그리고 34장에서 38장까지 성례에 대하여사 다루고 있다. 그리고 39장에서 40장에 교회의 정치 형태와 교회의 권세 그리고 기독교인의 자유와 교회와 정부와의 관계에 대하여서 다루면서 마치고 있다.564)

## 신론과 성경론

프랑스 신앙 고백은 신론과 성경론에 대하여서 서로 혼합해서 기술한다. 그러므로 가장 먼저 신론에 대하여서 간략하게 다루고 그러한 하나님에 대한기록으로서 성경에 대하여서 다루고 나서 그 성경이 계시하시는 삼위일체 하나님에 대하여서 다루고 있다.

프랑스 신앙고백은 먼저 하나님의 실체에 대하여서 다음과 같

---

564) Philip Schaff, The Creeds of Christiandom. vol. 1:The History of Creeds, p. 498.

이 진술한다.

**"우리는 한분이신 하나님을 믿고 고백합니다. 그는 유일하시며, 순수한 본질을 가지신 영이시고, 영원하시며, 보이지 아니하시고, 불변하시며, 무한하시고, 불가해하시며, 지극히 높으시고, 전능하십니다."**565)

그리고 프랑스 신앙 고백은 "이러한 하나님께서 그 자신을 인간에게 계시하셨다."고 고백한다.566) 그리고 신앙 고백은 표현하기를 "이러한 계시는 첫 번째 그의 사역과 그의 피조물들 안에 드러나 있다. 뿐만 아니라 그들에 대한 보존과 통치를 통하여서 드러나 있다."567)고 하였다.

이러한 부분은 헤르만 바빙크 박사가 진술한 **"일반 계시"**(Alegemeene Openbaring)에 대한 내용이다.568) 그리고 이어서 "두 번째, 더욱 분명하게, 그가 그의 말씀 안에서, 태초로부터 예언을 통하여서 계시하셨다. 그리고 그 후에는 우리가 소위 성경이라고 부르는 문헌으로 기록하게 하셨다.569)"고 하는 것이다. 이 두 번째 부분은 헤르만 바빙크 박사가 진술한 **"특별 계시와 성경"**(Bijzondere Openbaring en Heilige Schrift)에 대한 진술이다.570)

---

565) _____, The Creeds of Christiandom. vol. 3:Evangelical Protestant Creeds, p. 359.:"*Nous croyons et confessons qu'il y a un seul Dieu, qui est une seule et simple essence, spirituelle, éterneele, invisible, immuable, infinie, incompréhensible, ineffable.*"
566) Ibid., p. 360:"II. *Ce Dieu se manifeste tel aux hommes.*"
567) Ibid., p. 360:"*premierement par ses aeuvres, tant par la creation que par la conservation et conduite d'icelles.*"
568) Dr.H.Bavinck, Gereformeerde Dogmatiek, deel. 1. Kampen, 1998. pp. 272~294.
569) Philip Schaff, The Creeds of Christiandom. vol. 3:Evangelical Protestant Creeds, p. 360:"*Secondement et plus clairement, par sa Parole, laquelle au commencement revelee par oracles, a ete puis apres redigee par ecrit aux livres que nous appelons l'Ecriture sainte.*"
570) Dr.H.Bavinck, Gereformeerde Dogmatiek, deel. 1. pp. 348~357.

이미 주후 1559년 프랑스 신앙 고백을 통하여서 개혁주의 입장에서 성경론이 거의 완전하게 진술이 되고 있다. 프랑스 신앙 고백은 성경의 범주에 대하여서 지금 개신교회의 성경의 범주와 동일하다. 그것은 구약 39권과 신약 27권 도합 66권이 그러하다.571) 프랑스 신앙 고백은 **"이것이 정경의 범주에 있는 문헌이다."**라고 고백한다.572) 그리고 이어서 **"이것이 우리의 신앙의 확실한 법칙이다."**573)라고 고백한다.

프랑스 신앙 고백의 성경의 자증성에 대하여서 다음과 같이 고백한다. **"(성경이 하나님의 말씀이라는 것은) 일반적 사람들의 일치와 교회의 동의에 의하여서 확증되는 것이 아니라 성경 자체의 내적 증거와 조명에 의하여서 확증된다."**574) 이 부분은 웨스트민스터 신앙 고백(주후 1647년)과 일치한다.575)

프랑스 신앙 고백은 성경의 기원과 관련하여서 그것은 하나님으로부터 나온다고 고백한다. 그리고 그 권위(*authorite*)도 사람으로부터 나오는 것이 아니라 하나님으로부터 나온다고 고백하고있다.576) 그리고 이러한 신앙 고백의 신학적 입장은 오직 사도 신조와 니케아 신조 그리고 아타나시우스 신조와 동일하다고 고백한다.577)

---

571) Philip Schaff, The Creeds of Christiandom. vol. 3:Evangelical Protestant Creeds, p. 361.
572) Ibid., p. 361.:"*Nous connaissons ces livres etre canoniques,*"
573) Ibid., p. 361.:"*et la règle trèscertaine de notre foi,*"
574) Ibid., p. 361.:"*non tant par le commun accord et consentement de l'Eglise, que par le temoignage et persuasion interieure du Saint~Esprit,*"
575) Ibid., p. 602. vol.1.chap.4.~5.
576) Ibid., p. 362:"V. *Nous croyons que la Parole qui est contenue en ces livres, est procedee de Dieu, duquel seul elle prend son autorite, et non des hommes.*"
577) Ibid., p. 363:"*Et suivant cela, nous avouons les trois symboles, savoir:des Apotres, de Nicee, et d'Athanase, parce qu'ils sont conformes a la parole de Dieu.*"

이제 프랑스 신앙 고백은 삼위일체 대하여서 언급한다.

"성경은 우리에게 신적 본질은 유일하고 단순한 하나라고 하는 것을 가르치고 있습니다. 그런데 우리가 그 하나님에 대하여서 고백할 때에는 신적 본체 안에 세 위격이 계시다고 고백합니다. 그것은 성부와 성자와 성령이십니다."578)

이제 프랑스 신앙 고백은 삼위일체에 대하여서 좀더 심도있게 진술한다.

"성부는 제일 원인이시고 근원이시며 만물의 기원이십니다. 성자는 그의 말씀과 그의 영원한 지혜이십니다. 성령은 그의 효력과 권능과 효과이십니다. 성자는 성부로부터 영원토록 발생하시고, 성령은 그 두 위격으로부터 영원토록 발출하십니다. 세 위격은 혼동이 없으시되 구별되시고, 분리되지 아니하신되, 동일한 본질로 계십니다. 그리고 영원하심과 권능이 동등하십니다."579)

프랑스 신앙 고백은 독특하게 고대 정통 교부들에게 자신들의 신앙 고백의 근거를 두고 있다. "**우리들은 거룩한 교사인 힐라리우스, 아타나시우스, 앰브로우스, 시릴과 같은 분들로부터 거**

---

578) Ibid., p. 362.:"VI. Cette Ecriture sainte nous enseigne qu'en cette seule et simple essence divine, que nous avons confessee, il y a trois personnes, le Pere, le Fils, et le Saint~Esprit."
579) Ibid., p. 362.:"Le Pere, premiere cause, principe et origine de toutes choses. Le Fils, sa parole et sapience eternelle. Le Saint~Esprit, sa vertu, puissance et efficace. Le Fils eternellement engendre du Pere. Le Saint~Esprit procedant eternellement de tous deux, les trois personnes non confuses, mais distinctes, et toutefois non divisees, mais d'une meme essence, eternite, puissance et egalite"

절된 모든 분리주의자들과 이단들을 정죄합니다."580)

## 창조와 섭리론

이제 프랑스 신앙 고백은 하나님의 창조 사역에 대하여서 다음과 같이 언급한다.

"우리는 세 위격들의 협력(cooperantes) 사역 안에서 하나님께서 그의 권능과 지혜와 불가해하신 선(bonte)에 의하여서 만물을 창조하시되, 천지와 그 가운데 있는 모든 것 뿐만 아니라 비가시적 영적 존재들 중에서 타락하여서 지옥에 떨어진자들과 지속적으로 순종한 자들 모두를 창조하셨다고 믿습니다."581)

프랑스 신앙 고백은 섭리의 사역에 대하여서 다음과 같이 언급한다.

"우리는 하나님께서 만물을 창조하셨을 뿐만 아니라, 그가 그것들을 다스리시고 인도하시며 그의 절대적 주권으로 세상에서 일어날 모든 일에 대하여서 위치를 정하시고 질서를 정하신다고 믿습니다."582)

---

580) Ibid., p. 363.:"et detestons toutes sectes et heresies qui ont ete rejetees par les saints docteurs, comme saint Hilaire, saint Athanase, saint Ambroise, et saint Cyrille."
581) Ibid., p. 363.:"VII. Nous croyons que Dieu en trois personnes cooperantes, par sa vertu, sagesse et bonte incomprehensible, a cree toutes choses, nonseulement le ciel, la terre et tout ce qui y est contenu; mais aussi les esprits invisibles, desquels les uns sont dechus et trebuches en perdition, les autres ont persiste en obeissance."
582) Ibid., p. 364.:"VIII. Nous croyons que non~seulement il a cree toutes choses, mais qu'il les gouverne et conduit, disposant, ordonnant selon sa volonte, de toute ce qui advient au monde;"

프랑스 신앙 고백은 하나님께서 죄의 창시자가 아니시며 또한 죄책도 그분에게로 전가될 수 없다고 말한다. 왜냐하면 그의 뜻은 의와 공의의 주권적 그리고 무오한 법칙이기 때문이라고 말한다.583) 그리고 프랑스 신앙 고백은 언급하기를 만물을 그 발 아래 복종시키시는 하나님께서 우리를 부성적 사랑으로서 우리를 보살피신다고 한다.584)

## 인간의 원래 상태와 타락에 대하여서

　프랑스 신앙 고백은 언급하기를 인간은 원래 완전하고 순수한 상태로 하나님의 형상을 따라서 창조되었다고 말한다.585) 그러나 그 자신의 죄책에 의하여서 그는 그가 받은 은혜의 상태로부터 타락하였다고 말한다.586) 그래서 그의 본성이 전적으로 타락하였다고 말한다.587) 그리고 지성의 어두워짐과 감성의 타락으로 그는 모든 무흠한 상태로부터 떨어졌다. 그리고 그 안에 선이 없어졌다. 그리고 비록 그가 선과 악을 분별한다고 해도, 그것은 어두워져서 하나님을 찾는데에는 전적으로 무능력하다. 그러므로 인간은 자신 스스로의 노력으로는 하나님께 나아갈 수 없다. 비록 의지를 가지고 하나님 앞에 나아가려고 해도 죄에 의하여서 점령되어 하나님께 자유롭게 나아가지 못하는 상태로

---

583) Ibid., p. 364.:"*non pas qu'il soit auteur du mal, ou que la coupe lui en puisse etre imputee, vu que sa volonte est la regle souveraine et infallible de toute droiture et equite*"
584) Ibid., p. 364.:"*que Dieu, qui a toutes choses sujettes a soi, veille sur nous d'un soin paternel, tellement qu'il ne tombera point un cheven de notre tete sans sa volonte.*"
585) Ibid., p. 365.:"*Nous croyons que l'homme yant ete cree pur et entier, et conforme a l'image de Dieu,*"
586) Ibid., p. 365.:"*est, par sa propre faute, dechu de la grace gu'il avait recue,*"
587) Ibid., p. 365.:"*que sa nature est du tout corrompue.*"

죄의 지배를 받게 된다.588)

### 택자들의 상태와 그리스도

프랑스 신앙 고백은 언급하기를 전 인류가 죄악 가운데 침잠해 버렸기 때문에, 그 어머니의 태로부터 전적으로 타락하였다고 말한다. 그러므로 세례 이후의 성도들에게도 여전히 죄의 본성은 남아있다고 말한다. 그러나 하나님의 자녀들에게는 정죄가 폐지되었다고 말하면서, 그것은 하나님의 자유로우신 은혜와 사랑으로부터 주어진 것이라고 말한다. 그러나 여전히 그러한 죄에 대한 연약성이 거룩한 사람들에게도 있기 때문에 이 지상에서의 삶 가운데서는 온전하게 될 수 없다고 말한다.589)

프랑스 신앙 고백은 택자들의 선택에 대하여서 다음과 같이 진술한다.

"이러한 타락과 보편적인 정죄안에 모든 사람들이 놓여 있다. 그런데 그러한 상태로부터 하나님께서 그의 영원하시고 불변하시는 경륜을 따라서, 그의 선하시고 자비하신 은혜로 우리 주 예수 그리스도 안에서 그의 자비하심의 풍성하심을 드러내시고자 그들의 어떠한 행위도 사려하지 아니하시고 택자들을 선택하셨다."590)

---

588) Ibid., p. 365.:"*Et bien qu'il ait encore quelque discretion du bien et du mal, nonobstant nous disons, que ce qu'il a de clarte, se convertit en tenebres quand il est question de chercher Dieu, tellement qu'il n'en peut nullement approcher par son intelligence et raison. Et bien qu'il ait une volonte par laquelle il est incite a faire ceci ou cela, toutefois elle est du tout captive sous peche, en sorte qu'il n'a nulle liberte a bien, que celle que Dieu lui donne.*"

589) Ibid., p. 365.XI.

590) Ibid., p. 366."XII. *Nous croyons que de cette corruption et condamnation generale, en laquelle tous les hommes sont plonges, Dieu retire ceux lesquels en son conseil eternel et immuable il a elus par sa seule bonte et misericorde en notre Seigneur Jesus Christ,*

제 2 장 종교 개혁 역사와 개혁 장로 교회사   343

프랑스 신앙 고백은 칼빈과 동일하게 이중 예정을 말한다. 그러므로 그 다음 항목에서 하나님의 유기에 대하여서 다음과 같이 진술한다.

**"그 나머지는 동일한 타락과 정죄 안에서, 하나님의 공의를 드러내는 상태로 유기자들을 버려두셨다."** 591)

프랑스 신앙 고백은 그리스도에 대하여서 다음과 같이 진술한다.

**"14. 우리는 하나님의 지혜이시고, 영원한 아들이신 예수 그리스도께서 하나님으로서 우리와 같은 육신을 가지셨다. 그래서 한 위격 안에 신성과 인성이 결합하셨다. 인간으로 그분은 우리와 같으시다. 그래서 그는 그 몸과 영혼으로 고난을 당하셨다. 그러나 죄는 없으시다. 그의 인성은 비록 성령의 신비스러운 능력으로 태어나셨으나, 그는 아브라함과 다윗의 참된 혈통이셨음을 믿습니다."** 592)

프랑스 신앙 고백은 그리스도의 신성과 인성과의 관계에 대하여서 다음과 같이 진술한다.

**"우리는 예수 그리스도께서 한 위격 안에 실제로 두 본성을**

---

sans consideration de leurs oeuvres,"
591) Ibid., p. 367.:"*en cette meme corruption et condamnation, pour demontrer en eux sa justice,*"
592) Ibid., p. 368.:"XIV. *Nous croyons que Jesus Christ etant la sagesse de Dieu, et son Fils eternel, a revetu notre chair, afin d'etre Dieu et homme en une personne, meme homme semblable a nous, passible en corps et en ame, sinon en tant qu'il a ete pur de toute machle.*"

가지고 계셨는데, 그 두 본성은 불가 분리적으로 연결되어서 결합되셨다고 믿습니다. 그러므로 각각의 두 본성은 속성 그대로 보존되어 있습니다. 그래서 신성은 창조되지 아니하셨고, 무한하시며, 편재하십니다. 그리고 인성은 유한하고, 그 형태를 가지고 있으며, 측량할 수 있다고 믿습니다." 593)

## 신 앙 론

프랑스 신앙 고백은 칭의에 대하여서 다음과 같이 진술한다.

"우리는 오직 믿음을 통하여서 이러한 칭의에 참여한다고 믿습니다.…(중략)…우리의 칭의는 믿음을 통하여서 하나님께서 우리에게 그의 사랑을 증명하시고 천명하신 그의 자유로우신 약속에 기초합니다." 594)

프랑스 신앙 고백은 중생에 대하여서 다음과 같이 진술한다.

"우리는 이 믿음으로 새로운 생명으로 중생한다고 믿습니다.………지금 우리는 믿음으로 거룩하게 사는 것과 하나님을 경외하는 은혜를 받게됩니다. 그리고 그것은 복음 안에서 우리

---

593) Ibid., p. 368:"XV. *Nous croyons qu'en une meme personne, savoir, Jesus Christ, les deux natures sont vraiment et inseparablement conjointes et unies, demeurant neanmoins chacune nature en sa propriete distincte: tellement que comme en cette conjonction la nature divine retenant sa propreiete, est demeuree increee, in finie et remplissant toutes choses; aussi la nature humaine est demeuree finie, ayant sa forme, mesure et propriete;"*

594) Ibid., p. 371:"XX. *Nous croyons que nous sommes faits participants de cette justice par la seule foi, ………Ainsi la justice que nous obtenons par la foi, depend des promesses gratuites par lesquelles Dieu nous declare et testifie qu'il nous aime "*

에게 주어진 약속을 따라서 주어진 것입니다. 하나님께서 우리에게 성령을 주셨습니다.595)

## 율법과 복음에 대하여서

프랑스 신앙 고백은 율법에 대하여서 그것은 예수그리스도의 오심으로서 그 목적을 이루게 되었다고 말하면서, 그러나 비록 의식법으로서 율법은 그리스도께서 오심으로서 폐지되었지만, 여전히 그 실체는 그리스도의 위격 안에서 성취되었다고 진술한다. 그리고 무엇보다, 우리는 우리의 삶의 법칙으로서 율법과 선지자서들로부터 도움을 받을 뿐만 아니라, 복음의 약속 안에서 확증된다고 하는 것이다.596)

## 교회에 대하여서

프랑스 신앙 고백은 우리가 복음을 통하여서 그리스도를 누리듯이, 교회의 질서는 그리스도의 권세로 세워진 것이라고 진술한다. 그러므로 그것은 거룩하고 신성 불가침적인 것이라고 말한다. 프랑스 신앙 고백은 그것을 교회의 사역자와 연결시킨다. 그것은 교회는 가르침에 있어서 목사 없이 존재할 수 없다고 하

---

595) Ibid., p. 372:"XXII. *Nous croyons que, par cette foi, nous sommes regeneres en nouveaute de vie,·········· Or, nous recevons par foi la grace de vivre saintement, et en la crainte de Dieu, en recevant la promesse qui nous est donnee par l'Evangile, savoir, que Dieu nous donnera son Saint Esprit.*"
596) Ibid., p. 372:"XXIII. *Nous croyons que toutes les figures de la loi ont pris fin a la venue de Jesus Christ. Mais bien que les ceremonies ne soient plus en usage, neanmoins la substance et verite nous en est demeuree en la personne de celui auquel git tout accomplissement. Au surplus, il nous faut aider de la loi et des prophetes, tant pour regler notre vie, que pour etre confirmes aux promesses de l'Evangile.*"

는 것이다. 그러므로 우리들은 그가 합당하게 부르심을 받아서 그 사역을 시행할 때에 는 마땅한 존경과 경의를 그에게 표하여야 한다고 말한다.597)

프랑스 신앙 고백은 교회의 표지를 말씀의 가르침과 성례의 시행에 있다고 말한다.598) 그러므로 하나님의 말씀을 거부하거나, 신앙 고백을 가지고 있지 않는 교회는 교회의 표지를 상실한 것이라고 진술한다.599)

이제 프랑스 신앙 고백서는 교회의 정치 제도에 대하여서 다음과 같이 언급한다. **"29. 참된 교회에 대하여서, 우리는 우리 주 예수 그리스도에 의하여서 세워진 질서를 따라서 교회의 정치가 시행되어야 한다고 믿습니다. 무엇보다 지교회는 목사들과 감독들과 집사들이 있어야 한다고 믿습니다. 그래서 참된 교리가 그 교회에 자리를 잡으며, 오류들이 교정되고, 모든 가난한 자들이 그들의 필요에 대하여서 도움을 받는 상태가 되어야 합니다. 그러할 때에, 그 교회의 치리회는 하나님의 성호 안에서 개회 되어야 한다고 믿습니다."** 600)

프랑스 신앙 고백은 목사들의 권세의 동등성과 교회의 평등성

---

597) Ibid., p. 374.:"XXV. Or, parce que nous ne jouissons de Jesus Christ que par l'Evangile, nous croyons que l'ordre de l'Eglise, qui a ete etabli en son autorite, doit etre sacre et inviolable, et partant que l'Eglise ne peut subsister sinon qu'il y ait des pasteurs qui aient la charge d'enseigner, lesquels on doit honorer et ecouter en reverence quand ils sont dument appeles, et exercent fidelement leur office."
598) Ibid., p. 374. XXV.
599) Ibid., p. 374. XXVIII.
600) Ibid., p. 377.:"XXIX. Quant est de la vraie Eglise, nous croyons qu'elle doit etre gouvernee selon la police que notre Seigneur Jesus Christ a etablie. C'est qu'il y ait des pasteurs, des surveillants et des diacres, afin que la pure doctrine ait son cours, que les vices soient corriges et reprimes, et que les pauvres et tous autres affliges soient secourus en leurs necessites; et que les assemblees se fassent au nom de Dieu , esquelles grands et petits soient edifies."

을 다음과 같이 표현한다.

"제30장 우리는 모든 참된 목사들은 그들이 어떤 위치에 있을지라도 머리되신 그리스도 아래에 동일한 권위(authorite)와 동일한 권세(power)를 가지고 있다고 믿습니다. 우리는 그리스도께서 유일한 교회의 주권자이시고 모든 교회의 감독이시라고 믿습니다. 그리고 어떤 교회가 다른 어떤 교회를 지배하거나 그 권위를 내세울 수 없다고 믿습니다."[601]

이제 프랑스 개혁 교회는 감독 교회 형태를 분명하게 거부하는 입장을 표현한다.

"제 31장 우리는 어떤 사람도 그 자신으로부터 권위(authority)를 가지고 교회를 지배할 수 없다고 믿습니다. 이것은 가능한한 선출을 통하여서 주어지며 하나님으로부터 허락을 받아야 한다고 믿습니다.……(중략)…… 그러나 그럼에도 불구하고, 우리는 이 법칙이 항상 견지되어야 한다고 믿습니다. 모든 목사와 감독과 집사들은 그들의 직무에 대한 부르심에 증거를 가지고 있어야 한다고 믿습니다."[602]

프랑스 신앙 고백의 교회 정치의 원리가 어떠해야 하는 것을 다음과 같이 진술한다.

"33. 우리는 하나님을 섬김에 있어서 우리의 양심을 얽매는

---

601) Ibid., p. 377.:"XXX. Nous croyons tous vrais pasteurs, en quelque lieu qui'ils soinet, avoir meme autorite et egale puissance sous un seul dhef, seul souverain et seul universel eveque, JesusChrist; et pour cette cause, que nulle Eglise e doit pretendre aucune domination ou seigneurie sur l'autre."
602) Ibid., p. 377:"XXXI. Nous croyons que nul ne se doit ingerer de son autorite propre pour gouvernr l'Eglise, mais que cela se doit faire par election, en tant qu'il est possible et que Dieu le permet.…………Mais, quoi qu'il en soit, nous croyons qu'il se faut toujours conformer a cette regle. Que tous pasterus, surveillants et diacres aient temoignage d'etre appeles a leur office."

모든 인간이 만든 것과 인간으로부터 온 법칙을 거부합니다.” 603)

이러한 여러 고백을 통한 신학적 입장으로 보았을 때 프랑스 개혁 교회는 거의 완전한 장로교회라고 할 수 있다. 치리회의 명칭과 그 기능에 있어서 스코틀랜드 장로교회와 약간의 차이가 있을 뿐 거의 대부분의 교회 치리회의 기능과 그 기능의 원리적인 토대가 스코틀랜드 장로교회와 일치한다. 다만 그러한 신앙 고백적 입장들이 후대에 잉글랜드와 스코틀랜드와 같은 거룩한 보편 교회로서 장로교회로 나아가지 못하였다. 그러므로 스코틀랜드 장로교회는 프랑스 개혁 교회로부터 그 정치 형태가 유래되었다고 볼 수 있다.

## 성 례 식

성례에 대하여서 프랑스 신앙 고백은 그것이 하나님의 말씀으로부터 나온 것이며, 하나님의 은혜 이외에 다른 것이 아니라고 말한다. 그리고 성례를 통하여서 하나님께서 우리의 신앙을 위로하시고 도우신다고 진술한다.604) 그럴 뿐만 아니라 성례는 하나님께서 성령을 통하여서 우리에게 역사하시는 외적 표징이라고 말한다.605) 그리고 그 실체와 진리는 예수 그리스도 안에 있다고 말한다.606) 프랑스 신앙 고백은 말하기를 성례는 두 가지

---

603) Ibid., p. 377:"XXXIII. *Cependant nous excluons toutes inventions humaines, et toutes lois qu'on voudrait introduire sous ombre du service de Dieu, par lesquelles on voudrait lier les consciences;*"
604) Ibid., p. 379:"XXXIV. *Nous croyons que les sacrements sont ajoutes a la Parole pur plus ample confirmation,afin de nous etre gages et marreaux de la grace de Dieu, et par ce moyen aider et soulager notre foi, a cause de l'infirmite et rudesse qui est en nous.*"
605) Ibid., p. 379:"*Dieu opere par eux en la vertu de son Esprit,*"

종류가 있다고 한다. 그것은 세례와 주의 만찬이다. 세례는 우리의 양자됨의 보증으로 주어진 것인데 성령의 거룩하게 하심 안에서 새롭게 되고 그의 보혈로 정결하게 되는 것으로서 그리스도의 몸 안에 접목되는 외적 표징이다. 그런데 이 세례는 오직 한번 시행되는 것이다.607)

프랑스 신앙 고백은 주의 만찬에 대하여서 다음과 같이 진술한다. 그것은 두 번째 성례인데 그것은 그리스도께서 우리를 위하셔서 단번에 죽으시고 살아나셨다는 것과 그리스도와 우리가 하나가 되었다는 것의 표징이다. 그럴 뿐만 아니라 주의 만찬은 그의 피와 몸으로 참으로 우리를 먹이시고 양육하신다고 하는 증거이다. 프랑스 신앙 고백은 개혁주의 내에서의 일치하는 신학적 입장대로 그가 그의 몸과 피로 우리를 본질적으로 강건하게 하신다고 할 때에 그 의미는 영적인 것 이라고 말한다. 그러므로 이러한 모든 신비한 은혜는 오직 믿음을 통하여서만 이해할 수 있는 것 이라고 말한다.608)

## 관원들에 대하여서

프랑스 신앙 고백은 하나님께서 법과 관원들에 의하여서 세상을 다스리시기 원하신다고 말한다. 그러므로 우리는 그들에게 복종할 뿐만 아니라 모든 존경으로 그들에게 대하여야 한다. 그리고 우리는 그들의 법과 질서 세금 관습 다른 여러 의무들에

---

606) Ibid., p. 379:"*substance et verite est en Jesus Christ,*"
607) Ibid., p. 379:"*temoignage de notre adoption;parce que la nous sommes entes au corps de Christ, a fin d'etre laves et nettoyes par son sang, et puise renouveles en saintete de vie par son Saint Esprit.*"
608) Ibid., p. 380:"*nous nourrit et vivifie de la substance de son corps et de son sang.Nous tenons bien que cela se fait spirituellement,    Bref, parce qu'il est celeste, il ne peut etre apprehende que par la foi.*"

순종해야 한다.609)

## 【2】 프랑스 개혁 교회 정치 형태 논쟁
### 〈1〉 프랑스 개혁 교회 정치 형태 개요

프랑스 개혁 교회는 주후 1559년 프랑스 신앙 고백610)과 함께 교회 치리서611)를 작성하였다. 프랑스 개혁 교회 정치 형태는 스코틀랜드 장로교회와 거의 흡사하다.

다만 그 명칭에 있어서 지교회 치리회(Consistory)와 지역 치리회(Colloquy)와 지방 대회(Provinical Synod) 그리고 총회(General Assembly)로 구별되는 것이 장로교회와 다르다.612) 그러므로 프랑스 개혁 교회의 치리회의 구분과 스코틀랜드 장로교회의 치리회에 대한 구분은 거의 없다고 할 수 있다. 다만 스코틀랜드 치리회가 목사와 장로로 구성된 당회를 세우는 것에 대하여서 프랑스 위그노들은 목사 장로 집사로 구성된 지교회 치리회를 갖고 있었다는 것이 약간 다르다.613) 오히려 교회 정치에 대한 통일성과 일치성은 위그노들이 더욱 강하였던 것으로 볼 수 있다.

치리서 2~5조에는 대회의 회합에 대한 조항이 기록되어 있다. 대회는 일년에 적어도 두 번 개회해야 한다고 되어있다. 그리고 지방 대회와 총회에 대하여서 다음과 같이 진술한다. 지방 대회

---

609) Ibid., p. 382:"XXXIX. *Nous croyons que Dieu veut que le monde soit gouverne par lois et police, afin qu'il y ait quelque bride pour reprimer les appetits desordonnes du monde.*⋯⋯⋯XL. *Nous tenons donc qu'il faut obeir a leurs lois et statuts, payer tributs, impots et autres devoirs,*"
610) Ibid., p. 168.:"*Confession de Foi faite d'un commun accord par les Francois, qui desirent vivre selon la purete de l'evangeile de notre Seigneur Jesus Christ*"
611) Ibid., p. 168.:"*Discipline ecclesiastique des eglises reformees de Fransce*"
612) "장로교회는 당회(Church Session)와 노회(Presbytery) 그리고 대회(Synod) 그리고 지방회의(Providencial Synod) 그리고 총회(General Assembly)로 구별된다."(필자주)
613) Op.cit. Thomas M. Lindsay, p. 168.

와 총회는 임시회의 성격을 가지고 있다. 지방 대회는 1년에 두 번 회합을 하며 총회는 필요할 때에 모인다.614)

6조~25조에서는 지교회에서의 봉사와 직무에 대하여서 기록한다. 말씀의 사역자는 치리 장로와 집사를 통하여서 교회에서 치리한다. 그리고 그와 같이 장로와 집사들도 말씀의 사역자와 함께 치리한다. 그러므로 말씀의 사역자는 교회의 치리 장로와 함께 치리회를 구성한다. 집사는 말씀의 사역과 성례의 집행에 관여할 수 없다.615) 그렇게 프랑스 개혁 교회의 정치 형태는 장로 체제였다.

### 〈2〉 회중교회주의자 쟝 모렐리 세레 드 빌리러스

그러나 그 당시에 프랑스 개혁 교회에 내에서도 교회의 일치성을 파괴하고 회중교회주의를 가르쳤던 인물이 있었다. 쟝 모렐리 시레 드 빌리러스 (Jean Morely sire de Williers)라고 하는 인물이었다. 그런데 그의 회중교회적인 입장으로 인하여서 프랑스 개혁 교회는 신학적 입장에 도전을 받기에 이른다.616)

---

614) Dr. H. Bouwman, Gereformeerd Kerkrecht, eerste deel, Uitgave van J.H. Kok Te Kampen, 1928, p. 253:"Art 2~5 handelen over de synodale vergaderingen. Zij zullen minstens tweemaal in het jaar samenkomen, en de dienaren van elke kerk, met een ouderling of diaken, zullen als afgevaardigden daar zitting nemen. ········De Provinciale en Generale synoden tegelijk werden ingevoerd. De Provinciale zouden geregeld tweemal in het jaar gehouden worden, en de Generale synoden selon la necessite des Eglises."

615) Ibid., p. 254:"In Art 6~25 wordt gehandeld over de ambten en diensten in de plaatselijke kerk, De dienaar des Woords wordt gekozen in den kerkeraad door de ouderlingen en diakenen, en wordt daarna aan de gemeente gepresenteerd ter approbatie.Eveneens worden de ouderlingen en de diakenen in den kerkeraad gekozen. De dienaren des Woords vormen met de ouderlingen den kerkeraad. ········Het ambt der diakenen is niet, om het Woord te prediken en de sacramenten te bedienen,"

616) Robert M. Kingdon, Geneva and the Consolidation of the French Protestant Movement 1564~1572 A Contribution to the History of Congregationalism, Presbyterianism, and Calvinist Resistance Theory, Geneve Librairie Droz 11, rue Massot 1967, p. 43.

쟝 모렐리 시레 드 빌리러스(Jean Morely, sire de Williers)는 칼빈주의 개혁 교회의 체제에 대하여서 간과할 수 없는 최초의 내부적 공격의 지도자였다. 그는 칼빈주의로 개종한 귀족 그룹의 한 사람이었다. 그는 높은 귀족은 아니었지만 그의 부친과 그의 장인은 프랑수아 1세 치하에서 법원의 의사로 지냈고 모렐리(*Morely*) 그 자신은 쟝 드 알브레트(*Jeanne d' Albret*)의 법원에서 일하였다. 그는 파리시 출생이고 라틴어와 성경 헬라어에 익숙하였다.

주후 1547년 그는 개신교도가 되었고 그 후에 그는 독일 개신 교회와 스위스 그리고 쮜리히를 방문하였다. 그러나 그는 결코 쮜리히의 지도자들에게도 환대받지 못하였다. 주후 1571년 불링거는 베자의 논박서를 알고 있었기 때문에 그를 거부하였다.617)

모렐리(*Morely*)는 주후 1562년 리용에서 그의 논문 [**기독교 정치와 치리에 대한 저서**](Treatise on Christian Discipline)에서 자신의 교회 정치에 대한 입장을 피력하였다.618) 그리고 그 논문에 대하여서 피에르 비렛(*Pierre Viret*)이 매우 조심스럽게 참고 하였다. 그 당시 노용의 목사였고 불어권에서 매우 유력한 설교자였던 피에르 비렛은 철저한 칼빈주의자였다. 그러나 그는 제네바 치리서를 가지고 있지 않았으며 매우 독립적으로 행동하였다. 비렛이 비록 칼빈과 베자로부터 좋은 인격적 감화를 받았다고 할지라도 교회 정치에 대한 문제에 관해서는 모렐리의 생각에 호의를 가지고 있었다.619)

모렐리는 거룩한 보편 교회에 치리회를 구성하는 장로 정치

---

617) Ibid., p. 44.
618) Ibid., p. 46.: *Traicte de la discipline & police chrestienne 1562*
619) Ibid., p. 48.

제도를 거부하였다. 그는 주장하기를 교회의 권세는 그리스도 안에서 믿는 회중 전체에 있다. 그러므로 교회는 회중들에 의하여서 권징과 치리가 시행되어야 한다. 그러므로 교회가 치리회를 구성하는 것은 그리스도의 명령을 배반하는 것이라고 하였다.620)

그러므로 모렐리는 그의 이 견해에 더 나아가서 교회에 모든 정치 형태에 대하여서 공격하기 시작하였다. 그는 치리회를 구성하여서 교회 정치를 하는 것을 성경으로부터 떠난 것이며 귀족 정치이고 과두정치라고 공격하였다. 이것은 칼빈주의적 치리회 교회 정치 제도에 대한 공격이었다. 그럴 뿐만 아니라 그의 견해는 에라스투주의자들에 대한 비판이기도 하였다.621) 그는 에라스투주의에 가까웠던 독일 개신교회를 공격하였다. 그러므로 그가 선호한 교회의 정치 형태는 대중 정치(popular government) 제도였다. 이러한 제도는 회중에 의하여서 선출된 목사가 의장이 되어서 자체적인 공동 의회를 통하여서 그 회원들이 교회를 권징하는 것이다. 그러므로 그것은 치리회라든가 치리회원 혹은 목사에 의하여서 교회의 정치가 시행되는 것이 아니라 지교회가 독립적으로 회중들을 통하여서 교회 정치를 시행하는 제도이다.622)

그는 모든 교회 정치는 그 지교회 회중들에 의하여서 시행되며 치리회는 불필요한 것으로 보았다. 그러므로 교회의 직원이 필요 없다고 보는 것이다. 그리고 매우 중대한 과실을 범한 자들에 대하여서는 지교회가 세속 법정을 통하여서 치리하는 것이다. 그러므로 세속 권세는 악한 자들을 치리하는 기관으로 남아

---

620) Ibid., p. 50.
621) Ibid., p. 51.
622) Ibid., p. 52.

있고 영적이고 신앙적인 부분은 지교회 회중들에 의하여서 치리되는 것을 합당한 교회 제도로 보았다.

그러므로 그는 목사들과 치리 장로들은 회중에 의하여서 선출되며 그 이외에 직분에 대하여서는 지교회가 자유롭게 정할 수 있도록 하는 것이 합당하고 보았다. 이러한 내용의 교회 정치에 대한 그의 저서를 모렐리(Morely)는 비렛(Viret)을 통하여서 프랑스 개혁 교회에게 심의하여 줄 것을 요청하였다.

### 〈3〉 주후 1562년 오를레앙(Orleans) 대회의 결정

그러므로 프랑스 개혁 교회는 비렛을 통하여서 청원된 모렐리의 저서에 대한 심의를 위한 대회를 주후 1562년 오를레앙(Orleans)에서 개회하기에 이른다. 오를레앙 대회는 약 몇 주동안 그에 대한 논의를 지속하였다. 그 대회는 안토니 드 라 로체 샹듀(Antoine de la Roche Chandieu)라고 하는 총대를 의장으로 선출하였다. 그리고 모렐리(Morely)의 교회 정치 형태에 대한 저서를 심의하였다. 그리고 그 심의 결과는 그 책을 정죄하기로 가결한 것이다. 그 결정의 내용은 다음과 같다.

존 모렐리(John Morely)에 의하여서 구성되고 출판된 [**기독교 권징과 정치에 대한 논문**](A Treatise of Christian Discipline and Polity)이라는 책에 대하여서 프랑스 개혁 교회 치리회는 다음과 같이 판결하였다. "**이 책에 요점을 구성하는 교회 치리에 대한 것들은 하나님의 말씀에 따라서 우리 교회에서 작성한 치리서에 대하여서 정반대의 입장을 가지고 있으므로 그 책은 정죄하기로 가결한다. 그 책은 부패한 교리와 함께 교회의 혼란과 무질서를 조장하는 것을 그 요점으로 가지고 있다. 그러므로 대회는 앞서 진술한 교리를 주의할 것을 경고한다.**"[623)

---

623) Ibid., p. 63.

주후 1562년 오를레앙(Orleans)대회의 결정 이후에 모렐리는 제네바로 돌아가게 된다. 제네바에 돌아간 후에 그는 베자에 의하여서도 책망을 받게 된다. 베자는 다음과 같이 지적한다. "**모렐리의 교리는 부패한 교리이고, 교회에 적대적인 교리이며 모든 교회와 성도들에게 해악을 끼치는 교리이다.**"624)

이러한 프랑스 개혁 교회 대회의 결정과 제네바 개혁 교회의 베자의 결정적인 반대로 인하여서 모렐리의 회중교회주의는 더 이상 그 세력을 얻지 못하고 프랑스 개혁 교회 내에서 사라졌다. 그러나 이러한 회중 교회 사상은 후에 영국에 청교도 안에 퍼지게 되고 그것이 결국 영국 청교도 혁명과 미국 회중 교회 제도의 기초가 되었다.

주후 1567년 개혁 교회의 정치 제도에 대한 모렐리의 지침은 프랑스 지교회 사이에서 내분을 초래하였다. 이 내분은 파리 주위의 지방에서 가장 광범위하게 퍼졌다. 그리고 외견상으로는 그 지방은 전적으로 회중교회처럼 보였다. 그런데 그로부터 얼마 지나지 않아서 대단한 능변가인 피터 라무스(Peter Ramus)가 일어났다. 몇 년 동안 이 내분은 드러내놓고 다투지 않고 고요하게 정착하였다.

주후 1567년 9월 버튜얼(Vertueil)에서 국가 대회가 개회되었다. 그 회의는 개혁 교회의 수납된 권징을 지지하는 내용에 대하여서 새로 진술하였다. 그 대회는 교회의 정치는 오직 치리회를 통하여서 견지되어야 한다는 교리를 재확인하였다. 그리고 그 치리회 회원들 전체의 선택에 보다도 치리회 자체에 의하여서 선택되도록 하였다. 그런데 이 대회 이후에 프랑스 안에서 종교 전쟁이 발발하게 된다. 그래서 종교 개혁과 함께 생존의 문제가 프랑스 개혁 교회에 있게 된다. 그리고 더 이상 국가 대

---

624) Ibid., p. 65.

회는 4년 동안 개회되지 못한다.

## 〈4〉 주후 1571년 라 로첼레(La Rochelle) 대회

주후 1571년 4월 라 로첼레(La Rochelle)에서 대회가 개회되었다. 이 국가 대회의 중요성은 그것이 국왕의 권위에 의하여서 개회되었다는 것이다. 그것은 국가적으로 볼 때에 불법적인 회의가 아니라 합법적인 종교 회의 성격을 띠게 되었다. 그리고 그 국가 대회는 위그노를 위한 중요한 군사적 외교적 집결지가 되었다는 것이다. 무엇보다 중요한 것은 그 국가 대회는 개혁주의를 전파하기위한 핵심 역할을 수행하였다는 것이다. 라 로첼리 대회는 다음과 같은 인물들이 참석했다. 성직자의 대표적인 인물은 데오도레 베자였다. 그는 제네바로부터 와서 대회 기간 내내 참석했다. 그리고 그 대회의 의장으로 선출되었다. 베자는 이 대회에서 그의 오래된 동료인 니콜라스 데스 칼라스(*Nicolas des Gallars*)에 의하여서 지원을 받았다. 그는 대회의 서기로 선출되었다. 그럴뿐만 아니라 베자는 다른 신실한 제네바에서 양육 받은 성직자들의 지지를 받았다. 그들 중에서도 구이 모랑케스(*Guy Moranges*)와 아르나우드 방크(*Arnaud Banc*)가 있다. 그리고 라 로첼리에서는 쮜리회 교회의 목사들인 그의 친구들과 동료들에 의하여서 후원을 받았다.

라 로첼리 대회에서는 나바르의 왕녀와 해군 대장 콜리니도 참석하였다. 그리고 그들 중에서는 나바르의 젊은 왕자 콘지도 참석하였다. 그리고 오렌지 윌리엄 공의 동생인 나사우(*Nassau*)의 루이스도 참석하였다. 그는 스페인에 대한 화란 독립 운동의 핵심 인물이었다. 라 로첼리 대회는 주후 1559년 고백된 프랑스 신앙 고백과 교회 치리서를 계승하기로 가결하였다. 이러한 라 로첼리의 결의서는 프랑스 개신교회의 신앙에 대한 중요한 신앙 고백이다. 625) 이 라 로첼리 결의서에서는 지교회 치리회에 대한 진술이 주후 1559년 판과 다르다. 그 부분은 다음과 같다. "**사역자들과 장로들은 치리회를 구성한다. 사역자는 항상 의장이 되고 만약 치리회가 적합하다고 판단할 때에 집사는 참석할 수 도 있다.**"626) 이것은 사역자와 장로와 집사로 지교회 치리회를 구성하도록 되어있는 주후 1559년 교회 치리서와 약간 다른 내용이다.

### 〈5〉 라무스주의

그런데 이러한 라 로첼리 대회의 업적을 퇴색시키는 사건이 곧 발생하게 된다. 그것은 새로운 그리고 매우 놀라운 위험한 자들의 공격으로부터 발생 하였다. 그 움직임의 중심에 능변가였던 피터 라무스가 있었다.

그는 그 당시 잘 알려진 논리학의 대가였고 그의 매혹적인 이력은 이러하다. 그는 파리 대학의 교수였으며 개신교회 신자였고, 성 바돌로매 대학살 사건으로 죽기 전까지 그의 영예는 대단한 것이었다. 그는 국제적인 개신교회의 유명한 인물이었다. 그러므로 그의 죽음이후에도 그의 사상은 결코 사그라지지 않았다. 라무스는 주후 1561년 포이시(Poissy)의 지방 치리회(Colloquy)에서 개신교 신앙에 관심을 표명하기 시작하였다. 그리고 곧 개신교에 가담하기 시작하였다.

그러나 기나긴 기간 동안 라무스는 표면적으로 개신교 교회의 사업에 매우 활동적으로 관여하지는 않았다. 그러나 그는 의심할 것 없이 그의 가르침을 통하여서 개신교 활동에 중요한 공헌을 하였다. 그는 어쩌면 개신교회 교육에 있어서 직간접으로 도

---
625) Ibid., p. 97.
626) Ibid., p. 98.

움을 준 인물이다.

그런데 주후 1568년 라무스가 개신교 정치의 내부로 들어갔을 때 그는 로마 카톨릭 권위와 대학 직무적 권위와 세속 정부 권위에 의하여서 파리에서 개신교 성향의 지성인으로 주시되었다. 그리고 프랑스에 종교 내전이 다시 일어났을 때에 라무스는 파리를 떠나서 프랑스와 독일 경계선의 위그노 군대에 합류하였다. 위그노 군대를 도우면서 라무스는 군대를 떠나서 독일과 스위스 개신교회를 방문하기에 이른다.627)

그리고 2년 반 정도 그는 개신교를 이끄는 중심지를 여행하였다. 그는 스트라스부르그에서 지적인 지도자이며 그의 오래된 친구이며 선생인 요하네스 스텀(Johannes Sturm)을 만났다. 그리고 그는 바젤을 방문하였고 거기에서 1년 넘게 머물렀다. 그리고 그곳에서 신학 연구와 저작에 몰두하였다. 그리고 그는 쮜리히를 방문하였고 거기에서 환대를 받았다. 그는 칼빈주의적 하이델베르그를 방문하였다. 그리고 관원의 요청에 따라서 잠깐 대학에서 가르쳤다. 그리고 그는 그의 제네바 학생들과 함께 라우사네로 돌아가서 거기에서 가르쳤다. 그러다가 주후 1570년 9월 파리로부터 전쟁의 종식에 대한 통지를 받고 고향으로 돌아가게 된다.628) 그는 학생들의 열렬한 지지와 교수들의 분노의 대상이었다. 그는 하이델베르그에서 에라스투와 논쟁하였으며 그 지방 신학자들과 쟁론하였다.

바젤에서는 슐즈(Sulzer)와 그 지방 다른 신학자들과 논쟁하였다. 제네바에서는 주후 1570년 5월부터 목사들이 도시 의회에 라무스로 하여금 강의할 수 있게 허락할 것을 청원하기에 이른다. 그러한 어떤 다른 목사들은 그의 교수법에 대하여서 라무스

---

627) Ibid., p. 100.
628) Ibid., p. 101.

를 책망하기도 하였다. 돌연히 그는 그의 강의를 중단하였다. 화가 난 학생들은 라무스가 강의를 못하게 된 것이 시의회에 책임이라고 생각하고 라무스에 대한 칭송의 글을 써서 저항하였다.629)

라무스는 쮜리히와 친분을 맺고 있었다. 하인리히 불링거와 불링거의 동료들은 라무스의 지성적 수준에 강하게 영향을 받았다. 그리고 라무스는 울드리히 쯔빙글리 신학에 대하여서 더욱 몰두하였다. 이러한 상황에서 라무스가 친분을 맺고 있는 쮜리히의 불링거와 제네바의 칼빈과 베자가 라무스로 인하여서 약간의 충돌이 있게 되었다.

첫 번째 사건의 발생은 주후 1569년 라무스가 프랑스로 돌아간 이후에 라무스가 쮜리히의 교회에게 바젤의 교회와 절교할 것을 촉구하였다. 그것은 성만찬에 대한 신학적 입장 때문이었다.

그리고 두 번째 더욱 중대한 사건의 발생은 라 로첼리 대회(La Rochelle national Synod) 이후에 발생했다. 주후 1571년 라무스는 라 로첼리 대회에 대한 자신의 견해를 피력한 장구한 서신을 쮜리히의 불링거에게 보냈다. 이 서신에서 라무스는 라 로첼리 대회에 대하여서 몇 가지 입장을 비판하였다.

라무스의 첫 번째 비판은 이러하다. 권징의 결정이 너무 목사들의 권한 아래에 집중되어 있다. 라무스는 집사들이 지교회 치리회(consistory)에서 제외되었고 치리 장로 또한 권징의 사역에 제한적이라고 주장하였다. 그리고 제네바처럼 목사들이 교리적 문제에 있어서 결정할 권한을 가지고 있다는 것이다.

그의 두 번째 비판은 이러하다. 대회가 교회의 권징을 거부하는 자들과 시민적 정치적 사건을 교회적 사건과 혼동하는 자들

---

629) Ibid., p. 101.

을 이단을 정죄하듯이 처리한다.

그의 세 번째 비판은 이러하다. 대회가 거룩한 교제 안에 있다는 것을 설명함에 있어서 "**실재**"라는 말을 받아들이기 거절하는 자들을 공격했다는 것이다. 이러한 그의 서신은 쮜리히와 스위스에 직접적으로 모욕적인 것으로 간주되었다.

이것은 분명하다. 라무스는 치리회(consistory) 권세 자체를 파괴시키기를 원하지 않았다. 다만 그는 상회 치리회가 지교회의 일상적이고 정규적인 사업을 시찰하는 것을 완전하게 멈추기 원하였다. 또한 라무스는 교리나 권징, 직원들의 선임이나 면직 그리고 교인들의 출교나 해벌 등에 대한 결정을 교회 전체 회중들이 처음부터 참여할 수 있기를 요구하였다. 그리고 그들이 겨우 치리회의 결정을 수납하거나 거부하는 정도에 그치는 것을 원하지 않았다. 그리고 회중들이 어떤 보증없이 치리회와 함께 최종적 권위를 가지고 있기를 원하였다. 이것은 라무스가 비록 다소 임시적이기는 하지만, 모렐리 계획의 중요한 부분을 요약한 것이다.630)

이 서신은 하인리히 불링거를 뒤집어놓았다. 이 서신 안에 담겨져 있는 경고와 비통함으로 인하여서 쮜리히는 데오도레 베자에게 반론의 서신을 보냈다. 하인리히 불링거는 특히 칼빈이 스위스 신앙 고백서으로부터 나온 그 말을 그대로 두기로 동의한 것을 베자에게 상기시켰다. 그는 또한 프랑스 교회가 교회에 의한 출교의 사용을 거절하는 자들을 의미하는 권징(discipline)을 받아들이기 거부하는 자들을 정죄한 것을 뒤엎었다. 그런데 이러한 하인리히 불링거의 교회 정치 제도에 대한 입장들은 에라스투주의자들이 견지하고 있었던 것들이다. 그리고 이것은 제네바 교회도 가지고 있었던 취약한 측면이었다.631)

---

630) Ibid., p. 102.

쮜리히 교회는 지속적으로 그러한 입장으로 유지되기도 하였다. 데오도레 베자는 하인리히 불링거의 불만을 중대하게 생각하게 되었다. 왜냐하면 그 당시 쮜리히 교회는 제네바 교회보다 더욱 큰 국제적 명성을 가지고 있었다. 그리고 쮜리히 교회는 제네바 교회에게 사려할 만한 상당한 정치적으로 중대성을 가지고 있었다. 그것은 제네바시가 여전히 베른과 그 동맹 칸톤의 군사적 보호 아래에 의존하고 있었기 때문이다.

그리고 베른 시는 신학에 있어서 울드리히 쯔빙글리의 신학적 입장을 취하고 있었다. 그래서 제네바 교회는 쮜리히 교회의 영적 지도력을 바라보고 있는 실정이었다.

이러한 실재적 사려와 함께 개혁 교회의 일치를 위하여서 데오도레 베자는 하인리히 불링거에게 서신을 보낼 수 밖에 없었다. 그는 간단하게 서신을 보낼 수 없었다. 그러므로 서신은 한 권의 저서와 같은 분량을 가지게 되었다.

베자의 불링거에게 보낸 서신은 모렐리의 계획에 대한 베자의 전체 입장의 완전한 보고서 형태였다. 그 서신은 교회의 조직과 권징의 시행에 대한 기나긴 묘사로 시작한다. 그리고 그러한 교회의 조직과 권징에 대한 계획들은 제네바로부터 시작하여서 프랑스에까지 전파되었다고 말한다.

데오도레 베자는 특히 쮜리히 교회가 알아야 할 최소한의 치리회에 대한 제도적 이해에 대하여서 기록하였다. 그는 모렐리와의 논쟁점을 보고하였고 그 사람을 정죄하게 된 경위와 개혁 교회에서 그를 소환하여서 정죄하게 된 상황을 보고 하였다.[632]

베자는 라 로쳴리 대회에서 모렐리가 교회와 화합하는 것을 거부하였던 것을 보고하면서 라무스의 격렬한 폭풍이 프랑스 전

---

631) Ibid., p. 103.
632) Ibid., p. 104.

체 교회를 강탈하였다고 하였다. 그는 라무스의 가르침을 비판하면서 라무스는 결코 고대의 고귀한 저술가들의 가르침을 강의하는 것이 아니라고 하였다. 그러므로 데오도레 베자는 모렐리의 계획의 배경을 전반적으로 소개하면서 하인리히 불링거가 우려 할만한 사안에 대하여서도 변론하였다. 그는 이 부분에서 불링거를 매우 달래주는 듯한 표현을 쓰고 있다.

데오도레 베자는 하인리히 불링거에게 에라스투와 그의 교리의 결여된 부분들을 지적하면서 그것을 거부할 것을 촉구하였다. 데오도레 베자는 주장하기를 권징에 대한 대회의 조례는 출교에 대한 유일한 시행에 대한 것이 아니라 교회 조직에 대한 일반적인 계획에 대한 조례라고 하는 것이다.

데오도레 베자는 라무스가 프랑스 개혁 교회를 비난할 아무런 자격도 없다고 말하면서 라무스 자신도 하이델베르그에 있을 때 권징에 대하여서 에라스투주의를 반대하면서 불쾌한 입장을 가지고 있었다고 말하였다. 이러한 베자의 서신은 불링거에게 강한 영향을 주었다. 그리고 쮜리히의 프랑스 개혁 교회에 대한 비판 세력들은 즉시 예전의 상태로 돌아갔다.633)

하인리히 불링거는 베자의 서신에 대한 회답에서 자신과 쮜리히 교회는 모렐리에 대하여서 아는 것이 없었으며 베자의 서신을 통하여서 알게 된 것으로 보았을 때 그 사람은 매우 미친 사람과 같고 재세례파와 유사하다고 말하였다.

그러나 불링거는 라무스의 지성적이고 경건한 부분에 대하여서 변호하면서 베자에게 그의 훌륭한 장식품이 잘 활용되도록 그를 좀더 온화하게 대해 줄 것을 촉구하였다. 그리고 불링거는 라무스에게 보낸 서신에서 재세례파의 위험성에 대하여서 사려있게 살펴볼 것을 경고하였다. 그리고 불링거는 매우 진지한 교

---

633) Ibid., p. 104.

회 개혁에 대한 라무스의 제안을 거부하였다.

오히려 라무스의 행동은 베자와 불링거의 사이를 더욱 친밀하게 하였다. 그러나 쮜리히 교회는 [**교회 정치의 실재**]라고 하는 것과 같은 성경 안에 없는 표현을 포함하는 성찬 형태의 변화를 추구하지는 않았다.634)

여기에서 모렐리와 라무스의 견해에 대한 차이를 살펴보고자 한다. 먼저 모렐리가 생각한 교회 정치 제도의 입장이다. 모렐리는 모든 중요한 사건에 대하여서 모든 회중에 의하여서 사려되어야 한다는 입장이다. 그리고 라무스도 비록 몇 가지 쟁점에서는 동의하지 않지만 거의 유사하게 그러한 입장이다.

그러나 라무스는 모렐리처럼 교회 정치에 있어서 전적으로 독립교회적인 정치 제도를 원하였던 것은 아니었다. 오히려 그는 교회의 사건을 결정할 때에 그 사건이 중대한 일일수록 참여자가 더욱 많게 하자는 것이었다. 그러나 불행히도 그 중요한 제도에 대한 자세한 설명이 없다.635)

### 〈6〉 주후 1572년 3월 루미그니(Lumigny) 대회

이 제안은 루미그니(Lumigny) 대회에서 주의깊고 신중하게 연구되었다. 그 대회는 드 레스트리(De Lestre)의 보고서를 따라서 미묘하게 균형잡힌 타협안의 연속물을 연관시키는 결정에 결론을 맺었다.

주요한 결정은 이러하다. 지교회들(local churches)이 정규적인 사역과 별개로 협의회(conference)를 개회하는 것을 허락 받는다. 그 형태는 존 칼빈이 성경 연구를 위해서 제네바 교회에 세웠던 모임의 형태와 유사하다. 이러한 협의회(conference)에

---

634) Ibid., p. 105.
635) Ibid., p. 106.

서 평신도들은 예언(prophecy)이나 다른 거룩한 것(holy things)을 말하는 것이 허락된다.

이러한 협의회는 정규적인 서임 받은 목사들에 의하여서 지도를 받고 감독을 받는다. 그리고 평신도 강연자는 지교회 목사와 장로들이 진행하여서 선발되어야 한다.

루미그니 대회는 여러 다른 교회적 행정 절차에 있어서 평신도 참여를 증가시킬 것을 권고하였다. 예를들어서 목사의 선임에 있어서도 목사들과 장로들에 의해서 보통의 지명권이 있는 것처럼 회중에 의해서도 지명권이 허락되도록 하는 것이다. 그리고 새로운 목사가 그들의 회중에 청빙을 받으면 회원들은 발언이나 손이나 침묵으로 그들의 동의를 표현하도록 허락받는 것이다.

게다가 죄인을 형벌하는 치리회에 의한 각 결정은 공적으로 선포되어야 한다. 바라건대 그 공표는 회개를 촉구하거나 출교를 명하는 것이다. 죄인을 사면하는 결정도 공적으로 선포해야 한다.

이러한 모든 제안은 개혁 교회 정치에 있어서 회중적 참여를 증가시키는 것이다. 그러나 그것들은 치리회(consistory)와 대회(synod)와 같은 현행 제도를 있는 그대로 두지 못하게 한다. 그렇다고하여도 전적으로 성직자에게 주어진 권한의 어떤 부분은 예를들면 성직자의 서임과 면직할 권한과 같은 것들은 수정될 수 없다.

비록 루미그니 결정이 오직 가장 온건한 형태의 모렐리~라무스 계획을 표현한 것이지만 여전히 드 레스트리(De Lestre)를 따라서 이것들은 라무스를 만족시키기에 충분하였다. 드 레스트리(De Lestre)는 이 만족스러운 보고서가 드디어 수용될 만하다고 생각하여서 데오도레 베자에게 이것을 받아들일 것을 촉구하였다. 드 레스트리(De Lestre)는 모렐리가 이 타협안을 수락하도록 설득하겠다고 하였던 라무스와 그의 친구들에게 보고하였다.

그러나 만약 드 레스트리와 그의 다른 루미그니에 파송된 총대들이 데오도레 베자가 그 타협안을 수락할 것으로 생각하였다면 그것은 매우 큰 실수 였다. 데오도레 베자의 반응이 어떠할 것을 알 수 있는 것은 그가 불링거에게 보낸 서신을 통하여서 이다. 그는 이 서신에서 라무스와 모렐리를 징계할 것을 분명하게 말한다.

### 〈7〉 주후 1572년 5월 니메(Nime) 총회

데오도레 베자는 결코 그러한 쟁점에 대하여서 양보할 마음이 없었다. 그리고 이러한 베자에 의하여서 지도되는 측과 모렐리를 지지하는 측의 최종적인 결말은 주후 1572년 니메(Nime)에서 개최된 프랑스 개혁 교회 총회에서 이루어졌다.[636]

이 니메(Nime) 총회는 라무스와 그의 동료들에 의하여서 촉발된 사건에 대한 해결을 다루는 것을 주요한 내용으로 하여서 개회되었다. 이 총회는 제네바의 협의회가 베자의 참석을 허락하여 줄 것을 제네바 교회에게 요청하였다. 그들의 요청은 다음과 같은 설명과 함께 베자의 참석이 요청됨을 제시하였다. **"주님께서 그에게 보여주신 매우 희귀한 은혜만큼이나 지난 대회 이후로 교회 치리에 저항하는 화해할 수 없는 세력들이 이 나라에서 일어나고 있습니다. 그래서 우리는 이번 총회에서 우리는 그가 없으면 간단하지 않을 중요한 과제를 부여 받았기 때문에 그의 참석이 매우 요청이 됩니다." 제네바는 매우 주저하고 마음이 내키지 않았으나 결국 베자를 파송하기로 가결하였다.**[637]

---

[636] Ibid., p. 107.

니메 총회를 위한 준비에 있어서 프랑스 개혁 교회는 독일 개혁 교회 내에서 라무스에 의하여서 영향을 받은 자들에 대하여서 진정시키기 위한 조치를 주의 깊게 취하기 시작하였다. 불링거와 그의 쮜리히 동료들은 자세하게 대회의 준비에 대하여서 들었다.

데오도레 베자는 불링거에게 주로 "**회중 정치 문제와 다른 문제들이 라 로첼리에서 해결되지 않았다.**"고 서신을 보냈다. 니메 지방의 교회도 쮜리히에게 다가올 총회에 대한 공식적인 초청장을 보냈다. 그리고 그들에게 총회가 사려해야 할 좋은 의견들을 헌의하도록 요청하였다.

그리고 베른에 있는 개혁 교회에게도 다가 올 총회에 대한 몇 가지 초치를 취하였다. 니메 총회를 위하여서 그 이전 대회가 열렸던 루미그니에서 준비 모임이 있었다. 그들은 여러 지방에서 참석할 총대들의 명단을 작성하였다. 그리고 이러한 총회 관련 준비 서류에는 모렐에 의하여서 발간된 근래의 책에 대한 내용과 프랑스 신앙 고백의 [**교회 치리서**]의 내용을 포함한다.

그러나 불행하게도 이 서류는 제네바에서는 보존되지 못하였고, 그러한 모렐리의 새로운 교회 치리에 대한 내용이 자세하게는 소개되지 못하였다. 다만 총회 총대들에 의하여서 소개된 정도이다.638)

총회는 4가지의 중요한 현안을 발표하였다.
1. 교리적 요점의 결정에 대하여서
2. 사역자들의 서임과 면직에 대하여서
3. 교회로부터의 출교와 해벌에 대하여서 그리고 재입교에 대하여서

---

637) Ibid., p. 107.
638) Ibid., p. 108.

4. 마지막으로 예언에 대하여서

이 문제의 첫 3가지는 모렐리의 책이 출판된 이후로 수년 동안 쟁점으로 있었던 것이다. 네 번째는 루미그니 대회에서 중요하게 다루었던 것이다. 추측컨대 개정론자들은 그들이 권고하는 것은 주로 루미그니 대회에서 결정되었던 회중 교회적인 노선을 생각하였던 것 같다. 그러나 니메 총회는 일관적으로 그러한 모든 쟁점을 정죄하였다.

총회의 쟁점들에 대한 결정은 다음과 같다. "**회중 정치의 어떤 것도 우리 가운데 수락할 수 없다. 왜냐하면 그것들은 하나님의 말씀에 어떠한 기반도 두고 있지 않기 때문이다. 그리고 교회에게도 매우 위험한 결과를 야기한다. 전반적으로 이 대회의 참석한 총대들에 의하여서 그러한 결정이 드러났다.**"639)

이러한 결정으로 즉각 여러 가지 연결되는 사건들이 일어났다. 이 총회의 결정의 형식이 결정되었다. 그리고 그것은 출판을 위하여서 리용의 치리회에게 보내졌다. 그러나 그들은 그것을 대응할 결의문을 마련하려고 하였다. 그리고 루미그니 치리회는 지난번 루미그니 대회의 선언들을 무효화하기로 하였다.640)

다시 베자가 정치적으로 승리하는 순간이었다. 그러나 그 승리는 매우 비통하였다. 왜냐하면 프랑스 개혁 교회는 그에 대한 결정적인 승리를 성 마돌로매 대학살 사건으로 성취하게 되기 때문이다. 성 바돌로매 대학살 사건은 프랑스 개혁 교회가 핍박받은 역사의 분수령과 같은 것이다. 그 학살 사건으로 그 이전의 모든 프랑스 개혁 교회 성도들을 향한 프랑스 정부의 학살 사건이 무색하게 되었기 때문이다.

주후 1572년 8월 24일에 있었던 성 바돌로매 대학살 사건은

---

639) Ibid., p. 109.
640) Ibid., p. 110.

프랑스 전역에 걸쳐서 개신교도들에 대한 대량 학살로 확산되었다. 이 비통한 사건은 유럽 역사에서도 찾아보기 어려운 심각한 범죄 행위였다. 그런데 바로 이 사건을 통하여서 프랑스 개혁 교회의 교회 정치의 중요한 논쟁자였던 라무스가 살해를 당하게 된다. 그리고 그의 죽음과 함께 교회 정치에 대한 여러 가지 이견들은 사라지게 되었다. 결국 성바돌로매 대학살 사건은 역설적으로 프랑스 개혁 교회의 정치 형태의 보존으로 나아가는 지름길이 되었다.641)

만약 주후 1527년 대학살 사건이 없었고 그러므로 프랑스 개혁 교회내에서 이러한 쟁점이 계속 확산되었다면 프랑스 개혁 교회의 형태는 다른 모습이 되었을 것이다. 그러나 이러한 쟁점의 침류으로 인하여서 결국 프랑스 개혁 교회는 장로교회적인 형태를 계속 유지할 수 있었다. 결국 역사속에서 모렐리와 라무스의 사상은 점차적으로 사라져갔고 프랑스 개혁 교회는 치리회 중심의 장로교회적인 교회 형태로 남게 될 수 있었다.

### 【3】 프랑스 개혁 교회의 신학적 논쟁

프랑스 개혁 교회는 이러한 내부적인 여러 가지 혼란들과 함께 외부적인 공격도 있었다. 그것은 주로 샤를 드 물링(Charles Du Moulin)에 의하여서 주도되었다. 칼빈주의는 프랑스에서 그 안팎으로 공격을 받았다. 가장 큰 외부의 공격은 로마 카톨릭주의자들로부터이다. 그러한 로마 카톨릭의 공격은 보편적인 칼빈주의 신학에 의하여서 방어가 가능하였다.

그러나 드 물링에 의하여서 공격을 받은 것은 좀더 다른 차원의 문제였다. 드 물링(Du Moulin)은 주후 1550년에서 주후 1560년 사이에 가장 유명한 웅변가였다. 그는 법학자였고 라무

---

641) Ibid., p. 111.

스에 필적할 만한 인물이었다. 그의 이러한 명성은 그가 프랑스 민법(Common Law)의 기념비적인 인물이기 때문이다. 그런데 그러한 드 물링의 법 정신은 로마 카톨릭으로부터 영향을 받은 것이었다. 642) 그는 독일에 거주하였던 사람이었는데, 어떤 경로를 통하여서 프랑스로 오게 되었다. 그는 자신의 명성에 힘입어서 신학자가 되기로 마음먹기에 이른다.

그리고 그가 신학자가 되기로 마음먹은 이후에 첫 번째 발생한 논쟁이 오를레앙(Orleans)에서 있었다. 그는 그곳에서 신학 강의를 시작하였다. 그리고 신약 주석의 개인적인 철저한 연구를 시작하였다. 그의 연구들은 이듬해 리용에서 신개신교 요리 문답으로 출판되었다. 그 요리 문답의 신학적 관점들은 프랑스 개혁 교회가 수납하고 있는 제네바의 요리 문답으로부터 몇 가지 요점들에 벗어나 있었다. 그것은 그의 방대한 분량의 [**사복음서의 수집과 결합**](Collation and Union of the Four Gospel)이라는 저서를 통하여서 분명하게 드러났다. 2년 후에 그는 그의 저서를 출판할 출판사를 찾을 수 없게 되었다. 왜냐하면 그의 신학에 적대적이었던 칼빈주의 목사들에 의하여서 거부되었기 때문이다. 드 물링의 책이 처음 소개되었을 때 칼빈주의 목사들은 그의 글에 대한 경계의 서신들을 개혁 교회 성도들에게 보냈다. 이러한 전차로 인하여서 드 물링은 익명으로 [**그리스도 교회에 대한 그리고 무지한 시민적 군사적 방어**](The Civil and Military Defence of the Innocents and of the Church of Christ)라고 하는 저서를 내게 되었다. 그러나 그의 저서는 크게 비판을 받게 되었고 관원들에 의하여서 공적으로 불살라지게 되었다. 무엇보다 리용의 종교 개혁자 피에르 비레(Pierre Viret)에 의하여서 공식적으로 정죄가 되었다. 주후 1565년 드 물링은

---

642) Ibid., p. 138.

결국 그의 저서 [**모음집**](Collection)을 출판하기에 이른다.643) 그의 저서 [**모음집**](Collection)은 정통 칼빈주의 노선을 따르는 목사들의 격노를 샀다. 그의 저서는 칼빈의 4복음서 주석에 대한 교정과 보충의 성격을 가지고 있었다. 그것은 일반적으로 칼빈의 주석에 대한 공격이었다. 그는 많은 부분에 걸쳐서 자세하게 칼빈의 주석을 비판하였다. 그럴 뿐만 아니라 동시대의 주석가들인 에라스무스, 하인리히 불링거, 마틴 부쩌, 브렌즈(Brenz)와 멜랑흐톤(Melanchthon)의 주석들 초차 비판하였다. 그것은 거의 철저하게 모든 개신교 주석에 대한 비판이었다. 이러한 드 물링(Du Moulin)의 저서 [**모음집**](Collection)은 17세기 카톨릭 자유주의 신학자 리챠드 시몬(Richard Simon)의 주석과 유사하다. 오히려 주석가 리챠드 시몬은 그의 저서에서 드 물링의 주석을 칭송한다. 그리고 칼빈과 베자를 비판하였다.

이러한 종류의 사변적 저작들은 칼빈주의 지도자들에게는 별로 의미가 없었다. 그러나 칼빈주의 가르침을 받는 신자들에게는 크나큰 영향력을 미쳤다. 그러므로 그의 저서는 나오자마자 바로 정죄가 되었고 그리고 주후 1565년 제네바와 파리에서 그의 저서에 대한 판결문이 거의 동시에 일어나기 시작하였다.644) 그것은 파리의 개혁 교회 대회에 의하여서 정죄를 받았고 프랑스 개혁 교회 대회의 결정문안에 "**드 물랑에 의하여서 기록된 책들에 대한 경고**"라고 하는 내용을 기록하였다. 이러한 정통 칼빈주의 지도자들에 의한 격렬한 반응에 대하여서 드 물랑 안에서 격렬한 반응에 의하여서 결국 충돌되었다. 교회 정치에 대한 드 물랑의 입장은 주로 쮜리히의 울드리히 쯔빙글리와 루터의 독일 개신교회의 형태였다. 그는 칼빈주의적인 교회 정

---

643) Ibid., p. 140.
644) Ibid., p. 141.

치 형태를 거부하였다. 그러므로 그는 칼빈주의적인 교회 정치 형태에 대하여서 비판하였다.645) 그러나 프랑스 개혁 교회는 칼빈의 유산을 따라서 교회 정치의 형태를 그대로 유지하였고 드 물랑은 정죄되었다. 그러나 모렐리와 라무스 그리고 드 물랑과 같은 프랑스 개혁 교회 내에서 있었던 여러 가지 분란의 요소들은 후대에 영국의 청교도들 안에서 다시 일어나는 형태를 가지게 된다.646)

---

645) Ibid., p. 145.
646) Ibid., p. 148.

## 4. 화란 개혁 교회 역사

　네덜란드는 원래 바다보다 지면이 낮은 땅이라고 하여서 남부와 북부로 나뉘어 있었다. 북부는 현재의 홀랜드이고 남부는 현재의 벨기에이다. 이 나라는 스페인의 식민지로 있다가 종교 개혁 시대에 독립하였던 나라이다. 네덜란드의 종교 개혁의 역사가 중요한 이유는 18세기 이후 지금까지 개혁주의 신학은 네덜란드를 통하여서 보존되고 전수되어 오고 있기 때문이다.

　그럴 뿐만 아니라 개혁 교회의 매우 중요한 도르드레히 신앙고백(Dordrecht Confession)이 작성된 곳이 바로 네덜란드이다. 주후 1616년 개혁교회는 도르드레히트 대회(Dordrecht Synode)를 통하여서 역사 속에 가장 중요한 개혁 교회의 유산인 도르드 레히트 신앙 고백서를 산출하였다. 그리고 네덜란드의 개혁 교회는 20세기 초반까지도 네덜란드 국가의 중요한 종교 중에 하나였다. 그러나 화란의 개혁 교회도 결국 20세기의 양차 대전을 겪으면서 점차적으로 몰락해 가기 시작하였다.

## (1) 화란의 정치·종교적 상황

원래 스페인의 식민지였던 화란은 주후 1523년 7월 31일 최초의 개신교 순교자가 발생하게 된다. 그들은 오스트리아 수도승이었던 헨리 보에스와 존 에스히 였다. 그러나 주후 1581년까지 스페인의 식민지였던 화란의 교회는 개혁 교회가 아니었다. 그런데 화란 땅에서 종교의 자유에 대한 열망이 스페인에 대한 국가 독립 정신과 결합되어서 나타났다. 그리고 거의 60년 동안의 투쟁의 역사로 이어졌다.647) 원래 화란 땅은 네덜란드와 벨기에로 나누어지기 전에는 하나의 영지였다. 그런데 그 땅이 수면보다도 낮은 지방이 있을 정도로 매우 낮은 고도를 가지고 있었기 때문에 "낮은 땅"(Low Land)이라고 불리웠다. 그런데 그 중에서 북쪽에 있는 땅을 "북쪽의 낮은 땅"(N Low Land)이라고 불렀고, 남쪽에 있는 땅을 "남쪽의 낮은 땅"(S Low land)"이라고 불렀다.

원래 남쪽의 낮은 땅은 로마 시대에 라인강의 경계선을 따라서 식민지였다. 그러다가 후에 바이킹족의 침략을 받아서 바이킹족의 지배이레 놓이게 되었다. 그러나 바이킹(노르망)이 개송을 하게되고, 역사 속에서 사라지게 되자 카롤링거 왕조의 멸망과 함께 북쪽 낮은 땅은 게르만 영지가 되었고 남쪽은 프랑크 왕국의 영지가 되었다. 남쪽 낮은 땅은 9세기에 리그(Liege)에 대성당 학교가 명성을 얻음으로서 교육의 중심지로 각광을 받았다. 그리고 북쪽 낮은 땅은 우트레흐트의 주교가 정치적으로 중요한 인물이 되었다. 그래서 주후 1050년 어간에 그 영지는 정치적으로 민감한 지방이 되었다. 그리고 남쪽 낮은 땅은 상업과 산업과 정치 외교의 중심 전략지가 되었다. 주후 1300년~1400

---

647) Thomas M. Lindsay, A History of the Reformation. vol.2. p. 225.

년경 까지 그 지방은 부르군도 영지로 되어 있었다.648) 그런데 주후 1477년 1월 14일 부르군도의 맹장 챨스와 프랑스의 루이 11세의 일생에 걸친 전쟁 중에 낸시의 방벽에서의 전투에서 챨스가 죽음으로서 그 지방의 많은 부분은 루이스에 의하여서 프랑스로 합병되었다.

그리고 부르군도의 메리는 주후 1477년 5월 미래의 신성 로마 제국의 황제가 될 오스트리아의 막시밀리에게 혼인을 하게 되었다. 그런데 막시밀리와 메리 사이에서 펠리페가 태어나게 되고 펠리페는 나중에 스페인의 이사벨라와 페르난드의 유일한 상속녀 쥬아나와 주후 1496년 8월 결혼을 하기에 이른다. 그러므로 그들의 아들인 칼로스 5세는 나중에 게르만의 황제가 되는데 그가 네덜란드는 그의 아버지로부터 그리고 스페인은 그의 어머니로부터 물려 받게 된다. 펠리페는 주후 1506년에 죽게 되었고 그의 아들 칼로스 5세는 불과 5세였다. 그의 나이가 어리기 때문에 그의 고모인 막시밀리안의 딸 마가렛트가 잠깐 동안 네덜란드를 통치하기에 이른다. 그런데 쥬아나의 병으로 인한 죽음으로 인하여서 그녀의 시누이이며 사를 5세의 고모가 대리모가 된 이후에 주후 1515년까지 그녀가 섭정을 하기에 이른 것이다.649)

초기 화란의 개혁주의 신학의 유입은 주로 게르만을 통치하던 칼로스 5세가 통치하고 화란도 통치하고 있었기 때문에 가능하였다. 그런데 화란 지방의 초기 개혁주의 신학은 주로 루터주의를 통하여서 유입되었다. 그러므로 초창기 화란의 개혁 교회는 루터주의를 통하여서 이루어졌다고 할 수 있다. 그래서 주후 1520년대에는 화란 땅에 루터주의와 게르만 지방의 재세례파가

---

648) J.D. Douglas, p. 605.
649) Op.cit. Thomas M. Lindsay, p. 225.

함께 유입되었다. 그리고 그 이후에 칼빈주의적 개혁주의 신학이 화란에 소개되었고 화란의 개혁 교회는 이후에 칼빈주의적 개혁 교회로 자리잡게 되었다. 그리고 찰스 5세의 핍박 아래에서도 화란의 개혁 교회는 날로 성장하였다. 주후 1555년 스페인 왕 펠리페 2세는 칼로스 5세를 계승하여서 화란의 지배자가 되었다. 그는 선대왕 칼로스 5세 보다 더욱 로마 카톨릭적 정책으로 화란의 개혁 교회를 핍박하기에 이른다.650)

---

650) Op.cit. J.D. Douglas, p. 605.

## (2) 화란 개혁 교회의 성립

주후 1559년 펠리페 2세는 파르마(Parma:주후1522~1586) 공작의 부인이었던 그의 누이 마가렛(Margaret)을 그의 충직한 신하인 안토니 페레노트(Antonie Perrenot주후1517~15 86)와 함께 네덜란드의 통치자로 임명하기에 이른다.

주후 1560년 펠리페 2세는 네덜란드를 로마 카톨릭적인 교회로 바꾸려고 하였다. 그래서 네덜란드의 11명의 주교 관구 목사를 자신이 임명하였다. 그리고 3개의 대주교 관구를 그가 임명하였다.651) 이러한 필립 2세의 정책은 화란 교회로 하여금 외부의 관리와 감독으로부터 화란을 자유롭게 하여 주었다. 그러나 더 큰 원성이 발생하게 되었는데 그것은 새로 임명된 모든 목사들이 필립2세에 의하여서 지명된 사람들이었기 때문이다. 그들은 귀족들의 자제들이었으며 귀족들은 명목뿐인 목사였던 그들을 통하여서 괜찮은 수입을 올렸다.

그리고 펠리페 2세는 전지방의 종교 재판을 통하여서 모든 권력을 가지게 되었다. 이것은 네덜란드 사람들에게 크나큰 분노를 격발하였다. 특히 상인들에게는 더욱 그러하였다. 왜냐하면 그로 인하여서 무역이 방해를 받고 일꾼들이 이민을 가버렸기 때문이다. 이러한 귀족들과 스페인 상인들의 증가로 네덜란드 사람들은 더욱 고통스럽게 되었다.652) 그런데 이러한 변화에 저항하는 중요인물들이 세 명 있었다. 그들은 에그몬트(Egmont)와 호른(Horn) 그리고 위대한 네덜란드의 실력자 오렌지의 왕자 나싸우의 윌리엄(주후 1533~1548년)이었다. 그는 루터주의자로 태어났으며 명목상 로마 카톨릭 신자였다.

그리고 주후 1573년 칼빈주의자가 되었다. 그리고 화란 독립

---

651) Williston Walker, p. 518.
652) Ibid., p. 518.

의 영웅이 되었다. 이 세사람은 주후 1564년 그란벨레(Granvelle)의 면직을 주도하였다. 그러자 펠리페은 그들을 그의 계획의 장애물로 생각하기에 이른다. 펠리페은 트렌트 공의회 결정을 네덜란드에 강요하기에 이른다. 이에 대하여서 오렌지 윌리엄 공의 형제 나싸우의 루이스는 탄원을 하기에 이른다.

  주후 1566년 칼빈주의 설교가 공개적으로 남부 지방에서 시행되었다. 그리고 그해에 종교적인 반란이 일어나게 된다. 6주 동안 그들은 신속하게 화란 전 지방으로 확대되었고, 수 많은 로마 카톨릭 교회가 전복되고 소실되었다.653) 그러나 이러한 난폭한 행위는 칼빈주의 사역자들의 바램에 반대되는 행위였다. 그것은 온건한 방법을 넘어서는 것이었고 모든 귀족 개신교도들과 로마 카톨릭 교도들은 스페인 정부에 대한 이러한 형태에 대하여서 철회하기를 바랬다. 윌리엄 오렌지 공은 로마 카톨릭과 칼빈주의자들과 루터주의자들의 귀족들과 평민들 사이에서 만족할 만한 연립을 이룰 수 없다고 생각하여서

  주후 1567년 4월 게르만에 있는 그의 거처로 돌아가 버렸다. 그러므로 파르마의 마가렛이 다시 그 곳을 제이할 수 있있고 혹독한 핍박이 더 이상 필요하지 않다고 생각하였다. 그러나 펠리페에게 이러한 종교적 정치적 반역은 참기 어려운 사건이었다. 그러므로 그는 그의 명석하고 난폭한 신하인 알바 공을 그곳으로 신속히 파견하였다.(주후 1508~1582) 9천명의 군대와 함께 알바는 주후 1567년 8월 브뤼셀(Brussels)에 도착하였다. 그리고 즉시 네덜란드를 정복해 나갔다. 온건한 진압을 권고하였던 마가렛은 그해에 파르마로 퇴출되었다. 그리고 알바의 통치 기간(주후 1567~1573)인 6년 동안 주후 1568년 6월 5일의 에그몬트(Egmont)와 호른(Horn)의 반란 사건을 포함하여서 약

---

653) Ibid., p. 519

1000번 이상의 반란이 있었다.

그리고 주후 1568년 5월 오렌지 윌리엄 공이 군대를 이끌고 게르만으로부터 네덜란드에 도착하였지만 알바 공에 의하여서 격퇴되었다. 알바 공은 더욱 과도하게 네덜란드 사람들을 괴롭혔다. 그는 주후 1569년 더욱 무거운 세금을 징수하였고 그것은 약 10 % 정도에 이르렀다. 이러한 알바 공의 과도한 세금 징수는 경제적인 황폐함과 함께 매우 네덜란드인들을 공포로 몰고갔다.

그러나 알바 공의 이러한 폭정은 네덜란드의 국민성을 자극하는 결과를 야기하였다. 알바 공의 승리가 완전하게 성취되는 것처럼 보였고 반란 세력 전체가 알바 공의 통치에 짓눌려 버리는 듯 하였다. 그러나 **"바다의 서민들"**(Sea Bagger)이라고 불리우던 네덜란드 저항 세력에 의하여서 반란은 새로운 국면으로 치닫기 시작하였다. 그들은 명목상 나싸우의 루이스에 의하여서 명령을 받았다. 그리고 그들은 주후 1570년 오렌지 윌리엄 공에 의하여서 법적인 지위를 갖게 되었다.

주후 1572년 **"바다의 서민들"**은 영국 항구에서 불확실한 피신을 하고 있었다. 주후 1572년 3월 "바다의 서민들"은 영국 항구로부터 항해하여서 그해 4월 브릴(Brill)의 무방비 상태의 항구를 점거해 버렸다.654) 그리고 몇 달 사이에 홀랜드(Holland) 지방과 젤랜드(Zeland) 지방이 그들의 수중으로 들어왔다. 그리고 그들은 칼빈주의 군대들과 오렌지 공의 원조를 받기 시작하였다. 알바 공의 폭정에 분노한 사람들은 은밀하게 간접적으로 도왔다. 그해 6월 홀랜드와 젤랜드와 프라슬랜드와 우트레히트 지방의 대표적인 도시들은 윌리엄 오렌지 공을 자신들의 총독으로 생각하기에 이른다. 북쪽 지방은 광범위하게 무방비

---

654) Ibid., p. 519.

상태였다. 왜냐하면 알바가 그의 군대들을 남쪽에 집결 시켰기 때문이다. 그곳은 나싸우의 루이스와 그의 군대들이 프랑스로부터 달려온 위그노 군대와 함께 하이나울트(Hainault)의 침공을 하였다.655)

그 동안 윌리엄 오렌지 공은 게르만으로부터 브라반트(Brabant) 지방까지 진출하였다. 주후 1572년 9월 이른시기에 프랑스 왕 찰스 9세는 어려운 상태에 처한 알바를 돕기 위하여서 1만 5천 명의 군사들을 파견하려고 준비하였다. 이것은 네덜란드에 대한 스페인의 통치가 위기를 맞이한다는 증거였다.

주후 1576년 새로운 총독 오스트리아의 돈 존(Don John)은 펠리페의 이복 동생이었다. 그는 평화 협정에 거의 의존하지 않았다. 그러므로 주후 1577년 스페인의 군대가 네덜란드로 출발하였다. 그러나 주후 1577년~1578년 브라반트와 플랑드르 지방의 도시들은 칼빈주의적인 지방이 되었다. 그리고 칼빈주의적 설교가 가르쳐졌다. 왈론(Wallon) 지방은 로마 카톨릭 신앙을 보존하기 위하여서 아라스 동맹(League of Arras)을 결성하였다. 이미 북쪽 지방은 칼빈주의적 신앙으로 독립하였고, 우르레히트 조약(Union of Utrecht)을 체결하였다. 개신교도들은 수천 명의 군대가 북쪽으로부터 남쪽으로 떠났다. 많은 로마 카톨릭 주의자들은 남쪽으로 갔다. 오렌지 윌리엄 공은 네덜란드의 연합을 위한 종교적 불관용주의를 내세워서 그에 대한 계획을 수립하였다. 반면에 돈 존(Don John)은 죽었다. 그리고 스페인 군대들은 실망과 쓰라림에 빠졌다. 그러자 파르마의 마가렛에 아들이 그 총독의 직분을 계승하였다. 그는 알렉산더 파르네스(주후 1545~1592년)였다. 그는 나중에 파르마의 공작이 된다. 파르마는 왈론 지방에서 왕에 대한 충성을 지지한 지방이었다. 알

---

655) Ibid., p. 520.

렉산더 파르네스는 바로 이 지점을 네덜란드를 식민지로 두고자 하였다.

이미 북쪽의 "홀랜드"(Holland), "젤랜드"(Zeeland), "우트레히트"(Utrecht), "겔더랜드"(Gelderland), "프리슬랜드"(Friesland), "오버리셀"(Overijssel)과 "그로닝겐"(Gronigen) 7개 지방들은 플랑드르와 브라반트를 따라서 주후 1581년 독립의 선언하기에 이른다. 비록 플랑드르와 브라반트가 파르마에 의하여 재탈환 되었지만 북쪽 지방은 성공적으로 많은 위기에도 불구하고 그들의 자유를 지켰다. 주후 1584년 오렌지의 윌리엄 공이 피살을 당한다. 그 자객은 왕에 대한 충성파였다656).

주후 1584년 지도자 윌리엄 공이 죽자 네덜란드는 큰 위험에 직면하게 되었다. 그들은 처음에 프랑스 앙리 3세와 영국의 엘리자베스 1세에게 주권을 넘기려고 하였으나 거절당했다. 주후 1585년 2월에는 네덜란드 브뤼셀이 파르마에게 항복하였고 8월에는 안트워프가 무너졌다. 이러한 스페인의 공격에 당황한 엘리자베스는 주후 1585년 12월 네덜란드에 군대를 파견하기에 이른다. 그러나 별 성과를 거두지 못하고 주후 1587년 귀환하기에 이른다. 스페인 장군이었던 파르마가 그의 능숙한 자질로 반란을 일으킨 모든 주들을 진압할 것처럼 보였으나 스페인 국왕 펠리페 2세의 결정적인 정책의 실수로 그 일은 성공을 거두지 못하였다. 왜냐하면 스페인 국왕 펠리페 2세가 그에게 영국의 침략을 명령하였기 때문이다.

펠리페 2세는 엘리자베스 여왕 통치 초기에 그녀를 도왔으나 그녀가 개신교의 우두머리로 자처하며 나서게 되자, 그는 엘리자베스의 적이 되었다. 엘리자베스 또한 그의 통치 초기에는 카톨릭 신하들로 인한 어려움은 없었다.

---

656) Ibid., p. 522.

그러나 스코틀랜드의 왕녀이며 프랑시스 2세의 아내였던 메리가 주후 1568년 남편의 죽음 이후에 스코틀랜드로 돌아온 이후에 주후 1569년 잉글랜드 북부에서 스페인의 후원으로 카톨릭 반란이 일어나게 되었고 곧 진압되었다. 이러한 일로 인하여서 영국 여왕 엘리자베스도 스페인 국왕 펠리페 2세와 적대관계에 놓이게 되었다.

그리고 주후 1586년 엘리자베스의 목숨을 노리는 새로운 음모가 바빙톤 음모(Babington Plot)라고 계획되었고 그 음모에 스코틀랜드의 왕녀 메리가 연루되게 되었다. 그 결과 엘리자베스는 주후 1587년 2월 8일 메리를 참수하였다. 이에 대하여서 스페인 왕 펠리페 2세는 영국 침략을 결심하게 되었던 것이다.657)

주후 1585년 엘리자베스의 승인하에 영국 군대가 카리브해의 멕시코만에 스페인 정착지를 약탈하는 사건이 발생하게 되었고 그 해에 영국 군대가 네덜란드에 파견한 것을 통하여서 스페인 국왕 펠리페 2세는 침략으로 규정하였다. 그리고 그는 스코틀랜드 왕녀 메리의 죽음에 대한 복수를 위해서 영국을 침공하기에 이른다. 그러나 펠리페 2세의 계획과 달리 스페인의 무적 함대는 영국의 엘리자베스 여왕의 함대에 처참하게 패배하기에 이른다. 결국 펠리페 2세의 계획은 수포로 돌아가고 영국과 네덜란드에 대한 그의 침략 계획은 완전히 허물어졌다. 그로 인하여서 주후 1588년 네덜란드는 완전한 독립을 이루게 되었다.658)

---

657) Ibid., p. 523.
658) Ibid., p. 524.

## (3) 화란 개혁 교회의 정치 형태

이러한 칼빈주의 교회가 큰 투쟁을 치르는 동안, 네덜란드의 개혁 교회는 세워져 갔다. 주후 1571년 네덜란드의 엠덴(Emden)에서 첫 총회(National Synod)가 개회되었다. 오렌지 월리엄 공은 2년 후에 칼빈주의를 국가의 종교로 받아들인다. 그리고 주후 1575년에 그는 레이든에 대학교를 설립하기에 이른다. 그곳에서 신학과 과학이 가르쳐 졌다. 네덜란드의 개혁 교회의 정치 형태는 프랑스 개혁 교회 정치 형태와 동일하였다. 그것은 장로들을 세우는 것이고 그들을 통하여서 국가와 독립적으로 교회를 사역자들과 함께 치리하게 하는 것이다.659)

네덜란드 개혁 교회의 조직은 라스코에 의하여서 시작되었다. 16세기 중엽으로부터 칼빈주의가 네덜란드에 심기워졌을 때 네덜란드 개혁 교회가 조직되기 시작하였다.660)

주후 1563년 네덜란드 쥬델리크(Zuidelijke)에 개혁주의 도시가 세워지게 된다. 그리고 그와 동시에 그 해에 그 도시에서 교회 치리회가 세워지게 된다. 그리고 그곳에서 주후 1563~1566년 사이에 10회에 걸친 대회(Synoden)가 개회된다. 그것은 타우어 대회(Teur)와 투르나이 대회(Tournay) 라 팔마 대회(La Palme) 그리고 아르멘티에레스 대회(Armenti- eres) 레 부텐 대회(Le Bouten)이다. 주후 1563년 4월 26일에 대회가 다시 개회 되었다. 그리고 안트워프 대회(Antwe- rpen) 라 비그네 대회(La Vigne) 그리고 요하네스다크 대회(Johannesdag)가 주후 1563년 10월2일과 주후 1564년 5월 1일과 주후 1564년 11월 21일에 개회되었다. 그리고 펑크스테른 대회(Pinksteren)가 주후 1565년 12월 3일과 주후 1566년 4월 16일에 개회되

---

659) Ibid., p. 522.
660) Dr H. Bouwman, Gereformeerd Kerkrecht, eerste deel, Kampen, 1928, p. 308.

었다.661)

　그리고 그러한 네덜란드의 대회는 제네바와 프랑스 치리회의 형태로부터 가져왔다. 개혁 교회는 처음 교회의 자유와 독립에 대한 방어로부터 왔다. 그리고 개혁 교회는 그리스도께서 교회의 머리가 되신다고 신앙과 모든 교회가 그의 말씀에 순종해야 한다고 하는 믿음으로 세워졌다. 그리고 그 기초는 교회 안에 없고 그리스도에게 있다. 그리고 그러한 교회의 표지는 하나님의 말씀과 성례의 시행이다. 그리고 교회의 치리는 목사와 장로들이 하는 것이다.662)

---

661) Ibid., p. 309.
662) Ibid., p. 310:"Uitnemend hebben de Gereformeerden van den aanvang af de vrijheid en de zelfstandigheid der kerk verdedigd. Zij waren overtuigd, dat Christus is de Koning der kerk en da het in de kerk alles naar den Woorde Gods moet toegaan, dat niet de overheid had te bevelen in de kerk, maar Christus, die de macht om he Woord te prediken, de sacramenten te bedienen en de tucht te oefenen, niet had opgedragen aan de overheid, maar aan de dienaren met de ouderlingen."

## (4) 도르드레히트 신앙 고백서 분석
### 【1】 도르드레히트 종교 회의 개최 배경

17세기 유럽에 합리주의가 태동할 때에 기독교 내에서 일어나기 시작한 합리주의 정신으로서 알미니우스주의가 화란 개혁교회내에서 중요한 논쟁점이 되었다.

알미니우스주의의 발단을 제공한 자는 화란의 신학자 제이콥 알미니우스(Jacob Arminius: 주후 1560~1609)였다. 그는 원래 데오도레 베자(주후 1519~1605년) 밑에서 수학한 신학자였는데(주후 1582~1588년) 그때부터 이미 데오도레 베자와 신학적으로 불일치하였다.663) 그러나 그러한 그의 입장을 숨기고 그는 그후 주후 1588년에 암스테르담에서 사역자로 가게 되었다.

그리고 주후 1603년 레이든 대학의 신학대학 교수로서 프랑수아 유니우스(Franciscus Junius: 주후 1545~1602)의 계승자가 되었다. 알미니우스는 처음에 정통주의 신학적 입장을 대변하는 듯 하였다. 그러나 레이든 대학에서 개혁 교회 정통 교리를 연구하고 변론하는 일에 종사할 때에 암스테르담 관원의 요구에 의하여서 개혁주의 교리를 공격하던 디리크 볼케에르트 준 코른헤르트(Dirik Volckaerts zoon Koornheert 주후 1522~1590)의 저서를 조사하고 연구하기에 이른다. 그런데 그는 디리크 코른헤르트의 저서를 읽으면서 오히려 그의 사상에 동조하기에 이른다.664)

그는 그 자신의 확신보다 반대자의 더 강한 논지를 발견하기에 이른다. 그래서 그는 그가 원래 불완전하게 가지고 있었던 정통 교회 교리에 대한 그의 생각을 버리고 새로운 교리인 보편

---

663) Williston Walker, A History of the Christian Church, p. 539.
664) Ibid., p. 539:"디리크 콘헤르트(Dirck Coornhert)는 종교 개혁 시대에 비교리주의자였던 화란의 개혁가였다. 그는 깨끗한 종교를 의도하는 성경적 경건주의자였다. 그러한 인물 중에서는 카스퍼 쿨하에스(1534~1615)도 있다."

구원설과 자유의지의 교리로 전향하게 된다.665) 그런데 그러한 교리들은 그 당시에 태동하기 시작한 합리주의적인 계몽 신학과 깊게 연관되어 있었다.666)

그는 원래부터 자유주의적인 경향을 가진 합리주의적인 인문주의자였다. 그는 그 당시 일어나기 시작한 세속 학문의 합리주의 정신을 매우 선호하였다. 그런 그가 그러한 합리주의적인 신학적 입장을 가지고 있었던 세미 펠라기우스 신학에 빠져들게 된 것은 바로 그의 부패한 사고 방식에 의거한다. 결국 알미니우스주의의 등장은 정통 교회에서 어거스틴주의와 논쟁되었던 펠라기우스주의의 재등장이라고 할 수 있다. 그러므로 알미니우스주의는 결국 펠라기우스주의가 변형된 형태인 세미 펠라기우스주의라고 할 수 있다.

고대 교회 역사 속에 이미 논쟁이 되었던 이단적 교리가 다시 개신교 역사 속에 재등장한 것이었다. 이러한 알미니우스의 전향된 신학적 입장은 그가 이듬해 교수로 부임한 레이든 대학의 신학자 프란시스 고마루스(Franciscus Gomarus: 주후 1563-1641)667)와 신학적으로 논쟁이 되면서 쟁점화 되었다.

---

665) Philip Schaff, The Creeds of Christendom.vol.1: the History of Creeds, p. 510.
666) "이러한 합리주의적인 계몽 신학은 후대에 독일의 경건주의와 결합되어서 현대 신학으로 가는 길을 열었던 것이다. 그러므로 "가장 순수한 성경적 신앙"을 추구하였던 그들은 비교리주의로 나아가면서 오히려 가장 무신론적인 신학으로 나아가게되었다."
667) J.D. Douglas, The New International Dictionary of the Christian Church, p. 421:"그는 화란의 개신교 신학자 였다. 그는 부르그(Bourges)에서 태어났다. 그는 요한네 스턴 아래에 스트라스부르그에서 어려서부터 수학하였다. 그리고 노이스 다트에 잔키우스 수하에서 수학을 하고자 가게되었다. 1593년 하이델베르그 대학에서 박사 학위를 받았다. 그의 나이 30세에 그는 레이든의 신학대 교수가 되었다. 그는 열렬한 정통 개혁주의 신학의 변론가 였다. 그는 1603년부터 레이든 대학의 그의 동료 알미니우스의 신학적 입장에 반대를 표명하게되었고, 그러한 고마루스와 알미니우스의 신학 논쟁은 화란 개혁 교회에 퍼져갔다. 그러므로 화란 개혁 교회는 "고마루스주의"와 "알미니우스주의"로 분열되어서 크게 분쟁이 되었다.1609년 알미니우스가 죽은 이후에 1610년 알미니우스주의자들로 구성된 항론파(Remonstrance)가 결성되었다. 그리고 1611년 항론파 반대파가 결성되었다. 항론파의 대표자였던 콘라드 보르스트가 알미니우스를 계승하여 레이든 신학대의 교수가된다. 그러자 고마루스는 그러한 상황에 불쾌하게 생각하

그리고 이러한 논쟁은 결국 화란 개혁 교회를 신학적으로 분리 시켰다. 알미니우스가 죽은 이후에 결성된 항론파들은 주후 1610년 42명의 사역자들이 서명하여 화란 정부에 개혁주의 신학에 정면으로 거부하는 입장을 표명하였다.668)

그런데 그들을 지지하는 관원들이 있었다. 그 중에 화란 정부의 관원이었던 쟌 반 올덴바르네벨트 (Jan van Oldenbarneveldt:주후 1547~1619)와 세속 작가이고 역사가였던 그로티우스(Grotius:주후 1583~1648)가 있었다. 올덴바르네벨트와 그로티우스와 알미니우스주의자들은 신학적으로 관용주의자들이었고, 정치적으로 공화정치주의자들이었다. 그래서 공화정 관원들이 시민 정부 뿐만 아니라 교회 정치도 시행해야 한다고 하는 입장을 가지고 있었다. 그들은 스페인 식민지 상태에 있는 남부와 자유 도시인 북부의 네덜란드의 화해를 모색하고자 하였다. 그래서 윌리엄 오렌지 공의 아들이 낫사의 마우리스(Maurice of Nassau: 주후 1587~1625)의 정책에 반대하였다. 그러나 네덜란드 전체의 독립을 열망하는 대다수 열렬한 개혁주의 성도들에 의하여서 그들은 결국 축출되기에 이른다. 주후 1618년 낫사의 마우리스가 군대를 이끌고 화란의 주요 도시를 점령하고 항론파들에게 호의적이었던 관원들을 교체하였다. 그리고 올덴바르네벨트를 주후 1619년 반역죄로 처형하고, 크로니우스를 유죄 판결하여서 감옥에 보냈다. 그리고 많은 항론파들이 화란을 떠나

---

여서 레이든 대학을 사임하였다. 계속되는 정치적인 당파 형태로 발전하면서, 고마루스는 화란을 피신하여서 위그노의 대학인 쇼무르(Saumar)대학에 교수로 부임하기에 이른다.(1614~18) 그리고 후에 그롱닝겐 대학의 신학과 교수로 부임하기에 이른다. 그는 그의 반 항론파 입장 때문에 도르드레히트 회의의 총대로 파송을 받는다. 그는 도르드레히트 회의에서 매우 두드러진 역할을 수행하기에 이른다. 그리고 그는 항론파가 정죄되는 것으로 인하여서 매우 기뻐하기에 이른다. 그는 그의 생애 마지막을 그롱렁겐에서 보내게된다. 그는 스콜라주의적 개혁주의자였고, 예정론에 있어서 타락전 선택설주의자였다. 그는 1641년 죽었다."

668) Op.cit. Williston Walker, p. 541.

게 되었다.

[그림 17] 도르드레히트 대회 (Dordrecht Synode) 풍경

바로 그러한 시기에 화란의 정부에 의하여서 도르드레히트 도시에서 국제 종교 회의가 개최되기에 이른다. 주후 1618년 11월 13일에 개회된 도르드레히트 회의는 각국의 대표자들이 참가하면서 국제적인 종교 회의 성격을 띠게되었다. 대표자들을 파견한 국가들은 잉글랜드와 스코틀랜드와 팔라틴, 나수, 헷세, 브레멘과 스위스 국가 등이다. 항론파들은 방어적인 위치에 있었으며, 그들의 자리는 없었다. 도르드레히트 종교 회의는 항론파들을 정죄하고 93개조 도르드레히트 정문을 채택하였다. 그리고 그와 아울러 벨직 신앙 고백과 하이델베르그 신앙 고백을 화란 개혁 교회의 기초가 되는 신앙 고백으로 채택하였다.669)

수후 1619년 4월 23일 5개 조항의 요점을 정리하여서 채택하기에 이른다. 그것은 전적 타락, 무조건적 선택, 제한 속제, 불가항력적 은혜, 성도의 견인 교리이다.670) 그러나 도르드레히트 회의는 고마루스의 "타락전 선택설"을 채택하지는 않았다.

도르드레히트 신앙 고백 이후에 알미니우스주의는 가르쳐지는 것이 금지되었다. 그러나 주후 1625년 마우리스가 죽고 나자 항론파의 입장을 선호하였던 그의 동생 프레더릭 헨리(Frederick Henry:주후 1625~1647)가 정권을 계승하자 다시 항론파들이

---

669) Ibid., p. 542.
670) Ibid., p. 542:"Total depravity, Unconditional election, Limited atonement, Irresisitibility of Grace, Perseverance of the elect."

재등장하기에 이른다. 그럼에도 불구하고 항론파들의 입장은 1798년까지 공식적으로 수납되지는 못하였다. 네덜란드에서 양측의 화합은 점차적으로 이루어졌다. 그러므로 화란에서 여전히 항론파 형제 교회와 항론파~개혁 교회가 있게 된 원인이 되었다. 항론파의 입장은 후에 소키누스주의에 의하여서 영향을 받고 더욱 더 합리주의적인 신학으로 나아가게 된다.

알미니우스주의는 후에 잉글랜드에서 더욱 큰 영향력을 행사하게 된다. 그것은 존 웨슬리에 의하여서 감리교회로 발전하기에 이른다. 그것은 화해의 정신을 따라서 경건주의적인 감정적 형태의 신앙이 기독교 교회에 만연하기에 이른다. 이러한 경건주의적인 감정적 종교 형태는 합리주의와 결합하여서 계몽주의 신학을 산출하고 그것은 결국 자유주의 신학으로 발전하기에 이른다 그것은 개혁 교회의 최종적인 몰락이다. 671)

## 【2】 도르드레히트 총회의 총대들
### 〈1〉 영국(Groot~Brittannie) 총대들
#### 조지 칼레톤(George Carleton, 주후 1559~1628년)

조지 칼레톤은 네덜란드에 있는 영국 대사관의 관원인 두들레이 칼레톤 경(Sir Dudley Carleton)의 친척이었다. 조지 칼레톤은 주후 1618년경에 랜다프(Landaff)의 주교가 되었다. 그는 네덜란드의 주교로 있으면서 불안한 네덜란드 교회의 여러 문제들을 명료하게 하여 주는데 매우 중요한 위치에 있었다. 그와 동시에 그는 네덜란드 겔로프스벨리데니스에 있는 교회의 정치에 대한 관원들의 간섭에 대하여서 반론을 제기하였다. 그 주교는 고마루스와 함께 예정론을 변호하기 위하여서 도르드레히트에 참석했다.672)

---
671) Ibid., p. 542.

### 조셉 할(Joseph Hall, 주후 1574~1657년)

조셉 할은 비고른(Wigorn)으로부터 그때에 총회의 총대로서 참석하였다. 그가 그 총회에서 "고아에게 너무 여전히 정의롭지 못하고 여전히 너무 지혜롭지 못하다."는 본문을 가지고 경건한 설교를 16편을 하였다. 그 설교는 도르드레히트 회의록 안에 있다. 조셉 할은 보게르만(Bogerman)과 친구 관계였다. 그는 곧 병이 들었고, 그때에 어느 것도 개선이 되지 못했다. 야곱푸스 1세 왕은 그에게 영국에 돌아갈 수 있도록 허락했다. 왜냐하면 그가 그곳에서 감독으로 있었기 때문이다. 할은 그곳에서 경건한자로서 기억되었다. 그리고 그 도르드레히트 총회에 토마스 구드(Thomas Goad)가 대신하였다.

### 토마스 구드(Thomas Goad, 주후 1576~1638년)

조셉 할을 대신하여서 그는 총회에 총대로 파송되었다. 그는 캔터베리의 교구 목사로서 대주교로부터 동사 목사였다. 구드는 총회 기간 동안에 항론파들에 대하여서 반항론파로서 발언을 할 때 다소 상대가 좋지 않았다. 그는 그들을 정죄함에 있어서 약간의 동정심이 있었다. 그리고 후에 항론파들과 연합을 하였고, 구드는 그 당시에 반항론파처럼 행동하였던 것이다.

### 존 다벤난트(John Davenant, 주후 1576~1641년)

존 다벤난트는 캠브리지의 교수로서 도르드레히트 총회에 열번째 회합 때 참석하였다. 그는 그의 동료 바르드와 함께 전적으로 그리스도의 대속의 죽음으로부터 보편적 성격을 견지했다. 그러나 그는 67개의 조항으로서 항론파와 구별되는 부분을 주장

---

672) Dr. W. Van T Spijker, De Synode van Dordrecht in 1618~1619.tweede druk. den Hertog B.V. Houten. p. 62.

했다. 그는 짧은 회의록으로부터 약간 살폈다. 야콥푸스 1세는 그의 학식으로 인하여서 그리고 그의 대회에서의 확고한 위치를 인하여서 그를 존중했다. 주후 1621년에 다벤난트는 앵글리칸 교회로부터 주교로 임명되었다.

### 왈터 발칸쿠발(Walter Balcanqual, 주후 1586~1645년)

스코틀랜드 사람 왈터 발칸쿠발은 스코치 교회에 출석하지 않고 있었다. 야코푸스 1세로부터 문제들을 얻었다. 그는 37번째 총회 회의 때 참석하기 시작하였다. 그때에는 그리스도의 죽으심에 대하여서 다룰 때였다. 발칸쿠발은 총회로부터 부분적 보고서를 작성할 때 기록했다. 그 총회 이후에, 그는 로체스터의 학장이 되었다.

### 사무엘 바르드(Samuel Ward, ?~1643)

사무엘 바르드는 사려깊은 가문의 사람이었다. 번역가로서 그는 영어 성경을 번역하기 위하여서 외경을 통하여서 가치있는 번역을 하였다. 주후 1615년 그는 타운톤(Taunton)에 대집사가 되었다. 바드르는 예정론에 대한 열렬한 신봉자가 되었다. 67차 총회에 참여하였다. 그는 스쿨테투스(Scultetus)와 함께 그리스도의 죽으심에 대한 보편적인 속성에 대하여서 논쟁하였다. 페스투스 호미니우스와 함께, 그는 총회에서 우호적으로 지냈다. 그리고 의견의 일치를 보았다. 주후 1623년 그는 캠브리지 교수가 되었다.

### 구일레무스 아메시우스(Guilielmus Amesius, 주후 1576~1633년)

구일레무스 아메시우스는 도르드레히트 총회의 시기에 그라벤하게(Gravenhage)에 잉글랜드 교구의 성직자가 되었다. 그는 존 보게르만(Joh. Bogerman)의 권면으로부터 총회에 참석하게 되었다. 도르드레히트 총회 이후에 청교도인 아메시우스는 레이든 대학교에서 주후 1622~1632년 동안 교수로 재직하였다. 아메시우스는 네덜란드에서 매우 높은 존경 받는 위치에 있었다. 특히 그는 개혁주의자들에 의하여서 매우 가치 있게 간주되었다. 그리고 그는 뉴잉글랜드에 매우 높은 영향력을 행사하였다. 그는 성직자로서 그는 시대를 앞서 매우 길게 영향력을 행사하였다.

### 〈2〉 팔츠(De Palts) 총대들
#### 아브라함 스쿨테투스(Abraham Scultetus, 주후 1566~1624년)

이 시대에 저명한 아브라함 스쿨테투스는 주후 1594년 쉬에르세임에서 성직자가 되었다. 그리고 주후 1614년에 궁정 목사가 되었다. 그리고 주후 1618년에 하이델베르그 대학의 교수가 되었다. 그는 도르드레히트 총회에서 매우 중요한 인물이었다. 그는 그 총회에서 논쟁과 화해에 대하여서 인내하였다. 그는 사무엘 비르드와 브레미스와 함께 여전히 또한 항론파들과 논쟁을 하였다. 그 총회에서 스쿨테투스는 시편 122편에 대한 설교를 통하여서 도덕적 감화를 주었다. 그리고 그것은 도르드레히트 회의록에 기록되어 있다. 게다가 그는 68차 회의에서 선택의 확실성을 주장하였다. 그는 홀랜드 외부의 신학자였다. 그의 신학은 마코비우스(Maccovius)의 작품 안에서 모든 대표적인 것들과 도르드스테 법전으로부터 형성되었다. 주후 1622년에 스쿨테투스는 휴식을 취하고자 엠덴으로 물러났다. 그리고 그곳에서 주후 1624년에 죽었다.

#### 파울루스 토사누스(Paulus Tossanus, 주후 1572~1634년)

파울루스 토사누스는 개혁 교회 출신이다. 그는 네덜란드에 살다가 바젤로 이사를 하였으며, 후에 프랑켄탈(Franckenthal)교회의 목사가 된다. 주후 1608년 그는 클로스 교회로 떠났고; 주후 1613년에 하이델베르그의 교의학 교수로 초빙되었다. 토사누스는 탁월한 주석가였다. 그는 총회에서 몇 않되는 훌륭한 항론파들의 논적자였다.

### 하인리히 알팅(Hendrik Alting, 주후 1583~1644)

하인리히 알팅은 주후 1613년 하이델베르그 대학의 교수가 되었다. 69차 도르드레히트 총회에서의 그의 발언은 매우중요한 의미를 갖는다. 존 할레스(John Hales)는 그를 가장 훌륭한 학자라고 전한다. 알팅은 총회 기간 동안 파레우스(D.Pareus)를 통하여서 그가 기록한 몇가지 논문들이 알려졌다. 주후 1622년에 하이델베르그로부터 피신해야만 했다.; 주후 1627년 그롱린겐(Groningen)에서 교수로서 봉직하였다. 그리고 그는 거기에서 생을 마쳤다. 알팅은 살아있을 때 신약과 외경을 집중적으로 연구하였다.

### 〈3〉 헤센주(Hessen) 총대들
### 게오르그 크루시게르 (Georg Cruciger, 주후 1575~1637년)

게으로그 크루시게트는 주후 1605년 이래로 말부르그(Marburg)대학의 철학과 논리학 교수로서 봉직하였다. 그는 72차 총회 참석하여서 발카느쿠알(Balcanqual)과 같은, 항론파들에 반박하는 2개의 논문을 작성하여서 제출하였다. 그는 항론파들에 의하여서 많은 희생을 치러야 했다. 주후 1620년에서 1624년까지 크루시게르는 신학과 교수로 있으면서 총회에 참석하였다.

### 파울 스테인 (Paul Stein, 주후 1585~1643년)

파울 스테인은 주후 1609년 부의장이었다. 그리고 후에 의장이 된다. 주후 1618년에 그는 카셀(Kassel)대학의 신학 교수와 학장을 지냈다. 게다가 그는 도르드레히트 총회에서 항론파들에 대항하여서 논박하였다. 그때에 항론파들로부터 반박문을 받았다. 하나님의 은혜에 대하여서 그것은 중생을 통하여서 전적으로 주어진것이라는 것을 그는 분명하게 천명하였다. 주후 1622년 그는 카셀 대학교의 총장이 된다.

### 루돌푸스 글로클레니우스 (Rudolphus Gloclenius, 주후 1547~1628년)

철학과 교수였던 루돌푸스 글로클레니우스는 헤센주 총대들과 함께 도르드레히트 총회의 조언자였다. 그는 논리적인 항론파들의 공격을 효과적으로 반박하였다. 주후 1581년 말부르그 대학의 교수가 된 글로클레니우스는 그곳에서 죽는다.

### 다니엘 앙겔로크라터 (Daniël Angelocrator, 주후 1569~1635년)

다니엘 앙겔로크리터는 데오도레 베자가 가르치던 제네바 대학에서 수학하였다. 1597년 마틴하겐에서 목사가 되었고, 주후 1614년에 말부르그 대학의 교수가 되었다. 주후 1624년 그는 대적자들의 무장으로 인하여서 그곳을 떠났다. 그리고 그는 모든 좋은 것을 잃어버렸다. 그래서 그는 카셀(Kassel)을 향하여서 떠났다. 그리고 후에 로텐(Rothen)에 정착하였다. 도르트 대회(Dordtse Synode)에서 쓰임을 받았다.

### 〈4〉 스위스랜드(Zwitsermand) 총대들
### 요한 야곱 브레이팅거 (Johann Jakob Breitinger, 주후 1575~1645

년)

스위스 총대들의 대표였던 요한 야곱 브레이팅거는 J. 보게만 (J. Bogerman)과 S. 루베르투스(S. Lubbertus)의 친구였다. 그는 두이체(Duitse)와 네델란드(Nederlandse) 대학에서 수학한 후에 주후 1613년 쮜리히 교회의 목사가 되었다.

브레이팅거는 도르트 대회에서 항론파(Remonstranten)로부터 그의 태도에 대하여서 나쁘게 평가되지 않았다. 그는 그때에 또한 어떤 제안에 대항하여서 그들의 대적자들 위에 반항론파 (Contraremonstranten)로부터 어려운 표현의 숫자에 대하여 합당한 이유를 들어서 변론하였다. 그는 도르트의 5 가지 항목이 (Vijf Artikelen)이 잘 구성되어야 하는 것과 관련하여서 그 조항들의 논쟁점에 대하여서 참여하는 자로 임명되었다.

### 볼프강 마이어(Wolfgan Mayer, 주후 1577~1653년)

볼프강 마이어는 종교 개혁자 카피토(Capito)의 손자였다. 그는 주후 1601년으로부터 이미 신학 석사였다. 그 다음 주후 1605년에 그는 바젤에서 목사(predikant)가 되었다. 일년 후에 그는 이 도시에서 교수가(hoogleraar) 되었다. 87개 항목 안에 마이어는 항론파에 대항하여서 5개 조항에 대하여서 지도하였다. 이것은 그 이유에 대하여서 상당히 불만족하였다.

마이어는 그 도르트레히느 대회에서 로마 카톨릭주의 (Rooms~Katholicisme)에 대항하여서 책을 쓰는 데 바쳤다.

### 세바스챤 베크(Sebastian Beck, 주후 1583~1654년)

세바스챤 베크는 1610년 구약에 있어서 교수가 되었다. 후에 바젤에서 신약 교수가 된다. 도르드레히트 대회에서 그는 78개 조항에서 항론파들이 학스 대회(Haags Conferentie)에서 다시 태어나는 중생(wedergeboorte)으로부터의 은혜에 대하여 주장하였던 7가지 증명들에 의하여서 피력한 대회의장 보게만의 주장에 대하여서 이의를 제기하였다. 베크는 도르드레히트 대회 이전에 많은 주목을 받았다. 그리고 그는 특별한 것들을 통하여서 스위스에 견고한 고백들로부터 기초를 세웠다.

### 마르쿠스 뤼티메이어(Markus Rütimeyer, 주후 1580~1647년)

마르쿠스 뤼티메이어는 베른의 신학 박사였고 교수였다. 그는 도르드레히트 대회를 소홀히 하지 않았다. 그는 항론파들에 대하여서 어느 정도 대적자로서 있었다. 그리고 뤼티메이어가 대회에 조언을 함으로서 항론파들에 대항하여서 그들을 괴롭혔다. 그럼에도 불구하고 대회는 원만하게 진행되었다.

### 한스 콘라드 코크(Hans Conrad Koch, 주후 1564~1643년)

한스 콘라드 코크는 주후 1597년데 라틴어 학교에(Latijnse school) 학장(rector)이 되었다. 주후 1601년에 그는 뷔싱켄(Büsingen)의 목사(predikant)가 되었고 주후 1607년에는 뮌스터(Münster)의 목사가 되었다. 그가 샤프하우젠(Schaffhausen)의 목사로 있을 때 도르드레히트 대회에 총대로 참석하였다. 코크는 M. 뤼티메이어 처럼 거기에 머물렀다. 그 대회는 J.J. 브레이팅거, W. Mayer 그리고 S. 베크 등이 참석하였고 그들은 스위스 총대들이었다.

### 〈5〉 제네바(Geneve) 총대들
### 쟝 디오다티(Jean Diodati, 주후 1576~1649년)

확신 넘치는 칼빈주의자였던 쟝 디오다티는 21세의 나이에 제네바의 데오도레 베자 교수로부터 히브리어를 배웠다. 그는 네덜란드 마우리츠(Maurits)에서 설교하도록 설교자로 부름을 받았다. 게다가 그는 거기에서 성경 번역가로 명성을 얻었다. 도르드레히트 대회에서 그는 고마루스(Gomarus)를 만났다. 그는 외경에 대하여서 성경으로부터 제외시켜야 한다고 생각했다. 106 조항에서 그는 구원에 대한 견인 교리를 논의하였다. 그는 결국 여전히 도르드레히트 결정에 대한 논쟁에서 요동하지 않는 위치를 지켰다. 디오다티는 도르드레히트 대회의 격렬한 변론자로서 죽을 때까지 항론파들의 추종자들을 대항하여서 논쟁하였다.

### 데오도레 트런친 (Theodore Tronchin, 주후 1582~1657년)

데오도레 트런친은 고마루스의 학생이었다. 그리고 주후 1608년에 그는 히브리어 교수가 되었다. 그리고 주후 1615년에 그는 제네바의 우스테르세(Oosterse)에 교수가 되었다. 도르드레히트에서 트런친은 잠깐 아팠음에도 불구하고 대회에 참석하였다. 질병의 무게에도 불구하고 트런친은 말하였다. 그는 94개 조항에 대하여서 말하였고 105 조항의 구원의 견인 교리에 대하여서도 말하였다. 이전에 J. 마코비우스는 제네바의 작은 평가를 간직 할 수 있었다. 그는 항론파들의 공격에 대하여서 그들을 정죄하기에 이른다.

### 《6》 브레멘 (Bremen) 총대들
### 루드위크 크로시우스(Ludwig Crocius, 주후 1586~1654년)

루드위크 크로시우스는 주후 1610년에 브레멘에서 교수가 되었다. 그는 도르드레히트 대회에서 그의 견해가 그렇게 항상 성공적이지는 않았다. 그래서 보게만(Bogerman)이 그러한 이유로 인하여서 항론파들(Remonstranten)로부터 침묵에 대하여서 격렬하게 이유를 들었다. 게다가 그는 고마루스와 스콜테투스와 함께 논쟁을 하고자 왔다. 다른 측면에서 그는 그 자체로서 123 조항에 대하여서 그때에 항론파들로부터 공격을 받았다. 그러나 그는 올바른 방법으로 논쟁하였다. 그것에 관하여 유감의 증거를 말하였다. 크로시우스는 5개의 논지 중에서 2개의 논지와 분리된 선언를 지지하였다. 이후에 시간으로부터 고백된 신학으로 그는 모든 것을 얻었다.

### 마티아스 마르티누스(Matthias Martinius, 주후 1572~1630년)

1610년 마티아스 마르티누스는 브레멘의 교수가 되었다. 항론파들은 외국 사람들 중에서 온건한 그를 찾았다. 여러 침묵하는 사람들 중에서 그는 또한 그들의 견해에 근접할 사람이었다. 그는 모든 청원을 가지고 F. 고마루스와 S. 루베르투스 그리고 A. 스컬테투스와 논쟁하고자 왔다. 즉 그는 잠깐 한번의 대회 기간 방문하는 것을 원하지 않았다. 그리고 준비기간 동안에 떠나는 것을 원하지도 않았다. 그는 그 일을 하고 난 후에도 여전히 그리스도의 신성에 대하여서 다룰 때 100 조항에 붙잡혀 있었다. 마르티누스는 그 자체로서 그것을 직접적으로 부정적인 것으로 보았다.

### 하인리히 이셀부르그(Heinrich Isselburg, 주후 1577~1628년)

하인리히 에셀부르그는 주후 1612년에 브레멘의 목사가 되었다. 그리고 주후 1617년에 브레멘 대학의 교수가되었다. 도르드레히트 대회에서 그는 항상 M.마르티누스와 L.크로시우스와 같이 하지는 않았다. 그래서 그는 마르티우스로부터 우려되는 것들과 싸웠다. 즉 그리스도께서 인간이 되기 이전에 계셨다는 것이다. 이셀부르그 자신은 더 없이 반항론파들과 동일한 감각을 가지고 있었다.

112 번째 조항에 있어서 그는 그리스도의 만족설에 대하여서 C. 보르스티우스의 이론과 싸움으로서 자신의 견해를 피력했다.

### 〈7〉 나싸우 ~베테라비(Nassau~Wetteravie) 총대들
### 요한 하인리히 알스테드(Johann Heinrich Alsted, 주후 1588~1638년)

요한 하인리히 알스테드는 주후 1610년에 헤르본(Herborn)의 객원 교수가 되었다. 그리고 주후 1615년에 정식 교수가 되었다. 그는 비스터펠드(Bisterfeld)의 죽음 이후에 나싸우(Nassauers)의 유일한 대표자로 잠시 동안 있었다. 알스테드는 반항론파들의 하그세 회합에서 비롯된 3번째 4번째 논쟁점으로 들고 일어날때에, 81번째 조항으로 변론하였다. 그는 은혜의 개념을 가지고 또한 싸웠다. 알스테드는 주후 1629년에 바이스젠부르그에서 교수가 되었다.

### 요한 비스터펠드(Johann Bisterfeld, ?~1619)

요한 비스터펠드는 시에겐(Siegen)의 교수였다. J.H 알스테드와 함께 그 회의에서 34개을 조항을 받아들였다. 피스터펠드는 주후 1619년 1월 18일 도르드레히트(Dordrecht)에서 죽었다. 그는 64개 조항을 목적으로 대표자가 되었다. 그리고 그곳에서 그는 사망하였다. 주후 1619년 1월 22일 그는 묻혔다. 비스터펠드의 주검은 게오르그 파브리키우스(Georg fabricius)를 통하여서 편히 잠들었다.

### 게오르그 파브리키우스(Georg Fabricius)

게오르그 파브리키우스는 주후 1615년에 함부르그에서 부학장이 되었다. 그리고 후에 빈테켄(Windecken)에서 성직자와 목사가 되었다. 그는 도르드레히트 회의에 총대가 되었고 J. 비스터펠드의 죽음으로 인하여서 주후 1619년 3월 비스터펠드의 대리 총대가 되었다.

주후 1620년에 파브리키우스는 베셀부르그(Wesselburg)에서 성직자가 되었다.

### 〈8〉 엠덴(Emden) 총대들
**리치우스 루카스 그리메르세임 (Ritzius Lucas Grimersheim, 주후 1568~ 1631년)**

리치우스 루카스 그리메르세임은 주후 1596년에 루이츠보르그(Luitsborg)에서 성직자가 되었다. 그리고 후에 엠덴에서 성직자가 되었다. 대회에서 그 시간 이후로 정확하게 에일쉐미우스와 같았다.

**다니엘 버나드 에일쉐미우스(Daniel Bernard Eilshemius, 주후 1555~1622년)**

다니엘 버나드 에일쉐미우스는 주후 1575년에 에일섬(Eilsum)에서 목사가 되었다. 주후 1590년에 그는 그가 죽기 전까지 머물렀던 엠덴으로 떠났다. 도르드레히트 대회에서 그는 필립푸스(Philippus)의 아들을 만났다. 그럼에도불구하고 그는 도르드레히트 대회로부터 허락을 받고 중도하차하였다: A. 스컬테투스(Scultetus)가 신적인 선택으로부터의 보존에 대하여서 말한 이후에, 44년 동안 살아오면서 에일쉐미우스(Eilshemius)는 그 도시의 기초가 되는 중간 작업에 큰 일치를 보았다.

### 〈9〉 겔더랜드(Gelderland) 총대들

### 빌헤르무스 스테파니(Wilhelmus Stephani.~1636)

빌헤르무스 스페파니(Wilhemus Stephani)는 브랜덴부르그(Brandenburg)로부터 온 유권자들로부터 그 지역의 예배당 목사로 선출되었다. 주후 1615년에 캄펜(Kampen)으로 이주하였다. 그곳은 그가 주후 1616년에 교회 회의를 통하여서 발언하였던 곳이다. 왜냐하면 그가 그들의 억압에도 불구하고 예정론에 대하여서 설교하였기 때문이다. 그는 루베르투스(Lubbertus)의 권면으로 그는 아른헴(Arnhem)에 있는 성직자가 되었다. 도르드레히트 대회의 회의록에 있는 174 조항을 가지고 그가 교회의 문제에 대하여서 논쟁하였던 부분이 있다. 그래서 호른(Hoorn)에서 문제 해결을 도왔다.

주후 1619년에 그는 캄펜으로 다시 이주하였다. 스페파니(Stephani)는 신학 박사가 되었다. 도르드레히트 회의록의 서문에 "그는 신실한 학자로서 매우 믿음직한 사람"(een seer geleert ende bij de waerheyt vast blijvende persone)이라고 기록되어 있다.

### 엘라드 반 메헨(Ellard van Mehen. 주후 1570~1639년)

엘라드 반 메헨(Ellard van Mehen)은 주후 1598년 하르더위크(Harderwijk)에서 성직자가 되었다. 그곳에서 그는 머물다가 죽었다. 메헨(Mehen)은 게덜랜드에서 반항론파들에 대하여서 지도자적 위치에 있었다. 도르드레히트 대회에서 그는 항론파들로부터 신앙 고백을 지켜야 하는 자로 기억되고 있다. 더욱이 그가 짧은 회의록에 대한 조사 위원으로 있었다. 그리고 그는 J. 마코비우스(Maccovius)로부터 일을 대신 맡아서 하기도 하였다. 그는 J. 보게르만(Bogerman), S 다만(Damman) 그리고 J. 트리글랜드(Trigland)와 함께 우트레히트(Utrecht)에서 잠깐 동안 교회를 세우는 일에 관여하였다.

### 요하네스 불렛(Johannes Bouillet. ~1632)

요하네스 불렛(Johannes Bouillet)은 바른스벨트에서 성직자가 되었다. 그곳은 그가 주후 1608년에 총대로 있었던 곳이다. 그는 그 작업들에 대항하여서 그 대회에서 항론파들의 시도를 분명하게 반대하였다. 그 작업들이란 43개 조항에 그가 접하게 된 것은 다음과 같다. "**(항론파들의) 이 주장은 대회를 소집한 이유이다. 그리고 지금 대회가 이렇게 지체되지 않았을 것이다.**" 그 대회 이후 주후 1629년까지 불렛(Bouillet)은 주트펜(Zutphen) 교구에서 성공적으로 목회하였다.

### 세바스티안 다망 (Sebastiaan Damman. 주후 1578~1640년)

주후 1604년에 세바스티안 다망(Sebastiaan Damman)은 쥬트펜(Zutphen)의 목사가 되었다. 도르드레히트 대회에서 그는 서기관으로서 활약하였고 대회의 회의록을 낭독하는 자와 함께 하였다. 그리고 그는 신약에 대한 역자로서 임명되었다. 도르드레히트 대회에서 항론파들의 주장에 대하여서 문제를 제기하는 역할을 하였다. 그는 주후 1619년에 세워진 일의 질서를 돕기 위하여서 우트레히트(Utrecht) 대학을 사임하고 물러났다. 그는 성경 개정을 위한 모임에 참여 할 수 없었다. 왜냐하면 그는 주후 1634년에 스페인 정부를 통하여서 납치된 사람의 명부에 올랐기 때문이다. 그는 주후 1635년 5월 14일까지 그 자신에 대하여서 변호하는 일을 하였다.

### 야곱푸스 베르헤이뎬 (Jacobus Verheijden)

야곱푸스 베르헤이뎬(Jacobus Verheijden)은 레이든(Leiden) 대학의 신학부에 들어갔다. 주후 1592년에 그는 니메겐(Nijmegen)의 라틴어 학교의 강독자가 되었다. 주후 1618년 그는 니메겐으로부터 석사 학위를 받았다.

그는 주후 1619~1621사이에 그 지역 대회 총대가 되었다. 베르헤이덴(Verheijden)은 주후 1595년으로부터 그 지역 대회 원로로서 있었다. 그리고 도르드레히트 총대로서 참석하였다. 거기에서 그는 총대들로부터 평의원으로 선출되었다. 43번째 조항에 다시 한번 순종하기를 거부하는 항론파들에게 비평함으로서 부딪쳤다. 베르헤이덴은 로마 카톨릭의 폭력에 저항하는 방식으로서 신앙 고백을 작성하였다.

### 헨리크 반 헤리 (Henrich van Heli, + 1618)

헨리크 반 헤리는 쥬트펜으로부터 의장이 되었다. 또한 개혁 교회 원로로서 대회에 총대가 되었다. 반 헤리는 긴기간 동안 활동하다가 주후 1618년 11월 27일 죽었다. 그는 그 대회에서 18조항에 고정된 것으로부터 도르드레히트의 결과들로부터 진행된것들을 주장하였다.

### 〈10〉 남부 홀랜드(Juid~Holland) 총대들
### 페스투스 호미우스(Pestus Hommius. 주후 1576~1642년)

페스투스 호미우스(Pestus Hommius)는 주후 1597년에 바몬드(Warmond)의 목사가 되었다. 그리고 주후 1602년 레이든에서 목사로서 섬기기 이전 주후 1599년 도쿰(Dokkum)의 목사가 되었다.

호미우스(Hommius)는 S. 다망(Damman) 다음으로 서기관이 되었다. 티덴스(Tijdens)는 전에 정해진 부분을 끝까지 읽었다. 그가 회의록(Acta)로부터 주의깊게 살펴보는 반면에 그들은 신앙 고백을 라틴 본문으로 더욱 세심하게 개정하였다. 테벤스(Tevens)는 신약과 외경을 번역하는 자로 지명되었다. 호미우스는 그 대회에서 깨달은 것으로 논쟁을 하였다. 그 주(State)에서는 결론을 도출한 것을 입증하였다. 주후 1619년에 그는 레이든의 스타텐 대학으로부터 학장으로 초빙되었다. 도르드레히트 대회에서 그의 분명한 입장을 통하여서 매우 독특한 위치를 차지하였다.

### 헨리쿠스 아놀디(Henricus Arnoldi. 주후 1577~1637년)

헨리쿠스 아놀디(Henricus Arnoldi)는 주후 1599년에 예셀몬데(Ysselmonde)에서 목사가 되었다. 그리고 그는 주후 1605년에 델프트(Delft)에서 목사가 되었다. 그는 도르드레히트 대회에서 총대가 되기 이전에, 항론파들 중에 높게 평가되고있었던 N. 그레빈크호벤(Grevinckhoven)을 몰아내는데 중요한 역할을 수행하였다. 도르드레히트 대회에서 그는 178조항을 가지고 토론하였다. 아놀디(Arnoldi)는 주후 1628년에 F. 호미우스(Homminus)로부터 신약의 번역가라고도 불리웠다.

### 발라사르 리디우스(Balthasar Lydius. 주후 1576~1629년)

주후 1602년 발라사르 리디우스(balthasar Lydius)는 레이든에서 잠깐 동안 수학하였다. 그리고 주후 1604년 도르드레히트에서 목사가 되었다. 비록 그가 최초에 항론파들과의 중재자의 위치에 있었을지라도, 그는 논적자들에 대하여서 더욱 격동하였다. 도르드레히트 지방의 목사로서 그는 회의록(Handelingen) 15 항의 설명을 대회에서 주장하기 시작하였다. 이사야 12장 1~3절에 대한 그의 설명으로 그 대회는 갈라지게 되었다. 리디우스는 더욱 교회론에 대한 논쟁에서 총대로서 호른(Hoorn)에서 해결하였다. 그것은 왈도파에 대한 역사에 대하여서 그가 지은 것으로부터 드러나기 시작하였다.

### 기스베르투스 보에티우스(Gisbertus Voetius. 주후 1589~1676년)

후에 우트레히트(Utrechtse) 대학의 교수가 되는 기스베르투스 보에티우스(Gisbertus Voetius)는 도르드레히트 대회시에 아직은 잘 알려지지 않은 인물이었다.

그는 주후 1611년에 블리멘(Vlijmen)에서 그리고 1617년에 호이스덴(Heusden)에서 목사로서 사역을 하였다. 보에티우스는 도르드레히트 대회 이후에 정규적으로 변론을 포함한 작품들을 내놓았다. [교회 정치에 대하여서](Politica ecclesiastica) 그리고 B. 드윙글로(Dwinglo)의 [국가적 대회의 싸움에 대한 무가치함](Nulliteyten des Nationalen synodi bestreed)등이 그러하다. 주후 1634년 이후에 그는 우트레히트 대학의 교수가 되었다. 그리고 그곳에서 그는 많은 생도들에게 영향력을 끼쳤다.

### 아렌트 뮤이스 반 홀리(Arent Muys van Holy. + 1622)

아렌트 뮤이스 반 홀리(Arent Muys van Holy)는 행정장관이었던 휴고 뮤이스 반 홀리(Hugo Muys van Holy)의 동생이었다. 주후 1592년 아렌트(Arent)는 남부홀랜드(Zuid~Hol- land)에서 법원에 재판관으로서 직무하였다.

이 원로는 대회 기간 동안 전체 배경은 아니지만 도르드레히트를 개혁된 도시로 만들었다. 그는 대회의 선출을 통하여서 회의록의 편집자로 임명되었다. 1621년 대회 이후에 이 뮤이스 반 홀리는 귀족들에 의하여서 시장으로 선출되었다.

### 요하네스 데 라에트(Johannes de Laet. 주후 1582~ na 1643)

요하네스 데 라에트(Johannes de Laet)는 철학과 신학의 학위를 얻었다. 그는 F. 고마루스(Gomrus)와 함께 친밀하게 지냈다. 반항론파들과도 어느 정도 친하게 지냈다. 그는 또한 그의 책으로부터 A. 티시우스(Thysius)에게 펠라기우스주의를 버릴 것을 촉구했다.

레이든시로부터 원로로서 데 라에트(De Laet)는 총대로 선출되었다. 거기에서 그는 도르드레히트 대회에 의하여서 드러난 문제로서 교회에 대한 본래적 의미에 대하여서 73개 조항을 작성하는 것으로 섬겼다. 그는 홀란드의 형제들과 F. 호미우스(Hommius)로부터 도움을 받았다.

## 〈11〉 북부 홀랜드(Noord~Holland) 총대들
### 디르크 헤인크(Dirck Heynck)

주후 1610년 이후에 디르크 헤인크(Dirck Heynck)는 암스테르담에 교구로에서 안수 집사가 되었다. 주후 1615년에 그는 장로가 되었다. 그리고 주후 1618년 재선출되었다. 헤인크는 대회 기간 동안에 일기를 기록하였다. 네덜란드어와 라틴어로 된 것을 발행물에 대하여서 언급하였다.

### 야곱푸스트리글랜드(Jacobus Trigland, 주후 1583~1654년)

로마 카톨릭 교회는 야곱푸스 트리글랜드(Jacobus Trigland)를 성 어거스틴의 작품의 영향 아래에서 개혁주의자가 된 것으로 간주하였다. 그는 주후 1610년 암스테르담에 있는 스톨이크(Stolwijk)에서 목사가 되었다. 주후 1634년에 트리글랜드는 레이든 대학의 교수가 되었다. 그리고 주후 1637년에 그는 동시에 그 지방의 목사가 되었다. 주후 1650년에 완성한 그의 [**교회의 역사에 대하여서**](Kerckelijcke geschiedenissen)라는 저서는 항론파와 반항론파 간의 논쟁을 기록한 것이다.

### 아브라함 반 도레슬라레(Abraham van Doreslaer, +1655)

아브라함 반 도레슬라레(Abraham van Doreslaer)는 주후 1602년 니에드롭(Niedrop)에서 목사가 되었다. 그리고 주후 1605년 엔쿠이젠(Enkhuizen)에서 사역을 하였다. 주후 1614년에 그는 성경을 역본하는 자로서 직무를 맡았다. 그 대회에서 그는 73 조항에 대하여서 다루었다. 그는 항론파들의 주장으로부터 요구되는 것에 대하여서 언급하였다. 그는 이 회의에서 그 나머지를 다루었다.

### 야곱푸스 롤란더스(Jacobus Rolandus, 주후 1562~1632년)

팔츠에서 목사가 된 이후에, 주후 1594년 델프트에서 사역하였고 주후 1598년에 프랑켄달에서 사역하였다.

그리고 주후 1603년 야곱푸스 롤란더스(Jacobus Rolandus)는 암스테르담으로 왔다. 그 대회에서 그는 H. 파우켈리우스(Faukelius)와 함께 보조자로서 일하였다. 그는 도르드트스 레레겔스에 위원회에서 만들어야 할 회의록에 대하여서 그는 작성해야 한다는 것을 알았다. J. 보게르만(Bogerman)과 H. 파우켈리우스(Faukelius)와 함께 그는 도르드레히트 회의를 주관하였다.

### 도미니쿠스 반 헴스케르크(Dominicus van Heemskerk)

도미니쿠스 반 헴스케르크(Dominicus van Heemskerk)는 암스테르담의 토박이로 알려져 있다. 그는 두 사법 기관에서 박사였다. 그는 주후 1617년에 암스테르담의 개혁 교회로부터 목사로 서임받았다. 그 때에 대회에서 반 데 니엔부르크(Van de Nyenburg)가 터무니 없는 말을 할 때에 그곳에서 있었다. 그러나 왜냐하면 이것은 정치적 대리인으로서 반 헴스케르크가 왔던 것이다. 그곳에서 그는 분과위원장으로 선출되었다.

### 사무엘 바르돌디(Samuel Bartholdi, + 1640)

사무엘 바르돌디(Samuel Bartholdi)는 주후 1594년 윙켈(Winkel)에서 목사가 되었다. 그리고 주후 1599년 모니켄담(Monnikendam)을 인하여서 그 장소를 옮겼다. 그리고 그는 그곳에서 죽을 때까지 머물렀다. 바르돌디는 확실한 반항론파로서 항상 알려졌다. 도르드레히트 대회에서 그는 그렇게 행동했다.

### 〈12〉 질랜드 (Zeeland) 총대들
### 죠시아스 반 보스베르겐(Josias van Vosbergen)

미델부르그(Middelburgse)에서 보스베르겐은 두개의 법정에서 박사였다. 그리고 젤란드의 레켄카메르(Rekenkamer)에서 조언자였다. 그는 확실한 고마루스주의자로서 알려져 있었다.

보스베르겐(Vosbergen)은 일찍이 두 번째 회의 중에 의장이 되기를 원하지 않았다. 그는 회의 기간 동안 항론파들로부터 관찰을 통하여서 청원을 받았다. 그와 같이 그는 선출을 통하여서 선택되었다. 그해 12월 12일에 거의 반 보스베르겐은 회의에 참석하지 못했다. 왜냐하면 잠깐 동안 질랜드에서 붙잡았기 때문이다. 그는 제위세(Zeeuwse) 총대로부터 지방 대회의 보고를 받았다. 그리고 서명했다.

### 헤르마누스 폴켈리우스(Hermannus Faukelius, 주후 1560~1625년)

주후 1585년부터 후에 헤르마누스 폴켈리우스(Hermannus Faukelius)는 켈렌(Keulen)의 목사로 사역 하였다.

그는 1599년에 미델부르그(Middelburg)로 왔다. 폴켈리우스는 도르드레히트 대회에서 언어학자로서 부심사관으로 활동하였다. 그는 신약 번역가로 위임받았다. 그리고 두 번째는 구약 번역가로 위임받았다. 그는 [**기독교에 대한 간단한 개념서**](Kort begrip der christelijke religie)를 출판하였다. 그런데 그 대회를 통하여서 그 책은 위대한 요리문답의 해설집으로서 추천되었다. 폴켈리우스는 도르드레히트 대회 설교집을 출판했다. 그와 동시에 그는 도르드레히트 대회로부터 위원장으로 임명되었다.

### 코르넬리우스 레기우스(Cornelius Regius, +1629)

협동 목사가 된 이후에 시간에 코르넬리우스 레기우스는 고에스(Goes)로 주후 1614년에 돌아왔다. 그리고 그는 그곳에서 죽을 때까지 머물렀다. 레기우스는 주후 1619년 5월 28일 178번째 회의에서 간단한 회의록을 작성하는 일을 살피는 일로 임명되었다. 그는 질랜드(Zeeland) 지방 대표자로서 발표하였다. 그는 도르드레히트 대회 이후에 회의록과 함께 조화를 이루는 데 공헌하였다.

### 고데프리두스 우데만(Godefridus Udemans, 주후 1581~1649년)

고데프리두스 우데만(Godefridus Udemans)은 주후 1599년 함스테데(Haamstede)의 목사가 되었다. 주후 1604년 그는 지에리크제(Zierikzee) 부근으로 이사갔다. 그리고 그는 그곳에서 죽을 때까지 살았다. 그는 주후 1617년에 반항론파로서 긴 시간 동안 성공적으로 변호하였다.

도르드레히트 대회 기간에 우데만은 네덜란드어로 된 회의록을 라틴어와 프랑스어로 번역하여서 출판하였다. 그는 우트레히트에 교회 문제에 대하여서 위원으로서 요리 문답을 작성하였다. 우데만은 아가서(Hooglied)에 대하여서 주석하였다. 그리고 그것은 스타켄비르탈링(Statenvertaling)을 통하여서 사용되었다. 그는 엥겔센(Engelsen)으로부터 온 대표자 요셉 할(Joseph Hall)에게 영향을 받았다.

### 람베르투스 데 리케(Lambertus de Rijcke, 주후 1575~1658년)

람베르투스 데 리케(Lambertus de Rijcke)는 주후 1602년 피나르드(Fijnaard)에서 목사가 되었다. 그는 주후 1604년 줌(Zoom)에 있는 베르겐(Bergen)으로 사역 장소를 옮겼다. 거기에서 그는 죽을 때까지 살았다. 람베르투스 데 리케는 도르드레히트 대회에서 특별한 일을 행하지는 않았다. 주후 1623년에 그는 2명의 협동 목사와 함께 줌에 있는 베르겐에서 끊임없이 저서를 기록했다. 일찍이 그는 아드리안 호퍼(Adriaan Hoffer)가 지은 시들을 감상하였다.

### 아드리안 호퍼(Adriaan Hoffer, 주후 1589~1644년)

지에르크제(Zierikzee)의 시의원이며 조언자였던 아드리안 호퍼(Adriaan Hoffer)는 1618년 장로가 되었다. 그는 야곱 캣츠(Jacob Cats)의 사촌이었다. 그리고 그와 같이 그는 시들과 관계가 많았다. 그는 다른 라틴어로 된 시들을 몇 권 번역하여 제공하였다. 게다가 그는 시인이었다. 비록 그는 당대에 가치있는 작품을 남기지 못했으나, 그는 대단한 시인으로서 잊혀지지 않았다.

### 〈13〉 우트레히트(Utrecht) 총대들
### 요하네스 디베츠(Johannes Dibbetz, 주후 1567~1626년)

반항론파를 통하여서 우트레히트로부터 온 총대였던 요하네스 디베츠는 도르드레히트에서 정식으로 목사가 되었다. 그는 거기에 있었다. 요하네스 디베츠는 주후 1597년에 쿠엘렌(Keulen)과 리데르 케르크(Ridderkerk) 도시로 왔다. 그는 그 전에 우트레히트에 있었다. 오하네스 디베츠는 반항론파로부터 기록된 것들에 대하여서 비판하게 되었다. 그는 노회로부터 간결하게 신학을 입증할 인물들로서 활동했다. 그는 S. 다망과 J. 트리글란드와 함께 우트레히트에서 여러 문제들을 해결하는 일을 하였다. 그것은 대회를 돕는 것이다.

### 아르놀두스 오르트켐피우스(Arnoldus Oortcampius, + 1632)

아르놀두스 오르크켐피우스(Arnoldus Oortcampius)는 주후 1594년에 아메스포르트(Amersfoort)에서 목사가 되었다. 우트레히트로부터 온 반항론파로 다져진 그는 도르드체 목사와 함께 대회에서 J. 디베츠를 만나자고 한다. 그는 오르캄플러스 다음으로 반항론파 목사라는 사실을 명백하게 입증했다. 사무엘 네우레누스(Samuel Naerenus)는 또한 출석하여서 항론파들의 주장을 신속하게 반론을 제기함으로서 더 이상 확실하게 증거할 것이 없게 하였다.

### 람베르투스 칸테르(Lambertus Canter, + 1619)

장로 람베르투스 칸테르(Lambertus Canter)는 우트레히트로부터 와서 충언하였다. 그는 우트레히트를 통하여서 그 대회에서 반항론파 총대로 사역하였다. 그곳에 145 조항에 대하여서 대회에서 답변하였다. 주후 1619년 4월 24일에 **"위대한 생을 살았던"** 람베르투스 칸테르는 대회 기간 동안에 죽었다.

### 아이삭 프레데리히(Isaac Frederici)

항론파였던 아이삭 프레데리히는 도르드레히트 총대로 가는 것을 거절하였다. 그러나 그는 네우레누스(Naerenus)와 반 헤르스딩겐(Van Helsdingen) 과 함께 우트레히트 노회를 통하여서 도르트레히트 총대로 임명되었다. 그는 그곳에서 신약 성경 번역을 희망하였다. 그는 또한 오직 반대 입장에 있었다. 구약을 번역 할때에 그는 모든 사람들이 구원에 필요한 지식을 통하여 서 서 있다고 생각했다. 프레데리히는 인용문에 그 자신을 넣었다.

어떤 사람은 92 조항에 대하여서 새로운 것들을 말하면서 우트레히트로부터 온 목사들과 달리 생각했다. 아이삭 프레데리히는 S. 네우레누스(Naerenus)와 함께 발표하였다. 아이삭 프레데리히는 동일한 자유 상태도 있다고 하면서 대회로부터 다른 주장을 하였다. 그는 결국 총대 자격을 상실하고 교체되는 수모를 겪었다.

### 사무엘 네우레누스(Samuel Naerenus, + 1641)

사무엘 네우레누스(Samuel Naerenus)는 세단(Sedan)에 있는 쇼무르(Saumur)에 강독자로서 주후 1608~1610년까지 있었다. 주후 1611년에 그는 하제스보우데(Hazerswoude)의 목사가 되었다. 그리고 그는 그곳으로부터 주후 1617년에 아메스포르트(Amersfoort)로 떠났다. 그는 우트레히트 노회로부터 (항론파) 총대로 있었다. 그러나 또한 그는 geciteerden을 첨가하였다. 후에 그는 진부하게 되었다. 1621년에 네우레스는 그라벤하게(Gravenhage) 항론파 모임에 참석하였다. 그리고 그는 1622~1626년에 단지그(Dantzig)에 있는 홀랜드 쿠플레덴에서 목사가 된다. 주후 1632년에 그는 아메스포르트(Amersfoort)로 돌아온다. 그러나 그는 그곳에서 항론파들의 목사로서 사역하게 된다.

### 스티븐 반 헤르스딩겐(Steven van Helsdingen)

스티븐 반 헤르스딩겐(Steven van Helsdingen)은 우트레히트로 대교구의 중앙과 주변 전체 구역에서 박사였다. 또한 그는 도르드레히트 대회의 총대로서 지낸 이후에 항론파로서 원로가 되었다. 그러나 그는 항론파 목사들 프레데리히와 네우레누스의 의견을 따르지 않았다. 25개조항에 대하여서 그는 도르드레히트 대회에서 보게르만(Bogerman)에게 반대하였다. 그는 항론파와 반항론파로서가 아니었으며 반대로 다른 하나님의 진리에 대하여서 따른다고 하였다. 정치적 위원회에서 그는 후에 단지 압박을 풀어주는 것을 하지 않았다.

### 〈14〉 프리스랜드(Friesland) 총대들
### 요하네스 보게르만 (Johannes Bogerman, 주후 1576~1637년)

도르드레히트 총회의 의장이었던 요하네스 보게르만(Johannes Bogerman)은 주후 1599년 이래로 스니크(Sneek) 교구를 맡았다. 그리고 1603년 이래로 엔크후이젠(Enkhuizen)의 교구를 맡았다. 그 다음에 1604년에 그는 루바르덴(Leeuwarden)으로 왔다. 그는 총회에서 매우 큰 인내로 참으면서 회의를 진행하였다. 그는 도르드레히트 신조를 작성하였다. 그는 그 형태를 작성할 때에 성직자의 자질을 최대한 발휘하여서 작성하였다. 보게르만은 구약의 번역을 추진하였다. 스타텐베르탈링(Statenvertaling)에 있는 사무실에서 그는 A. 리베트(Rivet)와 함께 그 일을 짊어졌다. 그는 1636년에 프랑커(Franeker)에서 교수가 되었다. 그는 짧은 기간 동안에 그곳에서 일할 수 있었다.

### 마인나르두스 반 이드자르다 (Meinardus van Idzarda, 주후 1565~1618년)

마인나르두스 반 이드자르다는 1618년에 프리스랜드 게데푸테르데 스타텐(Gedeputeerde Staten)으로부터 분리되었다. 루이바르덴(Leeuwarden)에 있는 개혁 교회로부터 그는 장로가 되었다. 이드자르다(Idzarda)는 주후 1618년에 12월 22일에 루이바르덴에서 죽었다.

### 플로렌티우스 요하니스 (Florentius Johannis, 주후 1637)

플로렌티우스 요하니스(Florentius Johannis)는 주후 1601년에 오엔케르크(Oenkerk) 교회에 목사가 되었다. 주후 1603년에 그는 스니크(Sneek) 부근으로 떠났다. 그는 반항론파의 검사관이 되었다. 요하니스의 서명은 기록에 낯설다. 그는 서명으로 그것과 밀접하게 연결되었다. 요하니스는 주후 1634년에 루이바덴(Leeuwarden)에서 교수 자리를 구했다. 그곳에서 그는 보게르만를 계승하였다. 그 일을 행한 후에 그곳에서 죽었다.

### 요하네스 반 데르 산데(Johannes vand der Sande, 주후 1568~1638년)

요하네스 반 데르 산데(Johannes vand der Sande)는 주후 1597년에 레이든에 교수로 간다. 그는 프랑커(Franeker)에서 후에 목사가 되었다. 산데(Sande)는총회에 전적으로 참여한 것은 아니다. 때문에 그는 법정에 앉아서 요한 반 올덴바르네벨트(Johan van Oldenbarnevelt)에 대한 선고를 보았다. 그리고 그때에 또한 그는 서명하기로 결정하였다.

### 케임페 반 하르닉스마 아 도니아 (Keimpe van Harinxma a Donia, + 1622년)

주후 1594년에 케임페 반 하르닉스마(Keimpe van Harinxma)는 루이바르데라델(Leeuwarderadeel)로부터 위대한 인물로 알려졌다. 프랑커(Franker)의 학교로부터 그는 그곳의 실력을 향상시켜 주기 위하여서 도움자가 되었다. 1616년에 그는 프라슬랜드(Friesland)로부터 지방 법정의 회원이 되었다.

그는 도르드레히트 총회의 총대 이후에 리바르덴(Leeuwarden) 교회의 장로가 되었다. 총회에서 그는 J. 마코비우스(Maccovius)에 대하여서 가지고 온 고소장에 대하여서 반대하였다. 하르닉스마는 스타텐 제네랄(Staten~Generaal)의 회원으로서 주후 1622년에 죽었다.

### 필립푸스 다니엘 F. 에일쉐미우스 (Philippus Daniel F. Eilshemius, 주후 1579~1631년)

주후 1605년에 필립푸스 다니엘 F. 에일쉐미우스(Philoppus Daniel F. Eilshemius)는 할링겐(Harlingen)에서 목사가 되었다. 총회에서 그는 엠덴으로부터 온 총대들의 아버지와 같았다. 에일쉐미우스는 총회에서 떨어지지 않았다. 그가 활동 하는 동안 마코비우스에 대한 작은 논쟁에 있어서도 케임프 반 하르닉스마(Keimpe van Harinxma)에 대항하여서 루베르투스(Lubbertus)의 견해를 선택했다. 에일쉐미우스 아들도 아버지처럼 우호적으로 94명에 대한 서명을 힘있게 받을 수 있었다.

### 타코 반 아이스마(Taco van Aysma)

주후 1607년에 타코 반 아이스마(Taco van Aysma)는 프리스(Friese) 지방의 노회에서 합법적으로 확실하게 활동하였다. 그는 그곳에 와서 죽은 다른 장로가 지명한 대리인로서 어느 기간 동안 장로였다. 메인아르두스 반 이드자르다(Meinardus van Idzarda)도 그곳에서 죽었다. 그때에 타코 반 아이스마(Taco van Aysma)가 살아 있었다. 주후 1619년 2월 15일에 81개 조항에 대하여서 총회에서 서명하였다.

### 〈15〉 오버리(Overijssel) 총대들
**히에로니무스 보겔리우스(Hieronymus Vogellius, 주후 1579~1654년)**

히에로니무스 보겔리우스는 주후 1620년 헴멘에서 목사가 되었다. 주후 1614년에 하젤(Hasselt)로 갔다. 그리고 주후 1617년에 캄펜에 있는 반항론파 교회에 지도자가 되었다. 도르드레히트 총회에서 보겔리우스는 178 조항에 대한 조사와 설명을 하는 자로서 지명되었다. 주후 1630년에 그는 엔크후이젠(Enkhuizen)으로 떠났다. 그곳에서 죽을 때까지 머물렀다. 보겔리우스는 몇 권의 저서를 남겼다. 그것은 항론파들과 로마 카톨릭교에 대하여서 반박하는 성격이었다.

**카스파르 시벨리우스(Caspar Sibelius, 주후 1590~1658년)**

카스파르 시벨리우스는(Caspar Sibelius) 19세에 J 알미니우스에 견해에 대하여서 매우 강한 혼돈을 일으켰다. 그는 주후 1617년에 데벤터(Deventer)에 있는 굴리크(Gulik)에서 목사가 되었다. 시벨리우스는 좋은 평판을 가지고 있었다. 도르드레히트 총회에서 그는 전적으로 관여하지는 않았다. 주후 1619년 5월 집으로 돌아갈 것을 숙고하였다. 총회 기간 동안 시벨리우스는 신약 성경을 개정하는 자로서 임명되어서 그 과정에 대하여서 가치있는 기록을 하였다. 최대한도 세심한 주의를 기울여서 최종적인 신뢰를 주었다.

**헤르마니스 위퍼딩(Hermannus Wiferding + 1627)**

주후 1580년에 헤르마니스 위퍼딩(Hermannus Wiferding)은 쯔볼레(Zwolle)에서 목사가 되었다. 그는 오버리(Overijssel)에서 매우 고명한 목사였다. 그는 지방 대회의 총대로서 다른 지방 대회에 참석하였다. 위퍼딩은 그 대회에서 가장 연장자로서 분별력있게 추정하였다. 그러나 그는 대리인과 위임자로서 임명되지는 않았다.

### 빌렘 반 브로에크후이젠 텐 도에렌(Willem van Broekhuisen ten Doerine)

존크헤레 빌렘 반 브로에크후이젠(Jonkheer Willem van Broeckhuisen)은 도르드레히트 총대로서 갈 때에 라우빅(Lauwic)의 쟌(Jan)과 함께 종교학 교수로서 있었다. 그는 쯔볼레(Zwolle) 바깥으로 왔다. 그는 도르드레히트 총회에서 두드러진 위치에 있지는 않았다.

### 잔 반 데 라우빅 (Jan de Lauwic)

잔 데 라우빅(Jan de Lauwic)은 캄펜의 시장이었다. 그는 항론파들과 반항론파들 모두에게 매우 중요한 위치에 있었다. 그는 도르드레히트 총회 기간 동안에 그는 매우 어려운 난제들을 해결하였다. 그럼에도 불구하고 캄펜의 문제들을 도르드레히트 총회에서 가지고 왔다.

### 요하네스 랑기우스 (Johannus Langius + 1624)

요하네스 랑기우스(Johannus Langius)는 주후 1593년 도에스베르그(Doesburg)에 목사가 되었다. 1600년에 볼렌호베(Vollenhove)를 향하여서 멀리 있었다. 그는 반항론파들의 대변자로서 서 있었다. 도르드레히트 총회에서 신약 성경에 대한 번역자로서 참여하였다. 1620년 그때에 우트레히트(Utrecht)에서 가르쳤다. 그리고 카스파 시벨리우스(Caspar Sibelius)가 그곳으로 왔다. 1622년에 우트레히트에서 번역자로서 새롭게 개정하는 일에 관여하였다. 랑기우스(Langius)는 스타텐베르탈링(Staten-vertaling)에서 원만하게 일을 마치지 못했다.

### 〈16〉 그로링겐(Groningen) 총대들
#### 코르넬리우스 반 힐레 (Cornelis van Hille: 주후 568~1632)

주후 1589년에 코르넬리우스 반 힐레(Cornelis van Hille)는 우이트게스트(Uitge est)에서 목사가 되었다. 그리고 주후 1591년에 힐레곤스베르그(Hillegondsberg)에서 그리고 주후 1596년에 알크마르(Alkmaar)에서 사역하였다. 이 마지막 도시에서 그는 논쟁을 하였다. 왜냐하면 그는 하나님의 말씀과 함께 요리문답서와 신앙고백서를 천명하였기 때문이다. 1610년에 그는 결국 교수자격증을 얻었다. 1612년에 그는 그로링겐에 머물렀다. 그는 도르드레히트 총회의 총대로서 교회론 문제에 대하여서 논의하는 자로서 임명되었다. 게다가 그는 총회의 결정들을 살피는 자로서 활동하였다.

#### 볼프강 아그리콜라 (Wolfgang Agricola +1626)

볼프강 아그리콜라(Wolfgang Agricaola)는 주후 1597~160 4년까지 가르트쉬젠(Gartshuizen)의 교회에서 그리고 1611년에 로스도릅(Losdorp)에서 목사로서 섬겼다.

아그리콜라는 그로링겐(Groningen)주의 교회에서 수고하였다. 도르드레히트 총회의 지역에서 그는 거의 대부분 살았다. 그는 종종 교회의 방문자 조언자 위로자로서 불리웠다. 도르드레히트 총회에서 그는 거의 나서는 경우가 없었다.

### 비그볼두스 호메루스 (Wigboldus Homerus +1638)

주후 1598년에 비그볼두스 호메로스는 메덴(Meeden)에서 목사가 되었다. 1601년에 미드볼다(Midwolda)에 있었다.

그는 총회에서 총대였던 요하네스 롤링기우스(Johannes Lolingius)의 질병으로 그 자리를 대신하여서 참여하였다. 그는 21 조항에 대하여서 (1618년 12월 5일) 기록자로서 남았다. 호메로스는 C. 반 힐레(van Hille)의 대리자로서도 활동하였다.

### 게오르기우스 플라시우스 (Georgius Placius 주후 1584~1621)

게오르기우스 플라시우스는 라이프찌히(Leipzig)에서 있었다. 그는 19세에 베젤(Wezel)에서 목사가 되었다. 후에 그는 아펑게담(Apingedam)에서 교수가되었다. 그곳은 그가 죽음 이후에 묻힌 곳이다. 1620년에 코트 나 대회(Kort na de synode)에서 엠덴의 목사가 되어서 그곳에서 활동하였다. 플라시우스는 친구들과의 친분을 지켰다. 그리고 그는 총회에서 중요한 역할을 하였다.

### 에그베르트 할베스(Egbert Halbes + 1638)

에그베르트 할베스는 주후 1587년에 하이델베르그에 있었다. 그리고 주후 1594년에 제네바에 수학하였다. 1613년에 그로링겐(Groningen)에서 비서관으로 활동하였다. 그는 교회의 장로로서 총회에 참석하였다. 그는 총회에서 활동 한 이후에 그 주 장관으로서 활동하였다.

### 요한 로퍼래트 (Johan ruffelaert)

욘커 요한 로퍼래트는 도르드레히트 총회에 장로로서 참석하였다. 그는 총회에서 매우 두터운 친분을 쌓았다.

## ⟨17⟩ 드렌데(Drenthe) 총대들

### 테모 반 아셴베르그 (Themo van Asschenberg + 1625)

테모 반 아셴베르그는 1608년에 디에베르(Diever)에서 목사가 되었다. 그리고 1618년에 메펠(Meppel)에서 목사로 활동하였다. 드렌데 교회에서 그는 매우 저명한 목사였다. 1610년에 드렌데로부터 총대로 초대 되었다. 아셴베르그로부터 그는 총회에서 하벨트(Havelte) 목사로 청빙되었다. 그곳에는 요하네스 안토니데스(Johannes Antonides)가 있었다.

### 패트로클루스 로멜리그 (Patroclus Romelingh + 1647)

패트로클루스 로멜리그는 1603~1605년까지 루이엔(Ruinen)에서 목사로 있었다. 그곳에서 그는 헤르 반 루이넨(Heer van Ruinen)의 활동을 보지 못했다. 총회에서 그는 아셴베르그의 총대로 활동하였다. 1621년에 그는 파름스의 로멜리그 교회에서 섬겼다.

### 쟌 드 라 크로잌스 (Jean de la Croix 주후 1560~1625)

쟌 드 라 크로잌스는 주후 1590년에 할렘(Haarlem)의 발스 교회(Waalse kerk)에서 목사가 되었다. 그는 특히 번역가로서 활동하였다. 그래서 그는 네덜란드 쟌 타핀(Taffin)과 할렘에서 죽을 때까지 책을 번역하였다. 그는 총회에서 안토니우스 발레우스(Antonius Walaeus)를 만났던 것을 기록하였다.

그는 앰스테르담(Amsterdammse)에서 프랑스(Frans)에 있는 브리데 프레더릭 선제후(burgemeester Frederik de Vrij)에게 서신을 보냈다. 데 라 크로잌스(De la Croix)는 그 재능을 매우 유익하게 사용한 인물이었다.

### 피에르 데 폰트(Pierre de Pont)

피에르 데 폰트는 암스테르담의 발스(Waalse) 교회의 장로로서 페트루스 폰타누스(Petrus Pontanus)라는 이름을 회의록(Acta)에 남겼다. 그는 항론파를 따르는 자들에 대하여서 그들의 견해를 반박하였다. 두 폰트(Du Pont)는 총회에서 근간을 이루지는 못했지만, 항론파들의 견해에 대하여서 여러 총대들과 함께 말하였다. 게다가 발츠 교회(Waalse kerken)로부터 호감을 가지고 있었다.

### 쟌 도허(Jean Doucher, 주후 1573~1629)

쟌 도허는 1608년에 미델부르그(Middelburg)에 발츠 교회 목사가 되었다. 그리고 그는 1612년에 블리시겐(Vlissingen)으로 떠났다. 다니엘 콜로니우스(Daniel Colonius)와 함께 도허(Docher)는 총회에서 중요한 역할을 하였다. 그가 섬긴 마지막 교회는 암스테르담이었다. 그는 1620년에 그곳에서 섬김을 시작하였다.

### 다니엘 콜로니우스(Daniel colonius, 주후 1566~1635)

다니엘 콜로니우스는 주후 1591년에 1605년까지 로테르담(Rotterdam)의 발츠 교회 목사가 되었다. 그 이후에 그는 레이든의 발츠 동료들과 발츠 교회의 목사들의 대변인이 되었다. 콜로니우스는 총회에서 하나의 임무를 받았다. 그것은 네덜란드와 프랑스와 라틴어 중에서 가장 나은 회의록의 가장 좋은 기록이 무엇일까 하는 것이다. 도르드레히트 총회의 원래 언어로부터 표현될 것에 대하여서 결정할 책임을 맡았다.

### 에바르두스 베키우스(Evardus Beckius)

에바르두스 베키우스는 그 시대에 잘 알려진 인물이었다. 그는 미델부르그 발츠 교회의 장로였다. 그리고 도르드레히트 총회의 총대가 되었다.

### 제레미아스 데 포우르스(Jeremias de Pours, 주후 1582~1648)

제레미아스 데 포우르스는 1606년에서 1648년 동안 미델부르그에서 목사로서 사역하였다. 도르드레히트 총회에서 그 해 11월 13일에 발언하였다.

발다사르 리디우스(Balthasar Lydius) 라틴어 강독자로 그를 추천하였다. 그다음에 1619년 총회의 총대로 있을때에, 그는 발츠 교회의 성례식을 수행하는 자로서 하일리그 아본드말(Heilig Avondmaal)로부터 추천받았다.

### 〈18〉 프로페소렌(De Professoren) 총대들
### 시베르두스 루베르투스(Sibrandus Lubbertus, 주후 1555~1625)

주후 1582년에 시베르두스 루베르투스는 엠덴(Emden)에서 개혁교회의 위로자로서 활동하였다. 주후 1585년에 프랑케어(Franeker)에서 교수가 되었다. 루베르투스는 J. 알미니우스에 대항하여서 싸우는 사람중에 하나였다. 그는 동료 J. 마코비우스(Maccovius)와 함께 총회에서 활동하였다. 루베르투스는 1618년 11월 11일에 11 조항에 대하여서 언급하였다. 그는 구약에 대하여서 번역자로서 참여 하여서 명성을 얻었다. 1619년 1월 17일에 신실한 학자로서 자리를 굳혔다.

### 요하네스 폴리얀더(Johannes Polyander, 주후 1568~1646)

요한네스 폴리얀더(Johannes Polyander)는 주후 1591~1611까지 도르드레히트의 발츠 목사로 있었다. 그리고 나중에 레이든 대학의 교수로 가게 된다. 폴리얀더는 도르드레히트 총회에 중재자 역할을 수행하였다. 1618년 12월 31일에 44 조항에 대하여서 그는 이사야 52장 7절을 따라서 설교를 하였다. 폴리얀더는 도르드레히트 총회에서 총대로서 활약하였다. 그는 요리 문답서와 예배 지침서의 작성에 관여하였다. 그는 회의록의 축조를 담당하였다. 게다가 그는 총회로부터 구약 역자로서 지명을 받았다.

### 프란시스 고마루스(Franciscus Gomarus, 주후 1563~1641)

주후 1594년 프란시스 고마루스(Franciscus Gomarus)는 레이든 대학에서 교수가 되었다. 그리고 후에 미델부르그에서 그리고 그 후에 사무르(Saumur)에서 교수로 생활하였다. 주후 1618년에 그로링겐에 도착하여서 그는 죽을 때까지 그곳에서 살았다. 그 당시 그는 알미니우스의 논적자로서 명성을 가지고 있었다. 도르드레히트 총회 기간 동안에 그는 M. 마르티니우스와 G. 칼레톤 총대들과 함께 대적자들과 논쟁하였다. 고마루스는 스타텐베르탈링에서 외경으로부터 인용하는 것을 반대하였다. 그는 구약의 역자로서 활동하였으며 그는 학생들의 교사로서 가르쳤다. 그리고 그는 마르코비우스의 일을 돕기로 결심했다.

### 안토니우스 티시우스(Antonius Thysius, 주후 1565~1640)

안토니우스 티시우스(Antonius Thysius)는 1601년에 하르데르빅의 교수가 되었다. 도르드레히트 총회에서 그는 항론파에 반대하는 64조항에 대하여서 설명하였다. 게다가 그는 구약의 역자로서 임명되어서 활동하였다. 그는 1619년에 레이든 대학교 교수가 되었다. 그리고 거기에서 죽을 때까지 살았다.

### 안토니우스 발레우스(Antonius Walaeus, 주후 1573~1639)

비록 안토니우스 발레우스(Antonius Walaeus)가 질랜드(Zeeland)의 스타텐에서 교수로서 도르드레히트 총회의 총대로 파견되었지만, 실지로는 그는 그곳에 없었다. 그는 미델부르그의 목사로서 있었다. 1619년에 그는 레이든 대학교 교수가 되었다. 26 조항에서 발레우스는 항론파들에 반대하는 반항론파로서 논지를 전개하였다. 그는 도르드레히트 총회 노선에 속한 회원중에 하나였다. 그는 신약 번역자로서 1625년에 그는 번역자가 되었다. 발레우스는 1619년 5월 12일에 총회에서 올덴바르네벨트의 요한에 대하여서 외쳤다.

### 【3】 도르드레히트 종교 회의 결정 문헌

#### 📖 도르드레히트 정문 분석 📖

도르드레히트 정문은 5가지 교리로 나누어져 있다. 그리고 각 교리 안에서는 몇가지 항목으로 다시 분해 되고 있다.

#### ▢ 제 1 교리 하나님의 영원하신 예정에 대하여서 ▢

도르드레히트 신앙 고백은 하나님의 예정에 대하여서 다루기 이전에 인간의 타락에 대하여서 먼저 다루고 있다.

제 1조에서 "**아담 안에 모든 인류가 범죄하였다.**"(*Cum omnes homines in Adamo peccaverint,*)고 말하면서, "**그로 인하여서 영원한 저주와 죽음에 이르렀다.**"(*et rei sint facti maledictionis et mortis aeternae*)고 말한다.673)

제 3 조에서 "믿음으로 또한 사람들을 인도하시고자, 하나님께서 자비하심으로 그의 말씀을 가르칠 자들을 보내셨다."(*Ut autem homines ad fidem adducantur, Deus clementer laetissimi hujus nuntii praecones mittit*)674) "그러한 사역을 통하여서 사람들은 십자가에서 죽으신 그리스도 안에서 믿음과 회개로 부르심을 받았다."(*quorum ministerio homines ad resipiscentiam et fidem in Christum crucifixum vocantur.*)675)

제 4 조에서 "이 복음을 믿지 않는 자들은 하나님의 진노가 그들의 위에 머무를 것이다. 참으로 회개하고 참되고 살아있는 신앙으로 구주 예수를 영접하는 자들은 하나님의 진노로부터 그 자체를 따라서 멸망으로부터 자유를 얻고 그리고 영원한 생명을 받는다."(*Qui huic Evangelio non credunt, super eos manet ira Dei. Qui vero illud recipiunt, et Servatorem Jesum vera ac viva fide amplectuntur, illi per ipsum ab ira Dei et interitu liberantur, ac vita aeterna donantur.*)676)

"불신앙과 다른 모든 죄인들의 원인이나 죄책은 전혀 하나님께 없고 사람에게 있다."(*Incredulitatis istius, ut et omnium aliorum peccatorum, caussa seu culpa neutiquam est in Deo, sed in homine.*)

---

673) Philip Shaff, The Creeds of Christendom.vol.3. p. 551.
674) Ibid., p. 552.
675) Ibid., p. 552.
676) Ibid., p. 552.

"그리스도 예수 안에 있는 믿음과 구원은 그를 따라서 은혜로 주시는 하나님의 선물이다."(*Fides autem in Jesum Christum et salus per ipsum, est gratuitum Dei donum, sicut scriptum est.*)677)(엡 2:8; 빌 1:29)

제 7 조에서 하나님의 예정에 대하여서 다루고 있다.
"선택은 하나님의 불변하시는 목적으로 창조시의 혼돈 이전에 그가 순수한 은혜로부터 그의 기뻐하시고 자유로우신 뜻을 따라서 그들 자신들의 죄와 그들의 원래 상태로부터 죄와 멸망으로 타락한 모든 인간들로부터, 확실한 대상을 그리스도 안에서 구속에 이르도록 선택하셨다. 그 그리스도는 영원전부터 중보자로서 택자들의 머리로서 그리고 구원의 근원으로 임명되셨다."678)
"그러므로 구원받은 자들을 말씀과 성령을 통하여서 효과적으로 부르시고 이끄신다. 그리고 하나님께서 참되게 그의 아들의 연합을 통해 믿음을 주시고, 의롭다하시고, 거룩하게 하시고 보존하시며 영화롭게 하기로 작정하셨다. 그래서 그들의 비참한 상태에서 그의 은혜의 영광을 찬미하도록 부르셨다.."679)

제 8조는 신구약 실체의 통일성에 대하여서 언급한다.,

---

677) Ibid., p. 552.
678) Ibid., p. 552.:"Est autem electio immutabile Dei propositum, quo ante jacta mundi fundmenta ex universo genere humano, ex primaeva integritate in peccatum et exitium sua culpa proplaso, secundum liberrimum voluntatis suae beneplacitum, ex mera gratia, certam quorundam hominum multitudinem, aliis nec meliorum, nec digniorum, sed in communi miseria cum aliis jacentium, ad salutem elegit in Christo, etiam ab aeterno Mediatorem et omnium electorum caput, salutisque fundamentum constituit;"
679) Ibid., p. 553:"atque ita eos ipsi salvandos dare, et ad ejus communionem per verbum et Spiritum suum efficaiter vocare ac trahere; seu vera et ipsum fide donare, justificare, sanctificare, et potenter in Filii sui communione custoditos tandem glorificare decrevit, ad demonstrationem suae misericordiae, et laudem divitiarum gloriosse suae gratiae,"

"신구약 성경 안에 이 선택은 여러 가지가 있는 것이 아니라 모든 구원이 하나이고 동일하다. 성경은 언제든지 하나님의 뜻의 목적과 경륜과 기쁨이 하나라고 가르친다. 그로부터 하나님께서 우리를 영원전부터 은혜와 영광에 이르도록 그리고 구원과 구원의 생명에 이르도록 택정하셨다."680)

제 11 조는 하나님의 예정이 하나님으로 속성으로부터 되어진 것임을 언급한다.

"그러나 하나님께서는 그 자체로서 가장 지혜로우시고 불변하시며, 편재하시고 전능하시다.; 그러므로 선택은 그 자신으로부터 되어진 것이고 간섭이나 변동이나 취소나 파기가 없다. 그리고 택자들의 버려짐도 없고 그들의 숫자의 감소도 없다."681)

□ 제 2 교리 그리스도의 죽으심과 그에 따른 사람의 구속 □

도르드레히 신조는 "그리스도의 죽으심"의 제 1 원인에 대하여서 언급한다.

"제 1 조 하나님께서 최고로 자비로우실 뿐만 아니라, 최고로 공의로우시다. 그의 공의는 (그의 말씀 안에 계시된대로) 하나님의 엄위로우심에 저항하는 우리의 죄악을 필히 심판하는 것이다. 그것은 임시적으로가 아니라 항구적으로 그러하다. 그리고 몸과 영혼이 모두 다 그러하다. 우리는 하나님의

---

680) Ibid. p. 553:"Haec electio non est multiplex, sed una et eadem omnium salvandorum in Vetere et Novo Testamento, quandoquidem Scriptura unicum praedicat beneplacitu, propositum, et consilium voluntatis Dei, quo nos ab aeterno elegit et ad gratiam et ad gloriam; et ad salutem et ad viam saltuis,"
681) Ibid., p. 554:"XI. Atque ut Deus ipse est sapientissimus, immutabilis, omniscius, et omnipotnes: ita electio ab ipso facta nec interrumpi, nec mutari, revocari, aut abrumpi, nec electi abjici, nec numerus eorum minui potest."

**공의를 만족시키지 못하면 심판을 피할 수 없다.**"682)

하나님의 자비와 공의는 무궁하시다. 그런데 그가 공의로우시다는 사실로부터 어떤 형태로든 죄를 범한 인간들은 그의 공의를 만족시켜야 한다.

제 2 조에서 인간이 그의 공의를 만족시킬 수 있는 존재가 아니라고 하는 사실을 분명하게 언급한다.

"**제 2 조 우리는 우리 자신의 인격 안에서 그것을 만족시킬 수 없다. 그리고 하나님의 진노로부터 우리 자신을 구원할 수 없다. 그래서 하나님께서는 우리의 보증으로서 그의 독생자를 주심으로서 그의 무한한 자비를 드러내시기를 기뻐하셨다. 죄없으신 하나님의 어린양은 죄인으로 간주되었고, 우리를 위하여서 저주를 받으셨다. 그는 우리를 대신해서 하나님의 공의를 만족시키셨다.**"

제 3 조는 다음과 같이 고백한다. "**하나님의 아들 예수 그리스도의 죽음은 죄를 위한 가장 완전한 희생과 만족이었다.**"(Haec mors Filii Dei est unica et perfectissima pro peccatis victima et satisfactio)

"**제 8조 이로 인하여서 하나님의 아버지의 주권적 경륜과 가장 은혜스러운 뜻과 목적이 성취되었다. 그것은 그의 아들의 가

---

682) Ibid., p. 586:"Deus non tantum est summe misericors, sed etiam summe justus. Postulata autem ejus justia (prout se in verbo revelavit), ut peccata nostra, adversus infinitam ejus majestatem commissa, non tantum temporalibus, sed etiam aeternis, tum animi, tum corporis, poenis puniantur: quas poenas effugere non possumus, nisi justitiae Dei satisfiat."

장 값비싼 죽음에 의하여서 생명과 구원이 모든 택자들에게 주어진 것이다. 그는 그의 피와 저주로서 새 언약을 확증하셨다."683)

"제 9 조 택자들을 향하시는 영원한 사랑에 선행하는 목적은 창세로부터 지금까지 그의 권능으로 성취되었으며 성취될 것이고 계속 성취되고 있다."684)

도르드레히트 신앙 고백은 그리스도의 죽으심과 부활이 하나님의 영원하신 목적 안에 이미 작정 된 것이고 바로 그리스도의 공로로부터 모든 칭의와 구원이 온다고 언급한다.

□ 제 3, 4 교리 인간의 타락과 하나님을 향한 회개의 방식 □

"제 1 조 인간은 원래 하나님의 형상에 따라서 그들의 마음 안에 그의 창조주에 대하여 선하며 그리고 구원받을 영적인 지식으로 창조되었다. 그리고 그 의지와 마음이 정의롭고, 모든 정서가 순수함에 있어서 전적으로 거룩하였다."685)

"그러나 인간은 마귀의 역사로 인하여서, 하나님으로부터 받은 그의 자유 의지를 잃어버렸다. 그것은 그 자체로서 탁월한

---

683) Ibid., p. 562:"Fuit enim hoc Dei Patris liberrimum consilium, et gratiosissima voluntas atque intentio, ut mortis pretiosissimae Filii sui vivifica et salvifica efficacia sese exereret in omnibus electis,········ut Christus per sanguinem crucis (quo novum foedus confirmavit)"
684) Ibid., p. 562:"Hoc consilium, ex aeterno erga electos amor eprofectum ab initio mundi in praesens, usque tempus, frustra obnitentibus inferorum portis, potenter impletum fuit, et deinceps quoque implebitur:"
685) Ibid., p. 564:"Homo ab initio ad imaginem Dei conditus vera et salutari sui Creatoris et rerum spiritualium notitia in mente, et justitia in voluntate et corde, puritate in omnibus affectibus exornatus, adeoque totus sanctus fuit;"

은사를 상실하였다는 것이다. 그리고 그들의 반대적인 위치로부터 끔찍한 어두움과 혼돈과 마음 안에 정의로움의 전복이 왔다. 그리고 그 의지와 마음에 악함과 반역과 무감각이 왔다. 그리고 모든 정서에 있어서 추악함이 왔다."686)

"제 2 조 그러므로 타락 이후에 인간은 그만큼의 이미 가지고 있었던 자유로부터 멀어졌다. 그것은 아담과 그 안에 모든 후손들까지 오직 그리스도만을 예외로 하고 포함된다."687)

"제 3 조 그와 같이 모든 인간들은 죄악 아래 갇혔다. 그리고 진노의 자식이 되었다. 모든 구원하는 선함으로부터 악함으로, 죽을 죄악 아래 그리고 종의 멍에 아래 놓였다. 그런데 성령의 은혜로 중생을 한 자들은 하나님께로 돌이켜서 그 자신의 고침을 스스로는 원하지도 않고 할 수 도 없는 타락한 본성으로부터 회복된다."688)

"제 4 조 타락 이후에 인간 안에 약간의 자연의 빛이 남아 있다. 그래서 하나님에 대한 자연적 의로움과 불의의 분별력의 지식의 혜택은 남아있다. 그리고 몇 가지 외적인 능력과 가르침에 대한 열의를 보인다. 그러나 그럼에도 불구하고 이러한 자연의

---

686) Ibid., p. 564:"instinctu, et libera sua voluntate a Deo desciscens, eximiis istis donis seipsum orbavit: atque e contrario eorum loco coecitatem horribiles tenebras, vanitatem ac perversitatem judicii in mente, malitiam, rebellionem, ac duritiem in voluntate et corde, impuritatem denique in omnibus affectibus contraxit."
687) Ibid., p. 564:"Qualis autem post lapsum fuit homo, tales et liberos procreavit, nempe corruptus corruptos; corrruptione ab Adamo in omnes posteros solo Christo excepto nonper imitationem"
688) Ibid., p. 564:"Itaque omnes homines in peccato concipiuntur, et filii irae nascuntur, mepti ad omne bonum salutare, propensi ad malum, in peccatis mortui, et peccati servi; et absque Spiritus Sancti regenerantis gratia, ad Deum redire, naturam depravatam corrigere, vel ad ejus correctionem se disponere nec volunt, nec possunt."

빛들이 하나님의 구원에 이를 만한 지식에 이르기에는 부족하다. 오히려 자연의 빛은 그러한 지식을 전복시킬 수 있다. 왜냐하면 자연과 사회 안에 그것을 알만한 것이 없기 때문이다. 결국 그것은 모든 다양한 방식으로 파괴되었다. 그리고 그것은 불의 안에서 선을 행하는 것을 방해한다. 그러나 그것은 하나님 앞에서 변명하지 못하게 한다."689)

"제 5 조 자연의 빛과 동일하게 모세를 통하여서 하나님으로부터 유대에게 주어진 십계명은 특별하게 주어진 것이다. 실재로 그것은 인간의 죄악을 극명하게 드러낸다."690)

"제 6 조 자연의 빛과 율법이 할 수 없는 그 일을 하나님께서 성령의 능력으로 말씀과 화목의 사역을 통하여서 행하신다. 그것이 메시야에 대한 복음이다. 하나님께서 신구약 성경을 믿는 사람들을 구원하시기 기뻐하셨다."691)
"하나님께 그리스도를 통하여서 신구약 성경을 믿는자들을 구원하시기를 기뻐하셨다."(*per quod placuit Deo homines credentes tam in Veteri, quam in Novo Testamento*

---

689) Ibid., p. 565:"Residuum quidem est post lapsum in homine lumen aliquod naturae, cujus beneficio ille notitias quasdam de Deo, de rebus naturalibus, de discrimine honestorum et turpium retinet, et aliquod virtutis ac disciplinae externae studium ostendit: sed tantum abest, ut hoc naturae lumine ad salutarem Dei cognitionem pervenire, et ad eum se convertere possit ut ne quidem eo in naturalibus ac civilibus recte utatur, quinmo qualecumque id demum sit, id totum variis modis contaminet, atque in injustitia detineat, quod dum facit, coram Deo inexcusabilis redditur."
690) Ibid., p. 565:"Quae luminis naturae, eadem haec Decalogi per Mosen a Deo Judaeis peculiariter traditi est ratio: cum enim is magnitudinem quidem peccati retegat,"
691) Ibid., p. 565:"Quod igitur nec lumen naturae, nec lex potest, id Spiritus Sancti virtute praestat Deus, per sermonem, sive ministerium reconciliationis, quod est Evangelium de Messia, per quod placuit Deo homines credentes tam in Veteri, quam in Novo Testamento servare."

*servare.*) 결국 신구약 성경이 가르치는 하나님을 믿는 사람이 구원하는 신앙을 소유한 자이다.

제 7 조는 신구약 계시의 판명성의 차이에 대하여서 고백한다.
"**하나님께서 이러한 그의 신비로우신 뜻을 어느 정도 구약 안에 그리고 더욱 풍성하게 신약 안에 계시하셨다. 또한 여러 민족들로 분배시키셨다. 그의 경륜의 원인은 다른 민족의 위치에 앞서는 하나의 민족 안에서도 아니고 좋은 빛의 속성의 효율성도 아니다. 그러나 그것은 하나님의 기뻐하신 은혜와 자유로우신 축복 안에 있다.**"692)

제 12 조는 중생에 대하여서 다루고 있다.
"**성경 안에서는 그것만큼 이러한 중생과 새로운 피조물 죽은 자들로부터 살아 남과 생명 등이 가르쳐지고 있다. 하나님께서 우리 없이 우리 안에서 그러한 것들을 역사하신다.**"693)
제 14조에서 믿음은 하나님의 선물이라고 고백한다.(*Fides Dei donum est*) 그리고 그것은 "**하나님으로부터 인간들에게 그 뜻대로 주어졌다. 그러나 인간에게 그 자체로서 계시되었고 영감되었으며 부어졌다.**"(*a Deo hominis arbitrio offeratur, sed quod homini reipsa conferatur, inspiretur, et infundatur.*)고 언급한다.694)

---

692) Ibid., p. 565:"Hoc voluntatis suae mysterium Deus in Veteri Testamento paucioribus patefecit, in Novo Testamento pluribus, sublato jam populorum discrimine, manifestat. Cujus dispensationis caussa, non in gentis unius prae alia dignitate, aut meliore luminis naturae usu, sed in liberrimo beneplacito, et gratuita dilectione Dei est collocanda."
693) Ibid., p. 567:"Atque haec est illa tantopere in Scripturis praedicata regeneratio, nova creatio, suscitatio e mortuis, et vivificatio, quam Deus sine nobis, in nobis operatur."
694) Ibid., p. 567.

제 15조는 "**하나님께서 어느 누구에게도 그러한 은혜를 베풀 의무가 있는 것은 아니다.**"(*Hanc gratiam Deus nemini debet*) 라고 말하면서 "**그러한 은혜를 받는 자는 오직 영원하신 하나님으로부터 빚을 지고 있는 것이다. 그리고 그는 은혜에 감사해야 한다.**"(*Qui ergo gratiam illam accipit, soli Deo aeternas debet et agit gratias;*)라고 고백한다.695)

"**제 17 조 그와 같이 전능하신 하나님의 이러한 사역은, 우리의 이러한 생명을 산출하시고 보존하신다. 그리고 중보자의 사역을 제외하지 아니하시고 추구하신다. 그를 통해 하나님께서 그의 무한하신 지혜와 선과 능력에 따라서 그의 능력을 행하시기를 기뻐하신다.**"(*Quemadmodum etiam omnipotens illa Dei operatio, qua vitam hanc nostram naturalem producit et sustentat, non excludit sed requirit usum mediorum, per quae Deus pro infinita sua spaientia et bonitate virtutem istam suam exercere voluit.*)696)

도르트 신앙 고백서는 하나님의 이러한 초자연적 사역으로 우리가 중생을 하고 결코 제외 되지 않으며, 복음의 사역으로 회복되어 가장 지혜로우신 하나님의 중생의 씨앗 안에서 그리고 영생의 양식을 누리게 된다고 말한다.697)

---

695) Ibid., p. 567.
696) Ibid., p. 568.
697) Ibid., p. 568.:"Quemadmodum etiam omnipotens illa Dei operatio, qua vitam hanc nostram naturalem producit et sustentat, non excludit sed requirit usum mediorum, per quae Deus pro infinita sua sapientia et bonitate virtutem istam suam exercere voluit:·········quod sapientissimus Deus in semen regenerationis, et cibum animae ordinavit"

## ❏ 제 5 교리 ❏ 성도의 견인

"**제 1 조 하나님께서 그의 작정을 따라서 우리 주 예수 그리스도 그의 아들의 사귐 안에서 부르셨다. 그리고 성령을 통하여서 죄로부터의 다스림과 노예의 상태로부터 그들을 중생케 하셨다.**"(*Quos Deus secundum propositum suum, ad communionem Filii sui Domini nostri Jesu Christi, vocat, et per Spiritum Sanctum regenerat, eos quidem et a peccati dominio et servitute,*)

제 6 조에서 하나님의 선택이 불변하다고 말한다.698) 그리고 제 7 조에서는 "**하나님의 말씀을 통하여서 그의 성령께서 확실하고 효과적으로 택자들을 회개에 의하여서 새롭게 하신다.**"699)고 말한다.

그리고 죄로부터 벗어남에 대하여서 다음과 같이 고백한다. "**하나님을 따라서 영혼으로부터 죄악을 범한 것을 슬퍼한다. 중보자의 보혈 안에서 사죄를 받는다.**"700)

도르드레히트 신앙 고백의 성도의 견인 교리는 전적으로 하나님의 예정론에 기초하여서 하나님의 영원하신 택자들에 대한 구원의 서정을 다루고 있다.

---

698) *Ibid.*, p. 572:"Deus enim, qui dives est misericordia, ex immutabili electionis proposito,"
699) *Ibid.*, p. 572:"Deinde per verbum et Spiritum suum, eos certo et efficaciter renovat ad poenitentiam,"
700) *Ibid.*, p. 572:"admissis peccatis ex animo secundum Deum doleant, remissionem in sanguine Mediatoris"

## 📖 도르드레히트 회의록 분석 📖

이 회의록의 정식 명칭은 "**우리 주예수 그리스도의 이름 안에서 그의 권세로 모인 벨기에 지방의 도르드레히트의 국제 대회 회의록**"(*Acta Synodi Nationalis, In nomine Domini nostri Jesu Christi, autoritate DD. Ordinum Generalium Foederati Belgii Provinciarum, Dordrechti*)이다.

"**모든 구원의 영속적인 우리 구주와 유일한 중보자이신 예수 그리스도 안에서**"로 시작하는 서문은 특히 "**그리스도 교회의 개혁에 대한 서문**"(*Preafatio ad Reformatas Christi Ecclesias*)으로 표제가 되어 있다.

"**특히 이 대회에서 일어난 벨직에서의 논쟁 안에서**"(*In qua Controversiarum Belgicarum, ad quas tollendas hac synodus potissimum convocata fuit,*)로 시작하면서 서문에서는 주로 개혁 교회 신앙 고백과 그 신학적 입장에 대하여서 간결하게 밝히고 있다.

도르드레히트 회의록의 서문은 "**가장 가까운 시간에 도르드레히트 회의 청원이 벨직의 교회 안에 주요한 교리로서 유포되었다. 그리고 동일하게 확실한 규범적 법이 되었다.**"[701]고 말한다.

서문은 말하기를 "**개혁 교회 안에서 수납된 도그마들은 매우**

---

701) *Acta Synodi Nationalis, In nomine Domini nostri Jesu Christi, autoritate DD. Ordinum Generalium Foederati Belgii Provinciarum, Dordrechti*". "Proximum elapsa aestate, divulgata fuit Venerande Synodi Dordrechti nuper habitae, de quibusdam doctrinae Capitibus, quae in Ecclesiis Belgicis, maxima cum eaundem perturbatione hactenus disceptata sunt, Sententia, certis quibusdam Canonibus comprehensa."

풍부하다. 실지로 그 자체로서 우리에게 수납된 것들은 이미 앞선 교회에게 개혁주의 교리가 권위로 있었다. 칼빈, 잔키우스, 베자, 마터 등과 다른 공적인 인물들에 의하여서 확증되었다."702) 서문에서 주장하기를 알미니우스주의는 펠라기우스주의와 동일한 것이라고 말한다.703)

펠라기우스는 그 당시에 자연적 은혜와 자유 의지와 원죄 그리고 인간의 완전성과 예정론에 대하여서 어거스틴과 논쟁하였던 자이다. 그러한 교부들은 펠라기우스 입장을 거부한다. 여러 교부들에 의하여서 펠라기우스 입장이 정죄되고 다시는 교회 안에서 발을 들여 놓지 못하였다.

오래된 정통 교회가 정립한 교리들은 다음과 같다. "**그리스도의 만족과 믿음을 통한 칭의 그 다음에 성도들에 대한 하나님의 견인하심과 구원의 확실성과 이 세상에서의 인간의 불완전성 등이다.**"704) 이것이 개혁 교회에게 매우 중요한 교리들이다. 하나님의 말씀으로부터 이미 벗어난 집단들이 있다. 그것은 제수이트, 소키누스 등이다 라고 기록한다. 도르드레히트 신앙 고백서 서문에서는 벨직 신앙 고백과 프랑스 신앙 고백이 도르드레히트 신앙 고백에 지대하게 영향을 미쳤다고 기록한다. 동일하게 레이든 대학교 교수들도 같은 입장을 가지고 있었다고 한다.

---

702) *Ibid.,* "Adeo up plera que in Reformatis Ecclesije recepta dogmata, vel hoc ipso nomine, quod essent recepta, fastidire videretur. Is primu quidem ad hanc rem, vitam sibi stravit, famam autoritatem qui prestantissim Ecclesiae Reformatae Doctorum, Calvini, Zanchij, Bezae, Martyris, & aliorum, publice privatimq;"
703) *Ibid.,* "Postea aperte varias opiniones heterodoxas, veterum Pelagianorum erroribus affines, maxime in explicatione Epistolae ad Romanos proponere ac disseminare coepit."
704) *Ibid.,* "De Satisfactione Christi De Fide justificante, De Justificatione per finem, De Perseverantia vere fideliu, De Certitudine salutis, De Imperfectione hominis in hac vita, alijsque doctrinae"

## 【4】 도르드레히트 신앙 고백의 신학적 원리들

도르트레히트 신앙 고백은 하나님의 선택에 대하여서 다음과 같이 정의하며 항론파들을 정죄한다. 항론파들은 선택에 대하여서 **"구원에 이르는 선택은 하나가 아니라 여럿이라고"**(Electio ad salutem non unica, sed multiplex est) 주장한다. 그에 대하여서 도르드레히트 신앙 고백은 항론파들의 견해를 반론하며 **"구원에 이르는 선택은 여럿이 아니라 오직 하나이다. 그리고 그것은 신구약 성경 안에서 모든 택자들에게 동일하다."**(Election ad salutem non multiplex, sed unica tatum est, omnium electorum in Veteri & Novo Testamento)고 정리한다.705)

또한 항론파들은 선택의 원인이 다양하다고 주장하는데 대하여서706) 도르드레히트 신앙 고백은 다음과 같이 정리한다.

**"선택의 원인은 하나님의 기뻐하심으로부터 다른 어떤 것에 의하여서가 아니라 모든 것에 앞서 그리스도 안에서 긍휼히 여기는 그의 자유로우신 뜻과 은혜에 달려 있다. 이것은 믿음과 성화로 구원에 이르게 하는 선물로 주신 것이다."** 707)

그리고 항론파는 비록 선택이 되었어도 그것이 가변적이라고 주장하는데 대하여서 도르드레히트 신앙 고백은 다음과 같이 정리한다.

**"구원에 이르는 선택은 불변하다. 그것은 택자들의 오염이나 타락에 의하여서 변개될 수 없는 것이다."**(Electio ad salutem

---

705) Synodi Dordrechtanae, **Iudicia Theologorum Provincialium, De Quinque Controversis Remonstrantium Articulis, Synodo Dordrechtanae** exhibita, Anno MDCXIX. p. 87.
706) Ibid., p. 88:"Causa Electionis est beneplacitum Dei, quo ex multis conditionibus possibilibus placit ipsa fidem eligete in conditionem communicandae salutis"
707) Ibid., p.88:"Causa electionis est a beneplacitum Dei, quo nemini quidquam debens libertima voluntate ac gratia hujus prae illo misereri in Christo, hunc prae illo fide & sanctitate ad salutem donare decrevit."

immutabilis est, nec desectibus aut lapsubus Electorum etiam gravionbus interrumpitur aut abrumpitur)[708]

또한 항론파들은 영광에 이르는 선택은 고정되어 있지도 않고 어떤 경우에는 생명 안에 있는 열매도 없다고 말한다. 그러나 도르트레히 신앙고백의 입장은 다르다.

**"영광에 이르는 택자들의 확실성과 깨달음은 생명 안에 있는 택자들의 소명과 부르심에 결코 작지 않다."**(Senus ac certitudeo Electionis ad gloriam non minus, quam vocationis, aut justificationis Electis etiam in hac vita constat)[709]

이제 도르드레히트 신앙 고백의 입장을 간단하게 요약하고 마치고자 한다.

**"하나님께서는 택자들의 마음을 은혜로서 부드럽게 하고 믿도록 하시나 그의 택자가 아닌 자들에게는 그의 의로운 판단에 따라서 그들의 악과 강퍅케 됨으로 내버려 두신다. 그래서 다음과 같이 요약될 수 있다."**

1) 그 선택은 불변의 하나님의 작정이다. 하나님 자신이 지극히 지혜롭고 불변하며 전지하고 전능하시기 때문에, 그 자신으로부터 일어난 선택도 방해 받지 않고 불변하며 번복되지 않고 깨지거나 이미 택한 자들이 다시 버려지지 않고 수에 있어서 변경되는 것이 아니다.
2) 그 선택은 세상의 기초 전에 이루어진 것이다.
3) 택자들의 수가 확실하다.

---

708) Ibid., p. 90.
709) Ibid., p. 91.

4) 그 택자들이 다른 자들보다 더 좋거나 기뻐하심에 따른 것이다. 그러나 그런 은혜로운 선택의 원인은 하나님께서 인간의 성향이나 역사들의 모든 가능한 조건으로부터 구원의 조건으로 택하셨다는 점에 있는 것이 아니라, 확실한 어떤 사람들을 일반 죄인들의 수로부터 자신의 소유로 삼으셨다.(롬 9:11,12,13; 행 13:48)

7) 순수한 은혜로 그리스도 안에서 택함을 받았다.

8) 하나님은 그리스도를 영원전부터 모든 택자들의 중보자와 머리로, 구원의 기초로 세우셨다.

9) 구원의 길 혹은 수단까지 결정하셨다. 즉 택자들이 그리스도로 인하여서 구원을 받도록, 그가 친히 그를 주시고 유효하게 그의 로고스와 영을 통하여 같은 교통으로 부르시며 만나시며, 혹은 그를 믿는 참된 신앙으로 선물하시고 의롭게 하시며 거룩히 하시고 그의 아들과의 교통 가운데 능력있게 보존하여 영화롭게 하시어 그 마지막 그의 긍휼을 증명하고 그의 사랑스러운 은혜의 부요성을 찬양하도록 결정하였다.[710] 그러나 그 선택은 원인과 조건으로서 예지된 신앙과 신앙의 순종, 거룩 혹은 어떤 다른 좋은 성향이나 능력으로부터 일어나지 않았고 택함을 입을 인간 안에 미리 요구되는 것이 아니라, 신앙과 신앙의 순종과 거룩에 이른다. 즉 선택이 구원의 모든 은택의 샘으로서 그로부터 신앙과 거룩, 구원의 나머지 은사들, 마지막 영생까지 열매로서 나오는 것이다.(엡 1:4)

10) 그 선택은 여러 가지가 아니라 신약에서나 구약에서나 하나요 동일하다. 즉 하나님의 작정하시고 기뻐하신 뜻은 하나요 유일하며 그것을 통하여 영원 전부터 우리를 택하시되, 구약이나 신약이나 동일하게 은혜와 영광과 구원과 우리가 그 안에 행

---

710) 김영규, **17세기 개혁 신학**, 서울, 1998. p. 136.

하도록 그가 준비하신 구원의 길에 이르도록 택하셨다.

11) 성경의 증거에 따르면, 모든 인간들이 선택된 것이 아니라 어떤 이들은 선택되지 않거나 하나님의 선택에 있어서 간과되었던 자들이다. 즉 스스로 자신의 죄책으로 곤비함에 뛰어 들어간 그들을 하나님께서 그의 전혀 자유롭고 의로우시며 무제한적이고 불변의 기뻐하심에 따라 그 일반 곤비함에 내버려 두시고 구원의 신앙과 회심의 은혜를 얻지 못하여 자신의 길과 그의 의로운 판단 아래 내버려 두시며 결국 불신앙과 다른 죄들 때문에 징계하시고 영원히 벌하시기로 결정하셨다. 이런 유기에 대한 결정이 결코 하나님을 죄의 원인자로 만드는 것이 아니라 무섭고 흠없는 의로운 심판자로 만드는 것이다.[711]

---

711) Ibid., p. 137.

## 맺 는 말

지금까지 종교 개혁 이전의 교회 개혁의 역사로부터 시작하여서 종교 개혁 시기를 거쳐서 마지막 대륙의 개혁주의 꽃이라고 할 수 있는 도르드레히트 신앙 고백에 대하여서 다룸으로서 개혁 장로교회사를 마쳤다. 대륙에서 도르드레히트 신조로 마지막 개혁 교회의 결론을 내린 개혁 장로교회사는 이제 영국과 미주 대륙에서 다른 형태로 발전하는 것을 보게 된다.

도르드레히트 신앙 고백은 이제 거기에서부터 다시 우리 시대의 종교 개혁을 시작해야 하는 그러한 역사로 되어 있다. 이미 화란 땅에서도 도르드레히트 신앙 고백이 작성되고 얼마 있지 않아서 정치적인 이유로 하여서 항론파들이 다시 득세하는 세상이 도래하게 된다. 결국 고백만 남기고 교회 개혁의 역사는 사라지게된 것이다. 이것이 하나님의 역사이다. 하나님께서는 그의 말씀 만을 증거로 남기시고 인간의 전적인 타락을 역사 속에서 폭로하신다.

우리가 그러한 타락의 역사에 동참하지 아니하려고 하면 "**복음과 함께 고난을 받으라**"(συγκακοπάθησον τῷ εὐαγγελίῳ)(**딤후 1:8**)는 사도 바울의 말씀을 결코 무시할 수 없게 될 것이다. 그것은 이미 주어진 진리를 보수하려고 하는 크나큰 싸움이며 그것은 고난이 삶을 극복해야 갈 수 있는 길이다. 진리와 함께 먹고 마시며 살아가는 생으로 낙을 누리지 못하는 한 어느 누구도

주님이 가신 좁은 문으로 들어갈 수 없을 것이다.(마 7:13; 눅 13:24)

# Bibliography

Baird, H. M. **Theodore Beza, the Counsellor of the French Reformation.** Palala Press. 2016.

Bavinck, Hermann. **Gereformeerde Dogmatiek. deel. 3.** Kampen. 1998.

_____. **Magnalia Dei.** Kampen. 1930.

Beza, Theodore. **Proposition and Principles of Divinity.** London. 1591.

Berkhof, Louis. **Systematic Theology.** Eerdmans. 1996.

Bielefeld und Leipzig. **Zwingli und Calvin von Augustu Lang mit 161 Abbildungen, darunter zwei mehrfarbigen Einschaltbildern.** Berlag von Velhagen & Klasing. 1913.

Bouwman, H. **Gereformeerd Kerkrecht. eerste deel.** Uitgave Van J. H. Kok Te Kampen. 1928.

Bromiley. **Zwingli and Bullinger.** Paperback. 1953.

_____. **The Library of christian Classics: Zwingli and Bullinger.** the Westminster Press. 1953.

Brook, Benjamin. **The Lives of the Puritans, vol. 1.** Soli Deo Gloria. 1813.

Black, C. Stewart. **Scottish Church.** Willia Machella Glasgow. 1952.

Burleigh. T.H. **A Church History of Scotland.**

Oxford University Press. 1961.

Calvinus, Ioannus. **Institutio Christianae Religionis.** (1536).

Cox, J.X. **Practice and Procedure in the Church of Scotland.** Edinburgh & London. 1936.

Courvoisier, Jaques. **Zwingli: A Reformed Theologian.** John Knox Press. 1961.

Cuningham, William. **The Reformers & the Theology of the Reformation.** The Banner of Trut Trust. 1862.

_____. **Historical Theology. vol. 1.**
The Banner of Trut Trust. 1862.

D'Aubigne, J.H.Merle. **History of the Reformation of the Sixteenth Centure.** Baker Book House. 1846.

de Kroon, Marijn. **Martin Bucer und Johannes Calvin.**
Vandenhoeck & Ruprecht. 1991.

Doglas, J.D. **The New International Dictionary of the Christian Church.** Paternoster Press. 1974.

Donaldson, Gordon. **The Scottish Reformation.**
Cambrige University Press. 1960. 1979. 1972.

Elwell, Walker A. **Evangelical Dictionary of Theology.**
Baker Book House. 1984.

Estep, William. R. **Renaissance and Reformation.**
Grand Rapids, Michigan. 1992.

Geisendorf, P. **Theodore de Beze.** **Geveve, Jullien.** 1967.

Harding, T. **The Decades of Henry Bullinger.** 1849~52

Henderson, G.D. **The Church of Scotland.**
Edinburgh. 1939.

Hodge, Charles. **Systematic Theology. vol. 2: Anthropology.**

Eerdmans. 1995.

Hopf, C. **Martin Bucer and the English Reformation.**
Wipf and Stock: Illustrated edition.2012.

Keep, D. **Henry Bullinger and the Elizabethan Church.**
publisher not identified. 1970.

Kim, Young Kyu. **Calvin und das Alte Testament: Sola Scriptura und der trinitarische Gott als alleiniger Autor des Alten Testaments.** Seoul. 1994.

Kingdon, Robert. M. **Geneve Librairie Droz II.**
Lue Masset. 1967.

Lindsay, Thomas. M. **A History of the Reformation. Edingburgh.** T & T Clark. 1908.

**Robert M. Kingdon. Geneva and the Consolidation of the French Protestant Movement 1554~1572.**
**Librairie Droz..** 1967.

Locher, Gottfried. W. **Zwingli Thought.**
New Perspectives. 1981.

Loetscher, L. A. **A Brief History of the Presbyterians.**
**Westminter John Knox Pr: 1984.**

Luthardt, Chr. E. **Compendium der Dogmatik.**
bearbeitet von F.F. Winter. Leipzig 1919.

McKim, Donald K. **Calvin's Institutes. abridged edition.**
Westminster John Knox Press.2001.

Mitchell, A.F. **The Scotland Reformation.**
**Echo Library; Illustrated edition. 2010**

Miller, Samuel. **Presbyterianism the Truly Primitive and Apostolical Constitution of the Church of Christ.**

Philadelphia Sprinkung or Affusion. 1835.
Morris, Edward D. **Theology of the Westminster Symbols: A Commentary Historical, Doctrinal, Practical. on the Confession of Faith and Catechisms and the Related Formularies of the Presbyterian Churches.**
Columbus, Ohio. 1900.
Nobbs, D. **Theoracy and Toleration: A Study of the Diputates in Dutch Calvinism. 1600~1650.** 1938.
Oberman, Heiko. A. **The Dawn of the Reformation.**
Eerdmans Pub Company. 1986.
Parker, T.M. **The Engish Reformation to 1588.** Oxford University Press. London Oxford New York. 1966, 1950, 1973.
Pauck, W. **The Heritage of the Reformation.** 1961.
Paul, Robert S. **The Assembly of the Lord. Poltics and Religion in the Westminster Assembly and the Grand Debate.** T&T Clark. 1985.
Plumley, G.S. **The Presbyterian Church Thought the World.: From the Earliest to the Present Times.**
De Witt C. Lent & Co. 1874.
Reed, R.C. **History of the Presbyterian Church of the World. Adapted for use in the Class Room.**
The Westminster Press. 1905.
Renwick, A.M. **The Story of the Sottich Reformation.**
Rilliet, Jean. **Zwingli: third man of the Reformation.**
Lutterworth Press London. 1964.
Rutherford, Samuel. **The Covenant of Life Opened.**

Puritan Publications: 2009.

Schaff, Philip. **The Creeds of Christendom.vol.1: The History of Creeds.** Baker.1998.

_____. History of the Christian Church.vol.7: The German Reformation 1517~1530.
Hendrikson Publishers. 2002.

_____. History of the Christian Church.vol.8:The Swiss Reformation 1519~1605.
Hendrikson Publishers. 2002.

_____. History of the Christian Church.vol.5:The Middlce Ages from Gregory VII to Boniface VIII 1049~1294.
Hendrikson Publishers. 2002.

Spijker, W.Van'T. **De Ambten Bij Martin Bucer. tweede druk.** Kampen. 1987.

Spijker, W. Van.T. Bruin. C.C. Florijn. H. & Moerkerken. A. Natzijl.H.
**De Synode van Dordrecht in 1618 en 1619.**
Den Hertog B.V.~Houten. 1994.

Vogt, H. **Marin Bucer und die Kirche von England.**
Münster, 1968.

Walker, Williston. **A History of the Christian Church. fourth edition.** New York. 1985.

_____. **The Reformtion.**
New York Charles Schribner's Sons. 1916.

Whitney, James Poonder. **The History of the Reformation.**
London.SPCK. 1958.

William G. Naphy. **Calvin and the consolidation of**

the Genevan Reformation.
Manchester University Press. 1994.
Zwinglich, Uldrich. **Zwingli's Werke. vol. 1~8.**
Zürich, ben Friedrich Schulthess. 1818.
_____. A Short Pathway to the Right and True Understanding of the Holy and Sacred Scripture.
Worcester. 1550.
_____. De certitudine et claritate verbi dei liber.
_____. **Corpus Reformatorum. vol. 1.** Of the Clarity and Certainty or Power of the Word of God.

김양선.　**한국 기독교사 연구.**　　　서울. 1971.
_____.　**한국 기독교 해방 10년사.**　서울. 1960.
김영규.　**엄밀한 개혁주의와 그 신학.** 도서출판 하나. 1998.
_____.　**17세기 개혁 신학.**　　　서울. 1998.
김영재.　**기독교 교회사.**　　도서출판 이레 서원. 2000.
레펄처 A. 로에춰. **세계 장로교회사.** 김남식 역.
성광문화사. 1992.
서창원.　**장로교회의 역사와 신앙.**　진리의 깃발. 2003.
손병호.　**장로교회의 역사.**　도서출판 그리인. 1993.
앨런 브링클리. **미국인의 역사 1.**　비봉출판사. 2002.
윌리엄 R. 캐논. **中世 敎會史.** 서영일 역.
기독교 문서 선교회. 1989.
자넷 맥르레고. **장로교 정치 제도 형성사.** 최은수 역.
도서출판 솔로몬. 1997.
한국 기독교 역사 연구소. **자료총서 제26집 朝鮮 예수敎 長老會 事記 (상권).** 2002.

_____. 자료총서 제30집 朝鮮 예수敎 長老會 事記 (하권). 2002.

홍치모.　　　스코틀랜드 종교 개혁과 영국 혁명.
_____.　　　스코틀랜드 종교 개혁사.
_____.　　　영미 장로교회사.　　개혁주의 신행 협회. 1998.

## 지은이 소개

지은이는 합동 신학 대학원 대학교 목회학 석사(M.Div)과정을 졸업하고 대한 예수교 장로회 (합신) 중서울 노회 소속 목사로 재직중이다. 현재는 주교 개혁 장로교회 담임 목사로 시무중이다.

## 저서로는

기독교 역사에 있어서 유아 세례 논쟁. 2005.4.17. | 성경과 계시. 2007.2.21. | 역사적 장로교회 예배 지침서. 2007.5.7. | 하늘이여 들으라 땅이여 귀를 기울이라. 2007.7.3. | 에베소서 주석. 2008.4.10. | 개혁 장로 교회사. 2008.7.1. | 구약과 고대 근동의 문헌. 2011.4.30. | 빌립보서 강해. 2011.12.7. | 로마서 강해. 2013.7.31. | 대영제국 장로교회사. 2014.02.18. |교회 정치를 위한 지침서. (지은이: 토마스 카트라이트) 2014.04.30. |히브리서 강해. 2014.07.14. | 개혁주의 칭의론. (지은이: 존 포베스) 2014.12.27. | 시편 강해. 2015.08. 07. | 개혁주의 예정론. 2015.12.31. (지은이: 윌리엄 트위스) | 사도행전 강해. 2016.07.31. | 미합중국 장로 교회사. 2016.12.31. | 마태복음 강해 I. 2017.07.31. | 창세기 노트. 2017.10.31. | 개혁과 공감 창간호 제 1 권 1호. 2018.03.01. | 로마서 원어 성경 분석. 2018.05.15. | 베드로전후서 강해. 2018.09.15. | 시편 원어 분석. 2018.12.31. | 개혁과 공감 제 2 권 1호. 2019.03.01. | 갈라디아서 강해. 2019.07.31. | 개혁 신앙 산책. 2020.05.15. | 데살로니가 전후서 강해. 2020.07.31. | 개혁과 공감 제 3 권 1호. 2020.10.27. | 고린도 전후서 강해. 2020.11.27. | 성경으로 해석하는 웨스트민스터 신앙 고백서. 2021.1.27. | 시편 강해서 2021.07.27.| 개혁과 공감 제 4 권 1호. 2021.11.07. | 에베소서 강해 주교 2022.04.27.|

# 개혁 장로 교회사

초  판 발 행    2008년 7월 1일
제 2 판 발 행    2022년 7월 27일
지은이           배 현 주
발행처           주교 문화사
판 권            주교 문화사
주 소            경기도 고양시 덕양구 주교동 582-3 번지 상가주택 2층
등 록            2006년 5월 2일  제 395-2005-00042 호
대표전화         031-962-4120
ISBN            978-89-957162-20-3  03230
가 격            35,000 원